네그리의
**제국
강의**

EMPIRE AND BEYOND
Copyright ⓒ Raffaello Cortina Editore 2006.
All rights reserved

Korean Translation copyright ⓒ 2010 by Galmuri Publishing Co.
Korean translation rights arranged with Raffaello Cortina Editore through EYA(Eric Yang Agency).

 아우또노미아총서 26

네그리의 제국 강의
Empire and Beyond

지은이 안또니오 네그리
옮긴이 서창현

펴낸이 조정환 · 장민성
책임운영 신은주 편집부 김정연 오정민 마케팅 정성용 프리뷰 박필현

펴낸곳 도서출판 갈무리 등록일 1994. 3. 3. 등록번호 제17-0161호
초판1쇄 2010년 12월 12일
초판2쇄 2011년 2월 2일

주소 서울 마포구 서교동 375-13호 성지빌딩 302호
전화 02-325-1485 팩스 02-325-1407
website http://galmuri.co.kr e-mail galmuri@galmuri.co.kr

ISBN 978-89-6195-030-5 94300 / 978-89-6195-003-9 (세트)
도서분류 1. 사회과학 2. 정치학 3. 사회학 4. 강연집 5. 경제학 6. 역사학 7. 철학 8. 외교학
9. 사회사상

값 19,000원

이 도서의 국립중앙도서관 출판시도서목록(CIP)은 e-CIP 홈페이지(http://www.nl.go.kr/ecip)에서 이용하실 수 있습니다.(CIP제어번호: CIP2010004161)

Empire and Beyond

제국 시대의
정치와 운동에
관한
서른여섯번의
전 세계
순회강연

네그리의
제국
강의

안또니오 네그리
Antonio Negri

서창현 옮김

옮긴이 일러두기

1. 이 책은 Antonio Negri, *Empire and Beyond*, Polity Press, 2008을 완역한 것이다.
2. 옮긴이의 설명이 있는 단어는 본문 옆에 별도의 단을 만들어 설명을 넣었다. 그리고 필요에 따라 대괄호([ ]) 속에 옮긴이 설명을 넣어 본문에 삽입하였다.
3. 단행본, 전집, 정기간행물에는 겹낫표(『』)를, 논문, 논설, 기고문, 단편, 성명서 등에는 홑낫표(「」)를, 단체명, 행사명, 영상, 전시, 공연물, 법률에는 가랑이표(〈 〉)를 사용하였다.

차례

서문 9

1부 제국과 그 너머

1강 제국과 그 너머 : 난점들과 모순들 17

2강 제국을 위한 공리들 25

3강 제국에서 일어나는 결정적인 이행들 35

4강 제국과 전쟁 43

5강 귀족제의 재구성을 향한 제국 안의 경향들과 추세들 48

6강 제국에서 유토피아들과 저항 57

7강 제국과 시민 66

8강 제국적 이행을 살아내기 — 투쟁하기 위하여 74

9강 저항과 다중 79

10강 괴물스러운 다중 86

11강 다중, 유토피아 스테이션 95

12강 평화와 전쟁 97

13강 제국 시대의 예술과 문화, 그리고 다중들의 시간 113

14강 맑스 / 제국적 제국주의 128

2부 유럽 : 투쟁을 위한 기회

15강 유럽과 제국 : 논점들과 문제들 143

16강 제국 안에서의 유럽과 미국 149

17강 보편주의와 국민적 차이들 사이의 유럽 :
   하나의 가능한 유럽 154

18강 천 개의 유럽적 이슈들 172

19강 유럽연합의 외교 정책의 기초를 놓기 위한 노트들 179

3부 포스트사회주의 정치학

20강 신자유주의에 대한 사회적 대안들 197

21강 제국 내에서의 포스트사회주의적 정치 204

22강 제국의 새로운 국면 228

23강 도시 민주주의 249

24강 새로운 복지를 위하여 261

4부 제국적 탈근대성에서의 정치철학

25강 탈근대성과 자유 269

26강 내재성의 코뮤니즘 278

27강 삶권력과 주체성 283

28강 다중과 삶권력 293

29강 제국과 전쟁 300

30강 정치 사전을 개정하자! 311

31강 일반지성의 삶정치학 319

32강 '낡은 유럽'의 철학 325

33강 배우와 관중 :

　　　비물질노동, 공공 서비스, 지적 협력 및 공통의 구성 342

34강 실제 시간과 착취의 시간 360

35강 새로운 푸코 367

36강 탈근대성과 동시대성 379

옮긴이 후기 391
강연의 장소와 일시 일람 393
인명 찾아보기 396
용어 찾아보기 398

서문

2003년 4월 25일, 마침내 나는 모든 사법적 절차들에서, 그리고 반#자유 상태의 속박과 곤란에서 놓여났습니다. 나는 6월 11일에 여권을 받았고 (수감 11년, 망명 14년의) 25년을 보내고 나서야 다시 세계 여행을 시작할 수 있었습니다. 약 1년 반(이 책이 다루고 있는 시기)의 여유를 갖고 유럽의 여기저기를 여행했는데, 그 기간 동안 여행한 거리는 분명 세계 일주를 두 번쯤 마친 거리보다도 많을 것입니다. (그런데 그 1년 반의 시기가 지나고) 흘러가는 세월과 병약한 몸 때문에 여행을 더 할 수는 없었습니다. 하지만 나는 더 여행을 하고 싶었습니다. 이러한 욕망이 나를 떠난 적은 없었습니다. …… 독자 여러분은 이 책을 읽으면서 그걸 느낄 수 있을 겁니다. 이 책은 2003~4년 동안에 했던 강연들 중 일부를 모아 놓은 것이며, 그 기간의 나의 정치적 활동성을 잘 보여줍니다. 이 글들은 제국 안에서의 '운동들'을 살피고 있습니다. 내가 여기에서 말하려고 하는 것은 운동들 그 자체가 아닙니다(설령 운동을 다루고 있다 하더라도 부수적으로만 그럴 뿐이지요). 오히려 나는 그 운동들의 분절들, 그리고 그 운동들이 생산하는 대안들, 아울러 제국에 존재하는 질서화 메커니즘들과 저항들에 대해 논의하고 있습니다. 이러한 구절들은 때로는 높은 데에서 때로는 낮은 데에서, 때로는 여기에서 때로는 저기에서 바라보는 풍경이 됩니다. …… 여기에서 우리는 한 줄에 정렬될 수 없는 객관적 운동들과 주관적 행위들을 만납니다. 그것들에 선형성을 부여하려고 시도한다면 누구라도 거의 항상 실수를 저지르게 될 것입니다. 그것은 내가 의도하는 바가 아닙니다. 더군다나 나는 운동들 간의 경직된 인과관계를 설정하고 싶지도 않습니다. 내가 하려는 것은 역사적 과정이 제기하는 것과 관련하여 그것들에 반응하는 것입니다. …… 달리 말해, 제국은 실재합니다. 어쩌면 단지 경향적으로만 그러할지라도, 그것은 거기에 실재합니다. 그렇다면 우리는 그 내부에서 어떻게 움직이고 있을까요? 하나의 경향 속에서 우리는 어떻게 움직일까요? 무엇을 할 수 있으며 무엇을 할 수 없을까요? 2003~4년은 어느 정도는 결정적이고도 '운명적'인 해였습니다. 여행을 계속하면서, 도중에 내가 강연을 했던 공적인 만남들에 참석하면서, 나는 — 동지들에 둘러싸여 그리고 적들에 둘러싸여, 그리고 언제나 실제 속에서 — 진실을 구축할 가능성(그리고 어떤 경우에는 그것을 구축할 뽀뗀짜潛在potenza■)을 입증하기 위하여 말들과 사건들을 단락短絡지어 보려 했습니다. 우리는 날마다 우리 행동의 진실을 목격하고 있으며, 실제의 생생한 정치적 본성과 끊임없이 대면하지 않는 이론적 작업은 그것이 무엇이건 무의미하다고 할 수 있습니다. 그 운명적인 해에, 제국적 귀족들 사이의 전지구적인 충돌이 이라크에서 결정적으로 모습을 드러내었던 해에, 우리는 복수^{複數}의 맥락들 속에서 자신을 드러내는 제국의 경향을 확신하게 되었으며, 이렇게 해서 전지구적인 반제국적 다중의 구축에 기초하는 하나의 가설은 실제적 가능성이 되었습니다. 여기에 쓰인 글들은 동질적이지 않습니다. 이 책에 적절한 분량으로 수록된 강연들은 그 기간에 내가 했던 작업의 전부가 아닙니다. 텍스트들을 꼼꼼히 읽고 중복된 자료들은 뺐지만, 독자들이 생각하기에는 반복이 있을 수 있습니다. 몇몇 강연들이 즉흥적으로 이루어졌다는 점을 감안하면 이것은 불가피한 결과라고 생각합니다. 그럼에도 불구하고, 이 텍스트들의 배열이 아무리 무질서하다고 해도, 이 텍스트들은 그것들이 쓰인 다양한 시기의, 그리고 다양한 대중들 앞에서 강연한 다양한 주제들을 둘러싼 나의 비판적 사고의 발달을 짐작할 수 있게 한다고 생각합니다. 이 글들은 『제국』과 『다중』에서 개진된 성찰들을 집약하고 심화하며, 어떤 경우에는 그것들을 확장하고 새로운 가설들을 제시합니다. 하지만 나는 이 책에서 『제국』과 『다중』에서 개진된 입장들을 좀처럼 넘어서 나아가지 않고 있는데, 그것은 이 두 책이 이미 유토피아적인 뽀뗀짜와 수행적 의향성performative intentionality의 최대치를 표현했다는 단순한 이유 때문입니다.

그래서 우리는 이 책에 질서가 잡힌 무질서가 있다고 말할 수 있습니다. 나는 이 책을 대략적으로 네 개의 부분으로 나누어 다음의 네 가지 주제들을 다루고자 했습니다. 1) 제국, 2) 유럽, 3) 포스트사회주의 정치

■ 뽀뗀짜(potenza) : 원문(영역판)의 'potenza'에 해당한다. 영역자가 영어의 'power'로 옮기지 않고 이탈리아어로 일관되게 사용한 까닭은 네그리가 'potenza'로 담고 싶은 다숱의 '힘'이 갖는 다의성('잠재력/잠재성', '활력', '역능' 등)을 그대로 살리고 싶었기 때문일 것이다. 옮긴이 또한 이 용어가 갖는 풍부한 함의를 위해 이 단어를 음역하여 '뽀뗀짜'로 옮기기로 한다.

안또니오 네그리는 마이클 하트와 공동작업으로 2000년에 *Empire*(『제국』, 윤수종 옮김, 이학사, 2001), 2004년에 *Multitude*(『다중』, 조정환·정남영·서창현 옮김, 세종서적, 2008), 그리고 2009년에 *Commonwealth* (Belkap Press of Harvard University Press, 2009)를 출간함으로써 현대사회의 정치, 경제, 사회, 문화를 분석하는 그들의 3부작을 완결 지었다.

학, 4) 제국적 탈근대성에서의 정치철학. 『제국에 대한 성찰』*Reflections on Empire* (Polity, 2008)이 『제국』과 『다중』에서 제기된 다양한 논의들을 심화하기 위한 시도였던 것과 꼭 마찬가지로, 이 책은 『다중』에서, 아직 제목이 결정되지 않은 이 시리즈의 세 번째 책에 이르는 작업의 한 단계입니다. 하지만 나는 우리가 변형의 주체적 차원들에 대해서, 그리고 혁명적 조건의 존재론적 결정들에 대해서 연구를 진척시켜야 한다는 것을 잘 알고 있습니다. 혁명이라는 주제가 다시 의제로 복귀되었습니다. 신자유주의의 위기(그리고 이슬람 근본주의 세력들을 포함하여 신자유주의가 낳은 억압적 힘들의 위기)는 새로운 개혁적 시각들을 열지도 못할뿐더러, 우리가 궁극적으로 다다를 수 있는 장대한 지평들을 제공해 주지도 못합니다. 이 위기 이후에 우리에게 남은 것은, (신자유주의의 패배가 다시 한 번 드러내는) '또 다른 세계가 가능하다'라는 확신 속에서, 세상을 새롭게 건설하겠다는 결의를 갖춘, 가난의 절박함과 사랑의 긴장입니다.

그래서 이 책은 어떤 의미에서는 여행담입니다. 그 여행이 무엇이며 우리가 향하는 곳이 어디인지 정확히 알기는 어렵지만 말이지요. 하지만 이 여행은— 인류학적 변신 metamorphosis에 접근하는— 아주 심오한 여행입니다.

■코이네 (koine) : 기원전 5~3세기에 사용된 표준 그리스 말을 가리킨다. 그리스 문화가 확산될 때 가장 결정적인 영향력을 행사했다. 코이네는 새로 출현한 세계의 공용어로 발전하였으며, 근동에서 사용되던 아람어를 밀어내고, 이중 언어 시기를 거쳐, 곧이어 정치와 행정, 상업과 철학을 위한 언어로 자리 잡아 갔다.

이 여행을 도와주고, 토론들을 가능하게 해 주고, 그 토론들에서 이루어진 일부 구절들에 비판적 새로움을 제공해 준 많은 벗들에게 고마움을 전하고 싶습니다. 특히 공동으로 작업한 두 편의 강연문을 출판하도록 허락해 준 에릭 알리에즈Éric Alliez[12강], 마이클 하트Michael Hardt[21강]에게 감사합니다.

또한 세계 각국의 학술 기관들과 문화 단체들의 책임자들에게도 감사를 드립니다. 그들은 아주 친절하게도, 내가 여러 모임들에서 강연을 할 수 있게 해 주었고, 그리하여 학생들, 투사들과 함께 새로운 비판적인 공용어koine■의 구축을 시작할 수 있게 해 주었습니다.

1

제국과 그 너머

1강 제국과 그 너머: 난점들과 모순들

2강 제국을 위한 공리들

3강 제국에서 일어나는 결정적인 이행들

4강 제국과 전쟁

5강 귀족제의 재구성을 향한 제국 안의 경향들과 추세들

6강 제국에서 유토피아들과 저항

7강 제국과 시민

8강 제국적 이행을 살아내기 — 투쟁하기 위하여

9강 저항과 다중

10강 괴물스러운 다중

11강 다중, 유토피아 스테이션

12강 평화와 전쟁

13강 제국 시대의 예술과 문화, 그리고 다중들의 시간

14강 맑스 / 제국적 제국주의

제국과 그 너머 : 난점들과 모순들

제국은 하나의 열린 경향성입니다. 제국을 정의내리면서 우리는 세 개의 기본적인 분석적 접근법들을 사용하죠. 첫 번째는 지구화의 현상학을 조사합니다. 두 번째는 국민국가의 위기를 살핍니다. 세 번째는 사회적 존재론 내에서 ― 즉 물질적 노동 안에서, 생산적 협력 안에서, 마침내 삶정치적 지평의 구성 속에서 ― 일어나는 변형들을 추적합니다.

제국이 경제적 지구화의 주권적 질서화 과정에서 택하는 하나의 시도라는 관점을 취할 때, 우리는 다음의 세 가지 핵심적인 현상들에 주목하게 됩니다. 식민지적 질서의 붕괴와 탈식민주의적 질서의 불확실성, 위기의 종말 그리고 현존 사회주의에 의해 야기된 전 세계 시장의 분할, 이주 현상들의 거대한 충격 등이 그것입니다.

국민국가의 위기를 검토하면서 우리가 취하는 입장은, (주권의 행사가 폐쇄적인 영토적 공간들과 국민국가들 사이의 계약적 관계들 위에 세워진 국제법 체계('베스트팔렌' 체계) 위에 기초하고 있는) 국민국가의 근대적 구성이 이제 중대한 위기에 빠져들었다는 것입니다. 이 위기는 국민국가의 권력, 즉 군사적, 화폐적, 문화적 주권의 가장 근본적인 특징들에 영향을 미칩니다.

사회적 존재론의 변형에 대해 말하면서 우리가 이야기하려고 하는 바는, 가치 창출의 핵심적인 요인인 비물질노동(예컨대, 지적, 정동적, 관계적, 언어적 노동)의 출현에 의해 포스트포드주의적이고 탈산업적인 국면에서 자본주의적 축적의 특질이 근본적으로 변경되기에 이르렀다는 것입니다. 사회 전체가 노동으로 내몰릴 때, 생산성의 기본 원천은 사회적 협력이 됩니다. 자본에 의한 사회의 실질적 포섭은 사회적 삶 전체가 자본주의적 관계들에 의해 포획된다는 것을 의미합니다. 맑스주의의 용어법에 따라 자본을 착취자와 피착취자 간의 관계로 간주한다면, 우리는 착취되는 것이 바로 삶 자체라는 것을 이해할 수 있습니다. 자본과 주권 국가는 자신들을 삶권력으로 드러냅니다. 즉 그들이 활동하는 맥락은 삶정치적 맥락으로 정의되고, 착취는 인민의 생활양식들 속으로 확대되며, 해방을 위한 욕구는 사회의 모든 국면들을 넘어 확대됩니다.

제국이란 무엇보다도 하나의 정치적 구조일까요, 아니면 그 정의에서 경제적 의미가 압도적일까요? 이것이 우리가 제기하고 싶은 첫 번째 문제입니다.

이것에 답하면서 우리는 포스트사회주의적 개념들(특히 '현실 사회주의'의 개념들, 예컨대 국가독점자본주의 이론)이 우리에게 전해 준

정치적인 것의 비대^{肥大}, hypertrophy에 대한 비판을 개시할 필요가 있습니다. 경제적 구조와 정치적 구조 간의 관계는 실제로 전혀 선형적이지 않은데, 이러한 사실이 정치적인 질서와 생산적 명령 사이의 관계 간에 동질성이 없다는 것을 의미하지는 않습니다. 근대성의 투쟁 순환 속에서 노동계급이 일으킨 저항들을 분쇄하는 자본의 역학이 매우 유연하다는 점은 분명하며, 이러한 분쇄 과정들에 이어 생산양식 안에서의, 그리고 계급들 간의 관계에서의 재배열이 뒤따릅니다. 우리가 볼 때 이것은 경제적인 것과 정치적인 것 사이의 상호작용을 확증하는 것입니다. 전지구적 수준, 즉 제국에 의해 수행되는 자본주의 발전의 세계적인 재구조화에 눈을 돌리면 똑같은 일이 일어남을 알 수 있습니다. 분쇄와 재배열은 근본적으로 유연함을 유지하며, 시장들 사이의 위계들은 끊임없이 재형성되고 재건설됩니다. 앞서 말한 바와 같이, 이동적이지 않고 경향에 기초하지 않은 제국에 대한 어떠한 이미지도 결국에는 그 과정의 역학을 이해할 수 없게 될 것입니다. 이 점에서 경제적인 것과 정치적인 것의 상호작용은 명약관화합니다.

이제, 제국 체계의 구조는 공간과 시간에 의해 분절됩니다.

공간의 관점에서 볼 때, 중심과 주변 간의 관계를 고정된 것으로 간주하는, 전지구적 수준에서의 자본주의 발전과 축적에 대한 생각은 그 과정의 실제 역학을 포착하지 못할 위험이 있습니다. 중심과 주변은 사실상 전지구적 시장과 제국을 수립하는 과정 속에서 점점 더 뒤얽히게 됩니다. 근대에서 탈근대로의 대이행은, 전지구적 공간이 그려지는 방식에 의해, 공간적 차이들의 상대적 수평화와 정확히 일치합니다. 제국 이론은 (자본주의적 질서화의) '중심' 대신에 (생산의 전지구적 분절들에 가해지는 명령 편성의) '무장소'non-place의 실존을 주장합니다. 이것에 힘입어 우리는 그 중에서도 특히 '미국주의나 반미주의'를 둘러싼 무의미한 논쟁들을 피할 수 있습니다. 또한 축적과 지배의 엘리트들로 하여금, 그들이 어디에 나타나건 또 그들이 어떻게 단일한 행동을 취하건, 자본주의적 논쟁에 가담하게 할 수 있습니다. 제국적이고 전지구적인 수준에서, (앞에서 언급했듯이) 정치적 지도와 경제적 지배 양자를 포함하는 지평 위에서, 그 체계의 역학은 변증법으로는 고찰할 수 없습니다. (예컨대 변증법에 따르면, 국민국가는 전지구적 시장의 국면에서 하나의 한계나 제안으로 기능하기 위해 주기적으로 찾아옵니다.) 그 역학은 기능주의적 용어로도 사유될 수 없습니다. (제도화된 변증법적 관점에서 출발하는 기능주의는 폭넓게 규정되는 저항 운동들을 반체계적인 것으로 긍정적으로 간주합니다.) 우리의 시각은, 이러한 지형 위에서는 오직 적대적 역학만이 유효하다는 것입니다.

시간의 관점에서, 즉 시대 구분의 맥락에서, 제국 시대로의 진입은 비가역적인 과정들을 함축합니다. 이러한 비가역적 과정들은 주기적 발전이라는 전통적 시각 안에서 해석되어서는 안 되며, 또한 단계들의 이론들로 조망되어서도 안 됩니다. 이러한 전지구적 역학을 되돌릴 가능성이란 존재하지 않습니다. 투쟁들의 부분적인 주기들에 의해 생산된, 상이하고 모순적인 국면들이 존재할 수 있지만 이제부터 그것들은 전지구적 그림의 통일성 속에서만 해석될 수 있을 뿐입니다. 무장소는 시간의 관점에서 보자면, 이행의 시기로, 교환들의 시기로, 투쟁들의 시기로 이해됩니다. 제국 내에 파열들이 존재하는 것은 당연하지만, 그것들은 제국 내부에서 발생할 것입니다. 다툼contention의 대상은 오직 제국적 명령이 될 것입니다.

이러한 맥락에서 이 논점들을 배열해 보면, 그것들이 논쟁적으로 보이는 게 당연합니다. 하지만 다툼은 그것이 전지구적 맥락 속에서 전개된다면, 달리 말해 제국의 발전이라는 견지에서 전개된다면 환영할 만하다고 할 수 있습니다. 독일의 경우, 『제국』의 출간 이래로 세 개의 기본적인 논쟁들이 있어 왔습니다. 첫 번째는 그 분석의 질, 아니 오히려 어조tone와 관련됩니다. 그러니까 『제국』이 어떤 종류의 책이냐는 것이지요. 두 번째는 사회적 존재론 안에서의 변형들 간의 관계와, 그리고 적대의 경향적 주체로 다중을 정의하는 것과 관계됩니다. 세 번째는 역사의 현재 계기와 관계가 있습니다. 우리가 목격하고 있는 역사적 이행의 강도는 무엇이며, 포스트포드주의, 포스트케인즈주의, 포스트모더니즘 등등에서 '포스트'는 얼마나 강한가 하는 것입니다.

■ 자명성 : 이탈리아어 tono apodittico를 옮긴 것이다. 여기에서 네그리는 『제국』에서 제시한 테제들이 역사적 유물론에서 이야기하는 바의 '역사적 필연성'과 아무 관련성이 없으며, 오히려 맑스의 '역사적 경향성'을 염두에 둔 것임을 강조하는 것으로 보인다. '더 이상 증명할 필요조차 없는 필연성'이라는 의미에서 '자명성'으로 옮긴다.

첫 번째 물음을 살펴보지요. 『제국』은 어떤 종류의 책일까요? 사람들은 우리에게, 책에서 거론한 테제들의 기능이 예언적인지, 분석적인지, 아니면 비판적인지 묻습니다. 나는 이 세 가지가 분리될 수 없으며, 함께 고찰해야 그것들이 자명성apodeictic quality■에서 벗어날 수 있다고 대답합니다. 비판은 분석 속에서 완전해지고, (예언적이지 않은) 예상은 역사적 운동의 규정 위에서 통합되기 때문입니다. 사실상, 내가 흥미 있어 하는 유일한 질문은 다음과 같은 것입니다. 이러한 (이행의) 상황에서, 지구화라는 현실의 국면에서, 위기를 초래하는 그리고 근대성을 넘어서는 이행을 초래하는 계급 운동들의 강력함을 고려할 때, 정치적 주체를 다시 세울 수 있는가를 둘러싼 혁명적 담론을 창조하기 위하여 유물론적 텔로스telos, 즉 집단적 목적을 재구축하는 것이 가능한가?

하나의 '대서사'가 ('나약한 포스트모더니즘'이 내건 모든 금지들과 파문들에 맞서) 이러한 목적에 필요하다면, 이 기획은 받아들여져야 합니다. 그리고 그것은 다음과 같은 특별한 이유 때문에라도 받아들여져야 합니다. 즉 탈근대성의 상황에서, 노동의 주체성이 축적의 과정들 속에서 핵심적인 것이 되었기 때문이지요. 이것은 모든 기획이 계급투쟁의 운동 내부에 놓여야 한다는 것을 의미합니다. 왜냐하면 계급투쟁의 운동은 더 이상 그것을 활성화할 외부적 전위를 필요로 하지 않기 때문입니다. 그래서 『제국』은 하나의 정치적 성명서가 아니라, 계급투쟁 내부로부터 계급투쟁의 새로운 긴급한 문제들을 이야기하고 탈근대적 혁명의 최초의 개요를 제시하는 목소리가 됩니다.

여기에서 우리는 비물질노동의 출현과 다중 개념의 구축 간의 관계라는 두 번째 논점으로 옮겨갈 수 있습니다. 비물질노동이라는 관념이 단순히 구식의 생산적 노동의 재규정이 아니라 새로운 강도强度에 대한 삶정치적 개념이라는 점은 분명합니다. 비물질노동은 생산적 노동과 삶의 양식들의 혼합물입니다. 그것은 생산적이 되어온 삶의 맥락들 내부에 삽입된, 복수적 특이성들의, 복수적 차이들의 다중적 총체입니다. 비물질노동은 재화뿐만 아니라 육체성corporeality도 생산합니다. 그것은 관계들뿐만 아니라 협력도 생산합니다. 제도들뿐만 아니라, 십중팔구는 혁명을 생산할 것입니다. 만일 우리가 이러한 용어들 속에서 비물질노동이라는 개념을 받아들이지 않는다면(분명 우리는 '비물질'이라는 그리 적절하지 않은 술어가 아닌 다른 술어들을 선택할 수도 있었을 것입니다), 우리는 우리가 살아내고 있는 이행의 강도를 이해할 수 없습니다. 비물질노동이라는 개념은 '대중지성'이라는 개념으로 주체적으로 이해되어 왔습니다. 그 개념의 비판적 발생은 생산적 노동의 가치 창출에서 차지하는 지성의 결정적인 기능들을, 그리고 이러한 기능들이 오늘날 구축되고 있는 형태들을 분석하려는 다양한 시도들에 영향을 미쳤습니다. 하지만 그러한 정의가 본질적이라 할지라도, 새로운 지적 프롤레타리아의 일반화, 파열의 사회적 형상을 결정하는 것으로는, 그리고 이러한 새로운 계급 형상에 삶정치적 차원을 부여하는 것으로는 충분하지 않습니다. 따라서 비물질노동(그리고 그 안에 형성되어 있는 '다중' 주체)을 '대중 노동자', '사회적 노동자', '대중지성', 그리고 노동자주의 전통의 모든 여타의 주체에 관한 입장들이 취하는 정의들을 넘어서 다루는 것이 필요합니다. 비물질노동의 주체적 형상은 경향적으로 삶정치적입니다. 그것은 더 이상 훈육의 형상이 아니라 통제의 형상입니다. 그것은 더 이상 단순히 생산의 형상이 아니라, 재생산, 소통, 관계들, 삶의 양식들 등등의 형상입니다. 다중 개념이 — 더 이상 하나의 반란적인 대중이 아니라, '민중'이나 '국민'과 같은 제도적 종種들이 아니라, 발생의 뽀뗀짜로, 사회적이고 충만한 삶으로 — 구축되는 것은 바로 우리가 이러한 가정을 출발점으로 취할 때입니다.

그러나 — 이것이 세 번째 주제가 될 터인데 — 이 모든 개념들은 주어진 역사적 계기에서, 즉 지금 여기에서 어떻게 스스로를 드러낼까요? 지금은 이행의 상황일까요 위기의 상황일까요, 달리 말해 혁명적 상황일까요? 다중 개념은 물질성과 비물질성 사이의, 훈육과 통제 사이의, 근대와 탈근대 사이의 개방적인 이행 안에 삽입되어 있을까요? 아니면 삶을 둘러싼, 그리고 축적 과정들의 전지구적 차원들을 둘러싼 새로운 자본주의적 통제의 폐쇄적인 경로 내부에 갇혀 있을까요? 분명한 것은, 이 질문에 대한 답이 추론적일 수밖에 없다는 것입니다. 우리는 한편으로 제국의 탄생으로 특징지어지는 획기적인 이행을 맞이하고 있습니다. 이러한 이행기에는 제국과 '대항-제국' 사이뿐만 아니라, 다양한 전지구적 귀족들 사이에서도 투쟁들이 존재합니다. 자본주의는 아직도 전지구적 수준에서 일관된 주권적 역량을 형성하고 있지 못합니다. 이것은 단지 그것의 경향일 뿐입니다. 그러나 그 경향은 여전히 위기의 계기이며, 이행과 통합, 파열들의 계기입니다. 이러한 상황에서 다중이 제국과 맺는 관계는 어떠한 사건에서건 하나의 혁명적 관계입니다. 반란이 일어나기 위해서 근대적인 혁명 개념은 특수한 계급적 이해의 헤게모니와 일반화를 필요로 했습니다. 하지만 여기에서 우리는 복수적 특이성들의 출현이라는 리듬 위에 (그리고 당연히, 지배적인 자본주의 내부의 갈등들의 분절들과 시간들 위에) 불명확하게 분절되어 있는 모순을 만납니다. 우리의 연구와 전략적 제안들은 이러한 변이들과 모순들을 고찰해야 합니다.

2강

제국을 위한 공리들

제국은 전지구적 시장에 대한 주권 — 새로운 주권 — 의 구성 과정입니다. 우리는 조절을 요구하지 않는 시장 따위는 존재하지 않으며, 시장의 자기조절 능력이라는 관념보다 더 엄청난 신비화는 없다는 점을 말해야 합니다. 전지구적인 시장은 또한 전지구적인 조절을 필요로 합니다.

이 점을 받아들인다면, 우리는 곧바로 주권이 무엇을 의미하는지를, 전지구적 자본주의가 무엇을 의미하는지를 이해해야 하는 문제와 만나게 됩니다. 이제, 주권은 항상 하나의 관계, 즉 명령을 하는 사람들과 복종을 하는 사람들 사이의 관계입니다. 그리고 자본은 항상 하나의 관계, 즉 착취를 하는 사람들과 착취를 당하는 사람들 사이의 관계입니다. 이 두 관계들 사이에는 근대 부르주아 권력이 처음 구축된 이래로

깊은 상동 관계가 존재합니다. 하지만 여기에서 우리는 이 문제를 더이상 단순히 지배 범주들의 관점에서가 아니라 비판적 관점에서 살펴보기를 더 좋아합니다. 여기에서 '비판적'이라는 의미는 무엇일까요? 그것은 주권 관계와 자본 관계를 폐쇄적인 것이 아니라 비판에 개방적인 것으로, 물질적 삶 ― 즉 삶의 양식들 ― 과 주체성의 형상들의 생산에 기초하여 주기적으로 변경되는 힘power의 관계들과 균형들로 보는 것을 의미합니다.

이러한 문제들을 다루면서 우리는 이탈리아 노동자주의와 프랑스 탈구조주의의 이론적 전통들 사이의 방법론적 종합 ― 효과적인 종합 ― 을 완수합니다. 이것들은 단순히 철학자들의 책상에서 생겨난 것이 아니라 20세기의 프롤레타리아 투쟁들에 공명하며 발전을 이루었던 것들입니다. 여기에서 그 역사적 방법은 주체로서의 사회운동을 '자율적으로 만드는 것' 위에 기초하고 있으며, 변형 과정을 미시정치적인 수준과 거시정치적이고 제도적인 수준 모두에서 항상 개방되는 것으로 이해하는 역사적 인과성의 개념 위에 기초하고 있습니다. 결국, 우리의 역사적 방법은 특정한 시기구분 위에 입각할 것입니다. 즉 사회와 제도들의 변형들 속에서, 주권의 변형과 자본의 변형 양자를, 투쟁과 재구축 사이의 끊임없는 개방적인 변경으로, 그리고 갈등의 강도들과 새로운 통합들 사이의 끊임없는 개방적인 변경으로 보는 특정한 시기구분 위에 말입니다.

더 구체적으로 말해 볼까요. (대중 노동자에서 사회적 노동자로, 물질노동에서 비물질노동으로의) 노동의 변형에 대한 노동자주의적 분석은 프랑스 정치철학의 탈구조주의적 분석, 특히 삶권력과 삶정치라는 개념들과 조우했습니다. 이것은 물질적 생산의 조건들로부터 주체성의 생산에 이르기까지, 노동의 사회적 존재론 안에서의 변형들(비물질노동과 정보적 협력)을 삶정치적 지평 속에 위치시키는 붉은 실이 이어지고 있다는 것을 의미합니다. 삶정치에 대해 말할 때 우리가 의미하는 것은 삶 전체가 자본에 포섭되어 있다는 것이며, 자본의 가치 창출이 사회 전체가 노동하도록 배치되는 것을 통해 발생한다는 것이고, 그리하여 모든 사회적 관계들과 삶의 관계들이 생산관계 속으로 이끌려 들어간다는 것입니다. 하지만 그와 동시에, 우리는 착취의 모순들이 사회 구조 전반에 걸쳐 분산된다는 것 역시 말하는 것입니다. 그리고 마지막으로 우리는 자본이 실질적으로 사회의 생산적 잠재력을 포섭할 때, 자본이 전체 사회로 확대되는 삶권력 속으로 그 잠재력을 통합시킨다는 것을 말하고 있는 것입니다. 착취 형태들이 변형되는 것은 바로 이 계기로부터인데, 그 이유는 그것들이 이제 생산의 물질적이고 과학기술적인 차원들에 대해서뿐만 아니라 사회의 생산적 주체들의 지성적이고 일상적인 차원들에 대해서도 행사되기 때문입니다. 착취는 삶정치적이 되었습니다.

이제 우리는 이 새로운 생산적 구조에 대한 분석을 지구화 현상, 북에 대한 남의 구조적 의존성의 종말, 그리고 국민국가들의 위기, 그 중에서도 특히, 중심적인 국민국가들의 위기 등에 대한 분석과 결합할 필요가 있습니다. 우리는 이러한 객관적 차원들을 이주 현상들에 대한, 그리고 전지구적인 수준에서 일어나는 생산적 공간들의 위계적 재계급화에 대한 탈구조주의적이고 탈식민주의적인 분석들에 비추어, 그리고 또한 현실 사회주의의 위기의 결과들과 그것이 낳은 (주관적이고 역사적인) 일국적·국제적 구조들에 비추어 읽을 필요가 있습니다. 이것이 바로 하나의 새로운 정치적 공리들이 그 안에서 제기되는 탈근대성인

바, 그 까닭은 근대성이 물려준 모든 정치적·철학적 개념들이 이제 위기에 빠져 있기 때문입니다. 주권에서 국민국가에 이르기까지, 시민에서 노동계급에 이르기까지, 국경들에서 이주에 이르기까지, 정치적 주체성에서 투쟁들의 대중화massification에 이르기까지, 종속에서 제3세계주의에 이르기까지 말입니다.

이 언어적이고 개념적인 변형은 이제 새로운 원동력과 나란히 놓일 필요가 있습니다. 이 원동력이 모순적인 형태로 자신을 표현하며 미래에도 그러하리라는 것은 의심의 여지가 없습니다. 그러나 한편으로, 그것의 참조 공간이 이제 순수하고 단일하게 지구적인 한에서 동질적이고 균일하며 미래에도 그러하리라는 것은 명약관화합니다. 지구화 과정들은 횡단적이며, 그래서 전지구적 구조를 구성하는 모든 현실들에 영향을 미칠 것입니다. 구조로서의 제국과 과정으로서의 제국 모두 동일한 상황에 놓이게 됩니다.

따라서 제국적 경향 내부에서 새로운 모순들과 새로운 해방 과정들이 발견될 수 있습니다. 근대 유럽의 전통에서는 근대성과 민주주의의 두 개념 사이에 갈등이 존재해 왔습니다. 하나의 개념, 즉 승리를 거둔 개념은 '정치적인 것의 자율', 달리 말해 부르주아 정치와 자본의 경제적 권력의 종합으로서의 주권 및 국민국가의 자율과 함께 작동해 왔습니다. 이 이데올로기적 입장과 이 물질적 구성이 초래한 재앙들은 ─ 자본주의 발전의 심장부에서 일어난 동족상잔의 전쟁들에서 전체 지구로의 식민주의와 제국주의의 확산에 이르기까지 ─ 명약관화합니다. 다른 개념, 즉 끊임없이 패배하지만 항상 소생하는 개념은 '절대민주주의'라는 개념, 즉 '모두에 의한, 모두를 위한 통치'를 위한, 대중들의 조직화를 통해 사회적으로 조직되는 삶을 위한 집단적인 요구라는 개념이었습니다. 이러한 대안적인 민주주의 개념은 자본주의 발전의 핵심에 존재하는 살아 있는 능동적인 힘force이었습니다. 이러한 두 개념들의 (그리고 그것들로부터 연원하는 실천들의) 충돌과 프롤레타리아들의 끊임없는 저항과 반란이 바로 근대 국가의 구조를 뒤흔들어 왔습니다. 이제 제국적 경향은, 전 세계적인 수준에서, '대항-제국적인' 경향에 봉착하게 되며, 점차 그것과 대치하게 됩니다. 자본은 프롤레타리아 투쟁들의 강요에 의해 제국을 구성할 수밖에 없습니다. 주권과 국가는 투쟁들을 자신들이 전통적으로 지배해 온 지역적 공간들 내부에 봉쇄할 능력이 없었습니다. 지금 경제적·정치적 관계들의 지구화가 시도되고 있는 것은 바로 이러한 이유 때문입니다. 여기에서 드러나고 있는 것은, 이상하고 모호하며 도착적이지만perverse 그럼에도 불구하고 강력한 어떤 하나의 상황입니다. 자본의 생존 능력은 다시 한 번 투쟁들의 한계들, 형태들, 공간들을 변경시키는 것에 달려 있습니다. 설령 자본이 그와 동시에 그것들을 인내하고 그것들에 속박될 수밖에 없다고 할지라도 말입니다. 이러한 관점에서 볼 때, 제국은 그 자신을 능가하는 자본주의로 이해될 수 있으며, 이것은 프롤레타리아에게 안성맞춤입니다. 왜냐하면 제국에서는 그러한 변형들의 차원들, 형태들, 강도, 응집성 등이 — 모두에게 적용되는 자유와 평등의 원리들 속에 구현되어 있는, 그리고 더 이상 국제적이지 않고 전지구적인 혁명, 즉 모든 착취 받는 사람들의 꿈과 욕망 속에 구현되어 있는 — 세계시민적인cosmopolitical 힘을 갖게 될 수 있기 때문입니다.

자본주의 엘리트들 사이에서 이러한 전지구적인 권력 변동에 대한 지각은 갈등에 대한 인식과 관련되어 있습니다. 따라서 제국적 주권을 구성하는 역학은 생산양식을 해체하고 재배열하는, 그리고 계급관계에 대한 지배를 전지구적으로 새롭게 재편성하는 역학과 관련되어 있습니다. 국민적인 노동계급들을 훈육하는 과정들은 새로운 통제 구조들에 자리를 내줍니다. 이 새로운 통제 구조들은 삶의 양식들과 미시권력들의 네트워크들에 행사되어야 하고, 다른 한편으로 권력 구조 발전의 초국적이고 제국적인 과정들에 행사되어야 합니다.

이 지점에서 우리는 매우 기본적인 문제, 즉 우리가 그 내부에서 행동하면서 그리고 더 이상 국민적인 노동계급과 프롤레타리아로서가 아니라 다중으로서 움직이면서, 제국적 삶권력에 어떻게 저항하며, 새로운 전지구적 질서를 어떻게 변형해야 하는가 하는 문제에 직면합니다.

하지만 나는 이 문제를 계속해서 다루기 전에 몇 가지를 강조하고 싶습니다. 첫 번째는 자본이 이 제국적 국면에서 우리에게 제공하는 체계의 형태와 관련됩니다. 그것은 정밀한 구성적[제헌적] 형상을 갖습니다. 그것은 '혼합된 구성'입니다. 제국은 군주정, 귀족정, 민주정의 조합입니다. 달리 말해, 제국은 이 세 정점들 주위에 구성되고 있는 힘들의 구조 속에 존재합니다. 제국의 위계적 구조화는 권력의 세 수준들의 분절에 의해 작동합니다. 첫째는 미국의 군주적 수준으로서, 이 수준에서 군사적, 화폐적, 문화적 헤게모니가 유지됩니다. [둘째로] 모순들에 종속되어 있으면서도 효과적으로, 전 세계 생산의 모든 공간들에 자신의 영향력을 미치는 귀족정이 있습니다. 이것으로 내가 의미하는 것은, 이미 어떠한 국민적 색깔도 띠지 않는 금융 체계들에 기초하고 있는, 거대한 자본주의적 다국적기업들입니다. [셋째로] 제국 안에는 정치권력의 중앙집중적인 명령 기관들의 재구조화에 효과적으로 참여하기 위해 동맹들을 창출하려고 애쓰는 여타의 거대한 국민국가들 역시 존재합니다. 이 모든 것들은 이미 국제법의 비가역적 위기의 순간들을 창출해 왔으며, 제국 내부에 주권적 중앙집중화를 위한 새로운 문제점들을 끌고 들어

2001년 9월 11일 뉴욕의 쌍둥이 빌딩인 세계무역센터 건물과 미국 국방부 건물이 공격당한 사건. 네그리는 9월 11일을 계기로 미국이 제국에 대해 쿠데타를 시도했다고 말한다.

왔습니다. 이 모든 문제들은 열려 있습니다. 우리는 최후의 헤게모니적인 제국적 형태를 찾으려는 부단한 실험을 목격해 왔습니다. 2001년 9월 11일 이후 미국 정부가 일종의 쿠데타를 시도하여 제국적인 혼합적 구성의 복잡성을 경감하고 그것의 명령을 미합중국의 통치 구조들 아래로 다시 가져오려고 했다는 점은 의심할 여지가 없습니다. 십중팔구이 작전은 성공하지 못할 것입니다. 제국적 주권의 구성적 형상의 문제는, 그 형태에서가 아니라 그것을 구성하는 힘들 사이의 관계들의 물질적 차원에서 더욱더, 여전히 열린 문제이며 오랫동안 열린 문제인 채로 남아 있을 것입니다.

다중과 대항-제국 개념으로 돌아가기 전에 두 번째 고찰을 해 보지

2강 제국을 위한 공리들 31

요. 이것은 소위 '제3세계'의 나라들과 관계가 있습니다. 제국주의와 식민주의라는 근대성의 체계 속에서 이 국가들은 하위의 지위에 놓여 있었고, 자신들의 정치적·경제적 체계들에 한계를 설정하는 구조적 의존성 내부에 갇혀 있었습니다(식민지 인류학에 대한 종속과 그것의 재앙적 결과들은 말할 필요도 없습니다). 하지만 이 상황은 이제 근본적으로 변했습니다. 제국과 그것의 경향이라는 탈근대적 도식 속에서 종속은 상호의존으로 대체되었습니다. 이 상호의존은 신이 내려준 선물이 아니라 투쟁들의 ― 무엇보다도 노동자들의 투쟁의 ― 산물입니다. 아울러, 그것은 종속적인 나라들의 독립적인 문화적 반란들, 원주민들의 봉기들, 제국주의가 강제한 것이 아닌 '또 다른 근대성'을 향한 욕망의 산물입니다. 이 상호의존은 하늘로부터 부여받은 것이 아닙니다. 오히려 그것은 다음과 같은 것들의 (모순적이고 비가역적인) 산물입니다. 그것은 투쟁들의 발전의 산물이자 지구화의 산물입니다. 그것은 명령의 중앙집중화의 산물이자 식민지적 그리고/또는 자본주의적 지배계급들의 혼종화의 산물입니다. 그것은 자본의 보편성 대 다중들의 차이의 산물입니다. 여기에서도 역시 우리는 우리 시대를 특징짓는 제국에 대한 엄청난 적대를 발견합니다. 바로 여기에서 또한 새로운 역사적 인과성이 ― 반식민주의적인 저항의, 반제국주의적인 투쟁들의 인과성이 ― 발생했습니다. 후자는 (그것들을 기술하는 몇몇 설명들의 비관론에도 불구하고) 패배한 적이 없으며, 지구화의 역학에 쉽사리 만회[동화]되지도 않았습니다. 그것들은 지구화로의 전지구적인 권력 변동을 야기했습니다.

대항-제국이 다중입니다. 우리는 이미 무엇이 다중이 아닌지를 알고 있습니다. 다중은 '민중', 달리 말해 주권적 명령이 구축한 통일성이 아닙니다. 다중은 계급, 달리 말해 자본주의적 착취가 구축한 통일성이 아닙니다. 다중은 국민, 달리 말해 그러한 동일한 권력들에 의해 이데올로기적으로 구축된, 그리고 다른 국가의 국민들을 적으로 대하도록 인도된 통일성이 아닙니다. 더군다나 다중은 무차별적인 대중이 아닙니다. 오히려 다중은 노동하도록 배치된 생산적인 특이성들의 총체이며, 그리하여 ― 그 자체로 ― 생산적입니다. 다중은 자신의 작전의 수준들을 (오늘날에는 국민적인 것에서 지구적인 것으로) 부단히 이동시키려 노력하는 그러한 권력에, 그리고 사회를 결속시키고 적(오늘날에는 테러리즘)이 있다고 인정하기 위해 새로운 신화들을 만들어 내는 그러한 권력에 맞섭니다.

이 모든 것에 반대하면서 우리는 다중을 생산의 뽀뗀짜로서, 특이성의 진술로서, 인류학적 변신의 힘으로서 기술하기 시작할 수 있습니다. 그러나 우리는 다중 개념을 전투적이고 창조적인 용어들 속에서 이해할 때에만 그렇게 하는 데 성공할 것입니다. 다중이 사실상 단지 생산을 위한 역량인 것만은 아닙니다. (다중이 그러한 역량이며, 헤게모니적으로도 그렇다 할지라도 말입니다.) 다중이 단지 (점차 지적이고 협력적인) 삶의 새로운 양식인 것만은 아닙니다. 설령 다중이 또한 그러한 양식이라 할지라도 말입니다. 무엇보다도 다중은 정치적 주체성의 생산입니다. 다중은, 프롤레타리아의 생존 조건들 속에서 본다면, 민주주의의 전제입니다. 절대민주주의의, 모두에 의한 그리고 모두를 위한 통치의 전제입니다. 일부 사람들은 이것을 유토피아라고 말할 수도 있습니다. 그러나 이것은 현실적 경험이기도 합니다. 오로지 자유 속에서 그리고 진실의 생산 속에서 살아갈 수 있는, 생산에 참여한 사람들의 경험, 오로지 협력적 연합으로서만 자신들을 삶에 제공할 수 있는 신체들의 총체의 경험 말이지요. 마지막으로 다음과 같은 질문을 던지며 마무리하겠습니다. 모든 특이성은 다중이 아닌가? 전지구적 수준에서 발생하는 모든 변화들 내부에는, 새로운 주체성들을 형성하는 보편적인 이종교배métissage가 존재하지 않는가?

3강

제국에서 일어나는 결정적인 이행들

나는 이 강연에서 제국과 다중의 정치 이론에 포함되어 있는 몇 가지 기본적인 이행들을 설명하고자 하는데, 계급, 당, 국가에 대한 맑스주의적 생각의 세 가지 전통적인 입장들을 다루는 데에서 시작할 것입니다. 이 입장들은 다음과 같습니다. 당 없는 계급은 없다. 국가 없는 정치는 없다. 정치적인 것은 언제나 경제적인 것과 독립하여 존재한다.

이러한 진술들을 하나씩 고찰해 보겠습니다. 우선, 국가 없는 정치는 없다는 두 번째 진술부터 살펴보지요. 정통 맑스주의의 좀 더 선구적인 입장에서는, 자본이 착취자와 피착취자 사이의, 고용주와 노동자 사이의 관계(의 조직화)로 스스로를 구성한다고 가정합니다. 하지만 주권은 언제나 이 관계의 ― 자본 편에서의 ― 강요된 중재로 받아들여집니다. 이것이 의미하는 것은, 자본은 하나의 관계이지만 주권과 국가는 그렇지 않다는 것입니다. 주권과 국가는 자본 관계에 해법을 제공한다는 것입니다. 이로부터 [다른] 두 가지 결론이 도출됩니다. 첫째는 노동계급이 당을 통해서 스스로를 표현할 때에만, 달리 말해 그것 자체가 정치적이 될 때에만 제도적 수준에서 자신을 표현할 수 있다는 것입니다. 둘째는 주권, 국가, 정치가 언제나 매우 높은 수준의 자유를 갖고 있다는 것입니다. 국가는 계급투쟁과 (즉각적인 것은 물론이고) 직접적인 관계가 없는 규범들을 표현합니다.

이와는 다르게 우리는 자본과 주권이 매우 밀접한 관계를 이루고 있으며, 현재의 상황에서 자본[과 연루된] 관계의 이중성에 대한 인식 또한 주권 관계의 본성에 대한 인식을 포함하고 있다고 주장합니다. 자본이 투쟁들에 의해 (구조적일 뿐만 아니라 역사적이고 확정적인) 변화를 강제당할 때(즉, 훈육 통치로부터 통제 통치로의 이행이 강제될 때), 자본의 정치적 본성 역시 변화하며, 따라서 주권의 개념과 실천 모두 변화합니다. 강조하건대, 이러한 이행은 단순히 구조적인 것이 아니라(사실상 자본은 하나의 관계 이상의 어떤 것이었던 적이 없습니다), [다른 것에 의해] 결정되며 그것의 효과입니다. 다시 말해 그것은 자본과 [노동]계급 사이의 힘들의 균형 내에서 일어나는 변화의 결과인 것입니다. 그리고 공장과 산업 노동에 기초하는 축적과 가치화의 과정들로부터 사회 전체를 노동하도록 배치하는 것에 기초하는 축적과 가치화의 과정들로의 이행에서 일어나는 계급 갈등의 심화 및 일반화의 상호관계인 것입니다. 자본에 의한 사회의 포섭은 착취의 모순들을 종결시키는 것이 아니라 실제로 그것들을 사회 전체 지형에로 무한정 확장합니다.

우리가 살고 있는 국면을 분석하면서 우리는 이 변형의 한 사례를 보게 됩니다. 이 사례는 정치적인 것의 완전한 상실을 본질적으로 포함하고 있습니다. 이것은 제국적 권력을 구성하는 다양한 힘들이 모순적인 공위기空位期, interregnum■ 속에 존재하고 있는 국면입니다. 자본 관계의 변화에서(즉 자본 상호간의 모든 관계 형태들

■ 공위기(interregnum) : 영어사전에서는 이 단어의 뜻을 '(국가·조직 등에서 신임 지도자가 취임하기 전의) 최고 지도자 부재 기간'으로 풀이하고 있다. 네그리는 뒤에서 이 개념을 '이행을 둘러싸고 벌이는 다양한 권력들의 형성과 갈등'으로 규정한다.

속에서, 그리고 계급투쟁과 관련하여) 일어나는 과정들은 주권에서 일어나는 변화들에 즉각적으로 반영됩니다. 지배의 축을 훈육에서 통제로, 달리 말해 자본의 일방적인 권력에 대한 진술에서 (정부형태로 나타날) 주권 관계의 내재적인 이중성에 대한 승인으로 이동시킨 것은 1968년 무렵에 종속 계급들이 이룬 승리였습니다. 이미 1929년의 위기는, 그리고 뒤이은 정치적·경제적 권력 운영의 케인즈주의적인 기술들은 이 새로운 경험을 언뜻 보여주었습니다. 그러나 자본 관계와 주권 관계 양자가 전반적인 위기로 빠져 들어가는 것은 오직 1968년 이후입니다. 이 위기는 스스로를 어떻게 드러낼까요, 그리고 그것은 어떤 형태로 전개될까요? 여기는 우리가 『제국』에서 윤곽을 그린 역사적·정치적 재구축을 반복할 장소가 아닙니다. 노동자들의 투쟁들, 반식민주의적 투쟁들, 반세계화anti-globalization 운동들과 '현실 사회주의'에 대항한 운동들이 노동의 국가적·국제적 조직화에 직접적인 영향을 미쳤다는 것을 말하는 것으로 충분할 것입니다. 그러한 투쟁들이 노동을 훈육할 수 있는, 작업장의 생산성을 측정할 수 있는, 자신이 종속시킨 계급들과 영토들에로 식민적 지배를 확장할 수 있는, 그리고 착취의 제국주의적 위계를 고착화시킬 수 있는 국민국가의 능력에 위기를 불러일으켰습니다. 1968년의 투쟁들은 근대성이 우리에게 가한 경제적·정치적

질서를 전복시켰습니다. 임금 형태는 사실상 지양됩니다. 주권은 더 이상 단일한 하나가 아닙니다. 주권 역시 자본처럼 하나의 관계이며, 더 잘 표현하자면, 하나의 위기인 것입니다.

이제 역사적 관점에서, 역사적 시대구분을 가지고 사태를 고찰해 보겠습니다. 어떤 일이 일어나고 있었던 걸까요? 노동력은 자신을 하나의 비물질적 뽀뗀짜로 드러내 왔습니다. 노동은 점차 언어적인, 지적인, 정동적인, 그리고 관계적인 하나의 역량으로 자신을 드러내고 있었습니다. 노동을 하는 대부분의 주체성들은 사회적이고 생산적인 협력에 몰두하는 특이성들의 총체로 모습을 나타냈습니다. 이렇게 해서 다중이 탄생하게 되었습니다.

우리는 자본주의 발전의 심장부에서 노동력이 변형되는 과정들을 어느 정도 정확하게 이해할 수 있습니다. 1848년과 1870년 사이에 산업화의 성장은 일반적인generic 노동, 일반적인 노동자의 조직화를 기초하여 이루어졌습니다. 맑스와 엥겔스가 연구한 시기가 바로 이때였습니다. 1870년 이후에 이미, 그리고 최소한 1917년까지, 노동의 조직화는 파리 코뮌의 위대한 봉기에 뒤이은 변화들을 겪고 있었고, 부상하는 숙련 노동자의 기능과 함께, 새로운 방식으로 자신의 내적 구조를 조직하고 있었습니다. 제1차 세계대전과 더불어, 그리고 10월 혁명의 결과로서, 자본은—산업을 둘러싸고, 산업 안에서 가치화와 그 재생산 법칙을 주조하는—최초의 거대한 사회적 노동의 포섭과정 속에서 자신을 재조직합니다. 이때가 대중 노동자의—노동을 조직화하기 위한 기술이자 노동의 사회적 분업인 테일러주의의—위대한 시기였습니다. 1968년 무렵의 투쟁들은 이러한 노동 및 사회의 조직화 시기를 결정적으로 깨뜨립니다. 1968년 이후 노동은 공장의 자동화와 사회의 정보화를 통해 점차 사회화되고 지적인 것으로 변모합니다. 바로 여기에서 새로운 형상의 노동자가 출현합니다. 처음엔 사회적 노동자가, 그 다음엔 비물질노동자가 어떠한 모순도 없이 출현했던 것입니다.

그래서 다음과 같은 일이 일어났습니다. 이제 이러한 새로운 노동현실에 직면하여 (사회적 영토 전체로 착취를 확대해 왔던) 자본은 전체 사회에 대한 새롭고도 즉각적으로 유효한 정치적 통제 기준들을 발전시킬 수밖에 없었습니다. 이 주도권은 생산의 현실들을 바꾸었고, 그와 동시에, 역설적이지만 확실히 일관성 있게, 정치적 현실들, 주권의 본성 역시 바꾸었습니다. 명령은 자신이 예전에 공장에서 채택했던 양식들을 통해 전체 사회로 확장되어야 했습니다. 이것은 역설적 과정이었습니다. 왜냐하면, 이 과정은 이미 하나의 공장이 되어 버린 사회가 공장이 겪었던 모순들의 총체성을 정치적 수준에서 다시 제기한다는 것을 의미했기 때문입니다. 바로 이러한 국면에서 계급은 다중으로 나타나거나 아니면 오히려 다중으로 변형됩니다. 다중은 노동하도록 배치된 특이성들 — 노동을 대중 지성의 내부에 재편성하는 특이성들 — 의 총체를 의미합니다. 둘째로, 다중은 예전에는 공장에서 생산되었던 전체 필요들과 모순들을 삶의 양식들 내부에서, 삶정치적 수준에서 표현할 수 있는 능력을 의미합니다. 다중은 결국 하나의 구성적 뽀뗀짜로, 다시 말해 민주적·제헌적 뽀뗀짜로 자신을 드러냅니다. 여기에서 '구성적'이라 함은 노동력이 모든 사회적인 생산적 뽀뗀짜들의 총계가 되었기 때문이며, '민주적'이라 함은 그것이 가치들과 모든 사회적 주체들의 표현 역량을 포함하고 있기 때문입니다. 바로 여기에서 대의, 즉 근대성(다시 말해 대중들의 뽀뗀짜의 소외로서의 근대성)에 의해 규정된 정치적 대의와 자본주의적 대의의 위기는 심화됩니다.

그러므로 다중을 주체로 특징짓기 위해서는, 다중을 그것이 생산과정에서 차지하는 위치에 의해서뿐만 아니라 그것의 실천에 관해서도 규정하는 것이 필요합니다. 이것은 무엇보다도 자본관계의 수준에 꼭 들어맞습니다. (이 자본관계는 내가 이미 말한 바와 같이 이중적이며, 그것도 비가역적으로 이중적입니다. 이 점에 대해서는 이미 앞에서 살펴보았다고 생각합니다.) 이제, 종합해 보면, 노동력은 더 이상 단순히 발전의 동력으로 자신을 드러내지 않으며, 노동계급 역시 단순히 자본 내부의 대항권력으로 자신을 드러내지 않습니다. 다중은 어떤 것이면서 동시에 또 다른 어떤 것이라고 할 수 있습니다. 다중은 제헌적 뽀뗀짜입니다.

결론적으로, 이 새로운 상황, 다중의 이러한 출현은 주권 개념의 정치적 수준에서 ─ 그 이론과 실천 양자에서 ─ 주요한 변경들을 함축합니다. 국민국가(지금까지 완전히 자본의 발전 단계들에 부속된 범주)의 진화에 가해진 변화는 결정적입니다. 이러한 현재의 이행에서 우리는 국민국가의 본질적인 특성들의 붕괴를 목격합니다. 그것은 더 이상, 풍부한 공간적, 시간적, 문화적 용어들로 자신을 주장할 능력을 갖고 있지 않습니다. 다중은 지성과 협력에 적합한, 그 자신의 생산적 행위들의 이동성과 유연성에 적합한 공간적, 시간적, 문화적 구조들을 필요로 합니다. 이것이 지구화가 스스로를 강제하는 환경입니다. 여기에서 우리는 총체적으로 노동의 사회적 조직화에 대한 근대성의 (즉 국민국가가 구조화하고 명령한) 규제의 위기를 목격합니다.

여기에서 우리는 다시 한 번 생산양식들의 이행 내부에, 그 생산양식들의 주권적 조직화의 내부에 놓이게 됩니다. 그 결과 사회적 구조는 혼란에 빠집니다. 첫째, 생산의 형상, 이것은 고립될 수도 없으며, 생산적 주체를 개별화할 수도 없습니다. 둘째, 착취의 형상, 이것은 사회 전체를 가로질러 확대되며, 모든 곳에, 그리고 사회적인 것들의 모든 삶 정치적 차원에 자본주의적 전유專有의 새로운 기술들 및 지속 불가능한 새로운 기술들을 설치합니다. 적대는 대규모적·범우주적으로 됩니다.

현재의 상황에 대한 결정을 내리면서 우리는 지구화로의 이행을, 그리하여 제국적 주권으로의 이행을, 정치적 맥락 속에서, 결정적이고 비가역적인 경향으로 규정했었습니다. 그와 동시에 우리는 이 이행의 특징 역시 정치적 수준에서 규정지을 필요가 있습니다. 우리는 이것을 '공위기'라고 — 다시 말해, 이러한 이행들을 둘러싼 권력의 (또는 주권의) 물질적 재규정 문제를 놓고 벌이는 다양한 권력들의 형성과 갈등이라고 — 부릅니다. 공위기에는 주요한 모순들이 존재하는데, 제국적 경향과 다중에 의해 생산된 대항-제국적 경향 사이의 모순들뿐만 아니라, 이번에는 무엇보다도, 권력을 쥔 사람들인 개별 주체들 사이의 모순들 역시 존재합니다. 지금까지는 이러한 미해결된 문제들에 대한 응답이 전쟁의 발발이었습니다. 제국은 질서를 창출하기 위하여 전쟁을 생산합니다. 이 질서란 국민국가의 위기로부터, 무엇보다도 다중이 결정하는 적대로부터 발생하는 질서입니다. 공위기의 국면에서, 전쟁은 정치권력을 재조직하는 데 근본적인 요인이 됩니다.

그래서 나는 우리가 제기한 최초의 물음들에 대해 대답했다고 생각합니다. 사람들은 정당 없는 계급이란 없으며, 국가 없는 정치란 없으며, 그리고 어떠한 사건에서건 사회적인 것과 경제적인 것과 관련하여 정치적인 것의 자율이 존재한다고들 말합니다. (그리고 여전히 맑스주의의 술어들로 사고하는 일부 동지들은 계속해서 이런 식으로 주장합니다.) 이 공위기에 다중의 운동들은 그 반대의 것, 다시 말해, 정당 없이 (아니 어쩌면 정당이 있음에도 불구하고) 계급이 존재하며, 뽀뗀짜가 존재하며, 변형이 존재한다는 것을 보여줍니다. 공위기는 다중이 이제, 더 이상 국민국가에 의해, 그리고 그것이 가하는 대의와 지배의 메커니즘들(다시 말해 갈등의 중립화와 정신들의 상징적 통일)에 의해 규정되지 않는 지형 위에서 움직인다는 점을 보여줍니다. 다중은 그와는 다르게 움직이면서, 전지구적 수준에서 자본주의의 위기 문제를 제기하고, 특히 자본주의적 이행의 문제와 현재의 제국적 공위기의 문제들을 제시합니다. 이것은 자세한 분석, 비판과 연구가 전개될 필요가 있는 영역입니다. 과거 '정치적인 것의 자율'이라는 명제는 결코 실현된 적이 없었을 뿐더러, 오늘날의 제국의 시대에는 순수한 환상에 지나지 않게 되었습니다.

4강

제국과 전쟁

어 제 나시리아^{Nassiriya}■에서 수많은 이탈리아 병사들이 죽었습니다. 이것은 국가의 살인 행위입니다. 그들을 살해한 사람들은 우리 이탈리아 정부의 사람들입니다.

우리가 참여하고 있는 — 그리고 우리가 반대 운동을 펼치고 있는 — 전쟁은 사악한 전쟁입니다. 이 전쟁에는 우리가 이론적·정치적 관점에서 흥미를 가질 만한 몇 가지 견해들과 그렇지 않은 견해들이 존재합니다. 우리가 이렇게 말할 수밖에 없게 만드는 이유들을 살펴보지요. 정떨어지게 하리만치 엄청난 어떤 상황에 우리가 처해 있다는 사실에는 변함이 없습니다. 이러한 사실은 우리의 정신으로 하여금 온 힘을 다해 저항하게 만듭니다.

이 전쟁에는 내 흥미를 끌지 못하는 한 가지 견해가 존재합니다. 이

견해는 이 전쟁을, 미국의 석유기업가들이 그들의 이전의 협력자들 및 피고용인들(다시 말해 미국의 권력이 고용한 용병이었던 중동의 꼰도띠에리condottieri*)과 맞서 싸우는 것으로 이해합니다. 내 흥미를 끌지 못하는 이 전쟁의 두 번째 측면은, 일부 유럽 자본가들과 석유기업들이 미국의 자본가들 그리고 석유기업들과 대립하는 방식입니다. 이들이 미국의 자본가들 그리고 석유기업들과 적대하는 이유는 미국의 이번 전쟁이 자신들을 향한 것이기도 하다고, 어쩌면 정확하게, 생각하고 있기 때문입니다. 그리고 이 전쟁과 관련하여 내 흥미를 끌지 못하는 마지막 측면이 존재하는데, 이것은 이 전쟁을 미국 주권주의자들이 유럽의 주권 연합에 맞서서 시도하는 제국적 쿠데타로 이해하는 견해입니다.

하지만 이 전쟁과 관련하여 내 관심을 아주 많이 끄는 견해가 존재하는데, 그것은 다시 말해, 이전에 발칸 반도에서 일어난 전쟁들과 함께 이번 전쟁이 전 세계를 둘러싼 명령의 구성 속에서 이루어진 (제국적 권력의 다양한 분파들의 편에서 볼 때) 학습과 도제의 전쟁이라는 사실입니다. 이라크 전쟁은 단지 부분적으로만 여전히 하나의 전쟁일 뿐입니다. 이 전쟁은 원래 국제적 경찰 행위의 작전의 하나로 시도된 것이었습니다. 만일 이것이 저강도 전쟁으로 귀결된다면, 그것은 미국 전략의 불일치[모순] 때문에 발생한 것이라고 할 수 있습니다. 우리가 여기에서 고찰하고자 하는 것은 그러므로 이 국제적 경찰 행위 작전의

*나시리아는 인구 43만의 도시이자 이라크 남부의 전략적 요충지로서 이라크 전쟁 당시 미군, 이탈리아군, 루마니아군, 한국군 등 네 나라 군대가 주둔하고 있었다. 이 지역의 경비는 이탈리아군이 책임을 맡고 있었다. 이곳은 시아파 지역으로서 후세인 집권 당시 차별과 탄압을 받았다. 2003년 11월 12일, 이탈리아군에 대한 대규모 폭탄 테러가 일어나 31명이 사망하고, 80여 명이 부상을 당했다. 이탈리아 정부는 이 사건에도 불구하고 이라크에 계속 주둔하겠다고 밝혔으며, 야당의 철군 요구가 갈수록 거세어지고 있었다.

레오나르도 다 빈치, <꼰도띠에로>
(Un condottiero), 1475년 경.

꼰도띠에리(condottieri) : 르네상스 때 이탈리아에 있었던 용병대장. 당시 이탈리아에서는 도시국가나 소 군주국가가 난립하여 서로 항쟁을 계속하고 있었고 도시나 군주는 많은 용병을 고용하여 전쟁을 했다. 르네상스기(期)의 하나의 전형적인 인간상으로 지목된다.

특징들입니다. 여기에서, 우선, 적은 하나의 국가가 아니라 제국 조직의 내부 인물들로, 즉 '공공의 적들'로 간주됩니다. 제네바 협약이 그들의 경우에 적용되지 않는 것은 우연이 아닙니다. 둘째, 이 새로운 경찰 행위 역할에 전념하기 위해 군대들은 조직과 형태 양면에서 변신 중입니다. 이들은 공중 수송을 하며, 정보 수집과 인력 지원 측면에서 통합된, 소규모의 기동 부대들로 재조직하는 경향을 보이고 있습니다. 이들은 전통적인 사병임과 동시에 전도사이며, 용병이며, 경찰관이자 소방관, 선원이자 인도주의자 들입니다. 셋째, 이 경찰 행위 전쟁의 목표는 적들을 패배시키거나 국제관계의(즉 국민국가들 간의) 기존 위계를 재조직하려는 것이 아니라, 오히려 민주적인 (다소간 민주적인, 그러나 확고하게 제국적 질서 — 연속적이고 부드러우며 자본주의적인 사물의 질서

— 속에서만 그러한) 국가를 구축하려는 것입니다.

그것은 저강도 전쟁일 수 있을 것입니다. 하지만 그것은 매우 고강도의 경찰 행위입니다. 그것은 (너무나 많은) 죽음들을 불러오며 주민들의 목숨을 빼앗습니다. 그것이 설령 질서의 회복으로 모습을 드러낸다 하더라도, 현실은 그것이 어떠한 공존 관계도 벗어나는, 질서에 대한 합리적인 이해를 벗어나는 거대한 폭력을 수반한다는 점을 보여줍니다. 별일이 없는 한, 이러한 부정의는 저항을 불러옵니다. 우리는 제국적 질서에 저항하는 모든 사람들의 편이며, 투쟁을 하다 그 저항의 과정에서 죽는 모든 사람들의 편입니다. 그들, 죽어가고 있는 이 특이성들은 자유를 추구하고 있을까요? 우리는 알지 못합니다. 때때로 그것은 그럴 것 같지 않습니다. 하지만 확실한 것은 그들이 지배[받기]를 원하지 않는다는 것입니다. 얼마나 멀리, 얼마나 오랫동안 우리는 권력에 맞서 싸워야 할까요?

우리는 유럽이나 중동의 주권주의자들 편이 아니며, 중동인이나 미국인 자본가들 편도 아닙니다. 그렇다면 이러한 상황에서 우리는 무엇을 해야 할까요? 우리는 한두 가지 이유로 자신들을 죽음의 권력으로, 그리고 지금까지 확실히 파시즘적인 새로운 질서의 권력으로 표현하는 모든 사람들과 섞이지 않으면서, 전쟁에 어떻게 응답해야 할까요?

전쟁에 맞서는 전쟁. 이것이 우리의 코뮤니즘적 전통이 가르치는 것입니다. 이것으로 충분합니다. 하지만 우리는 비물질노동의 시대, 반세계화 운동의 시대, 전반적 거부의 시대, 그리고 자유민주주의로부터의 탈출의 시대를 살아가고 있습니다. 이 지점에서 우리는 불가피하게 우리 자신을 위해 급진적이고 능동적인 불복종의 문제를, 보편적으로 세계시민적인 아래로부터의 외교의 제안을, 그리고 정치적 대항권력의 부단히 능동적인 행사라는 기획을 설정해야 합니다.

이렇게 말한다 하더라도 기본적인 문제는 여전히 남습니다. 모든 전쟁의 동기들은 국가의 이해관계와 독점적인 이해관계의 조합이라는 점 말입니다. 모든 전쟁은 자본주의 정치의 연장이며, 점점 더 그것의 기초가 되는 부가적인 계기라는 점 말입니다. 우리 입장에서 말하자면, 우리는 자본주의에 반대하기 때문에 전쟁에 반대합니다. 이제 우리는 경찰 전쟁에 사회적 전쟁을 맞세워야 합니다. 질서와 안보를 빙자한 전쟁의 자본주의적 가속화는 자본의 권력에 반대하는 우리의 사회적 투쟁의 부단한 가속화에 직면할 수밖에 없습니다. 그래서 우리는 능동적인 불복종에, 아래로부터의 외교에, 그리고 정치적 대항권력에 더하여, 자본주의적 착취에 반대하는 사회적 투쟁의 회복을 중층결정 over-determination ■의 핵심적인 요소로 추가할 필요가 있습니다.

오늘 아침, 정권의 선전과 임금 노동자라는 신비화된 의식에 의해 오도된, 일부 이탈리아 용병들이 나시리아에서 사망했습니다. 우리는 그들에게, 그들의 가족과 친구들에게 애도를 표합니다. 하지만 지금 이 시각에도 우리는 그들을 파견해 죽게 만든 사람들의 살인에 대한 책임 역시 망각해서는 안 됩니다.

■ 중층결정 : 흔히 '과잉결정'으로 옮겨지기도 하지만 여기에서는 문맥을 고려하여, '하나의 결과를 이끌어 내는 데에 관여하는 여러 요인들의 결정성'을 강조하기 위해 '중층결정'으로 옮겼다.

5강

귀족제의 재구성을 향한 제국 안의 경향들과 추세들

여기에서 나는 칸쿤에서 열린 WTO 정상회의 이후에 정교화된 일부 입장들에 대해, 특히 이탈리아에서 일어난 운동들의 상황과 관련하여 논의하고 싶습니다.

WTO는 이라크 전쟁이 분할한 것들을 진정시키는 데 실패했습니다. 하지만 우리는 경계를 늦추어서는 안 됩니다. 미국의 초권력과 관계를 맺는 협상 상대자가 될 기회로 삼을 수 있는 전세계적인 귀족정의 재구축을 둘러싼, 엄청난 긴장들이 WTO에 작동하고 있었음은 분명합니다.

미국과 유럽의 자본가들은 하나의 공동 전선을 재구축하려고 애를 썼습니다. 그들은 모든 방면에서 정치적 차이들과 자기중심주의를 과소평가했으며, 무엇보다도 자신들이 이러한 전반적인 경제적, 정치적 위기 상황을 지구화라는 새로운 경제적 현실을 자신들의 수중에 넣을 수 있는 기회로 만들 수 있을 것으로 생각했습니다. 그들은 이것이 공통재에 대한 자본주의적 재전유를 위한, 디지털 분야라는 '새로운 공통적인 것들'이 낳은 공간들의 '재봉건화'의 실질적 과정을 위한 발사대가 될 것이라 희망하고 있었습니다. 이러한 건지에서 볼 때, 그 의도는 전 세계적인 귀족정들(특히 다국적기업들)의 동맹을 구축하는 것이었으며, 미국의 일방주의적인 주장들과 미국 행정부가 전 세계에서 벌이려 노력하고 있던 쿠데타에 반대하는 것이었습니다. WTO 수뇌 회담에서 이 전략은 관철되지 못했는데, 그것은 개발도상국들의 반대와, 그리고 무엇보다도 선진 서방 세계 전역에서 일어난 운동들의 반대 때문이었습니다.

지구적 자본주의 세력들에 내재하는 이러한 상대적 위기는 그러한 [반대]운동들에는 긍정적인 현실입니다. 사실상, 자본주의적 초권력들의, 그리고 다국적기업들의 제국적 재구성이 성공했더라면, 다중 편에서의 행동, 대항권력, 저항, 운동 등은 엄청나게 쇠약해졌을 것입니다.

하지만 이러한 긍정적 경향과 반대되는 부정적 경향 — 다시 말해 전 세계적인 수준에서 다양한 상표의 사회민주주의의 재구성 — 역시 존재합니다. 한편으로는, 다국적기업들을 지배하는 보다 역동적인 귀족정들에 대해 전지구적인 관심과 깊은 친화를 표방하는 토니 블레어류의 정신이 존재하고, 다른 한편으로는, 세계 자본주의의 이전의 현실들에 향수를 느끼는 사회민주주의적인 정신이 존재합니다. 양자는 국가적 착취 경영 프로그램을 중심으로 한 재구성을 지향합니다. 중앙 유럽에서 이것은 이제 자명한 현실이 되었습니다. 라틴아메리카에서 이러한 과정은 특히 강력합니다. 일본과 중국에서 이것은 대단히 진척되어 있습니다.

'양당적인' 입헌 방식들은 이 과정을 두드러지게 하고, 대의representation는 지구화라는 자본주의적 경영에서 일어나는 위기 과정들을 국가 자본의 기획들로 되돌리는 경향이 있습니다.

유럽의 좌파들 내에서 이러한 과정들은 특히 빠르게 전개되고 있습니다. 사회민주주의적인 엘리트들의 재구성에, 그리고 전 세계적인 귀족정들의 재구성에 반대하는 노동조합과 정당정치 세력들은 점점 더 고립되어가고 있습니다.

오늘날 그러한 모순들은 만천하에 드러나 있습니다. 하지만 우리는 그것들을, 단순히 직접적인 정치적 대결의 지형이 아닌, 그리고 저항 운동이라는 정체성의 지형이 아닌, 또 다른 지형 위에서 규정할 필요가 있습니다. 이러한 문제, 즉 자본주의적 종합의 위기를 파악할 뿐만 아니라 새로운 개방구들을 결정하는 대결의 지형을 창출하는 문제를 제기할 때, 이 위기가 운동들을 위한 개방구가 되는 공간들을 끌어내도록 하기 위해, 그리고 이러한 조건을 수동적으로 경험하는 것으로 전락하지 않기 위해, 우리는 이 논쟁을 새로운 차원으로 옮길 필요가 있습니다.

첫 번째로 주목할 것은 발전 모델들의 위기입니다. 새로운 정보 경제 국면을 개시하고 있던 자본주의 발전 모델들에 대해 마누엘 카스텔스Manuel Castells가 1990년대 초반에 내린 규정을 살펴보지요.

1. 첫 번째는 앵글로색슨 모델로서, 이것은 생산양식의 정보화가 전 세계로 확대될 것으로, 더 나아가 미국 이데올로기라는 극단적인 자유주의를 발전시킬 것으로 보았습니다. 알다시피, 오늘날 이 모델은 위기에 빠졌습니다. 이 모델의 위기는, 이 모델이 국제적인 차원에서 그리고 — 무엇보다도 — 국내적 차원에서 모두, 자본주의적 발전의 평형 상

태를 수립하는 것이 불가능하다는 점을 드러내는 순간 분명해졌습니다. 실업, 빈곤, 불가항력적인 사회적 이원론들의 생산 등이 이 모델의 독특한 특징들입니다. 부자는 점점 더 부유해지고, 빈자는 (항상) 더 가난해진다는 것이지요.

2. 정보 경제와 지구화가 복지형 사회들의 규제 모델들에 적합하게 주형될 수 있을 것이라는 프랑스-독일 모델 역시 위기에 빠졌습니다. 이 모델은 미국과 북미 산업의 백인층, 유럽의 대부분, 극동의 주요 경제기구들을 사로잡았었습니다. 이 모델은 이제 전지구적인 생산과정의 압력 아래에서 무너지고 있습니다. 그것의 상대적 고립과 그로 인한 사실상의 자율은 공통적인 것들의 사유화 및 재봉건화 추세의 극한에 다다랐습니다. 공중위생, 국민노후연금, 사회 내 약자의 보호 ─ 요컨대, 전반적인 케인즈주의적 전제들과 정치적 관계들은 사회적 임금의 축소를 수반했습니다. 이 모든 것들은 더 이상 유지되지 못하고 깊은 위기로 빠져들었습니다.

3. 정보 경제를 분산된 노동의 조직을 위한 도식으로 보는 모델에서도 역시 위기가 일어납니다. 카스텔스는 탈중심화된 생산과 노동조직(화)의 사회적 분산이라는 이탈리아의 경험을 기초로 이 모델을 이론화했습니다. 사회주의 체계가 위기에 빠지고 중국이 값싼 노동력에 의한 상품을 해외 시장에 덤핑하는 것과 맞물려 거대 시장들이 열리면서 이 생산양식은 여러 측면에서 확대되었고, 착취의 지독한 규칙들에 종속되었으며, 또한 그 발전의 분할되고 지역화된 형태들을 통제할 수 없었기 때문에 위기에 빠졌습니다.

오늘날 운동의 문제는, 우리가 이러한 위기를 단순히 공격하는 것이상의 그 무엇을 해야만 한다는 것입니다. 우리는 이 세 모델들이 빠진 위기를 조명해야 하지만 그와 동시에 그러한 위기로부터 벗어날 탈출구를 찾아야 합니다. 우리는 생산적 노동의 새로운 형상들을 파악하고 규정하는 기초 위에서 작업을 해 왔습니다. 우리는 비물질노동의 헤게모니와 협력의 뽀뗀짜를 인식했습니다. 운동들은 이 새로운 주체성이 제기하고 있는 새로운 노동 조직(화) 형태들을 확인해야 합니다. 다중은 카오스적인 대중이 아니라 새로운 주체적 힘들의 창조적이고 생산적인 현존입니다. 우리는 어떻게 이 새로운 사회적 실재들에 기초하여, 착취 없는 세계를 창조할 수 있을까요? 그것은 우리가 오로지 새로운 노동에 대한, 새로운 협력 형태들에 대한 현상학적 지각들로부터, 주체성의 새로운 인류학으로부터, 그리고 세계의 생산 및 재생산의 전지구적인 지형에서 작동하는 활동들의 새로운 특질로부터 시작하기만 한다면 가능할 것입니다. 우리는 기존의 모순들을 성공적으로 변형할 수 있을 것이며 이전에 구축된 모델들의 종말을 목격할 수 있을 것입니다. 전복적이고 혁신적인 방식들로써 말입니다.

지금까지 우리는 통합된 전선을 재구성할 수 없으며, 정치적인 것과 경제적인 것 양자를 포괄하여 단일한 관계로 묶어낼 수 없는 자본의 무능력을 실증적으로 고찰해 왔습니다. 우리는 이 상대적 분할 때문에 우리가 긍정적인 주도권들을 위한 출구들을 발견할 수 있게 된다고 말했었지요.

하지만 이러한 상황은 또한 종종 매우 강력한 부정적인 결과들을 야기하기도 합니다. 경제적·정치적 테두리의 연약함으로 인해 국가 구조들은 종종 억압적 정책들과 안전상의 공황 상태에 빠져들고, 그것은 그러한 경제 모델이 위기에 처하고 전지구적인 정치적 시각들이 혼동될 때 특히 강력하고 종종 효과적이기까지 합니다. 이러한 상황에서는 통치 및 / 또는 경제 수준의 자본주의적 재구성 계획에 가장 유력하게 반대하는 정치 집단들 및 세력들에 대한 매우 폭력적인 억압 및 / 또는 배제 형태들이 존재할 수 있습니다. 반전 투쟁에 뒤이어 노동조직화의 새로운 모델들을 공격하(거나 그것들에 대한 대안들을 제안하)는 투쟁들이 나타날 때, 달리 말해 투쟁들이 전지구적인 시각(평화운동들, 유럽과 민주주의 등과 같은 것을 위한 운동들)에서, 그리고 동시에 (공통적인 것들, 에너지, 서비스들의 자본주의적 전유에 맞서는 투쟁들, 정보적 공간 등등에 대한 전유에 맞서는 투쟁들처럼) 새로운 경제적 모델에 맞서 수행될 때, 그럴 때 억압적 수단에 호소하려는 유혹(그리고 종종 필요)이 권력 정치의 핵심적인 관심사가 될 수 있습니다. 억압은 사실상 매우 위급한 국가 정책의 하나입니다. 그것은 자본주의 체제의 이행 및 / 또는 위기의 순간들을 드러내 보여주며, 이러한 이행들 내의 평형 메커니즘으로 모습을 드러내려고 합니다.

오늘날 이탈리아의 제도적인 면에서 우리는 매우 폭력적인 갈등들을 목격하고 있습니다. 하지만 이러한 것들 기저에서는 전체 자본주의 질서의 심원한 재구성이 일어나고 있습니다. 좌우 두 정치 세력들은 고용계급들의 필요에 연동된 중앙집중적 정치를 둘러싸고 재구성되고 있(으며 전지구적 수준에서 작동하고 있는 자유주의적 압력들을 희화화하고 있)습니다. 이러한 상황, 즉 우익에게는 일종의 유럽적 실험실이자 좌파에게는 토니 블레어의 실험들을 반복하는 이러한 상황에서, 억압적 위험은 매우 강력하게 나타나며, 제도적 상부구조와 자본주의적 재구성의 심층적인 절차들 사이의 불균형 위에서 모습을 드러냅니다.

이제 우리에게 남아 있는 것은 포스트사회주의 강령들의 개요들을 추적하거나 …… 아니면 적어도 그러한 시도를 해 보는 일뿐입니다.

지금까지 논의된 요점들을 염두에 둘 때 분명한 것은, 운동들 편에서의 유효한 정치적 행위는 그것이 오로지 포스트사회주의적인 경험들 및 상상계와 직접적으로 접촉할 때에만, 상상될 수 있다는 것입니다. 전지구적인 맥락에서, 포스트사회주의적인 강령은 전지구적인 노동력을 위한 운동의 가장 폭넓은 가능성이 있는 자유의 수호를 통해 만들어져야 합니다. 맑스가 곡물 무역 자유화 정책을 지지한다고 선언했을 때, 그는 시장의 자유를 지지한 것이 아니라 단지 곡물과 같은 필수품에 부과되고 있던 모든 제한들을 반대한 것이었습니다. 노동력의 재생산 비용에 대한 성찰의 방법으로서 말입니다. 만일 오늘날 노동력의 새로운 가치가 형성되는 기본 필수품인 곡식이 정신적 에너지, 다시 말해 비물질노동들의 삶정치적 능력들이라면, 그렇다면 우리는 노동력의 가장 완전한 이동성을 옹호해야 합니다. 이것은 우리가 원주민들의 생태학적 절멸이나 다국적 자본의 어떤 층들 가운데에서 인기를 끌고 있는 새로워진 식민주의적 모델들에 동의해서가 아닙니다. 아니, 우리가 원하는 것은 단지, 전지구적 노동 세력 — 지적 노동이라는 사실에 기초하고 있는 — 의 현실들에 부합하는 것입니다.

유럽의 수준에서, 포스트사회주의적 강령은 내국인 소득에, 네트워크들의 완전한 자유에, 노동 및 사회적 재생산의 공통적 조직의 모든 요소들의 보호와 강화에 기초하고 있는 유럽헌법을 위한 기획과 관련하여 재규정될 필요가 있습니다. (유럽은 공통적인 것의 '재봉건화'에 맞선 투쟁을 위한 근본적인 지형입니다.) 유럽의 차원에서 우리는 그 자체로 의미가 풍부하고 또한 전지구적 수준에서 효과를 드러낼 수 있는 이러한 종류의 논점들을 둘러싼 투쟁들을 발전시킬 수 있습니다. 우리에게 필요한 건 오직, 이러한 운동들이 유럽에 미칠 수 있는 예외적인 정치적 충격을 이해하기 위해, 최근에 중동에서의 논점들을 둘러싼 미국과 유럽의 갈등에서부터 칸쿤에서의 분열들에 이르기까지 어떤 일들이 일어나고 있었는지 살펴보는 것입니다. 앞에서 언급한 바와 같이, 우리는 제국적 수준에서의 정치적 지평 및 경제적 지평의 새구성을 허용하지 않기 위해 정치적으로 기민해질 필요가 있습니다. 체계의 단일한 재중앙집중화를 향한 자본주의적 경향이 존재한다는 것을 염두에 두면서 우리는 그 상황의 결말을 열린 상태로 유지하면서 움직일 필요가 있습니다. 포스트사회주의적 강령은 단지 목표들로서만 구성될 것이 아니라 전지구적인 정치적 발전들 내에서 작동하는 권력관계들에 대한 평가 또한 그 구성 요소가 되어야 합니다.

이탈리아에서의 발전에 대한 심오하고 매우 중대한 문제는 정의를 둘러싼 투쟁들을 재개하는 것입니다. 이것은 한편으로 그러한 운동들의 자기표현 및 시위의 권리들을 보호하기 위해 적극적이고 세심하게 조직하는 것을 의미하며, 다른 한편으로 현 정부가 무사히 작전을 수행하지 못하게 하고 정의에 대한 민중의 신념을 파괴하기 위해 선동과 사법적 도발을 사용하지 못하게 하는 것을 의미합니다. 현 정부는 부패, 이해관계의 갈등들, 정치적 목적을 위한 후안무치한 법정 활용, 그리고 (종종 치안판사들을 직접 겨냥한) 정의에 대한 민중의 불신을 결합하여 무기로 활용합니다. 우리가 현 정부의 수중에서 이 무기를 제거할 수 있는 방법은, 치안판사를 방어하는 것이 아니라, 부유층과 권력층에 대항하는 모두를 위한 정의를 요구하는 것입니다.

이 점은 결코 중요성이 떨어지는 것이 아닌데, 그 이유는, 내가 앞에서 말했듯이, 격렬한 위기의 시기에 일어나는 그러한 운동들을 억압하고자 하는 고용계급(좌파와 우파 똑같이)의 정책들에서 억압적 충동이 다시 나타날 수 있기 때문입니다. 이 전투가 중요한 것은 또한, 우리가 이탈리아 좌파의 한 분파가 치안판사를 하나의 정치적 무기로 활용하면서 즐거워하는 그 길 위에 몇몇 종류의 장애물을 놓기 시작할 필요가 있기 때문입니다. 이러한 선택은 강령의 중립화로 귀결되었습니다. 즉 정의의 문제들에 당혹스런 효과를 가져오는 동원으로 말입니다. (물론 이러한 강령은 빈곤에 대해서 언급하지 않으며 착취 받는 사람들을 위한 정의를 요구하지도 않습니다.)

6강

제국에서 유토피아들과 저항

우리가 유토피아에 대해 이야기할 때, 사람들은 종종 냉소적이고 부정적으로 반응합니다. 유토피아가 하나의 대안적인 세계를 위한 기획으로 모습을 드러낸다면 정말 조소와 냉소를 받을 만할 것이지요. 그것이 몽상적인 것이건, 아니면 실제적인 것의 바로 그 모서리들에서 움직이면서 그와 동시에 현실 및 현실의 운동과 일정한 관계를 갖는다고 주장하는 초월 내부에서 실제로 일어나고 제기되는 것이건 말입니다. 그렇지만 …… 오늘날의 전지구적이고 제국적인 세계 질서 속에서, 탈근대에서, 다시 말해 더 이상 '외부'가 존재하지 않는 세계에서 유토피아에 대해 이야기하는 것은 어떤 의미가 있을까요? 나는 그것이 가능한 것에 대해 이야기하는 비천한 목소리들을 의미한다고 주장하는 바입니다. 지금까지 우리의 역사에서 우리는 가능한 것에 대

파울 클레, <새로운 천사>, 1920.

새로운 천사 (Angelus Novus) : 이 그림을 죽기 전까지 소장했던 발터 벤야민은 자신의 논문 「역사 철학 테제」의 아홉 번째 테제에서 이 그림에 '역사의 천사'라는 의미를 부여하였다. 이 그림, 그리고 그림에 대한 벤야민의 해석은 이후 수많은 예술가와 사상가들에게 영감을 주었다.

한 훌륭하고도 드문 현상학들을 보아 왔지만 그것들은 모두 비극적이었습니다. 가능한 것에 대해 이야기하는 것은 절망에 대해 이야기하는 것으로, 자신에게 불확실하고 비극적인 경험을 제공하는 것으로 보였습니다. 벤야민의 '새로운 천사'Angelus Novus*는 이러한 조건을 묘사합니다. 하지만 우리는 하나의 새로운 경험, 즉 우리의 시대에 속하는 경험, 그리고 우리를 새로운 유토피아적 조건에 놓은 경험을 하고 있습니다. 더 정확히 말하자면 우리는 우리를 유토피아의 뽀뗀짜에 직면하도록 만드는 새로운 경험을 하고 있습니다.

그래서 이것은 우리가 유토피아들의 귀환과 그것들의 유효성에 대한 이 회의에서 제기된 물음을 문제화할 수 있는지와 관련된 수많은 영역들을 제공해 줍니다. 첫 번째 문제는 유토피아의 인류학적 변전變轉, 그리고 그것의 의미와 기능에 대한 문제입니다. 즉 인류학적 변전은 노동의 변형들과 과학기술에서의 새로운 발전들과 관계되는가 하는 것입니다. 두 번째 문제는 유토피아를 시간의 경험들의 맥락에서 보는 것입니다. 이것을 유토피아의 강화, 실험의 강화, 그리고 그것이 상식적으로 가질 수 있는 관계의 강화라 부를 수 있을 것입니다. 세 번째 물음 또는 문제는 유토피아를 가능한 것으로 열어젖히는 것입니다. 이것은 낡은 문제틀이지만 여전히 타당한 문제틀입니다. 네 번째 문제는 유토피아 그리고 한계에 대한 우연적인 개념화 사이의 관계에 대한 것입니다. 이것은 유토피아가 가능성으로 모습을 드러낼 뿐만 아니라 또한 위험으로도 모습을 드러낸다는 것을 달리 말하는 것입니다.

이것들이 유토피아가 오늘날 모습을 드러내는 방식의 징후들이라면, 우리는 먼저 유토피아가 과거에 어떤 것이었는지를 물어야 할 것입니다. 달리 말해 우리는 그것을 역사화해야 합니다. 유토피아에 대한 지금까지의 독법에 따르면, 유토피아에 대해 적어도 두 가지 개념화가 존재해 왔습니다. 하나는 매우 형이상학적인 우파적 개념화인데, 그것은 유토피아를 이상향을 향한 향수로서, 원시적 원형에 대한 기억으로 규정합니다. 플라톤에서 루소에 이르기까지, 희망에 의해 촉발된, 이러한 형태의 생각들은 그 사례가 많습니다. 역사는 또한 유토피아에 대한 또 다른 개념화가 있음을 알려줍니다. 그것은 매우 미래주의적인 우파적 개념화로서, (헤라클레스의 기둥에 쓰여 있는) "더 나아갈 수 없음"nec plus ultra을 극복하는 것으로 모습을 드러냅니다. 그리고 이것은 유토피아를 초과excedence로서, 도래할 에덴에 대한 약속으로 경험합니다. 단테 알리기에리의 휴머니즘을 거쳐 유토피아 사회주의에 이르기까지, 유토피아에 대한 이러한 개념화는 일종의 재귀적 모티프입니다.

이것이 근대성 속에서의 유토피아의 역사입니다. 그것은 이러한 대

루잔테(Ruzzante, 1502~1542) : 본명은 Angelo Beolco. 베니스의 배우이자 극작가로서 '루잔테'라는 농민의 역을 맡아 16세기 빠도바의 전원생활을 생생하게 묘사한 것으로 이름이 높다. 그의 예명 '루잔테'도 여기에서 따 왔다.

립되는 극들 사이에서 움직여왔습니다. 하지만 근대성 속에는 유토피아에 대한 처음의 두 정의들에 이의를 제기하는 — 때때로 은폐되고 은밀하거나, 강제되거나 박해받는 — 또 다른 흐름이 존재합니다. 여기에서 (우리가 철학적인 근대성 형식들 속에서 경험하는 것과는 또 다른) 유토피아적 무장소는 항상 점유되고 또 갱신됩니다. 그것은 가난하며 인간적입니다. 그것은 먹고, 만들고, 웃고, 행동하고, 희망하는 것이 초과를 이루는 배고픈 배, 사랑하는 배, 자유로운 배입니다. 그것이야말로 루잔테Ruzzante■와 라블레Rabelais를 거쳐 바흐찐Bakhtin에 이르는 유물론입니다. 이것이 유물론적 유토피아 노선입니다.

이제 우파와 좌파의 사회적 유토피아들이 남아 있습니다. 그것들 중 일부 — 예컨대 기아, 노동, 착취, 무질서의 가능성 등과 관계되었던 유토피아 — 는 좋은 유토피아였습니다. 코카인, 카니발, 풍요와 자유, 성적 자유, 노동을 둘러싸고 세워진 유토피아들 — 이 모든 것들은 우리 경험 안에 존재합니다. 개별적인 경험들뿐만 아니라 집단적인 경험들의 내부에서도 존재합니다. 하지만 현실 사회주의는 유토피아에 대한 근대적 개념을 소진시켜 버렸습니다.

그러나 오늘날 유토피아 개념은 예상치 못한 형태로, 달리 말해 노동의 내부에서, 노동력 내부에서 다시 태어나고 있습니다. 그것이 다시 태어나는 것은 오늘날 자유와 협력 없이는 생산이 이루어질 수 없기 때문이며, 신체들이 없이는, 신체들의 확장과 소통 없이는 희망이 있을 수 없기 때문입니다. 역설적이게도 유토피아는 다시 한 번 가능한 것의 맥락에서 읽힙니다. '또 다른 세상이 가능하다.' 그에 대한 어마어마한 양의 보고서가 세계에 제출되어 왔으며, 그것들은 실현 가능한 것처럼 보입니다. 그들의 명령은 유효합니다. 그것은 어쩌면 우리가 살고 있는 시대가 혁명전야이기 때문일까요? 우리는 알지 못합니다. 확실한 것은 유토피아적 요구가 그럴 듯하다는 것이며, 그리하여 가능하다는 것이며, 그리하여 실현가능하다는 것입니다. 그리고 분명한 것은 그것이 잠재적으로 실재한다는 것입니다. 욕망의 지평선들은 가능성의 지평선들에 가까운 것처럼 보입니다.

이 유물론적 배치는 '독특한 근대성의 철학'high philosophy of modernity에, 마키아벨리에서 스피노자를 거쳐 맑스에 이르는 사유의 흐름에 연결되어 있습니다. 마키아벨리에게 유토피아는 분노에서 태어나 저항과 정치적 강령이 됩니다. 스피노자에게 유토피아는 정념들의 과정 내부에서 그려집니다. 그것은 사랑을 향한 욕망을 움직이는 뽀뗀짜입니다. 맑스에게 유토피아는 착취의 물질적 조건들에 접속되어 있으며, 스스로를 삶의 역학 속으로, 다시 말해 자유의 새로운 집단적 뽀뗀짜의 동학 속으로 밀어 넣는 실제적인 힘입니다.

이렇게 해서 우리는 유물론적이고 내재적인 유토피아적 차원을 확인했는데, 그것은 은밀한 방식으로 근대성을 횡단하면서 탈근대성 안에서 활동적이고 현실적인 것으로 다시 출현합니다. 우리는 어떻게 외부 없는 세계에 침잠해 있는, 이러한 실제적 가능성의 경험을 다루어야 할까요? 달리 말해, 우리는 어떻게 이 유토피아의 체험을 우리가 살고 있는 탈근대적인 세계에 맞춰야 할까요? 우리는 가능한 것의 현재의 전략이라는 맥락에서 유토피아를 사고하기 시작할 수 있을까요? 각각의 ─ 내재성 안의 ─ 유토피아와 가능한 현재의, 그리고 특이성의 물질적 불확실성을 접촉시키는 것은 어떤 의미가 있을까요?

여기에 한 가지 역설이 있습니다. 다중의 역설이 작동하기 시작하는 것이지요. 달리 말해 사회적 형상 ─ 오늘날 노동은 이 안에서 생산합니다 ─ 이 사회적·지구적 활동의 형태로 나타납니다. 이제 이 다중은 복수적이고 공통적인 특이성들 사이에서 전개되는 하나의 과정입니다. 이러한 정의를 만들어 내는 데 우리는 푸코와 들뢰즈를 참고하지만, 크로노스와 아이온 사이의 오랜 구분, 즉 무한을 향해 전개되는 시간과 영원을 강렬하게 재발견하는 시간의 차이 또한 참조합니다. 복수적이고 공통적인 특이성들 사이의 관계로 적극적으로[긍정적으로] 이해된 다중에 대한 우리의 성찰이 개인주의에 대한 비판으로 다시 수동적으로[부정적으로] 접히는 곳이 바로 이 지점입니다. 개인주의는 주체들이 하나의 영혼, 즉 안정적이고 약분될 수 없는 실체를 가지고 있다고 전제합니다. 그러나 이 개념화는 가능한 것을 실현할 수 있는, 특이성이 공통적인 것 속에서 살아갈 수 있도록 해 주는 뽀뗀짜를 제거해 버리고 맙니다! 근대성의 유토피아 ─ 초월의 맥락에서 규정되는 유토피아와 선험적인 맥락에서 기능하는 유토피아 둘 다 ─ 는 여기에서 다중 개념 ─ 다수성muliplicities을 증대하고 공통적인 것을 증대하는 건설에 개방적인 특이한 사건들과 인간 활동의 과정 ─ 과 모순됩니다. 개인주의적 유토피아는 다중의 경험을 떠받칠 수 없습니다.

그와는 완전히 다른 경우를 생각해 보지요. 우리가 다중에 대해 사고할 때, 우리는 그것을 무리를 짓는swarming 운동으로 ─ 모든 가능성을 향해 열려 있는 무수한 가능한 운동들로, 그리고 모든 특이성의 자유로 이해할 필요가 있습니다. 그러나 무엇보다도 모든 발전의 내재적인 원동력으로, 특이성들로부터 시작하는 그리고 그들의 조우로부터 시작하는 텔로스를 건설하는 가능성으로 이해할 필요가 있습니다. 이것이 '날아라, 유토피아!' 프로젝트가 우리의 가설 — 과학기술들은 주체들의 보철들이 되고 소통은 협력이 되며, 공간들은 더 이상 자연적이지 않고 건설된다 — 과 접속됩니다. 수많은 괴물들과 거인들이 여기에서 출현합니다. 우리가 열어젖히고 있는 사회적 풍경은 라블레적*입니다.

라블레(Francois Rabelais, 1494~1553) : 1483년 쉬농 근처의 라 드비니에르에서 출생했다는 설이 유력하다. 르네상스 시대의 대표적인 풍자 작가.『팡타그뤼엘』(1532)을 시작으로『가르강튀아』(1534),『팡타그뤼엘 제3서』(1546),『팡타그뤼엘 제4서』(1552) 등을 출판했다.

이 지점에서 우리는 행복해야 합니다. 유토피아를 위한 새로운 시나리오를 작성했기 때문이지요. 그것은 욕망들의 새로운 집적으로 모습을 드러냅니다. …… 새로운 세계는 가능합니다. 그러나 엄밀히 말해, 재현, 상징, 새로운 무대 세팅만으로는 충분하지 않습니다. 그 이유는 초월이 더 이상 존재하지 않고 내재성만이 존재하는 게 사실이라면, 유토피아 — 또 다른 세계를 상상하는 가능성으로서의 유토피아 — 는 내재성 속에서 살아가야 하고 활동으로 살아가야 하기 때문입니다. 우리는 유토피아를 실천으로, 다중적인 활동으로 상상할 수 있을까요? 첫 번째 대답은 긍정적입니다. 저항이 있는 곳엔 언제나 유토피아가 있고, 저항은 다시 이 세계로 우리를 데려다 주며, 저항은 다시 활동으로서의 유토피아의 건설로 우리를 이끕니다.

우리가 제국에 대해 말하기 시작했을 때, 우리는 유토피아가 아니라, 하나의 경향에 대하여, 하나의 경향적 과정에 대해 생각하고 있었던 것입니다. 우리의 제국 개념은 버질의 제국 — 자신의 권력을 전 세계적 유토피아로 조직하는, 로마의 뽀뗀짜 — 과 같은 개념들과 아무런 관계가 없습니다. 그와는 반대로, 우리의 시각에서 제국은, 경향적으로 주권적이기 때문에, 다중의 특이성들의 활동으로서의 유토피아와 반대됩니다. 제국이 세계 시장에 질서 부여적이고 규범적인 과정을 고정시키고자 할 때, 그것은 극단적인 (자본주의적) 가능성과 (종속화된 사람들이 경험하는) 극단적인 위험 사이의 어정쩡한 종합의 모습으로 나타납니다. 사실상, 제국은 해방의 약속으로, 그리고 규제적 전쟁으로 자신을 드러냅니다. 제국은 다중의 뽀뗀짜에 대응하는 위협을 경향적으로 조직합니다. 그럼에도 이러한 제국 개념은 전적으로 개방적입니다. 만일 자본주의가 전쟁에 의해 질서 잡힌 세계를 구축하길 원하고 또 그럴 필요가 있다면, 자신의 지배의 기원으로서 제헌권력을 행사할 필요가 있다면 말입니다. 그와 같은 경우에 다중들은 또 다른 이행, 즉 새로운 세기의 제헌권력의 이행을 열어젖히도록 압력을 넣습니다.

'반지구적'no global 운동은 이러한 지형 위에서 적응해 왔습니다. 이 운동은 공산주의 운동의 종말과 함께, 유토피아가 '자유의 행진'의 근본적인 요소를 구성하기 위해 아래로부터 가동될 수 있음을 인식했습니다.

요컨대, 만약 제국적 경향이 제헌권력의 기원으로 비쳐지고 자본주의가 제국의 건설을 보장하기 위해 주저 없이 전쟁을 개시했다면, 우리는 또한 모든 유토피아적 격변을 불러일으킬 수 있는 특이성 안에서 활동하는 대항-제국이 존재한다는 점을 상기해야 합니다. 다중들은, 제헌권력을 공통의 토대로 행사하기 위해, 제헌적 시대를 열어젖히라고 압력을 가하고 있습니다. '지구화 반대' 운동을 살펴볼 때, 우리는 그것이 전적으로 이러한 지형 위에서 움직이고 있다는 점을 인식해야 합니다.

이 운동은 공산주의적인 세계 운동의 역사적 종말을 인식하는 한편, 혁명적인 다중, 즉 주체성과 적대의 윤리학을 구축하는 기획을 시작하고 있습니다.

이러한 순간에 유일하게 진실한 유토피아는, 시간성에 대한 자본주의적 파편화에 맞서, 생산 및 지배의 시간 속에서 투생하는 유토피아입니다. 여기에서 욕망은 유토피아와 절합됩니다. 물론 우리에겐 여전히 궁극적 한계, 죽음의 한계를 극복할 가능성이 없지만, 부정적인 것을 삶으로부터 제거할 희망은 존재합니다(이것은 유토피아에 대한 새로운 정의가 될 수 있을 것입니다). 이것은 분명 우리의 생활의 뽀뗀짜들 가운데에서 주어집니다. 유토피아는 오늘날 엑소더스와 변형을 의미합니다. 엑소더스는 작동하고 변형은 가능합니다. 자본은 세계를 식민화했지만, 그것을 식민화하면서 그것의 뽀뗀짜들을 중립화하지는 못했습니다. 유토피아가 가능하게 되는 것은 바로 이 세계 내부에서입니다. 삶권력, 다시 말해 자본과 생산성에 복무시키기 위해 인간성을 파괴하려고 작동하는 권력의 파열 ― 이러한 유토피아는 가능합니다. 우리는 어쩌면 노예상태, 군사적 폭력, 경제적·금융적 세계 질서와 인종주의를 겪어야 할지 모릅니다. 하지만, 이 모든 것을 넘어서, 이러한 것들을 겪어 내면서, 엑소더스는 유토피아의 뽀뗀짜를 다시 발견했습니다. 유토피아는 꿈이 아니라 가능성입니다. 앞서 말한 바와 같이, 욕망의 지평선들과 가능성의 지평선들은 가깝습니다.

7강

제국과 시민

다음과 같은 명제, 즉 사회적 관계들을 결정하는 것이 더 이상 공장 안의 노동이 아니라, 사회 전체를 노동하도록 강제하는 것, 그리하여 사회에서 활동하는 모든 사람들에 대한 착취라는 명제에 초점을 맞추어 보지요. 다중을 말하는 것은 이러한 착취의 새로운 사회적 조건을 말하는 것이지만, 그것은 또한 노동의 새로운 현실 — 협력과 지성을 이용하여 사회적 부를 구축하는 것 — 을 말하는 것입니다.

노동계급은 결코 공장 안에서 이루어지는 임금노동을 좋아한 적이 없습니다. 공장 안에서 일하는 것은 끔찍한 억압, 삶에서의 고통과 착취의 추가적 짐이었으며 현재에도 그러한 상태로 남아 있습니다. 포스트포드주의로의 이행은 노동과 삶의 측면에서 엄청난 진전을 가져왔습니다. 인간의 삶에서 일어나는 모든 개선들에서 이루어지는 것과 마찬가지로 이러한 진보는 1960년대와 1970년대에 일어난 노동자들의 투쟁들이 강제한 것이었으며, 그러한 강제는 지금도 이루어지고 있습니다. 하지만 노동계급의 헤게모니적 기능은 이러한 특수한 상황에서는 존재하지 않습니다. 그것은 순수한 이데올로기적 허구로서만 남아 있습니다. 노동계급은 실제로 투쟁들을 통해 사신을 파괴했습니다. 노동계급은 자본으로 하여금 새로운 지배의 새로운 국면으로 이행하도록 강제했던 것이지요. 그러므로 어떻게 하든 이것은 이 새로운 국면의 이익과 손해 양자의 원인입니다. 이 자본주의적 이행은 사회의 보편적 지성이 노동하도록 강제되고 있다는 사실에 의해 결정됩니다. 이로부터 일반적 불안정성과 노동의 파편화가 뒤따릅니다. 이것이 노동자들에게 이익이 되는지 손해가 되는지는 전적으로 이러한 새로운 상황으로부터 출현하는 저항의 정도에 달려있습니다. 비물질노동 ― 이동적이고 유연하며 불안정한, 그러면서도 생산성과 지성, 정신적 부를 갖춘 비물질노동이 오늘날 생산의 주체입니다. 그것은 [노동이기 때문에] 그 자체로 착취를 당하지만, 자신 안에 잠재성, 구성적 힘, 모든 노동자를 위한 새로운 공통을 구축할 능력을 포함하고 있으며, 이것이 다중의 기치 아래 그리고 자유의 새로운 욕망들 아래에서 실현될, 하나의 가능한 유토피아의 초석입니다.

차이들과 특이성이 오늘날의 생산적 주체를 구축합니다. 차이와 특이성 없이는 어떠한 가치 창출도 이루어지지 않습니다. 그러나 어떻게 차이에서 출발하여 정치적 주체를 구축하는 것이 가능할까요? 페미니즘 운동들은 이미 이 문제를 중점적으로 다루어 왔습니다. 오늘날 우리는 사회적인 생산적 힘 전체로 확대된, 차이에 대한 인식의 일반화의 토대 위에서 그것에 직면하고 있습니다. 그럼에도 불구하고 정치적인 것과 공통적인 것의 문제에 대한 이러한 회복은 제안하기가 너무 어렵습니다. 하지만 오늘날에는 프롤레타리아 주체의 새로운 정치적 형태를 규정하기 위해 우리가 의존하기 시작할 수 있는 요소들이 많이 존재합니다. 첫째 소극적 용어로 표현하자면, 노동운동의 전통적인 범주들을 파괴하는 데에 그러한 요소들이 존재하며, 둘째 적극적 용어로 표현하자면, 그러한 요소들은 자신의 코뮤니즘적 목표들을 재구성하고 재구축합니다.

첫 번째로 소극적인 측면을 고찰해 보지요. 권력에 의해 강제된 선험적인 통일성 개념들인 민중이나 국민과 함께, 무차별적인 개념인 계급은 이제는 고고학의 대상이 되었습니다. 민중과 국민은 지구화가 보여준 바와 같이, 사기에 지나지 않습니다. 국민 개념이 지배 부르주아가 노동을 위해 그리고 전쟁을 위해 자신의 시민들을 동원하도록 허용해 준 끔찍한 비극이었다면, 노동계급이 역사적 과정들에 대한 개발주의적이고 자본주의적인 관념들로 인도될 대중으로 여겨진다면, 그렇다면 우리는 우리에게 이러한 개념들의 허위성을 보여준 점에 대해 지구화에 감사하도록 합시다. 지구화는 혁명적 과정입니다. 신자유주의 이데올로기들에 의해 불확실하게 지배되는 대신에, 그것은 자신의 형태들과 목표들을 전복시킬 수 있는, 낡은 세계를 전복하고 새로운 세계를 상상하기 위해 국제주의와 사해동포주의의 역량을 앞으로 밀어붙일 수 있는 혁명적 견지에 의해 횡단될 필요가 있습니다.

하지만 다음과 같은 점에 주목해야 합니다. 제국이 다중을 창출하는 것이 아니며, 지구화가 우리에게 다중을 보여주는 것도 아니라는 점을 말입니다. 앞서 말한 바와 같이 지구화의 과정은 투쟁들이 강제한 것이었습니다. 오늘날 우리의 문제는 단순히, 투쟁들의 열린 전선을 유지하는 문제, 그리고 그것이 모든 곳에서 작동하고 있는 것으로 인식하는 문제가 아닙니다. 오히려 문제는 자본이 노동계급, 프롤레타리아, 다중의 공격에 저항하려 시도하면서 움직이는 새로운 형태들을 확인하는 것입니다. 그렇다면 이들 새로운 제국적 지배 형태들은 무엇일까요?

우선, 그것들은 특이성들의 집합인, 그리고 삶정치적 실재(즉 사활적인 이해관계들의 전지구적 조성)인 다중에 영향을 미치는 형태들입니다. 이 새로운 지배 수준에서 신체들을 규율하는 정치학이 자본이 취하는 첫 번째 경로입니다. 생산을 하기 위하여 전지구적 자본과 제국적 주권은 우리의 존재 전체를 통제하지 않으면 안 됩니다. 작동하고 있는 것은 전적으로 삶정치적이며, 이것은 욕망들 및 생활방식들과 관련되어 있습니다. 둘째, 세계를 조직하기 위한 제국적 규칙들은 흐름들과 결정들을 위계화하는 것을 통해 전개됩니다. 이 지형 위에서, 전지구적 자본과 제국적 주권 조직은 경계들을, 주민들에게 명령을 내리기 위한 기준들을, 그리고 점점 더 집요하고 과중한 억압적 형태들을 결정합니다. 여기에서 제국적 전쟁이 정치적 개입 양식으로 모습을 드러내는 것은 우연이 아닙니다.

그러나 이 탈영토화된 제국이 제국적 정부와 자본주의적 귀족들/다국적기업들의 편에서 이루어지는 명령 네트워크에 의해 횡단되는 세계라고 해도, 그것은 또한 갈등이 있는 세계입니다. [그 세계는] 우리에게 익숙한 세계, 즉 국민국가의 세계, 산업 노동계급의 세계보다 더 갈등이 많이 발생하는 세계입니다. 무수히 많은 통제 지점들이 무너진 한편, 셀 수 없이 많은 모순 지점들이 떠올랐습니다. 노동계급의 적대는 다중의 적대가 되었습니다. 계급투쟁은 저항투쟁으로 변형되었습니다. (자본주의적인 정치적 신체만이 아닌, 무엇보다도 프롤레타리아적인)

정치적 신체의 새로운 생리학이 모습을 드러냈습니다. 다중의 정치적 신체는 주민들의 이동에 의해, 이주에 의해, 욕망들의 변형에 의해, 형식적 권리들에 대한 동경에 의해 특성을 부여받습니다. 이 지구화된 세계를 살펴보면 우리는 그것이 엄청난 양의 자유에 의해, 저항하는 피착취자의 뽀뗀짜에 의해, 도주를 감행하는 배제된 자들의 불복종[반항]에 의해 어떻게 횡단되는지 알게 됩니다. …… 이 세계는 하나가 되었습니다. 이 세계는 방해물이나, 또는 전쟁의 극단적인 한계 이외의 어떠한 한계도 갖지 않는 다중들의 이동에 의해 횡단됩니다.

그렇다고 해서 우리가 이제 개별적인 중심 국가들이나 이전의 제3세계 국가들 내부의 프롤레타리아에 대한 통제가 효과가 없다고 말하고 있는 것은 아닙니다. 우리는 단지 신체들을 규율하는 것에서 운동들에 대한 통제로, 전쟁을 통한 국가건설nation-building로 나아가는, 그리고 민주주의의 부과로부터 '전체주의적인' 체제와 '민주주의적인' 체제 사이의 변이에서 일어나는 사적 부패에 이르는 내적 재구조화의 정치학을 말하고 있는 것입니다. 우리는 이 모든 것이 투쟁의 새로운 지형이 되었다는 점을, 특유하고 종종 통제 불가능한 저항들에 의해 횡단되고 있다는 점을 말하고 있는 것입니다. 우리가 운동들의 새로운 강도를 재는 척도를 마련하는 곳이 바로 여기입니다.

스위스에서 일어나는 일을 예를 들어 보지요. 매년 세계의 지배자들은 세계를 통치하기 위한, 그리고 착취의 전지구적 과정들을 운영하기 위한 게임 계획을 세우기 위해 모입니다. 다보스에서 일어나는 일을 살펴보면, 회담을 조직하는 거대 금융 권력들이 나머지 국가 권력들에 맞서, 무엇보다도 미국의 군주적 권력과 맞서고 있다는 것을 보게 될 것입니다. 다보스는 전지구적 권력의 현재 구조에 대한 훌륭한 표상—

다보스 포럼 (Davos Forum) : '세계 상황을 향상시키는 데에 헌신'한다는 2010년 다보스 포럼의 로고.

미국의 주권을 껍질로 하고, 그 내부에 다국적 기업들과, 그리고 자본주의 나라들의 정치계급들을 지니고 있는 일종의 러시아 인형 ― 을 제공합니다. 다중은 눈뭉치가 아니라 경찰 최루탄과 온갖 종류의 무기의 위협을 받으며 다보스에서 쫓겨나고 있습니다. 다보스는 제국적 구성의 일종의 스펙트럼이 되었고, 그곳에서의 의제는 다중에 맞선 체계 내부의 다양한 통제 수준들, 아울러 전쟁과 내부적 경찰 행위의 행사이며 위계화(배제/포함)와 관련된 결정들입니다.

대항-제국은 존재합니다. 그것은 항상 움직이고 있는 다중이며, 주체들의 약분될 수 없는 다수성입니다. 그것을 정치적으로 재구성하기 위하여 다중은 (자본주의 발전에 특징적인 고전적인 입헌적 형식들을 재생산하지 않는) 대의의 새로운 형식들의 발명과 (좌파 정당들에 의해 조직된 낡아빠진 형식들을 재생산하지 않는) 동원[이동]의 발명을 경험해야 합니다. 우리에겐 낡은 것들 ― 좌파 정당들이 자신의 벽장 속에 여전

7강 제국과 시민 71

히 가지고 있는 자본주의의 골격 — 과 결정적으로 단절하는 새로운 강령이 필요합니다. 그러나 그 모든 것에 앞서서, 문제는 다중의 기동성을 강력하고 효과적인 정치적 구조들 속으로 모으는 것입니다. 모든 나라들에서 받아들여질 수 있는 형식들 속에 구체화되어 있는, 보편적인 시민의 권리는 이것의 필수적인 부분입니다. 여기 스위스에서 그러한 문제는 광범하게 논의되어 왔으며, 이것이야말로 어떠한 미래의 강령을 위한 전제 조건으로 발전시킬 필요가 있는 문제입니다.

우리가 처해 있는 정치적 국면은 어려운 국면입니다. 미국의 일방주의와 주권 국가들의 국제주의에 대한 주요한 논쟁이 있습니다. 그 논쟁은 잘못된 것입니다. 그 논쟁에서 실제로 문제가 되고 있는 것은 누가 제국을 통치하려 하는가 하는 것이기 때문입니다. (국민으로서의) 미국인들 혹은 전 세계의 자본가들은, 지구화를 위한 규범들과 명령들을 만들어내기 위한 자신들의 필요 속에서 통일을 이루어낼까요? 우리는 신자유주의에 반대하는 투쟁과 미국주의에 반대하는 투쟁을 혼동해서는 안 됩니다. 우리는 모든 수준에서 그리고 모든 순간에 반자본주의적 입장들을 제출해야 할 의무가 있습니다. 이 모든 것이, 차이들이 존재한다는 점을, 또는 각각의 투쟁 상황이 그 나름의 특성들을 가지고 있다는 점을 부정하는 것을 의미하지는 않습니다. 문제는 투쟁의 조직화에서 드러나는 이러한 차이들을 부정하는 것이 아니라, 반자본주의 투쟁을 항상 제1의 지형으로 전경화하는 것입니다. 우리는 자본주의가 자신의 역학을 통해 불러오는 힘의 균형에 미혹당해서는 안 됩니다. 그 대신 우리는 다중의 이해관계들을 재조직하기 위하여 이러한 역학들을 관통해야 합니다. 라틴아메리카에는, 이러한 물음들이 어떻게 다루어지고 있는지 알 수 있는 중요한 사례들이 있습니다. 이곳에서 일부 정부들(특히 브라질과 아르헨티나)은 그러한 운동들과의 변증법에 자신을 노출시키고 있습니다. 이러한 운동들의 반자본주의적 공격은 이러한 세계적인 뽀뗀짜들의 경험들을 비교하는 데 있어서 근본적인 설명의 축입니다. 이러한 실험들이 어떻게 끝나건 ― 그것들은 확실히 불완전하고, 때때로 모호합니다 ― 우리는 여기에서 지구화를 특징짓는 핵심적인 요소로서의 반자본주의적이고 다중적인 이해관계를 발생시키는 것이 무엇을 의미할 수 있을지에 대한 초기 모델을 만나게 됩니다.

전지구적 시민권은 핵심적인 반자본주의적 요소입니다. 우리는 제헌적이고 포스트사회주의적인 공간들을 열어젖히는, 이 주제에 착수해야 합니다.

8강

제국적 이행을 살아내기 — 투쟁하기 위하여

19 70년대 이후 『르몽드 디플로마티크』 *Le Monde Diplomatique*는 나의 발전에 근본적인 영향을 미쳤습니다. 『르몽드 디플로마티크』가 얼마나 소중했는지, 잡지가 감옥에 도착하면 1980년대 초반의 정치범들 사이에서 돌려 읽히던 때가 생각납니다. 이 잡지를 통해 우리는 '짧은 세기'의 거대한 위기로 들어갈 방법을 찾을 수 있었습니다. 이 잡지를 통해 우리는 지성과 분노의 길들을 열어 놓을 수 있었습니다. 그 잡지를 통해 우리는 후회를 하지 않아도 되었습니다! 그 당시와 비교해 보면, 『르몽드 디플로마티크』는 어쩌면 어느 정도 나이가 들지 않았을까요? 나는 그렇게 생각하지 않습니다. 하지만 오늘날 우리가 이전과는 매우 다른 역사적 상황 속에서 살아가고 있다는 점은 틀림없습니다. 우리는 제국을 누가 통치하느냐를 결정하기 위해 전쟁이 치러지

고 있는 자본주의적 단절의 시기를 살아가고 있는 것입니다. 이제, 이러한 제국적 구축의 과정에서, 명령 사슬들의 변형 과정에서, 사회계급들의 재정의 과정에서, 우리가 사용하는 정치적 어휘들은 완전히 달라집니다. 우리는 정치적 어휘의 갱신을 다루어야 하는 상황에 놓여 있습니다. 우리는 권력이 무엇인지, 착취가 무엇인지 새롭게 진술할 필요가 있으며, 이렇게 이해한 것들을 확산시킬 필요가 있습니다. 『르몽드 디플로마티크』는 여전히 이 길을 함께 가는 우리의 여행 동반자일까요?

정치적 어휘의 변형은 실제적 과정이며, 이것은 근대성의 근본적인 정치적 범주들 중의 일부를 제거하는 것과 관련될 것입니다. 이 과정은 제국적 구성 과정들 안에서, 그리고 제국 내의 새로운 지배계급들 및 노동자 다중의 변형 안에서 [발견되는] 새로운 정치적 주체들을 확인하는 것을 그 출발점으로 삼아야 합니다. 우리는 하루하루 우리가 목격하는 과정들이 펼쳐지는 것을 당혹스럽게 지켜보면서 전쟁과 평화, 민족국가와 사해동포주의, 유엔과 국제법, 시민과 권리, 사적인 것과 공적인 것 등등의 우리의 낡은 관념들이 어떻게 되었는지, 그리고 그것들이 이제 무엇이 되었는지 물어봅니다. 우리가 관통하며 살아가고 있는 거대한 역사적 이행의 내부에 한 지점을 구획 표시하면서, 우리는 정치적 자유를 위한 열정과 사회적 평등을 위한 사랑, 권력에 대한 저항과 가난에 맞선 반란, 이 모든 것들이 함께 가야 한다고 주장합니다. 우리는 우리가 놀랄 만한 이행의 시기를 관통해 살아가고 있다는 것을 압니다. 르네상스가 끝나고 30년 전쟁이 시작되면서, 뒤이어 곧바로 지방의 '재봉건화'가 이루어진 것과 마찬가지로, 오늘날 거대한 사회주의적 혁명의 종말을 맞이하면서, '공통적인 것의 사유화'를 그 자신의 토대로 하는 '예방' 전쟁이 시작되었습니다. 이것은 새로운 정치적 어휘를 구축함

『이스크라』: 1900년대 초 러시아의 혁명가 레닌이 발간한 전국적 정치신문. '불꽃'이라는 뜻이다. 레닌에게 이 신문의 발간은 러시아 <사회민주노동당>을 재건하고, 노동자 대중의 정치의식을 고양시키기 위한 조직화의 전술이었다.

과 동시에 과거에 대한 비판과 미래를 위한 강령의 규정을 수반하는 하나의 이행입니다. 우리는 이 경로를 따라 내려갈 준비가 되어 있습니다. 시애틀과 제노바 이후, 포르토 알레그로와 뭄바이의 사회 포럼들 이후, 우리들 대부분은 포스트사회주의적 강령의 창출이 정치적 의제 위에 굳건히 놓일 필요가 있다고 생각합니다. 『르몽드 디플로마티크』가 그 자신의 비판적 역할을, 위대한 휴머니즘적 신문으로서의 자신의 고단한 작업을 이러한 연계 속에 놓기를 원하거나 그럴 수 있다면, 나에겐 그것이 매우 중요할 것처럼 보입니다. 우리는 새로운 『이스크라』 Iskra*가 아니라 다중에 대한 국제적 논쟁의 네트워크들 내부의 강력한 참조점들을 요청하는 것입니다.

오늘날 우리는 혁명적 비판의 수준에서 언어들을 발명하고 효과적인 행동들을 강령화할 수 있는 우리의 역량을 가로막을 수도 있는 세 가지 위험들을 목격합니다. 첫 번째 장애물은 극단론입니다. 극단론이 거부되어야 하는 이유는 오늘날 우리가 다수majority를 이루는 상황으로부터 시작하기 때문입니다. 이를 통해 우리는 동의를 구하는 것과 근본적으로 연결될 수 있는, 제헌적 모티프들을 (우리의 비판과 함께) 발전시킬 수 있게 된 것입니다(실제로 이건 우리의 의무사항이기도 합니다). 두 번째 장애물은 주권 이데올로기, 달리 말해 이러한 변형 과정들이 여전히 주권을 갖는 국민국가의 (절차들과 정치적 규범들은 물론이고) 형상과 용어들을 통해 해석될 수 있다는 환상의 장애물입니다. 이 이행의 시기에는 특히나 위험합니다. 그것은 우리로 하여금 퇴행적 지위에 끊임없이 조우할 것을 요구하고, 미심쩍은 동맹들 속에서 우리를 질식시키며, 다중의 전지구적 행동의 구조들과 관계를 형성하는 것을 방해합니다. 그 담론의 세 번째 장애물은 제3세계주의와 연관된 것입니다. 여기에서 우리는 세계의 남반구에 영향을 끼친 끔찍한 문제들을 부정하는 것도 아니고, 빈곤 문제의 근본적인 중요성을 부정하는 것도 아닙니다. 우리는 단지 우리가 종속 안에서가 아니라 상호의존 안에서 행동하고 있다는 점을 말하고 있는 것입니다. 우리가 영구혁명에서의 새롭고도 근원적인 실험들의 건설 과정들을 보기 시작하는 것은, 바로 우리가 이전에 제3세계라고 특징지었던 특정 나라들 내부에서입니다. 우리는 이러한 새로운 입헌 정치 기구들의 건설에, 그러한 운동들이 취한 행동들과 일국적·지구적 '거버넌스' 사이의 개방적인 관계에, 우리의 정치적 에너지를 경주할 필요가 있습니다.

 마지막 논점은 오늘날 우리에게 부과되고 있는 것으로서의, 달리 말해 우리 모두의 삶들을 바치는 삶정치적 구조로서의 전쟁 문제입니다. 이러한 전쟁은 현존하며, 다중들은 그것에 반대합니다. 좋은 소식은 미국이 이라크 전쟁에서 지고 있다는 것입니다. 우리는 미국의 다중들이 이제 이러한 패배를 의식하게 될 수 있다는 사실이 기쁘며, 그들이 그것을 자신들의 자유를 위한 투쟁 운동으로 변형할 수 있기를 바랍니다. 미국의 프롤레타리아 없이는, 그리고 미국의 지식인들, 미국의 음악이 없이는…… 요컨대 미국의 다중이 없이는 영구혁명은 가능하지 않을 뿐더러 우리가 관통해 살아가고 있는 삶의 위대한 변형의 자유로운 발전도 가능하지 않습니다. 이러한 점은 유럽의 경우도 마찬가지입니다. 우리는 유럽헌법의 논점을 변형하는 투쟁에 관계되어 있습니다. 그러나 우리는 이러한 목표 외에는 다른 대안이 없다는 것을, 통일된 유럽 없이는 아무런 희망이 없다는 것을 알고 있습니다. 유럽의 프롤레타리아, 유럽의 지식인들, 유럽의 문화와 다중들 없이 영구혁명을 사고한다는 것은 상상할 수조차 없는 일입니다.

9강

저항과 다중

나는 여기에서 『제국』의 속편인 『다중』에 대해 말하고자 합니다. 『제국』에서 마이클 하트와 나는 전지구적 수준에서의 주권의 확대, 재구조화 및 새로운 효력 등의 구조적 경향들을 분석했습니다. 『다중』에서 우리는 제국과 반대되는 주체의 출현을 분석합니다. 우리는 그것을 대항-제국이라고 부릅니다. 우리는 이 두 권의 책에 이어 'De homine'(인간론)이라 불릴 세 번째 책이 나오길 기대하고 있습니다.[2009년도에 출간된 세 번째 책의 이름은 *Commonwealth* 이다.] 이 책은 정치적 주체가 근대성에서 탈근대성으로의 이 거대한 이행 속에서 횡단해 온 열정들과 인류학적 변신들에 대한 분석이 될 것입니다. 근대성의 철학, 특히 홉스의 사고를 알고 있는 사람이라면 누구라도, 우리가 취한 이론적 경로가 근대성의 경로와 정반대를 가리킨다는 것을 인정할 것입니다. 근대인들, 특히 홉스는 — 권력의 초월성이라는 이데올로기적 시각으로, 달리 말해 권력의 필연성이라는 진술로 귀결된 — 소유하는 개인주의로 규정된, 인간에 대한 새로운 형이상학을 자신의 출발점으로 삼았습니다. 그와 반대인 우리의 경로는 현실주의적입니다. 우리는 새로운 전지구적 질서에 대한 규정을 우리의 출발점으로 삼으며, 이어 그것에 대한 비판을 전개시킵니다. 이것이 구체적인 것으로부터 그것에 대한 비판으로 나아가는 …… 그리고 그것으로 가능한 것이라는 용어를 제시하는 마키아벨리의 방법입니다. 제국이라는 우리의 도식에서, 자본주의적 지구화에 대한 우리의 해석에서, 발견되고 밝혀질 필요가 있는 요소가 바로 '대립'opposition입니다. 다음에 우리는 인류가 이러한 현실에 의해 어떻게 달라졌는지, 그리고 저항이 어떻게 대안적 경로의 중앙에 놓일 수 있었는지 볼 것입니다. 그래서 우리는 홉스의 방법이 아닌 마키아벨리의 방법을, 그리고 데카르트의 방법이 아닌 스피노자의 방법을, 그리고 또한 칸트의 방법이 아닌 흄의 방법을 채택할 것입니다. 우리에게 논점은 저항이 어떻게 모든 정치적 과정들의 뿌리에 있는지, 주체가 어떻게 주권적 추상에 앞서는지, 그리고 특이성이 어떻게 권력의 추상성에 반대하는지 보여주는 것입니다.

『다중』은 그래서 정치적 주체의 문제를, 오늘날 그 주체의 혁신의 문제를, 그리고 무엇보다도 그 주체의 생산의 문제를 보여주는 책입니다. 『제국』에서 이미 다중은 민중이 아닌 것으로, 대중이 아닌 것으로, 개인들의 집합이 아닌 것으로 규정되었습니다. 오히려 다중은 특이성들의 네트워크로 규정되었습니다. 이러한 특이성들은 이 네트워크에서, 카오스로 축소[환원]되지 않기 위하여, 그들 사이에서 펼쳐지는 공통 속에서 스스로를 인식해야 합니다. 공통에 대한 이러한 인식은, 다중이 특이성들로 이루어져 있다는 인식만큼이나 다중의 토대를 이룹니다. 오늘날 상황이 실제로 어떠한지 살펴보도록 할까요. 다중의 특이한 노동력에 의해 생산되지 않는 자본의 가치화와 생산성은 존재하지 않습니다. 즉각적으로 사회적이지 않은, 스스로를 협력적, 지적, 관계적, 정동적, 그리하여 삶정치적이지 않은 것으로 제시하는 생산적 힘들[생산력들]의 집합은 존재하지 않습니다. 다중은 단순히 경제적 개념이 아닙니다. 그것은 삶정치적인 것의 형태들로 변형되는 계급 개념입니다. 포드주의에서 포스트포드주의로 이행하면서 다중을 노동계급으로 환원하려는 시도는 실패로 귀결되었습니다. 사회 전체가 노동하도록 강제되는 한에서 생산적 다중은 사회적 생산성의 수준에서 살아갑니다. 분명 사회의 자본에의 포섭은 완료되었습니다. 분명 이러한 포섭은 삶권력 속에 나타납니다. 그러나 이것은 착취의 모순들과 계급들 간의 투쟁의 총체성이 (더 이상 단순히 공장 안이 아닌) 전체 사회적 지형 위로 새롭게 제시되는 것을 의미할 뿐입니다. 지적인 노동력의 만회를, 그것의 지성의 만회를, 그것의 초과의 만회를 관통하는 자본주의적 가치 창출의 새로운 과정들은 우리가 공장에서 그리고 테일러화된 사회에서 발견하곤 하는 모순들을 전지구적 수준에서 재개합니다. 이러한 현실을 인식할 때 우리는 적대들 및 해결할 수 없는 모순들에 의해 완전히 횡단된 사회라는 이미지를 얻게 됩니다. 사회의 자본주의적 만회는 우리에게 제공할 게 아무것도 없지만, 착취의 모순들을 심화시킵니다. 그리고 우리에게 이것이 의미하는 바는 큽니다. 저항은 그래서 과거의 것들과는 다른 방식으로 규정되게 됩니다. 그것은 점차 중심적으로 되는데, 그 이유는 그것이 단순히 산업적 착취에 대한 저항이 아니라 사회적 착취에 대한 저항이기 때문이며, 단순히 특정한 이해관계들(그것들이 노동계급 내에서 널리 인식될 수 있을지라도)의 표현이 아니라 모든 노동자들과 직접적으로 관련된, 사회적 이해관계들의 표현이기 때문입니다.

그러나 우리는, 사회화된 다중 내부에서, 그리고 사회적으로 분산된 착취에 대한 저항 속에서, 착취당하는 주체의 저항 내용을 구성하는 공통을 어떻게 인식할 수 있을까요? 이것이 『다중』이 답하고자 하는 물음입니다. 삶권력이 삶정치적인 것과 충돌한다는 것은, 그저 일반적으로 규정된 상황을 의미할 뿐이라고 말할 수도 있을 것입니다. 즉, 공장으로부터 사회로 자본주의적 권력이 확장되고, 사회적인 것의 모든 차원들이나 절합들에 대해 자본주의 권력이 실질적인 효과를 발휘하게 된 상황을 의미할 뿐이라고 말입니다. 우리는 그 반대의 것을 보여줄 필요가 있습니다. 달리 말해, 우리는 공통이 어떻게 삶정치적 저항의 생산적 표현들에서 존재론적으로 앞서 존재하는지 보여줄 필요가 있습니다. 이것을 보여주는 것이 결코 불가능한 것은 아닙니다. 사실상 오늘날의 탈근대적 세계에서 이것은 명백한 것을 진술하는 것과 거의 다름없습니다. 그것은 단순히 오늘날 생산이 어떻게 사회적인 것 속에서 특이성의 정보적 혹은 비물질적 생산 네트워크들을 통해 조직되는지를 보여주는 문제가 아닙니다. 그것은 협력과 혁신 사이의 관계가 오늘날 근본적인 생산 네트워크라는 (명백한) 사실을 단순히 보여주는 문제가 아닙니다. 마지막으로, 그것은 심지어 노동의 변형들 및 그러한 변형들에서 비물질노동이 쟁취한 헤게모니가 노동하는 계급들의 생산적 작업에 대한 엄청난 혁신이라고 주장하는 문제가 아닙니다. 흥미로운 것은, 새로운 노동계급의 이 모든 새로운 경험들이 얼마나 생산적임과 동시에 혁신적인지 보여주는 것입니다(이들의 생산적 힘은 체계적으로 예측할 수 있는 자본의 역량을 뛰어넘습니다). 기본적으로 강조할 것은 이 생산성이 자본주의적 규제의 측정 역량을 능가한다는 점입니다. 자본은 더 이상 노동력의 생산성을 획득하는 데 성공하지 못합니다. 삶권력은 더 이상 삶정치적 생산성을 억제할 수 없습니다. 그러므로 착취받는 주체들의 공통은 자본이 자신의 수중에 넣을 수 없는 무엇으로 너많이 이해되어야 합니다. 왜냐하면 이 공통은 혁신적이고 초과적인 것이기 때문입니다. …… 당연히, 공통적일 뿐만 아니라 ― 달리 말해 만인에게 속해 있기 때문입니다.

착취(즉, 사회에 대한 자본주의적 조직)의 경제적 형태들은 이렇게 완전히 새로운 조건들 속에서 변형됩니다. (공장 내에서 효과를 드러내었던 포드주의적 규율을 넘어, 그리하여 국민국가적 영토들 내에서, 그리하여 지역화된 조건들 내에서 강제된) 전지구적 자본주의적 통제는, 지배를 아주 강도 높게 실현하는 것이 자신의 기획이라 할지라도, 노동력의 다중적 협력과 혁신적 초과에 직면하여 붕괴하게 됩니다. 자본주의적 발전은 위기에 빠져 있습니다. 이 위기는 쉽게 해결되지 않습니다. 그것은 자본의 봉쇄 능력과 통제가 완전히 변형된 저항의 힘에 직면하게 되는 위기입니다. 여기에서 특이성과 노동력의 혁신은 말 그대로 폭발적으로 늘어났습니다. 저항은 더 이상 사회 수준으로 확대된 공장 노동자의 저항이 아닙니다. 그것은 생산적 노동의 혁신과 초과에 기초한, 생산적 주체들 사이의 독립적 협력에 기초한, 삶정치적 지배를 넘어 구성적 잠재성들을 계발할 수 있는 능력에 기초한 완전히 새로운 저항입니다. 저항은 더 이상 반응적[반작용적] 행위 형식들이 아니라 행동과 생산의 형식입니다.

자본주의적 금융화 과정들을 연구함으로써만, 그리고 전지구적 차원들 속에서 그것들을 연구함으로써만, 우리는 이러한 이행 — 노동의 규율화[훈육화]로부터 화폐 통제에 이르는, 노동력의 혁신과 초과에 의해 야기된 위기에 대한 인식으로부터 지배의 새로운 초월 형식에 이르는 이행 — 을 자본주의가 얼마나 강렬하게 의식하고 있는지 이해할 수 있습니다. 자본이 이러한 혁명적 힘들을 봉쇄하고자 하는 것은 바로 전지구적 금융 통제에 의해서입니다. 그리고 이것이야말로 엄청난 도전입니다!

이러한 맥락에서 주권이 논의의 대상이 됩니다. 단순히 국민주권뿐만 아니라 전지구적 주권 역시 대상이 됩니다. 자본은 어떻게, 생산적 노동력이 하나의 혁신적이고 초과적으로 모습을 드러낼 때, 다중을 그것의 삶정치적 실존이라는 척도 없는 지형 위에서 통제할 수 있게 될까요? 모든 발전(그리고 저개발 — 그리고 심지어는 지구 차원에서 이루어지는 생산의 지리적 영역들의 위계화) 척도의 붕괴, 모든 착취 척도의 붕괴는 규율적 명령의 보편적인 정치적 기준들의 위기를, 그러한 통제의 위기를 창출합니다. 명령의 가능성은 착취의 척도를 요구합니다. 상당히 훼손된 노동의 가치 법칙은 이러한 척도를 제공하곤 했습니다. 그러한 척도를 규정할 수 있는 능력이 자본주의적 명령에 이용될 수 없을 때, 그리고 노동력의 바로 그 표현이 곧바로 저항일 때 가치 법칙이 표현될 수 있는 형태는 무엇일까요?

삶권력은 이러한 상황에서 힘[무력]에 의지하는 이외에 다른 대안이 없습니다. 영구 전쟁, 통치의 한 형태로서의 예방 전쟁의 핵심적 역할, 끝나지 않는 전쟁이, 명령과 복종 사이의, 자본과 생산성 사이의, 제국적 설계와 다중 사이의 이러한 비척도적인, 아니 오히려 척도를 벗어나는 관계에 상응합니다. 이러한 맥락에서 저항은 더 이상 단순히 경제적 문제 또는 윤리적 배치들이 아닙니다. 표현되는 것은 새로운 생산적 주체의 바로 그 물질성입니다. 저항, 불복종, 거부야말로 우리의 세계가 알고 있는 최상의 생산적 힘입니다. 저항만이 부를 창출합니다. 이것이 우리에게 떠맡겨진 역설입니다.

    전쟁과 평화의, 주권과 지배의 현재의 발달 국면에서, 다중의 저항은 민주주의라는 명제로서 나타납니다. 민주주의는 통치의 한 형태가 아니라 참여의 양식이자 공통의 관리입니다. 모든 전통적 주권 관계가 소진되는, 근대성에서 탈근대성으로의 현재의 이행 국면에서 민주주의는 두 개의 얼굴을 지닌 채 나타납니다. 한편으로는 전쟁과 전쟁이 야기하는 거대한 재앙들을 멈추게 하는 수단으로서, 다른 한편으로는 새로운 세계 질서의 건설로서 말입니다. 민주주의적 저항이 당당히 모습을 드러내는 것은 바로 ― (전쟁에 저항하고 제헌권력을 행사하면서) 저항자들로부터 끊임없이 영양분을 공급받는 ― 이러한 관계 내에서입니다.

10강

괴물스러운 다중

오늘날 다중 개념은 공적 영역에 놓여 있습니다. 우리는 우리의 토론에서 그 개념을 사용합니다. 그리고 그 개념은 정치적 시각에서 유용합니다. 그러나 그것은 다루기 어려운 개념이지요. 오늘 강연에서 나는 그 개념의 어려움들을 통찰해 보고 또한 그것의 모순들에 대해 논의해 보려고 합니다. 요컨대 그것을 잠재적 현실의 윤곽으로서 시험해 보려는 것입니다.

지금 다중의 개념에 해당되지 않는 것이 무엇인지에 대해서는 폭넓게 합의하고 있는 것 같습니다. 우선, 다중은 노동계급이 아닙니다. 이 점을 주의 깊게 살펴보지요. [왜냐하면] 다중은 **또한** 노동계급의 개념이기 때문입니다. 그리고 확실히 다중은 착취받는 노동력의 개념입니다. 그러나 그것은 노동계급 개념보다 더 광범위합니다. 왜냐하면 오늘날

팡타그뤼엘 (Pantagruel) : 프랑스의 소설가 프랑수아 라블레의 작품의 주인공으로 거인괴물이다. 네그리와 하트는 『다중』에서 이 괴물이 16세기 유럽 근대 혁명에서 출현한 자유와 발명의 힘을 상징한다고 설명한다. 그리고 오늘날 우리는 새로운 괴물들을 필요로 한다고 말한다.

사회 전체가 자본에 지배당하는 한 — 그리고 착취당하는 한, 다중은 이러한 착취의 사회적 차원에 상응하기 때문입니다. 다중이 노동계급과 동일하지 않은 까닭은 착취의 시공간적 차원들이 완전히 변형되었기 때문입니다. 오늘날 생산의 짜임새 전반에 걸쳐 헤게모니를 차지하고 있는 노동력 형태는 비물질적, 지적, 관계적, 언어적 노동이며, 그리하여 공간과 시간 양 측면에서 유연한 노동력입니다. 그러나 그것의 가장 기본적인 자질은 시공간적인, 자본 통제의 전통적인 차원들을 초과하는 자질입니다. 공간의 측면에서, 다중은 자신을 부양하는 노동과 마찬가지로 이동을 하며 이주를 합니다. 다중은 생산과 사회의 삶정치적 짜임새에 완전히 내재적입니다. 노동의 활동과 그와 관련된 착취는 삶의 모든 공간에서 발견될 수 있습니다. 산업의 중심성 그리고 (자본주의가 구축한) 노동력에 대한 전반적인 규제 조건들은 수명을 다했습니다. 노동은 사회에 복종되어 있으면서도 자유로운 것으로 나타납니다.

불안정한 것들의 괴물성은 노동의 이러한 변형이라는 맥락 속에서, 그리고 모든 규제의 교착과 봉쇄라는 맥락 속에서 이해되어야 합니다. 노동력은 포획 불가능한 것으로 모습을 드러내는데, 그것은 그것의 생산적 뽀뗀짜가 그것의 이전의 모든 규제 항목들을 헛된 것으로 만들었기 때문입니다.

다중은 무차별적 대중이 아닙니다. 이것 역시 우리가 오늘날 통상적인 것으로 받아들이는 진술입니다. 다중이 대중이 아닌 까닭은 다중이 특이성들의 네트워크이기 때문입니다. 그러나 다중은 또한 대중인데, 생산적 사건들의 다수성과 특이성들의 네트워크가 대량화된[덩어리진] 공통으로 모습을 드러내기 때문입니다. 비물질노동이 네트워크의 형태로 모습을 드러낼 때 그것은 대량화되지 않는데, 그 이유는 그것이 지적이고 정동적이며, 관계적이고 언어적이기 때문입니다. 그러나 비물질노동은 공통적입니다. 비물질노동은 이 모순 속에서 괴물스러운데, 그것이 괴물스러운 까닭은 그것이 더 이상 개별적 노동이 아니라 협력적 노동이며, 특이성의 방식으로 자율적으로 조직되고 연합되기 때문입니다. 반면 자본주의적 합리성은 다만 개인주의적인 것에 지나지 않습니다.

우리가 민중을 오직 국가만이 재조직할 수 있는 카오스적인 총체로 이해하는 한에서 다중은 민중이 아닙니다. 지금까지 이것은 명확한 것을 지칭하고 있습니다. 그러나 그렇다 하더라도 역시, 정치적 주체의 뽀뗀짜로서의 다중은 괴물스럽습니다. 그 이유는 다중을 지탱하는 이 공통적 노동이 생산적이고 초과적이며, 혁신적이고 제헌적이기 때문입니다. 다중이 괴물스러운 것은 그것이 언제나 제헌적이기 때문입니다.

괴물스러움은 노동관계와 사회에 대한 모든 용어들이 생산적 힘들의 혁신으로 포착되어 왔고, 그리하여 비결정적이고 특징지을 수 없는 형상들로 모습을 드러내 왔음을 의미합니다. 그럼에도 불구하고, 이러한 변용들과 이러한 변신들 내부에서, 노동력과 사회적 활동은 항상 현존하며, 모든 억압이나 규제에 직면해서도 강력하고 헤게모니적입니다. 지형 그 자체는 괴물스럽습니다. 그러나 그것은 존재론적으로 불가항력적인 저항이며, 경향적으로 헤게모니적으로 되어가고 있는 새로운 생활 및 생산의 양식입니다.

다중이 무엇이냐에 대해 우리는 이미 폭넓은 합의에 이르러 있습니다. (더욱이 어떤 것이 다중이 아닌지에 대해 규정하는 데에서 우리는 적극적이고 공통적인 규정 기준들을 채택해 왔습니다.) 우선 정치경제학 비판의 시각에서 볼 때 다중은 삶정치적 활동을 표현합니다. 삶정치적 생산이란 무엇을 의미할까요? 무엇보다도 그것은 삶권력에 대한 저항을 의미합니다. 오늘날의 전지구적 수준에서의 자본의 변형은 노동자들의 투쟁들에 의해 야기된 것이며, 이 투쟁들은 자본주의적 지배의 이전 형태들을 침식하고 파괴했습니다. 자본은 착취의 기능을 완전하게 하는 것을 통한 사회의 실질적 포섭에 의하여 자신을 발전시켜 왔습니다. 복지국가는 이러한 자본주의적인 사회적 포섭 형상의 최고의 형태를 나타냈습니다. 그러나 자본주의적 포섭은 산 노동이 (프롤레타리아 혁명들의 짧은 세기 동안) 근대 사회들에 가했던 습격에 대한 대응입니다. (국민국가의) 국민적 공간 내부에서 착취를 통제할 수 없는 자본의 무능력에 대한 대응책은 결국 자본주의적 지구화였습니다. 산 노동 역시 이러한 전지구적 전망시각을 추구합니다. 삶의 시간에 대한 자본주의적 지배의 집중은 오늘날 이러한 지배의 전지구적 확산에 필적하며, 그러한 확산을 수반합니다. 공장에서 삶정치적인 것으로의 이행을 강제한 노동계급 봉기와 지역적 지형으로부터 전지구적 지형으로의 착취의 확산을 불러오게 된 이 봉기의 또 다른 효과를 어떻게 구별해야 할까요? 우리는 다중이 집중과 확산 사이의 이러한 관계를 (저항적 방식으로) 횡단하는 것을 목격하고 있습니다. 국지적 명령의 거부는 전지구적 명령의 거부, 위계와 그것으로부터 이끌어져 나오는 영토적 통제의 기능들의 거부(아니면 적어도 끊임없는 해체)와 대응을 이루어야 합니다. 노동의 자유를 재발명하는 것은 특이성에 대해 진술하는 것입니다. 그것은 생산적 잉여를 위한, 그리고 전지구적 수준에서 전개되어야 하는 정치적 헤게모니를 위한 요구입니다. 그것은 저항의 생산으로서의 부라는 관념의 옹호입니다. 이렇게 삶정치적 수준에서 우리는 적극적인 용어로서, 비물질적 노동력에 의해 그리고 다중에 의해, 노동계급의 현재의 조건의 부정적 특징들에 대한 재전유의 괴물스러운 특성을 위한 역설적 요구를 지켜보고 있습니다. 이동성, 유연성, 불확실성은 통제 불가능하고 영구적인 혁명의 긍정적인 요인들이 됩니다. 이것이 다중의 괴물스러운 특징입니다.

그러나 — 고용의 이동성, 유연성, 불확실성이 다중에 강제하는 이 어렵고도 극단적인 관계 내부에서 — 공통적인 것의 구축이 의미하는 것은 무엇일까요? 그것은 두 가지를 의미합니다. 첫째, 그것은 노동의 공통적 조건들에 대한, 즉 가치의, 부의 — 그것이 오늘날 발생하는 바와 같은 — 구축에 대한 인식을 의미합니다. 오늘날 생산과정들의 효과적인 네트워크를 구성하는 것은 생산적 주체들의 협력과 특이성들의 혁신입니다. 노동자들은 이데올로기적 요인들이 아니라 그들이 처한 (본질적으로 대중의 지성에 행사되지만 생산적 노동의 다른 모든 부문에 퍼지는) 착취의 공통적 형태에 의해, 노동이 스스로를 조직하고 표현할 수밖에 없는 양식들과 형태들의 실제 현실에 의해 통일됩니다. 노동자들과 빈민들, 여성들과 남성들, 서비스 노동자들과 산업 노동자들, 그들 모두는 노동 조직화의 동일한 양상들 속에서, 전지구적이 된 고용 및 착취의 공통적 체계 속에서 노동합니다. 이것이 현실입니다.

그러나 착취 받는 노동의 공통적 조건에 대해 인지하게 되는 것을 규정한다고 해서 이것이 다중을 위한 그리고 새로운 프롤레타리아를 위한 공통적인 것의 의식적인 구축을 가능하게 하기에 충분한 것은 아닙니다. 이 공통적 인지는, 그것이 다중의 편에서 투쟁의 공통적 목표들을 구축할 준비가 되어 있을 때에만 경향(성)으로서 나타날 것입니다. 첫째로 [그것의] 착취 과정들의 일반화 속에서 나타나는, 완전히 동질적인, 사적 소유 및 공적 소유의 조직 형태들에 반대됩니다. 공통적인 것, 그리고 공통적인 것을 위한 정치적 요구는 사적인 것과 공적인 것에 반대됩니다. 혁명적 의식의 발달에서 이 이행은 결정적입니다.

이 자리에서 명확히 해 보지요. 객관적이고 사회학적인 견지에서 볼 때, 우리는 (정보과학이나 연구 분야에서건, 농민 노동이나 제조업에서건, 서비스나 돌봄 산업에서건, 남성이나 여성이건) 노동의 다양한 서로 다른 기능들이 동일한 지형 위에서 특징을 부여받는다는 것을 발견합니다. 지적 노동은 착취 받는 노동을 통일합니다. 국제적인 수준에서도 역시, 불평등한 교환의 위계들은 점차 깨지기 쉬워집니다. 이것이 ― 전지구적 아웃소싱의 과정들이 나타난다고 해서 ― 이러한 위계들이 존재하지 않으며 상황이 유지될 수 없다는 것을 의미하는 것은 아닙니다. 교환의 가속화 과정들과 생산 영역들의 상호의존은 점점 두드러지며 거부할 수 없는 것이 되어가고 있습니다. 하지만 궁극적인 한계가 자본주의적인 금융 관리 ― 노동자들의 이해관계들을 자본주의적 이해관계 내부로 만회하고 신비화시키려 드는 극악한 흡혈귀 — 에 의해 유발됩니다. 그러나 전지구적으로 공통적인 것의 결정 위에 구축된 금융화 자체는 어느 정도로 신비화된 형상으로 나타나지 않습니까? 바로 이러한 테두리 내에서 공통적인 것에 대한 논쟁이 벌어질 것입니다.

잠깐 여담을 하겠습니다. 이러한 과정 속에서 우리는 모두 가난합니다. 달리 말해, 우리는 모두, 우리를 전지구적으로 완전히 착취당할 수 있는 아이들이 되게 하는 권력의 수중에 놓여 있습니다. 그러나 성인이 되면서, 그리고 협력과 혁신의 형태로 실험하면서, 우리는 사랑의 모티프들을 발견하기 시작합니다. 이러한 모티프들이 없다면 세계는 존재하지 않을 것입니다. 나는 사람들이 협력하는, 삶이 자신을 재생산하고, 슬픔이나 기쁨이 표현되는 형태를 말하는 것입니다. 이제 가난과 사랑 사이의 이러한 관계를 관통하는 공통적인 것이라는 요인이 존재합니다. 그것은 괴물스럽습니다. 그것은 권력의 관계 내부에 가두어 둘 수 없는 삶의 형태들을 발명하거나, 아니면 최소한 발견합니다. 삶정치적 짜임새는 욕망으로 충만하며, 관계들에 대한 사랑으로 충만합니다. 이것이 어쩌면 저항을 구성하는 것이 아닐까요? 이것이 자본의 시선으로 볼 때 저항을 괴물스럽게 만드는 것이 아닐까요? 아마도 그럴 것입니다. 우리는 이러한 관계 내부에 있습니다. 우리 자신은 가능한 혁신과 첨예한 적대의 괴물들입니다. 우리의 괴물성은 이 세계에 척도, 통제, 형상을 부과하는 것이 가능한지 아닌지를 둘러싸고 일어나고 있는 충돌의 신호입니다.

만일 우리가 공통적인 것의 구축을 노동 및 사회의 조직화의 견지에서 본다면, 그것은 강력하고 활동적인 현존이지만, 한편으로는 역시 무언의 목소리입니다. 오로지 성찰만이 그리고 저항의 작은(혹은 큰)

표현들만이 그것을 드러내는 데 성공합니다. 그러나 강조하고 싶은 또 다른 계기가 존재합니다. 그것은 우리가 공통적인 것의 이러한 구축적 힘을 하나의 정치적 활동으로 보게 되는 계기, 즉 우리가 그것을 정치학 비판의 견지에서 고려하게 되는 계기입니다. 그렇다면 우리가 자문하게 되는 물음은 다음과 같은 것이 될 것입니다. 민주주의란 무엇을 의미하는가? 이제, 민주주의는 정치적 사고의 역사가 우리에게 제공하는 어떤 것, 달리 말해 다수의 대표자들에 의한 일자의 통치가 아닙니다. 하물며 부시가 우리에게 제공하고 있는 것, 즉 유럽 및 미국의 입헌 모델의 수출 따위는 더더욱 아닙니다. '민주주의'에 대해 말할 때 우리는 절대민주주의, 달리 말해 모두에 의한 모두의 통치, 자신을 공통적인 것 속에서 인식하는 특이성들의 정치적 자율을 말하는 것입니다. 이러한 명제에 직면한 자유주의적인 민주주의 모델은 타락 — 개인들로 환원되는 특이성들의 타락, 그리고 대의제 민주주의로 환원되는 민주주의 모델의 타락 — 으로 모습을 드러내며 또 그렇게 규정됩니다. 절대민주주의를 위한 싸움은 노동 과정들 내의 공통적인 것에 대한 객관적 지각, 그리고 — 공통적인 것 속에서 협력, 혁신, 초과로 주체적으로 재해석되는 — 적대적 행위 양자가 배치되는 지평입니다. 여기에서 그것은 더 이상 무엇이 다중이 아닌지 이야기하는 문제가 아니라 무엇이 다중인지를 실천하는 문제입니다. 그것은 특이성과 공통적인 것 사이의, 적대와 제헌적 기획 사이의 끊임없는 상호작용입니다. 우리가 민주주의를 부정적으로 고려할 때(아니면 오직 노동력이 처한 공통적 현실을 발견하는 시각으로 볼 때, 아니면 적대적인 견지에서 볼 때), 우리는 자본주의적 삶권력, 즉 제국이 모든 정치적 명령[질서]으로서의 전쟁을, 모든 형상의 시민권의 토대로서의 전쟁을 부과하는 마지막 방해물과 맞서게 됩니다. 전쟁은 생산적 노동, 초과, 그리하여 권력에 대한 삶정치적 저항의 총체성의 측정 불가능한 본성을 재는 (비합리적인) 강제적인 척도가 되었습니다. 민주주의를 건설한다는 것은 무엇보다도 이러한 장애물들을 제거하는 것을 의미합니다. [또한 그것은 협박당하지 않으면서 전쟁에 대한 전쟁을 선언하는 것, 인권에 미혹당하지 않으면서 특이성들의 권리들을 표현하는 것, 그리고 적대를 구축하면서 겪는 어려움들을 감수하면서 공통적인 것을 건설하는 것입니다. 다중의 이 괴물스러운 특성(다중은 척도에 맞서 과잉을 주장합니다.)이 오늘날의 적대적 세계의 철학적, 인류학적, 정치적 추론의 핵심에 놓여 있습니다.

11강

다중, 유토피아 스테이션

이 강연의 텍스트는 기록으로 남아 있지 않아 더 이상 이용할 수 없습니다. 하지만 2004년 10월 8일 뮌헨의 예술가의 집인 '바바리아'Bavaria에서 예술에서 '다중 만들기'에 대한, 즉 민주주의 만들기에 대한 긴 토론이 있었습니다. 이 테마들은 앞의 글 '괴물스러운 다중'에서, 그리고 이어지는 두 글들에서 이미 윤곽이 그려진 테마들이었습니다. 여기에서 나는 단지 이 토론을 상기하고 싶을 뿐인데, 그 이유는 이 논쟁이, 아돌프 히틀러가 '타락한' 예술의 파괴를 위해 요청했던 장소인, 한때 예술의 전당이었던 곳에서 열렸기 때문입니다. 한스 울리히 오르비스트Hans Ulrich Obrist, 리르크리트 티라바니야Rirkrit Tiravanija, 몰리 네스비트Molly Nesbit는 같은 장소에 나무로 된 '시간의 탑'을 세웠는데, 여기에는 여러 예술작품들을 거쳐서 가능한 새로운 세계라는 유토피아

하우스 데어 쿤스트 (Haus der Kunst) : '예술의 집'이라는 뜻으로 독일 뮌헨에 위치하고 있다. 1853~1854년 산업 박람회장에 식물원으로 처음 건립되었다. 70여 년 동안 순수미술을 위한 전시관으로 사용되다가 1931년 방화로 소실되고 현재의 건물은 1933년에 아돌프 히틀러(Adolf Hitler)의 지시로 재건되었다. 완공 이후에 이곳은 나치의 선전 장소로 이용되었다.

로 가는 길이 이어져 있었습니다. 바로 이 극적인 장소에서 — 전체주의, 파시즘, 지구화에 대한, 아니 무엇보다도 오늘날의 저항에 대한, 가능한 것의 정치적이고 전복적인 관리에 대한 — '유토피아 스테이션' 토론이 있었습니다. 예술의 내부에서, 그리고 예술의 외부에서, 파시즘의 내부에서 그리고 파시즘에 대항해서 일어나는 [저항에 대해서 말입니다.] 뮌헨에서 있었던 이 토론은 이례적인 토론 경험이었으며, 어떤 점에서는, 저항의 경험이었습니다.

12강

평화와 전쟁

> 헤밍웨이는 예전에 이렇게 쓴 적이 있다네.
> "세상은 멋진 곳이다. 그리고 싸울 만한 가치가 있다."
> 나는 두 번째 문장에 동의한다네.
> ― 〈Se7en〉[데이비드 핀처(David Fincher)가 1995년에 연출한 영화]

1. 전쟁과 평화: 그 '고전적이고 근대적인' 형태에서, 전쟁과 평화의 결합은 이 틀에 박힌 관념들의 교차 속에 함축되어 있는 양자택일적인 가치를 간직한 채로는, 평화에 대한 어떠한 긍정적인 규정도 역사적으로 그리고 개념적으로 생산할 수 없다는 것을 보여줍니다. 비무장[군비축소]으로서의 평화는, 소극적으로는, 전쟁이 없는 것을 특징으로 하는 사회적 상태를 나타냅니다. 이것이 레이몽 아롱Raymond Aron이 『국민들 간의 전쟁과 평화』*Peace and War between Nations*에서 이야기하는 바의 비무장을 통한 평화입니다. '평화란 국민들 간의 통상이 군사적인 투쟁 형태들을 수반하지 않을 때 행사된다고들 합니다.' 본질적이지 않건 혹은 실존적이지 않건, 평화의 원리가 '전쟁의 원리와 다르지 않다면' 평화는 투쟁들과 대립하지 않습니다(평화는 그것들을 비무장화합

니다). '평화의 사례들은' 공적 안보의 의무가 이미 그 총체성totus orbis 속에서 고려될 것을 요구하는 세계의 '권력에 기초합니다.' 순수한 안보, 즉 정치적 지구화의 이 첫 번째의 세속적인 형태는 '만민법jus gentium을 권력의 보편적 시각에 일임하는 전쟁/평화의 이율배반과 분리될 수 없습니다. 이율배반은 프루동이 '평화가 전쟁을 드러내고 확증함'을, 그리고 '이어서 전쟁이 평화의 요구'임을 설명하기 위해 (『전쟁과 평화 : 그 원리와 만민법의 제정에 대한 연구(1861)』)에서 사용하는 단어입니다. 이 정식의 인상적인 현실성에도 불구하고, 프루동은 여기에서 자신이 "인민들의 삶의 대안적인 조건들"이라고 부르는 것에 대해 묘사하고 있습니다. 국가중심주의의 국민적 논리가 군사적 전투 성향을 접고 또 펴는 세계에서의 평화 상태와 전쟁 상태의 역사적 '현상학적' 교체에 시달리는 조건들 말입니다.

2. 평화와 전쟁 : 그것의 초hyper근대적인 형태에서, 평화와 전쟁의 결합은 그것들을 역전하는 관점에서 그리고 그것들의 '고전적인' 관계를 역전하는 관점에서 그 두 용어들을 완전히 일시적으로 만드는 대체적 가치로 이해되어야 합니다. 전쟁이 구성된 권력의 규제와 새로운 질서의 제헌적 형태를 의미한다면, 평화는 세계의 안보에 대항하는 무질서와 그것의 위협이 갖는 잠재력(우르비 엣 오르비urbi et orbi■, 즉 도시와 세계)을 관리하도록 설계된 거짓 환상에 지나지 않습니다. 그런데, 외부도 내부도 없는, '국민들 간의 통상'이 전 세계적으로 더불어 살아가기('내적 평화')를 해체하면서 외적 평화의 가면을 벗어던지는 이러한 세계에서, 평화와 전쟁은 아주 견고하게 맞물려 있어 마치 지구를 가로질러 엮어진 단일한 짜임새의 두 측면들을 형성하는 것처럼 보입니다.

평화, 그것은 달리 말하면 전지구적 전쟁으로 알려진 평화라고 할 수 있을 것입니다. 모든 사람이 관찰한 바와 다를 바 없는 나의 가설은, 평화가 단지 다른 수단에 의한 전쟁의 연속으로 나타나는 정치 철학 속으로 '만인'을 빠뜨리는 이러한 혼성적 정체성과 관계가 있습니다. 끝나지 않는 전쟁의 '예외상태적' 관할 아래, 지구화된 폴리스polis에 끊임없이 행사되는 경찰 행위의 완전히 상대적인 타자성. 이로부터 추론하자면, 평화는 영구적인 예외상태입니다.

■ 우르비 엣 오르비 (urbi et orbi) : 바티칸의 교황이 크리스마스나 부활절 등의 대축제일에 강복(降福)을 할 때 메시지의 첫마디에 사용하던 말이다. 라틴어로 '로마의 도시와 세계를 향하여'의 뜻이다.

3. 근대의 여명기에, 주권 및 국민국가의 패러다임들이 태동하고 있을 때, 홉스는 인류의 역사를, 자연 상태와 동일시된, '만인에 대한 만인의' 전쟁 상태로부터의 탈출이라는 거대한 서사와 연관을 짓습니다. 자연적 관계들의 해체와 개인들의 권력을 향한 무한한 욕망의 소외에 기초하면서, 정치적인 주권 기관은 그 자체의 원리로서의 법을 발명하고, 그리하여 시민의 평화를 보장합니다. 평화는 지배자에 대한 복종 속에서 자유의 완전한 소외라는 비싼 값을 치르며, 평화는 또한 사법적 절대성(권리의 이양)이 신체 정치의 실제적인 조건이 되는 복종(권력 이양) 협약을 위한 유일한 보상입니다. 지배자는 주체들의 복종을 이유로 절대적이 되며, 그에 대한 유일한 혜택으로 안보를 제공합니다. '인민의 안전'은 주권 권력(지배자의 권력)이 '무엇이 이성적인지, 무엇이 제거되어야 하는지 판단하기 위한', 『리바이어던』Leviathan의 정식을 사용하기 위한 현실적 조건입니다. 리바이어던은 국내의 평화를 유지하기 위해 갖추어야 할 정의의 단도短刀와, 국외적 방어를 유지하고 반란자들

을 응징하기 위해 갖추어야 할 전쟁의 장도長刀를 수중에 지니고 옵니다. '반란은 단지 부활한 전쟁'이기 때문에 내부의 적이 전쟁의 법 아래 나타나며 '민중에 다중'을 대립시킨다고, (제국의 법이나 국내의 법이 아닌 전쟁의 법을) 선언하면서 말입니다.(Thomas Hobbes, De cive.) 고로 전쟁은 평화의 부정적인 조건으로 나타납니다. 그것이 '법의 주인'에 대한 자발적 복종을 결정하는 국가 이성입니다. 분산된 다중으로부터 개별적 신체 — 민중이라는 공허한 이름을 갖고, 한 사람의 의지의 '절대 권력'에 복종하는 신체 — 를 만들어내는 질서-명령the Order을 창출하기 위해 전쟁을 편재하게 할 필요가 생기며 전쟁의 대리자들이 필요하게 됩니다. …… 근대 국가는 평화의 이름으로 다중들의 '소박한 혼동'으로부터 탈취한 권력의 축적 논리를 독점하면서 전쟁을 통해 스스로를 뒷받침하는 이러한 정치적 대의로부터 탄생합니다. 30년 전쟁이 근대 주권의 탄생과 연관이 있다는 것은 납득할 만합니다. 이 전쟁은 권력의 사법적 도덕성의 결정적 승리를 권력의 '정당한' 분배로서의 '폴레테이아[국가·정체]'에 부과하는 평화로 끝이 납니다(홉스는 그리스의 정의正義를 난동을 선동하는 학교로 파악합니다). 그러나 누가 억척 어멈의 수레의 뒷좌석에서 벌어지는 살육의 풍경들을 가로지르는 정의 없는 평화를 믿은 적이 있었을까요? 1618년과 1648년 사이에 독일은 인구의 반을 잃습니다. …… 근대 국가에 의해 매듭지어진 '평화'란 정당한 전쟁(그로티우스) 이론과 유토피아(토마스 모어)의 이름을 부여받기에 적절하다고 생각되는 보편적 평화 강령 사이에서 찢겨진 이상인 것입니다.

4. 항구적인 평화 프로젝트의 먼 상속자인 유엔보다는 WTO가 그 지구적 이미지에 더 잘 맞아떨어지는 자칭 탈근대성의 시기에, 전쟁은

그것이 영토적 정복이라는 '구시대적' 특징을 통해 권한을 부여받는 한에서 '질서의 뽀뗀짜'가 되었습니다. 평화의 관리 개념이 국가들의 주권 의지에 따라 무역과 통상의 실천들을 결합함으로써 국제적 공동체를 통해 완수될 것으로 알았던 '고전적인-근대적인' 시기와 달리, 평화는 더 이상, **평화 연구**라는 의무적인 항목 아래에서는, 내부 전쟁을 빼놓고는, 그리고 전쟁의 논리 / 논리학을 통하지 않고는 표현될 수 없습니다. 힘의 국제적 관계를 단일한 세계 권력으로 대체하는 것을 예상하여 '예외상태'를 자신의 출발점으로 삼으면서 전쟁은 '평화의 유지'로, 평화의 관리자이자 경찰관으로 모습을 드러냅니다. 정치적 근대성의 신화를 정초하는 것과의 불화는 전쟁과 평화 간의 관계가 역전되면서 모습을 드러냅니다. 평화와 전쟁. 기독교 공화국의 세속화된 유토피아로부터 벗어나면서 평화는 더 이상 힘들의 (상대적) 평형 상태 위에 또는 (전쟁의 비용을 치르고) '이성적인' 헤게모니 위에 세워진 전쟁의 '해결책'이 아닙니다. 평화는 동지와 적의 구분에 기초한 전쟁 수행에 내재한 절차적 조건입니다. 우리가 불투명화(혼탁화opacification)라 부르게 될 이러한 맥락에서, 주권의 생산을 작동시키는 슈미트적 결정론이 이제 제국을 떠받듭니다. 국가의 실체에 대한 신학적 유추에 기초하는 그 진실의 공허함을 최종적으로 언급하면서, 그 정치학의 개념은 이제 제국적 대정치학 — 이 대정치학의 축軸이 전 세계totus orbis로 하여금 '예외상태'에 대한 계속적인 결정들을 내리는 주권적 권력 주변들을 돌도록 만듭니다 — 속에서 주권과 결정 사이의 정합성을 창출하는 것을 그 자신의 유일한 목적으로 삼습니다. (칼 슈미트의 첫 책 『정치신학』*Politische Theologie*의 유명한 서두 구절을 보면 이런 표현이 나옵니다. "그는 예외상태 위에서 결정을 하는 주권이다.") 그래서 우리는 악의 축 — 아니면 신의 판단 — 에 대해 비꼬거나 빈정대지 않고 단지 '평화를 원한다면 전쟁에 대비하라'라는 말 속에 표현된 바처럼, '팍스 로마나'의 헤게모니 모델과 관련하여 완전한 변동을 이루는 상황의 초근대성hyper-modernity을 고찰할 것입니다. 그것은 더 이상 평화를 이루기 위해 전쟁에 대비하는 문제(설득의 원칙)가 아니라, 연속적인 파괴 기능으로서의 전쟁 속에서 평화를 만들어 내는(연속적인 창조라는 '진보적인' 신학적 시나리오의 역전), 그리하여 주권을 테러의 불균형 상태로 빠뜨리는 문제입니다. 그리하여 평화는 전쟁의 탈근대적 이름이 될 것일까요? 세계 속에서 전쟁을 항구적으로 만드는 기획, 항구적인 세계 전쟁의 기획이 된 것일까요?

5. 근대성의 문학은 전쟁을 다룰 때 인간이 전쟁터에서 자신의 고독을 발견하는 순간을 표현하는 걸 좋아합니다. 그림멜스하우젠Grimmelshausen▪, 톨스토이, 스탕달, 셀린느Céline, 헤밍웨이는 자신의 주인공이 전투의 소음과 격렬함에 정신을 잃어, 심지어는 태양과 달이 계속해서 빛난다는 사실에 정신을 잃어 — 기적적으로 — 부상당하지 않거나 고통 받지 않는 장면을 보여줍니다. 평화로의 복귀는 세계에 대한 감각적 재현의 자연스러운 회복이며, 외부의 '내부에서 존재하기'의 미학적 회복입니다. 곧바로 다음과 같은 것이 문제가 됩니다. 탈근대성이 공허함에 내던져진 삶의 마비를 가리킨다면, 그 보편적 상품화 속에서, 그리고 무엇보다도 세계를 전면적인 평화를 목표로 하는 전면전을 위한 작전이 펼쳐지는 극장으로 만드는 계획화 속에서 그 시공간적 원형질과 맺고 있는 우리의 친연성이 내지르는 비명을 가리킨다면, 그럼에도 불구하고 우리는 그 내부로부터 평화에 접근할 수 있을까요? 그 목표가 '전지구적 안

1669년에 출간된 그림멜스하우젠의 대표작 『모험가 짐플리치시무스』의 표지.

그림멜스하우젠 (Hans Jakob Christoffel von Grimmelshausen, 1625-1676) : 바로크 문학의 작가로 17세기의 독일의 가장 중요한 산문작가. 30년 전쟁 중에 12세에 헤센 주의 군대에 입단했고 전쟁 중 포로로 여러 지역을 끌려 다니며 모험을 했다. 1600년대 독일 30년 전쟁 시기, 한 소년의 성장기를 다룬 소설 『모험가 짐플리치시무스』은 독일문학에서 가장 위대한 작품 중 하나로 평가받고 있다. 네그리와 하트는 『다중』에서 오늘날의 전지구적 전쟁상황을 짐플리치시무스의 시대에 비유한다.

보'라는 결정적인 우위에 있는 전쟁의 비열함으로부터 어떻게 우리 자신을 끌어낼 수 있을까요? (랑시에르가 '국가들의 현실정치의 복제로서의 인도주의적인 것의 범주'라고 제안한 정식에서처럼) 전쟁과 마찬가지로 괴물스러운 전쟁의 '인도주의'의 지배에 굴복하는 가운데, 평화 자체가 그 허무주의적 시대에 도달해 버리고 만 것일까요? 탈민주주의의 시민적civil 설득이 핵무기에 의한 설득이라는 '안티시티anti-city 전략'으로부터 양도받을 전후 조건에서가 아니라면, 우리는 어디에서 평화를 찾아야 할까요? 우리는 새로운 제국적 질서의 요새들로부터 원격으로 명령되는, 이 평화 그리고 이 전쟁의 일상의 비참에서 해방되기 위해 예기치 않은 것, 즉 새로운 괴물임이 확실한 것을 기다리는 것 외에 다른 선택이 없는 걸까요? 대량학살 이후의 전쟁터를 상상하거나 묘사하는 법을 알지 못한다면 우리는 아직 살아 있음의 경이로움을, 죽음에 직면하여 느끼는 감각의 경이로움을 상실하게 됩니다.

6. '그들은 사막을 만들어 놓고 그걸 평화라고 불렀다.'라고 타키투스는 썼습니다. 그보다 앞서 투키디데스도 똑같이 썼습니다. 역사가들은 초현실적 시인들입니다. 그들은 무력force이 역사적 질서의 지렛대라는 생각에 당황하지 않습니다. 역사적 현실 속에서 나타나는 정치의 양상들에 대해 그 자신 순수한 관찰에 이바지해 온 마키아벨리는 무장된 평화를 강제하기 위해 수행된 군사적 행동들과 전쟁들을 꼼꼼하게 묘사합니다. 분명히 해 두지요. 무기에 의해 정복된 평화라고. 무기는 (대의된) 뽀뗀짜의 정치적 상태 속에 통일된 민중의 덕virtù을 상징합니다. 여기에서 평화는 그 자신의 과도기적 가치를 발견합니다. 그 가치는 오로지 전쟁만이 '실현할' 수 있는데, 그 까닭은 전쟁이 권력관계들의 일

반적 체계의 벡터인 점을 고려한다면 오로지 전쟁만이 그 가치를 '실현하기 때문입니다.' 그 벡터의 진실은 평화의 시간과 전쟁의 시간 간의 형식적 차이를 제외한 모든 차이를 부인합니다. 평온을 나태와 무질서에 빠뜨리는 위험을 무릅쓰는 것 외에(이것은 전쟁의 영속성을 망각하는 상태를 파괴하는 데에 이를 것입니다), 군주는 '자신이 평온한 시기에 경험했던 것에 의존할 수 없습니다.' 그렇게 해서 군주는 환상들 중에서 가장 위험한 것, 즉 평화에 대한 사랑에 굴복할 것이기 때문입니다. 그러한 때 군주는 그 대신에 그의 모든 신하들과 함께 전쟁에 대해 생각하면서 평화를 살아내야 합니다. 여기에서 현실주의와 냉소주의가 전쟁을 모든 정치적 질서의 진리의 조건으로 동일시하는 담론 속에서 통일됩니다. 그러나 전쟁이 질서를 만들어낸다는 점에 비추어 볼 때, '로마의' 영감靈感이라는 마키아벨리의 진술이 '시민적' 정신의 바로 그 결핍으로 특징지어지는 우리 세계에서 타당한 것일까요? 이번에는 그것이 '공통되기'가 결여된 소통의 비상사태에 의해 운반되는 단순한 환상이 아닐까요? 비릴리오가 칭한 '펜타곤 자본주의'의 전쟁도발적인 환상설의 지정학적 현실은 모든 보충적인 수사를 필요 없는 것으로 만들어 버립니다. 이제 전쟁, 평화, 야만은 탈속적인 것이라는 통념 외에는 다른 규칙을 지니지 않은, 단일한 이야기 안에서 상호작용합니다. 기독교적이건 코뮤니즘적이건, 위대한 평화주의는 전쟁이 평화를 건설하기 위해 만들어진 희생이라고 가르쳤습니다. 그래서 사람들은 평화에 대한 생각으로, 그리고 평화를 향한 욕망으로 전쟁을 일으킵니다. '평화에 유리하도록, 승리에 의해, 적을 앞서기 위해서'(St. Augustine, *Letter 189*, to Boniface.) 말이지요. 전쟁의 목표로서의 평화라는, 그리고 평화를 위한 필수적인 수단으로서의 전쟁이라는 이러한 '자유주의적인' 생각에 결부되어 ― '우리는 평화를 원하며 …… 평화를 달성하기 위한 필요로부터 전쟁을 일으킬 수밖에 없게 됩니다. 그러니까 싸울 때조차도 평화를 유지하라.'(Ibidem.)는 것이지요. 이러한 생각은 보편적인 주체의 (신 안에서의 또는 인간성 안에서) 조정된 진실 안에서 말고는 받아들일 수 없는 것입니다. 평화주의는 더 이상 평화를 위한 기획의 효과를 구현하지 못합니다. 평화와 전쟁. 평화주의는 더 이상, 우리를 전쟁에서 개별적 평화로 인도할 수 있는 어떠한 연표나 신학으로부터도 자신의 권위를 끌어낼 수 없습니다. 향수에 젖는 것 말고는 더 이상 평화를 욕망할 수 없기 때문에, 새로운 질서를 구성하는 기계로서의 전쟁에 대한 저항은 전쟁에 대해 전쟁을 선포합니다. 아니 더 잘 표현하자면, [그것은] 전쟁에 대항하는 투쟁입니다. 들뢰즈가 심판(' "정당한" 어떤 것을 파괴하는 신의 심판') 체계에 기초하는 지배를 향한 욕망으로서의 전쟁을 지배의 권력들에 맞서 힘들을 동원하는 투쟁에 대비시키는 의미에서의 투쟁 말입니다. ('Pour en finir avec le judgement', in *Critique et clinique*[『비평과 진단』] 참조.)

7. '예술을 향한 의지'와 미학적 행동의 생산은 전쟁과 평화의 이러한 전지구적 혼성화의 맥락에서 어떤 의미를 가질까요? 경험의 새로운 배치들이 스스로를 하나의 편 또는 다른 편에 배열하는 것을 거부하는 때에, 우리는 예술을 어디에 아로새겨야 할까요? 그리고 '전쟁에 대한 전쟁'과 '전쟁에 반대하는 투쟁'은 비탄과 각성의 선들을 따라 사유의 빈곤한 연출에 반대하는 예술가들에게 무슨 의미가 있을까요? 아주 분명한 것은, 감정의 미학적 뽀뗀짜가 무차별의 표현에, 즉 스펙타클 시대의 바로 그 폭력을 자신의 오랜 광기 속에 구성하는 무차별의 표현에 그 자신을 기초할 수 있을 뿐이라는 점입니다. 그러므로 예술가는 절대

적 혼성화를 관통해야 하며, 예술 자율의 파괴가 그 자신의 활력적인 뽀뗀짜의 이질성을 건드리는 것과 동시에 마침내 완성되는 선물에 내재하는 이러한 침윤을 관통해야 합니다. 예술가는 그것이 무엇이든 어떤 특이성을 띠면서 순수한 수단의 영역에 거주하면서, 전쟁과 평화 양자가 사물들의 신체들 위에 그대로 남겨두는 공통의 표지들을 확인하기 시작하면서 전쟁과 평화의 환등기를 피합니다. 예술가는 식별이 어려운 이러한 불투명한 지역을 돌아다니면서, 거짓된 사회 평화에 속하는 감각적 증거들의 체계를 파괴하는 '전쟁에 대항하는 전쟁' 속에서, 착취된 정치 제도를 전유합니다. 어쩌면 현대 예술이 위험한 일차적 이유가 여기에 있을지 모릅니다. 현대 예술은 발언할 수 있는 것과 볼 수 있는 것 사이의 관계, 또는 외관, 존재, 행동 사이의 관계가 낳는 정치적 효과들을 규제하는 정체성들의 구분을 직접적으로 공격하기 때문입니다. 현대 예술이 실재 속에서 할 수 없는, 즉 역전을 위한 시위의 발생에 관여하지 않으면서, 학제적 중개의 외부에서 할 수 없는 어떤 것 — '허무주의의 호된 시련을 관통하는 삶의 이행 이후에'(조르조 아감벤Giorgio Agamben ■) 그리고 그 내부에 자신을 위치시키고, 그리하여 우리를 놓기. 예술작품 개념의 확장을 통해 이미지의 헤게모니적 중재 체제에 대응하는 이러한 화제는 감각의 재료에 내재하는 우주적 침윤을 통해, 가능한 새로운 세계의 구성을 탈속적인 것의 표현으로부터 추출하기 위하여 노력하는 예술가들과 관련하여 명확한 것을 밝혀줍니다. 그것은 세계의 미학적

조르조 아감벤 (Giorgio Agamben, 1942~) : 이탈리아 로마에서 태어났다. 2000년대부터 거세진 이탈리아 철학의 흥기 현상인 '이탈리아 효과'를 네그리, 비르노, 베라르디, 랏짜라또 등과 함께 이끌고 있는 정치철학자이다. 『호모 사케르』, 『예외상태』 등 다수의 책을 출간하였다.

12강 평화와 전쟁 **107**

범주로서의 가능한 것의 경험이 세계의 집단적인 비참함이 제거된 재료를 통해 단지 작품들을 창조할 뿐인, 그리고 어느 정도는 작품의 실행 불가능성이 모든 대의적 정체성의 외부에서 '공통적인 것을 이루는' 특이성들을 위한 절차적인 회복의 가능성으로 교체하는, 현대 예술 체제의 특징을 이룹니다. 전쟁에 대한 평화의 지나치게 이상적인 이미지를 통해 지각 있는 사람들의 고뇌에 우리 자신들을 노출시키면서 이러한 입장을 밝히는 것, 이것은 공산주의적 미래의 미학적 예견 내에서 그 자신을 공공연히 드러내는 것을 더 이상 허용하지 않습니다. 이것이 예술의 새로운 주소지인데, 이는 평화에 대한 추억에 더 이상 기인할 수 없는, 전쟁의 타자성이라는 공통 기계 안에서 그 차이점을 추적합니다. (평화라는 '사실'을 '자유'라고 생각할 수 없다는 것. 세계의 매개적 이미지에 맞서 '전선' 위에 존재하지 않고서 평화는 더 이상 가능하지 않습니다.)

8. 맹목적 사실성의 소통에 빠진 이러한 세계에서 예술가 또는 '비예술가'는, 예컨대 '외부도 내부도 없는' 이 세계의 내재성을 이용하듯이 엑소더스를 유일하게 가능한 창조적 사건으로 제시합니다. 복종에서 벗어나 말할 수 있고 볼 수 있는 정체성들의 조절에 이르는 엑소더스, '무無척도'measureless-ness로의 망명, 이것은 우리를 투쟁으로 끌어들이는 전쟁과 평화의 선험적 형식들에 대한 탈규제에 의해 열립니다. 엑소더스, 이탈, 전쟁에 대항하는 투쟁들은, 공통의 텔로스를 결정하는 최후의 탈영토화의 조건 하에서, 여기 이외의 다른 곳에 이르지 않는 유일한 것입니다. 도망자는 시장의 절멸적 권력을 국가에 맞서게 하지 않고서는 시장의 스펙타클에서 벗어나지 못합니다. 시장은 허무주의의

집행관이기 때문이지요. 도망자는 새로운 공통적이고 협력적인 공간들의 편에서 평화의 외관을 공격하지 않고서는 전쟁에서 벗어나지 못합니다. 새로운 이동과 새로운 일시성을 구축하기 위하여 '다른 곳'으로부터 '이곳'으로의 메시아적인 탈구를 역전시킬 때, 엑소더스는 저항의 가치들을, 그렇지 않았다면 발근내직일, 삶정치의 구성적 뽀뗀짜로 변형시키는 이름이 됩니다. 도주하기, 이탈하기는 정치적 대의의 명령적 논리에 의미를 부여하는 모든 초월적 장벽들을 파괴하는 것을, 나아가 '전지구적' 이동을 재전유하는 것을 의미합니다. 구성적 행동을 취하면서 도주하는 것은 발생에 투자하고 부패를 버리는 것, 생활세계의 세계주의적 혼종화를 전쟁과 평화의 정치적 혼종화에 대비시키는 것을 의미합니다. 도주에 속하는 무無척도에 노출되면서, 예술의 특이성은 발생의 생산이 언제나, 엑소더스와 이탈의 삶정치 속에 (신체들의, 언어들-사건들의, 기계들의) '공통적인 것'을 함축하는 '괴물'임을 가르쳐줍니다.

9. 전쟁에 대항하는 투쟁. 평화는 더 이상 삶의 조건이 아닙니다. 평화는 엑소더스 — '인간의 도시'가 탈속적 비참함으로부터 벗어나기 위해 법제화해야 하는 신 없는 세상으로부터의 엑소더스 — 속에서 재발명되어야 합니다. 이 세계의 에토스가 될 수 있는 평화가 없기에, 엑소더스는 투쟁이자 게릴라이자, 무에서 평화를 창조하는 것입니다. 허무주의로부터의 도주로서, 의미를 지역적으로 만들어내는 전지구적 배치로서, 공통적인 것에 대한, 그리고 세상을 변형시키는 공통적인 것의 발생[세대]에 대한 구별적 사고를 미덕으로 삼으면서 다중들의 생태철학ecosophy의 사실상의 의미로서 발명되어야 하는 평화. 유토피아의 대립물, 전쟁에 대항하는 전쟁이라는 개방적이고 완전한 디스토피아입니다. 장기적

이고, 복잡하고, 투쟁적일 임무가 있습니다. 그것은 평화가 바로 예술작품처럼 직관에 지나지 않는다는 것입니다. 평화는, 예술과 마찬가지로, 자기가 파악하는 것을 풍부하게 하는 되기becoming 속에서 힘들을 포착하는 것입니다(강제된 평화주의의 정반대. 이에 대해 마리호세 몬드자인Marie-José Mondzain은 '무력한 평화는 죽음과 같다.'라고 말합니다). 이로부터 우리는, 삶의 힘들 — 이 힘들이 폭력의 예비대 위에 스스로를 세웁니다 — 을 긍정하면서 자신이 먹이로 하는 비참을 파괴하기 위하여 싸우고 있는 전쟁을 관통하지 않고서는 평화를 이해할 수 없다는 사실을 알 수 있습니다. 엑소더스는 이러한 경로의 입구이며, 이것은 인류가 카오스를 횡단하는 것으로부터 하나의 작품, 평화의 작품을 만드는 것에 의해서만 스토아학파의 '마음의 평정'에 이를 수 있습니다(다시 말하자면, 자신이 함축하고 있는 카오스모스를 제외하면 스스로 내세우지 않을, 평화의 작품과 예술작품 사이의 유추). 엑소더스가 일어날 때, 초월적인 어떤 것도 존재하지 않거나 외부가 없는 어떤 세상에서 '다른 곳'이란 존재하지 않습니다. 따라서 [이것은— 저자] 존재의 집단적 구축인 세계로부터의 엑소더스이며, [그것은 — 저자] '죽은 노동'의 초월적 지배에 맞서 개시된, 세계의 산 노동 그리고 산 노동의 지구화입니다. 이때 이것은 전쟁을 통하지 않고는 스스로를 재구성할 수 없습니다. 이것이 (경찰 주도로 법이 확립되는) 첫 번째 전제조건이자 (세계를 군림하는 전지구적 경찰의 '법 바깥의' 작전들이 펼쳐지는) 국가 형태의 마지막 단계입니다. 엑소더스는 지식의 '실천적 삶'vita activa에서 이루어지는 열정들의 변형이며, 이때 지식은 자신의 발생적 잠재력을 — 척도와 통일에 대한 모든 정치적 사고로 약분될 수 없는, 공동체에 대한 초월적 환영illusion으로 약분될 수 없는 — 협력으로 배치합니다. 그러므로, 급진적 유물론의 시각에서 볼 때, 비유기적인 공동체 형태로 세계의 공통 존재를 창조하는 것은 평화가 아니라 특이한 다중들의 구성적 협력입니다. 이 공동체는 탈영토화되고 탈영토화하는 조작적인 operational 공동체입니다. 우리는 이 공동체가, 주권 권력이 '결정하는' 바의 전쟁과 평화 사이의 초월론적 구분보다 존재론적으로 앞서는 것으로, 그리고 그것을 뛰어넘는 것으로 사고해야 합니다. 시험은 시간의 가장자리에서 치러집니다. 주권 권력이 전쟁과 평화의 괴물스러운 혼종화를 '결정하고', 주권의 최종적인 신원身元을 경찰로 드러내는 것은 바로 이 시험에 대항해서입니다. 그 결과는 존재의 가장자리에 존재합니다. 평화는 더 이상 윤리학의 이름이 묶여 있는 삶의 조건들을 제공하는 어떤 위치에 있지 않습니다. 관계들의 구성 및 재구성의 현실과 관련하여 볼 때, 윤리학은, 그와 정반대로, 평화-전쟁 상황의 조작적인 불균형입니다. 그것이 '자아 사이의 투쟁, ······ 정복되고 정복되는 힘들 사이의 투쟁, 이러한 힘의 관계들을 표현하는 권력들 사이의 투쟁'(질 들뢰즈)인 한에서, 원자탄의 투하와 열정들의 투쟁인 한에서, 특이성들의 다중적 카오스에 내재하는 차이들의 결정화인 한에서, 차이들의 굴절을 통해 분리불가능하게 정동적이고 생산적인 성좌를 형성하는 새로운 뽀뗀짜의 발산인 한에서 말입니다. 공통적인 것의 문제를 세계의 구성주의적 이행성 transitivity인 엑소더스로 향하게 하는 이러한 클리나멘*이 없다면 윤리학은 존재하지 않습니다. 이와 마찬가지로, '존재의 실제적 접속이 실제적 감각으로 나타나도록 허용하는'(장뤽 낭시Jean-Luc Nancy) 결정이 없다면

*클리나멘 (clinamen) : 에피쿠로스의 원자론을 따르는 루크레티우스가 원자들의 예측불가능한 일탈에 붙인 이름이다. 그에 따르면 이 예측불가능한 일탈의 발생은 어떤 고정된 장소나 고정된 시간도 갖지 않는다. 루크레티우스에 따르면 이 비결정성은 생명의 자유의지이다. 맑스는 자신의 박사학위논문에서 클리나멘을 자유의 잠재력으로 해석한다.

미학은 존재하지 않습니다. 여기에서 펠릭스 가따리식으로, 횡단적이며 사회적 창의성에 기초하는, 그리고 우리에게 예술이 (평화의 환상에 빠져 달아나는 대신에) 전쟁에 맞서는 이러한 과정의 '깨어 있는 산책자', 즉 비질람불란트Vigilambulant라는 점을 상기시켜 주는, '새로운 미학적 패러다임'을 불러내는 것이 불가능한 것은 아닙니다. 예술작품은 공통적으로 부과된 죽음의 조건들의 활력적 변용이며, 그 강도들intensities이 비가역적으로 특이하고 복수적인 정동들의 창조적인 메커니즘인 해방의 신학에 내재한 공통적인 것의 잠재화입니다.

10. 현대예술에 대한 부정론자들에 맞서서 : 만일 전쟁이 자신이 부수고자 하는 세계의 특이한 구성들에 직면하여 무기력해진다는 점을 보여주는 이러한 집단적 투사projection가 예술이라면, 현대예술은, 그것이 스스로를 구성하는 '장치들'과 표현적 기계들을 통해 (과잉에 의해, 그리고 부족에 의해) 자신에게 부과되는 '무-장소'에서, 평화가 삶의 삶정치적 조건으로서, 신체들의 다매체적 성좌 속에서 에로스를 다중들의 일반지성에 묶는 공통의 저항으로서 재발명될 수 있다는 점을 입증해야 합니다.

(다시 부정론자들에 맞서서 : 우리는 감각들의 폭력, 즉 이 현실 예술의 '표면 / 매체' 관계에 함축된 감각의 가장 폭력적인 파괴가 이러한 표명에 반대할 이유들을 제공하지 못한다는 점을 단언해야 합니다.)

13강

제국 시대의 예술과 문화, 그리고 다중들의 시간

1. 문화 비판은 친숙하고 반복적인 화제입니다. 오늘날 우리의 상황에서 문화 비판이 적절할까요, 부적절할까요?

1947년 제2차 세계대전이 끝날 무렵 막스 호르크하이머와 테오도어 아도르노가 『계몽의 변증법』*Dialectic of Enlightment*을 출간했을 때, 새로운 비판적 모델이 정식화되었습니다. 이 책은 특이했을 뿐만 아니라 재생산되기도 쉬웠으며, 또한 [이때까지와] 달랐을 뿐만 아니라 일반화할 수도 있었습니다. 막 파시즘에 의해 황폐화된 유럽 — 이들은 이제 막 유럽을 떠나왔습니다 — 에 대해, 그리고 망명중인 자신들을 받아들여준 미국 사회에 대해 성찰하면서 호르크하이머와 아도르노는 그 반대편으로 전복되는, 즉 파시즘의 명백한 야만적 행위들뿐만 아니라 문화 산업의 새로운 유혹들에 의한 대중들의 전체주의적 노예화로 전복되는 계몽 사고의 경향을 조사했습니다. 유럽의 파시즘과 미국의 상품화는 동일한 조명을 받았습니다. 그때부터 지금까지, 서구 문화에 대한 그들의 판단은 제국이 하나의 실체가 됨에 따라 점차 그 옳음이 입증되었습니다. 파시즘의 문화 상품화로의 전환은 이음매 없이 이루어졌습니다. 그것은 지구 전역으로 널리 퍼졌으며, 원거리통신은 그러한 확산의 기본적인 수단이 되었습니다. 그 이미지의 타락은 이제, 관광여행에 의해 표현된 보편적인 매춘[변질] 속에서, 그리고 고상한 취향에 대한 수많은 다른 모욕들 속에서 확산되었습니다. 머독의 텔레비전을 보면 아도르노가 제공한 문화 비판의 모델이 새로운 세계의 존재를 정말로 명확히 설명하고 있다는 증거를 발견할 수 있습니다. 이 세계가 파시즘으로 재전환하는 것, 전쟁의 노선을 따라 세계가 재구축되는 것, 품위가 떨어지는 이미지를 통한 세계의 타락, 오늘날 이 모든 것들은 기하급수적으로 늘어나고 있습니다. …… 예컨대, TV는 이제 상호작용이 가능하게 되었고, 쓰레기 문화를 생산하며, [그에] 어울리는 대중을 구축합니다. 이번에는 대중이 새로운 쓰레기 생산물들을 요구하며 그렇게 해서 우리는 빙 돌아 제자리로 옵니다. 뉴스와 정보의 거세는 열정들의 분쇄라는 동일한 법칙들을 따릅니다. 만일 낭만주의와 고전주의가 둘 다 무의미한 기호들로 축소된다면, 진실을 위해 남아 있는 유일한 것은 권력이나 비속卑俗의 도구가 되는 것뿐입니다. 아도르노 모델은 이제 극단적인 상황에 처하게 되었습니다. 제2차 세계대전 말기의 문화 비판에서 혁신적이었던 아도르노 모델은 이제 자명한 것들을 진술하기에 이릅니다. 분노는 더 이상 가능하지 않습니다. 그러므로 여기에서 문화 비판은 필연적으로 다시 전면에 떠오르게 됩니다.

문화의 가치를 손상시키고 곡해하는 동시에 그것을 지구화하는 이러한 지독한 기계의 내부에는 — 그리고 그에 맞서 — 언제나 반란을 일으킬 준비가 되어 있는 의견을 달리하는 정신들이 존재합니다. 그러나 문화적 소통의 원환이 폐쇄적이고 자족적일 때, 그 정신의 궤적은 다른 무언가 — 신체들의 욕망, 다중들의 자유, 언어의 뽀뗀짜 — 를 필요로 합니다. 소통의 엄청난 추상화 속에서, 그 무언가는 자신을 주체화합니다. 바로 그 무언가가 다중의 영혼입니다. 왜곡된 기호들의 우주 속에서 누군가는 진실의 단순한 기호들을 생산합니다. 바스키아Basquiat ■ — 치기어린 기호들과 유토피

바스키아 (Jean-Michel Basquiat, 1960~1988) : 미국의 낙서화가. 팝아트 계열의 천재적 자유구상화가로서 '검은 피카소'라 불린다. 낙서, 인종주의, 해부학, 흑인영웅, 만화, 자전적 이야기, 죽음 등의 주제를 다루어 충격적인 작품을 남겼다.

아적인 묘사들 — 를 보세요. …… 생산이 언어적이라면, 주체성이 생산되는 것은 언어를 통해서입니다. 소통의 추상은 특이성들의 신체가 됩니다. 이렇게 해서 다중이 탄생합니다.

  2. 텔레비전은 주인에 대한, 그리고 더 일반적으로는 권력의 기능에 대한 이미지와 그것들과의 유사성으로 이 가시적 세계를 재구축하려고 합니다. 그것은 '하향적으로' 상호작용합니다. TV는 세계를 지배하고, 세계를 분해하며, 마침내 세계를 생산합니다. 전쟁들은, 현실의 은폐와 전지구적 환상들의 서술 사이에 걸쳐 있는 언어들에 의해 하나하나 열거됩니다. 전쟁에 대한 보도는 일종의 비디오 게임이 되었습니다. 하지만 다중이 삶의 중립화 내부에 자신이 존재한다는 점을 발견할 때, 이 무대 전체는 흔들리고 붕괴되기 시작합니다. 권력의 현실에 대한 다중

적 탈신비화는 베트남에서 시작되었습니다. 얼마나 많은 눈물과 얼마나 많은 핏물이 그와 같은 참호들에 흘러넘쳤는지를 보여주는 데 필요했던 것은 몇몇의 사진가들과 뜻밖의odd '군인-철학자'가 전부였습니다. 그때부터 탈신비화하는 인민의 역량들과 이 세계에 대한 그들의 이해는 실제적 바이러스들— 역설적으로 우리가 정제한 약들의 해독제에 해당하는, 그리고 전염병이 퍼지는 속도로 확산되는 바이러스들— 이 되었습니다. 2001년 G8 정상회담 중에 일어난 제노바 사건들을 예로 들어 보지요. 경찰은— 미디어 조작을 통해— 평화로운 시위자들을 범죄자 무리라고 비난하면서 그들에 대한 '저강도 전쟁'을 전개하였으나 무위로 돌아갔습니다. 그것이 무위로 돌아간 것은, 다중이 경찰보다 더 많은 사진기와 비디오 카메라를 가지고 있었고, 젊은 카를로 지울리아니Carlo Giuliani의 죽음이 한 경찰관의 책임임이 분명함을 밝혀주는 영상을 모든 가정에 보냈기 때문이었습니다. 다중은 이미지들을 생산할 수 있는 자신의 능력을 통해 반란을 일으켰으며, 기호들의 추상성을 반항적인 것으로 만들었습니다. 오직 해석하는 것으로써 세계를 변형할 가능성이란 더 이상 존재하지 않습니다. 아도르노가 파시스트라고 부르곤 했던 저 해석자들communicators이 채택했던 궁극적 철학 기획은 내파되었습니다. 주지하다시피— 그리고 어느 턱수염이 난 노인[맑스]이 예전에 말했듯이— 세계를 해석할 수 있는 유일한 길은 세계를 바꾸는 것입니다.

사태가 이러하다면, 이성의 변증법은 마침내 그 소임을 다한 것입니다. 이성의 변증법은 반복적인 이미지들('역사의 종말')의 자본주의적 생산 속에서 소멸되었으며, 욕망의 새로운 생산에 의해 대체되었습니다. 오늘날 상품으로 변형되어 왔던 추상은 의심할 바 없이, 다중의 이러한 주도 속에서 회복됩니다. 잘 가시오 아도르노여, 잘 가시오 현실주의여, 근대성에 대한 비판적 모델의 반복이여. 여기에서 문화 비판은 자신을 새로운 지형 위에 수립하며, 이것이 바로 다중의, 탈근대의 지형입니다. 아마도 다중이 생산하는 것은 더 이상 유토피아들이 아니라, '디스유토피아'disutopie일 것입니다. 다시 말해, 그것은 그것들 안에서 살아갈 수 있는 역량, 내부로부터 언어들을 새길 수 있는, 그리고 변형을 위한 물질적 욕망의 출현을 촉진할 수 있는 가능성일 것입니다.

3. 다중들의 디스유토피아는 추상적인 방식으로 살아가지 않습니다. 그렇기는커녕 다중들의 유토피아는 삶정치적입니다. 이것은 문화가 구조적으로 조밀하며 활기찬 형태들로 주어진다는 것을 의미합니다. 우리가 삶정치에 대해 이야기할 때, 권력과 폭력은 말하자면, '아래로부터', 즉 삶권력의 시각과 반대되는 시각으로부터 고찰됩니다. 하지만 이것은 우리가 '위'와 '아래'의 변증법 — 여기에서 아래는 위에 대립되며 그 역도 마찬가지입니다 — 을 다시 시작해야 한다는 것을 의미하지 않습니다. 다중은 새로운 언어적 결정들을 표현할 수 있는 증식하는 특이성들의 총체입니다. 변증법은 다시 일자the One의 형상에 도달합니다. 하지만 다중의 새로운 변증법은 카오스적입니다. 다중들은, 항상 '때 아니며' 예외적인 클리나메나clinamena(낙하의 각도들)를 따라 서로 조우하는 원자들의 총체들이기 때문입니다. 그러므로 삶권력의 구조들 내부에서 살아가는 것과 적대적 방식들로, 삶정치적 주체들이 되어 이러한 구조들을 자유롭게 횡단할 수 있는 능력 사이에는 아무런 변증법적 모순이 존재하지 않습니다. 오늘날 우리가 제국적 공간 내부의 새로운 문화적 결정들을 살펴볼 때 우리에게 영향을 미치는 유일한 문제는 교차들과 사건들을 파악하는 그리고 다중들의 카오스적 총체를 횡단하

귄터 안더스(Günther Anders, 1902~1992): 과학기술 시대의 철학적 인류학을 발전시켰다는 평을 받는 철학자이자 저널리스트.

는 혁신들을 파악하는 문제입니다. 우리는 삶정치적인 것이 언제 삶권력의 표현을 능가하는지 이해해야 합니다. 여기에서는 어떠한 종합도, 어떠한 지양도 가능하지 않습니다. 오직 반대들만이, 다양한 표현들만이, 모든 방향으로 이르는 언어적 긴장들의 다양성들만이 있을 뿐입니다. 근대성에서 탈근대성으로의 이행을 특징짓는 것은 탈근대성이 나타내는 척도의 결여 ― 근대의 합리주의가 제안하고 부과한 모든 척도 기준의 결여 ― 입니다. 휴머니즘에서 데카르트주의에 이르는 근대의 황금시대에 자연스럽게 모습을 드러낸 척도와 도구적 합리성은 헤겔에서 베르그송에 이르는 다음 국면에서 정연한 세계의 형이상학적 종합으로 표현됩니다. 요컨대, 근대의 여명기에 이 척도와 합리성은 베버와 케인즈적인 계획의 방식으로, 도구적 합리성의 폭력을 통해 응용됩니다. 그러나 오늘날 척도와 합리성은 수명을 다했습니다. 아도르노가 말한 바처럼 아우슈비츠 이후 시詩가 더 이상 가능하지 않다는 것은 사실이 아닙니다. 귄터 안더스Günther Anders가 말한 바처럼 모든 희망이 히로시마와 함께 사라졌다는 말 또한 사실이 아닙니다. 시와 희망은 근대의 그것들과는 아무런 동질성도 갖지 않는 탈근대적 다중들 속에서 되살아납니다. 그렇다면 무엇이 탈근대성에서 문화의 새로운 정전canon일까요? 우리는 알지 못합니다. 그러나 이것이 그것의 실존을 부인할 이유가 되지는 못하지요. 우리가 알고 있는 것은 이 거대한 변형이 삶 속에서 일어난다는 것이며, 바로 이러한 삶 속에서 그것이 새로운 형상들을 표현한다는 것입니다. 척도 없는 형상들, 형식적인 척도들의 결여. 괴물들.

4. 이처럼 탈근대적 혁신은 괴물스럽습니다. 괴물성이라는 이러한 특징은 두 가지 특징을 갖습니다. 척도의 결여와 경계 없는 존재론적 되기가 바로 그것입니다. 그러므로 이 괴물을 특정한 술어들로, 이 두 가지 특징들을 가지고 논의하는 데에서 시작해 보도록 하겠습니다. 그리고 우선 그것의 존재론적 되기에서부터 시작해 보지요. 우리는 이미 이것에 대해 언급한 적이 있습니다. 우리 문화의 생생한 표현들은 종합적 형상들의 형태로 태어나지 않고, 그와는 반대로 사건들의 형태로 태어납니다. 그것들은 정해진 시간이 없습니다. 그것들의 되기는 근본적인 혁신을 구성하는 생생한 요소들의 계보 내에, 그리고 척도의 결여라는 바로 그 형태 속에 존재합니다. 일부 현대 철학자들은 탈근대성의 이러한 새로운 표현적 힘을 찾아 출발했으며, 그것의 특징을 잡아내려고 시도했습니다. 이미 라캉이 그 새로움 속에 척도가 결여되어 있다는 점을 지적했습니다. 데리다에게 있어, 여백들의 생산성은 확산하면서 새로운 질서들을 추구합니다. 낭시와 아감벤으로 말할 것 같으면, 우리는 그들이 이러한 극단의 벌판에서 자라는 꽃들을 꺾고 있음을 발견합니다. …… 이들 모든 저자들에게는 혁신의 괴물스러움을 적극적으로 특징짓는 어떠한 것도 없습니다. 그럼에도 불구하고 이들 모두는 존재론적 격분에 대한 날카로운 감각, 강도를 공유합니다. 새로운 형식들이 더 비생산적이고 더 결핍될수록, 새로운 형식들은 더욱더 현실이 되어 가고 더욱 빨리 존재를 드러냅니다. 그들은 물에 뛰어들거나 가라앉습니다. 그들은 변화무쌍한 모래밭에서 숨을 쉬려 합니다. 그러나 이 저

자들은 자신들이 깊이 파묻히고자 했던 이 모래가 다른 세계를 건설하는 건축용 점토라는 사실을 이해하지 못합니다. 그 존재론적 차원은 무 nothingness의 가장자리에 이르는 것이 아니라, 그 반대로 이러한 불가능한 여백에 무모하게 그리고 아무런 대안도 없이 자신의 삶을 거는 인간들의 구성적 차원에서 자양분을 얻습니다. 그 존재론적 차원은, 언제나 더욱더 기생적이 되어가는 자본의 권력에 자신을 맡기는 것이 아니라, 비물질적이고, 이동적이며, 유연하고 불안정한 노동자들의 다중적 지성을 자신의 발전적 출발점으로 삼습니다. 그 존재론적 차원은 일련의 역설들 — 노동의 여성되기, 생산의 심장부에 이성과 정동을 함께 묶기 — 속에서 나타납니다. 그리고 우리는 계속해서 마침내 이 존재론적 조건 — 언제나 근대성에서 탈근대성으로의 이러한 이행을 살아가는 개인의 배치를 수반하는 조건 — 의 유동성과 급진성을 규정할 수 있을 것입니다. 그 괴물은 이 존재론적 차원의 바로 그 한가운데에서 태어납니다.

그런데 혁신적 카오스의 이 존재론적 차원의 두 번째 특징은 척도의 결여입니다. 이 괴물은 척도의 결여, 더 정확히 말하자면 새로운 척도입니다. 그렇다면 이러한 이행기에서, 무엇이 부정적인 것이고 무엇이 긍정적인 것이며, 무엇이 엑소더스이며, 제헌적 역량인지 누가 말할 수 있을까요? 17세기와 18세기 사이에, 자연에 관심을 기울였던 과학자들은 열렬한 호기심을 갖고 기형적인 것들을 탐구했으며, 왕들은 공포의 박물관에 그것들을 수집했습니다. 하지만 척도의 바로 그 결여 속에는 또한 척도에 대한 희구가 존재했습니다. 공포(그리고 숭고 역시)는 질서를 위한 욕구로 영혼을 다시 데려가는 것이었습니다. 얼마나 많은 머리 셋 달린 닭들이, 샴쌍둥이들과 자웅동체들이, 얼마나 많은 기형들과 불구들이 그와 같은 해부적 일탈과 비상함의 박물관에 수집되었던가요! 조프루아 생틸레르Geoffroy Saint-Hilaire▪는 자연의 조직화에서 나타나는 이형들anomalies에 대한, 또한 이러한 괴물들의 법칙들과 원인들을 확증하려는 시도들에 대한 역사적 백과전서들을 우리에게 남겨주었습니다. 하나의 이름이 이 모든 것에 주어졌습니다. 그것이 바로 기형학teratology입니다. 그러나 새로운 탈근대적 괴물 형상은 기형학적이지 않습니다. 단순히 말해, 그것은 스스로를 다르게 표현하는 삶입니다. 그것은 개인적 연쇄들이 카오스로서의 존재로부터 출발하여 구축하고자 하는 — 인간적인 것과 동물적인 것 사이의 — 혼종화입니다. 그것은 위계적으로 명령을 받거나 척도를 통해 미리 형성되지도 않을 삶의 희망이자 결정입니다. 아리스토텔레스는 — 그리고 인류의 기억으로서 구축되고 강제된 그 이전의 대부분의 철학은 — 존재의 기원이 또한 명령[질서]과 척도라고 말합니다. 아르케arche는 시작과 규칙, 또는 명령을 의미합니다. 이 우생학은 고대 속에서 자신의 수사修辭의 정통을 찾고자 했던 근대에 의해 받아들여졌습니다. 탈근대에서는 그와는 반대로, 괴물이 가리키는 것은 고전적이고 근대적인 우생학에 대한 부정입니다. 이것은 본질의 원칙을 폐기한 존재론적 과정의 표출입니다. 우리들의 것인 이러한 궤적은 어쩌면, 방위를 잃어버릴지도 모르는 어두운 숲 속으로 우리를 이끌 수도 있을 것입니다. 그러나 우리는 수고를 아끼지 않고 의문의 형태로 이러한 행진을, 명령받고 측

조프루와 생틸레르 (Geoffroy Saint-Hilaire, 1772~1844) : 프랑스의 박물학자로서 기형학의 초석을 놓았다. 모든 동물이 오직 하나의 기본형에서 형성된다는 구성통합의 원리를 주장하였다. 『해부학』(1818), 『동물철학원리』 등을 썼다.

정된 기원의 결핍을 계속 이어나갈 수밖에 없습니다. 그 안에는 모든 예단을 뿌리 뽑는 — 그리고 예상된 형상들, 공간적이건 시간적이건 모든 단일한 모체를 넘어서는 — 긴장이 존재합니다. 그리고 바로 여기 존재의 한복판에서 격동하는 창의성이 시작됩니다. …… 여기에서 우리는 전위적 계보들이 아니라, 특이성들의 다중들의 구체적인 역사에 대해 이야기하고 있는 것입니다. 인류학적 괴물들에 대해서 말이지요. 숲이 불나고 나면, 대지는 비옥하게 됩니다. 그들은 숲을 불태웠습니다(그렇지만 숲은 이동합니다). 그리고 우리는 다시 새들처럼 자유로운, 야생의 존재들이 됩니다. 우리는 새로운 자연(본성)을 살아가게 됩니다.

5. 지구화의 차원들은 척도의 결여로 가까이 다가갑니다. 어쨌든, 세계에는 더 이상 '외부'가 없습니다. '외부'란 더 이상 존재하지 않으며, 선례들도 없습니다. 문화인류학, 그리고 그것이 형성되고 발전되어 온 방식을 보세요. 유럽의 개인들은 그 중심부에 살았으며, 그들에겐 두 개의 '외부들' — 원시적인 것과, 또한 야만적인 것으로 알려진 토착적인 것 — 이 있습니다. 이것들은 인류학적 선례이자 정치적 외부입니다. 유럽의 인간은 모든 나머지 문명이 지향해야 할 중심점 — 시장, 미학적 기준, 화폐, 주거환경, 세계Welt와 환경Umwelt, 유럽의 개인의 독점을 지향하는 역사 — 이었습니다. 이전에 존재했던 모든 것들은 원시적이었으며, 유럽이 지금 지배하고 있는 것은 야만적이거나 토착적이었던 것이지요. 그러나 지구화, 우리의 현재의 인간 공간은 더 이상 한계들을 알지 못합니다. 아니 더 정확하게 말하자면, 그것의 유일한 한계는 그것의 바깥의 경계선일 뿐입니다. 그리고 일단 이 한계에 이르게 되면 모든 표현들은 어쩔 수 없이 내부를 향하게 됩니다. 자아성찰의 이 거대한 확장에 의미

발레 뤼스 (Ballets Russes) : '러시아 발레'를 뜻하는데, 1909년 러시아인 흥행주인 세르게이 디아길레프가 세운 발레단을 가리킨다. 생동감 넘치는 무대 연출로 당시 서유럽에서 큰 반향을 불러일으켰다.

를 부여하는 일종의 붉은 실이 존재합니다. 우리가 여기에서 가지고 있는 것은 최후의 프로메테우스주의, 부르주아 문화의 최후의 보편주의입니다. 하지만 동시에 그것은 또한 해방된 인류라는 유적 존재 Gattungswesen의 최초의 결정입니다. 지구화에 앞서는 모든 역사는 우리를 이러한 한계로 이끌었습니다. 그것은 서구 문화의 지배가 확장하는 기호가 되기를 원했지만, 동시에 모순들 및 투쟁들로 이루어진 과정의 거대한, 그리고 때로는 괴물스러운 결과 ─ 자신을 통제 불가능한 것으로 표현하는, 그러나 거기에, 그러한 한계들 내부에 존재하는 주체의 계보학이라는 결과 ─ 를 드러냈습니다. 따라서 이 세계의 무대는 단순한 하나의 지평이 아닙니다. 그것은 사실상 그 재료들이 ─ 발레 뤼스■ 풍으로 ─ 드라마의 필수적인 일부가 되는 원근법입니다. 세계의 무대는 무한함과 동시에 유한합니다. 그것은 이 괴물스러운 대립 위에서 살아갑니다. 역사의 종말이, 또는 그것의 완전한 실현이 예견될 수 있는 것은 바로 이러한 맥락 속에서입니다. 모든 예술작품은 그것이 이러한 역설을 (이것을 옹호하건 부인하건) 확증하는 데 성공하는 정도에 따라 미학적 의미를 성취합니다. 세계는 거대해짐과 동시에 아주 작아져 버렸습니다. 우리는 파스칼적 상황에 처하게 됩니다. 그러나 우리에겐 더 이상 신이 없습니다. 공간은 부드럽고 표면적이며, 가치의 내재성은 오직 인간들의 작품들에만 존재합니다. 이러한 상황에서 예술가가 된다는 것이 무엇을 의미할 수 있을까요?

6. 괴물을 세계의 새로운 무대 위에서 행동하게 하는 것은 무엇을 의미할까요? 그것은 인류학적 변신의 과정 속에서 괴물을 본다는 것을 의미합니다. 그것은 이와 같은 변화의 한가운데에서 괴물을 확인하는 것을 의미합니다. 앞에서 보았듯이, 이러한 변화는 공간적입니다. 그러나 그것은 또한 시간적이기도 하지요. 부르주아의 서구 문명이 세계의 한계에 다다랐을 때, 역사의 종말이 현실화되는 것은 바로 시간 속에서입니다. '여기'와 세계의 공간적 종합은 '지금'과 무한의 시간적 종합을 흡수하고자 합니다. 인류학적 변신은 이러한 역설들을 둘러싸고 이루어집니다. 바로 이 안에 탈근대성이 존재합니다. 여기에는 위대하고 괴물스러운 이야기가 있습니다. …… 사실상, 인간 운명의 살은 그 이야기가 요구하는 시간과 공간의 통일 속에 포함될 수 없습니다. 그 살은 자신을 신체로 만들지 않습니다. 살은 예술적 표현의 경계들에서 흘러나와 전지구적 지평의 모든 경계들을 흘러넘칩니다. 거대한 열정들이 자신을 신체로 만들지 못하는 살의 이 불가능성을 횡단합니다. 자신을 신체로 만들 수 없는 살의 이 무능력이 하나의 유토피아적 개시로서의 삶

을 살았던 — 1968년보다 앞선 거대한 역사적 시기에 속하는 — 때가 있었습니다. 이것은 하나의 예술적 유토피아였습니다. 문학적 그리고 미학적 전위들은 유토피아를 창조해야 했습니다. 유토피아가 실제적인 것을 구축하는 집단적 실천의 최대의 가능성들을 어렵사리 붙잡음에 따라, 세계의 종말은 더욱더 가까워졌습니다. 그러나 조기의 위대한 기독교 필자들의 경우와 마찬가지로, 그 목표, 그 결작은 묵시록이었습니다. …… 탈근대성의 입장에서 볼 때, 예언적이 되는 것은 더 이상 하나의 가능성이 아닙니다. 그래서 우리는 예언적이지 않으면서 묵시록에 대해 이야기하며, 유토피아적이지 않으면서 전위들에 대해 이야기합니다. 세계는 스스로 폐쇄적이 되었으며, 이제 주의注意는 지구적으로 내부를 향하게 되고 도주의 노선들은 가로막힙니다. 우리는 세계를 내부에서부터 변형할 가능성만을 가지고 있을 뿐입니다. '또 다른 세계가 가능하다'는 말은 우리를 우리 자신들에게로 이끄는 엑소더스를 함축합니다. 우리가 어떤 한계(그리고 이 한계에는 외부가 없으며 우리는 이 한계를 넘어설 수 없습니다)에 마주칠 때마다, 우리는 우리들 내부를 들여다 볼 수 있을 뿐이며 다시 현재의 카이로스kairos에 주의를 집중할 수 있을 뿐입니다. …… 그렇다면 카이로스란 무엇일까요? 그리스 문화에서 카이로스는 화살이 발사된 순간을 의미합니다. 그러나 이 시대의 문화는 여전히 미래로, 즉 발사의 순간과 도달의 순간 사이의 일시적 관계를 상상하는 문화였습니다. 하늘에 쏜 화살은 별들에 가 닿을 수 있었겠지요. 오늘날 카이로스는 심장에 충만하게 부딪치는 화살이며, 다시 별들의 한계로부터 나오는 화살입니다. 카이로스는 자신으로부터 시작하여, 신체들을 변형할 — 그것들을 외부를 향해 그렇게 많이 교잡하는 것이 아니라 내부로부터 그것들을 구축하고 혼종화할 — 가능성을 구축하는 필연성(그러나 또한 가능성)입니다. 그것은 삶의 요소들을 시적 재구축으로 이끎으로써 정치학을 만들 가능성입니다. 이 제헌적 기획은 '삶정치적'이라는 바로 그 용어가 본래 지니고 있는 것입니다. 우리가 지구화를 살아간다면, 뛰어넘을 수 없는 한계들을 지닌 세계 — 코페르니쿠스적 혁명이 결정적으로 소진되어 버린, 카이로스의 중심성과 프톨레마이오스가 유일한 참조점이 되어 버린 세계 — 를 살아간다면, 이 모든 것이 주어진 것이라면, 예술작품의 창조적이고 구성적인 정신을 발전시키는 것은 무엇을 의미할까요? 예술적·미학적 행동의 유일한 가능성이, 인간 신체의 정신적이거나 육체적인 본질의 변화-변형이 작동되도록 하는 것과 같은 방식으로, 존재하기 — 삶정치적 방식으로 행동하기 — 를 향해 내부적으로 운동하는 것에 존재한다면, 사회적인 것의 구조가 중심적인 것이 되고 또 세계가 이러한 환경으로부터 엑소더스를 만들어낼 수 있는, 그리고 또 다른 장소topoi에 기초를 둔 유토피아적 환영들을 형성할 수 있는 여하한 가능성을 배제할 정도로 그렇게 작아지고 자신 위에 다시 접혀지게 된다면, 예술적으로 행동한다는 것이 의미하는 것은 무엇일까요? 그것은 특이성들의 실존을 향해 새로운 존재를 구축하는 것을 의미하며, 전지구적 공간을 내적으로 성찰하는 것을 의미합니다. 그것은 죽음의 제거를 향해 움직이는 것을 의미할 것인가, 그리고 전지구적 기계의 내적 한계들을 용해하는 것을 의미할 것인가? 괴물이 우리에게 약속하는 것이 정확히 이것입니다.

7. 다중은 죽음에 대한 이 창의적 도전을 시작할 수 있는 유일한 주체입니다. 다중은 특이성들의 총체이지만, 이번에는 모든 특이성이 다중들의 총체입니다. 이러한 연쇄는 삶 내부의 삶을 위해, 죽음에 맞서

투쟁합니다. 다중의 존재 방식은 공통적으로, 죽음을 부정하고, 삶의 과정을 포획하는 것을 급진적으로 그리고 결정적으로 거부하는 생생한 경험의 이 연속적인 증식에 다름 아닙니다. 전지구적 세계는 우리가 아는 바와 같이, 그리고 제국이 정치적 질서 속에서 우리에게 전해 주는 바와 같이, 닫힌 세계입니다. 이 세계는 공간적·시간적 고갈이라는 엔트로피에 종속됩니다. 그러나 이 닫힌 세계에서 움직이는 다중은, 그 각각의 주체들을 관통하면서, 그것이 그로부터 구성되는 각각의 특이성들을 관통하면서, 이 세계를 변형시키는 법을 배워왔습니다. 역사가 종말을 고했다고 생각하는 바로 그 때, 푸코가 어디에선가 말한 바와 같이, 우리는 역사가 사실상 우리들 내부에서 스스로 부활한다는 점을 알았습니다. …… 그리고 이것이 바로 우리에게, 우리 다중에게, 우리 다중의 신체들에서 일어나는 일입니다. 오직 우리의 변형 속에서만, 그리고 죽음에 맞선 맹렬한 투쟁 속에서만, 다중의 행동이 개시됩니다.

    내가 볼 때, 이것이 제국 시대에 그리고 다중들의 시간 속에서 예술이 갖는 의미입니다.

14강

맑스 / 제국적 제국주의

제국 개념을 둘러싸고 최초의 논쟁들이 출현하기 시작한 이래로 지금까지 내가 받은 인상은, 시장들의 지구화 내부에서 발생하여 그 위에 군림하는 새로운 주권 형상으로서의 제국 개념에 대한 이론적 거부가 별로 대단하지는 않았다는 점입니다. 제국 그 자체의 개념은, 어떤 식으로건, 자명한 것이 되었습니다.

제국 개념을 거부하고 그 대신 제국주의라는 낡은 범주들의 중요성에 동의하는 사람들은, 제국이라는 사상을 거부하고, 국민국가의 조건, 형상, 현존이 행동하는 데 본질적이라고 생각하기 때문에 그렇게 행동합니다. 그들은 말하자면 제국 그 자체의 개념을 거부합니다. 그들은 제국 개념을 투쟁과 조직의 긴급함에 맞서는 데에는 부적절한 것으로 이해합니다. 투쟁과 조직은 근대 국가의 입헌적 지형 외부에는 존재하지 않는 것처럼 보인다는 것입니다. 그러므로 문제는 이 지점에서 발생합니다. 오늘날 국민국가를 넘어서는 것이 필수적으로 요구되는 것은 정치와 조직의 바로 이 단계에서입니다.

이 간단한 도입을 상술하기 위해서, 나는 제국 그 자체에 향해졌던, 달리 말해 이론적 관점에서 이루어진 극소수의 비판들 중의 하나(제국 개념이 자본주의적 권력 / 착취의 구조에 대한 분석과 세계체제에 대한 분석 [즉 종속 이론] 사이의 관계에 대한 전통적인 맑스주의적 태도를 넘어선다고, 탈신비화한다고 말하는 비데Bidet가 행한 비판)가 『다중』에서 다루어졌음을 강조해야겠습니다. 제국주의의 낡은 형상들을 단순히 재생산하지 않기 위해 우리가 분명 그것을 수정했지만 말입니다. 사실상, 비데의 결론 ― 여기에서 그는 국민국가의 중재를 과대평가하는 경향이 있습니다 ― 은 정치적 지형, 달리 말해 제국 그 자체의 지형에서는 받아들여질 수 없습니다. 우리는 나중에 이 점을 보게 될 것입니다.

그러므로 나는 제국 개념을 옹호하고, 『다중』에서 개진된 (이론적 테제들을 포함하고 포섭하는) 정치적 테마들을 다시 시작해야 합니다. 이를 위해 국민국가의 위기를 확인하는 것으로 내 분석을 시작하고 싶군요. 그저 그렇게 해 보는 것이 아니라 이 영역에서, 전지구적 시장과 제국적 주권의 구성에서 발생하는 문제들을 설명하기 위해서 말입니다.

1. 위기의 첫 번째 지점은 정치경제학 비판의 단계에서 확인할 수 있습니다. 그것은 사실상, 국민국가 개념이 더 이상 유지하지 못하는 노동의 국제적인 조직에 대한 비판에서 출발합니다. 나는 분명히, 단지 전지구적 무역 체제의 효과들을 ― 더 정확히 말하자면 정치적 유효성을, 혹은 발전에 대한 국민국가의 통제를 가능하게 했던 화폐적·경제

적·문화적 변수들의 위기를 말하고 있는 것이 아닙니다. 나는 더 깊고 더 근본적인 차원, 즉 가치 창출의 형태 속에서 그리고 착취의 메커니즘들 속에서 일어나는 근본적인 변형에 대해 말하고 있는 것입니다.

가치 창출의 형태는 생산과정을 넘어서는, 그리고 그 내부에서 비물질노동(지적, 관계적, 언어적, 정동적 노동 등등)의 — 경향적이지만 점차 현실적이 되어가는 — 헤게모니에 의해 바뀌어 왔습니다. 가치 창출의 새로운 과정은 영토적으로 폐쇄된 공간들 내부에서 통제될 수 없습니다. 그것은 생산적 요인들과 생산적 힘들의 이동성에 의해 지배됩니다. 더욱이, 그것은 소통의 보편적 자유를 요구합니다. 여기에서 분명한 것은, 새로운 경제표가 절실히 필요하다는 것입니다. 이 경제표는 생산 분야들 사이의 관계들 및 교환들의 새로운 지도를 구축할 필요가 있을 것입니다. 기업적(또는 순수하게 산업적인) 요인들보다 사회적 요인들이 더 두드러진다는 점을 확증할 필요가 있을 것입니다. 직접적인 투자보다 금융적 과정들이 더 우선적임을 밝힐 필요가 있을 것입니다. 소통산업을 잠재력으로 갖는 대규모 권력을 표현할 필요가 있을 것입니다. 재화 및 용역 등등을 생산하는 다국적 제조업체들의 (지금까지의) 저항할 수 없는 기동성을 표현할 필요가 있을 것입니다. 요컨대, 새로운 경제표가 존재하며, 그것은 생산적인 일반지성의 담지자들인 힘들에 지배당합니다. 보편 지성의 경제표는 국민국가를 넘어섭니다.

(그리고 그것은 특히, 사물을 바라보는 우리의 방식이 맑스주의적 테마들을 너무 광범하게 해석하는 혐의가 있는가 하는 문제가 아닙니다. 우리의 관심을 끄는 것은 단지 다음과 같은 점, 즉 이러한 담론들이 맑스주의적 방법의 연속성 속에서 정치적으로 유효하다는 점, 다시 말해 그것이 역사적으로 결정된다는 점입니다.)

둘째, 착취의 메커니즘들은 오늘날 완전히 바뀌었습니다. 기본적인 맑스주의적 정의에 속하는, 가치법칙(그리하여 잉여가치법칙)은 효력이 없는 것으로 판명되었습니다(그것은 어쩌면 단지 발전의 주변적 부문들에서만 계속해서 효력을 지닐 수 있을 것입니다). 착취는 이제, 협력 및 생산적 순환의 가치들의 몰수로서, 노동의 사회적 조직화에서 차지하는 비물질노동의 혁신적인 초과들에 대한 자본주의적 전유로서 스스로를 형성합니다.

(이러한 개념들에 대하여, 나는 여러분들이 지대 수입에 대하여, 그리고 운송산업에서의 잉여가치의 추출에 대하여 맑스가 가한 분석을 다시 살펴볼 것을 권하고 싶습니다. …… 거기에서 여러분은 우리의 가설들의 기본적인 선례들을 발견하게 될 것입니다.)

이제 사회적 착취의 메커니즘들은 지구적 공간 전체를 둘러싸고 그것을 넘어 확대됩니다. 국민국가는 ― 전지구적 수준에서 즉각적으로 발생하는 ― 이러한 근본적인 착취 세포 그리고 그것의 전이들에 직면하여 완전히 무효한 것이 됩니다. 이것은 임금 노동에 반대하는 모든 불복종 형태들이, 그리고 모든 투쟁 형태들이 ― 그것이 착취에 반대하여 반란을 일으키고 그 자신의 새로운 본성을 깨닫는 것과 동일한 순간에 ― 스스로를 다중으로 호출할 수 있어야 함을 의미합니다. 왜냐하면, 이것이 다중 ― 즉 가치 생산의 새로운 형태들의, 그리하여 그것으로부터 이어져 나오는 사회적 착취의 특이성에 대한 인식, 그리고 혁명의 조직화 속에서 노동계급이라는 제한된 개념의 극복 ― 이기 때문입니다. 근대 국가는 국민-공간에서 이루어지는 자본주의적 착취의 특정한 정치적 형태입니다. 이 '국가 기반의' 결정은 현재의 가치 창출 및 착취의 형태에 반대하는 불복종에 직면해서는 유지될 수 없습니다. 그래서 제국과 제국주의를 시기구분하지 않고 말하는 것은 정말로 위험합니다. 사실상, 어떤 면에서는 반동적이기까지 합니다.

2. 국민국가의 위기와 관련하여 두 번째 요점은 맑스주의 위기 이론의 수준에서 확인될 것입니다.

이 영역에서도 역시, 국민국가의 공간-시간은 경제적·정치적 위기의 현재의 형상을 확인하는 데 전적으로 불충분합니다. 맑스가 언급한 (생산 및 유통에서의) 자본주의적 위기의 세 가지 유형들 중에서, 생산 불균형에서 유래하는 위기(즉 과소생산과 과잉생산), 그리고 이윤의 경향적 저하와 관련한 위기 ― 확실히 앞의 두 위기들은, 그렇지만 아마도 세 번째 위기도 역시, 케인즈주의적, 포스트케인즈주의적 통제의 유효한 척도들에 종속되어 왔음이 분명합니다. 이 모든 것은 점차 국민국가의 지형 외부에서, 전지구적 수준에서 발전했습니다. 더욱이, 최근의 위기들은 제국주의적 (및/또는 식민주의적) 종속의 낡은 모델들을 결정적으로 내파해 왔으며, 점점 더 통합을 재구성해 왔고, 때때로 그것을 상호의존으로 드러내 보여주었습니다. 1930년대 그리고 뉴딜 정책 이래로, 위기는 사실상, 사물에 대한 비데의 도식을 취하자면, 착취 구조와 전지구적 위계 체제 사이의 분절적 관계에 의해 통제(및/또는 야기)되는 위기가 되었습니다.

그러나 바로 여기에서 양적인 변용이 개입합니다. 위기에 대한 경제적 규제의 과정은 (규율에서 통제로, 케인즈주의에서 통화주의로 등등) 점점 더 효과적이고 정교한 테크닉들을 통과했지만, 이러한 이행은 그것을 점점 더 삶정치적 지형 위로 몰아가고 그곳에 설치했습니다. 그래서 오늘날 위기가 확인되고 규정되어야 하는 곳은 바로 삶정치적 수준에서입니다. 순환의 불균형들과 봉쇄들이 그 효과면에서 더 이상 재앙적이지 않거나 사전에 통제되지 않는다면, 이윤의 저하율이 계속해서 저지되거나 노동의 생산성 증대에 의해 상쇄된다면, 위기와 그 위기 내부에서의 투쟁의 제안들을 동일시하는 맑스주의적 접근법은 이러한 새로운 차원들에 의거하여 측정될 필요가 있습니다. 여기에서 논의는 착취 이론의 재형성과 노동조직화의 재구성에 대한 초기의 요점으로 되돌아갑니다.

오늘날 위기는 본질적으로, (사회적 삶 전체로 확대되는 그들의 뽀뗀짜와 관련하여, 그리고 생산적 초과를, 정치적·문화적 자유에 대한 추구를, 그리고 공통 가치들의 확인을 특징으로 하는 그들의 표현과 관련하여) 생산의 새로운 사회적 힘들을 통제하기가 어렵다는 것으로 나타납니다. 생산이 삶정치적이 되고 그리하여 삶의 모든 측면이 생산에 바쳐질 때, 그리고 권력이 삶권력이 되고 그리하여 가치를 생산하는 모든 운동들을 전제적으로 횡단(하고 배열하려고 시도)할 때, 위기는 자본의 시각에서 볼 때 생산 및 / 또는 유통의 다소간 주변적인 봉쇄로서뿐만 아니라 다중들의, 언제나 초과적인, 생산적 활동으로부터 발생하는 일단의 저항들의 생산으로서 정의됩니다. 신자유주의는 바로 이 지형 위에서 실패했습니다. 생산력의 구성이 완전히 달라졌다는 점을 깨닫지 못하고 낡은 통제 모델을 유지(하고 사실상 강조)했던 한에서 말입니다. (비물질노동을 그 자신의 기술적 토대로 삼고, 다중들의 자기형성을 그 정치적 토대로 삼는) 생산의 초과는 근대 자본주의의 조직적 방법들이 대량화된, 즉 포드주의적 노동과 관련하여 구축했던 통제의 형태들 및 과정들 내부에 가두어질 수 없습니다.

근대의 국민국가의 문제는 이러한 현실에 비추어 이해되어야 합니다. 제국주의는 생산, 통제, 주권이라는 완전히 전통적인 체계들에 의해 구축된, 국민적 자본주의의 확장이었습니다. 노동자들의 이동성과 유연성, 국내적이고 국제적인 이주들, 그리고 다중들에 의한 초과적인 가치 생산이 작동하기 시작하면, 국민국가의 제국주의적 투사들은 국가가 위험에 처한다면 재앙을 맞이하게 됩니다. 제국의 논쟁은 제국이 새로운 정치경제적 짜임새(정확히 제국적 짜임새)를 인식하는 만큼 국민국가에 반대됩니다. 여기에서 계급투쟁은 국민국가에 의한 낡은 통제 형태 속에 환원 불가능한 요소들(초과, 이동성, 생산시간 및 혁신에 대한 새로운 노동계급 경영)을 끌어들여 왔습니다. 이렇게 위기는 전체 사회적 맥락을 포함합니다. 위기는 생산적이고 정치적인 사건들에 대한 — 이것들이 더 이상 통제될 수 없기 때문에 — 통제의 결여로 모습을 드러냅니다. 삶정치적 맥락에서 사건들은 사실상, 예견할 수 없는, 예기치 않은 타락들이며, 급진적인 반란들입니다. 위기 문제에 대하여 레닌은 우리에게, 오스트리아인이건 소비에트건, '상아탑' 경제학자들이 제공할 수 있었던 것보다 (오늘날, 탈근대에서) 훨씬 유익한 이론적 진전들을 제공해 줍니다. 국민국가와 제국주의는 다중의 운동들이 갖는 이 뽀뗀짜 및 예견 불가능성과 관련하여 완전히 무장 해제됩니다. 오늘날 위기 이론을 전개하는 것은 새로운 경제표의 변수들을 분석하는 것이며, 그 내부에서 행동하는 것입니다. 지난 50여 년 동안에 일어난 경제적 위기의 모든 주요한 경험들은, 그러한 경험들을, 매번 점점 더, 대단히 공격적으로 만들어 온 (참조점들의) 삶정치적인 복잡성 내부에서 발생했습니다. 제국주의를 전통적인 시각에서 살펴보면, 그것은 종속의 생산으로 보입니다. 하지만 오늘날 '종속의 생산'은 분명 여전히 가능하지만, 이 종속은 투쟁들을 중립화하고 그것들에 맞는 새로운 새장들(예컨대 새로운 국민들)을 발명하려는 제국주의적 시도에 대한 저항 현상으로, 삶권력의 구조들과 역학 내부에서 즉각적으로, 모습을 드러낼 것입니다. 그러므로 제국주의 이론은 수많은 관계들 및 전지구적 접속들과 충돌할 뿐만 아니라, 심원한 구조적 현상들과도, 착취를 감내하지 않으려는 다중들(또는 공통적으로 된 특이성)의 편에서의 저항성과도 역시 충돌합니다.

더욱이 제국주의 개념 이면에는, 그리고 식민주의 개념 이면에는 훨씬 더, 일종의 경제적·정치적 다원주의와 연결되어 있는, 국민국가에 의해 구축되고 조성된, 허상들의 생산들이 존재합니다. '국가건설'이라는 부시의 관념은 (나치즘의 국가주의적 과잉들 이후의) 이러한 환영幻影의 가장 최근의 구체적 표현입니다. 지역적 정체성에 대한, 그리고 때때로 민족주의에 대한 의지가 제국주의의 기획들에 저항하는 것을 가능하게 해준다는 사실이 이러한 저항이 이전의 반식민주의적·반제국주의적 투쟁 모델들과 동일한 것으로 이해되어야 한다는 것을 의미하지는 않습니다. 실제로, 오늘날의 삶정치적 저항 구조 속에서, 의문에 부쳐야 하는 것은 (국민국가라는 생각뿐만 아니라) 근대성이라는 바로 그 생각입니다. 또 다른 세계가 가능하다는 것은 지배 기획의 제국주의적 차원들이 위기에 빠져 있다는 것을 의미합니다. 자본주의의 지배 및 도구적 합리성으로서의 근대성의 기획은 사보타지를 위한, 그리고 근대성의 대안적 생각을 위한 여지를 남겨둡니다.

3. 자본주의적 권력 구조의 이러한 깨지기 쉬운 성질로부터, 국민국가(그리고 당연히 제국주의 범주) 구조의 경제적·비판적 차원들의 이러한 해결 불가능성으로부터, 국민국가와 제국주의에 대한 정의상의

보다 중요하고 보다 결정적인 위기 — 주권의 위기 — 가 유래합니다. 알다시피 주권 이론은 권력의 바로 그 영혼과, 통일성으로 환원되는 민중에 대한 권력의 행사를 동일시하는 논리적 원리와 연결됩니다. 이러한 맥락에서 주권이 신비스러운, 비합리적인, 결정적인 요인으로 모습을 드러낼 수 있었을 것이라는 점을 이해하기란 어렵지 않으며, 이것은 서구의 정치적 사유에서는 정확히 처음부터 사실이었습니다. 이 영향력은 매우 심원했습니다. 하지만 맑스 자신의 저작에서, 주권 개념은, 생산양식들에 대한 분석과 관계되기는 하지만, 이러한 관점에서 다루어지지는 않습니다. 맑스에게는 또한 (그리고 일반적으로 주권을 권력 독점의 맥락에서, 또는 독재의 맥락에서 고려하는 모든 이론들에는) 다중에 대한, 또는 / 그리고 특이성들의 우주 전체를 일자로 환원하는 형이상학적 조작에 대한 과소평가가 존재합니다. 이제, 우리의 추기追記의 이 지점에서 분명하게 드러나는 것은, 이러한 주권의 일자로의 환원이 더 이상 가능하지 않다는 점입니다. 삶권력이 전체 세계를 자신의 범주로, 또는 초월적 상상력의 생산물로 포섭할 때, 다소간 내재적이고 명령적인ordinative 배치들을 가지고 전체 세계를 횡단할 때, 모순과 위기는 전체 삶정치적 지형으로 확장됩니다. 위기 봉쇄의 정책들 — 이것들이 순수하게 예산적인 것이건 또는 인구학적인 것이건, 또는 최근의 복지적인 것이건 — 을 통해, 사회의 자본 내 포섭이 발생했지만, 이것은 모순들, 거부들, 저항들의 포섭 및 변형과 보조를 맞춰 진행되었습니다. 후기 근대의 국가 — 케인즈주의적·포드주의적 국가 — 는, 자신을 공고히 하는 대신에, 모순적이고 파괴적인 역학 속으로 들어갔습니다.

오늘날 전쟁이 더 이상 다른 수단에 의한 정치의 연속이 아니게 된 것은 우연이 아닙니다. 전쟁은 오늘날과 같은 탈근대에서 정치학의, 가능한 모든 통치의 바로 그 기반이 되었습니다. 전쟁의 이 중심성은 가치법칙(그리하여 착취에서 과잉 결여)의 위기와 새로운 능력 — 노동력이 자본주의적·정치적인 도구적 지식 및 통제를 초과하는 방식으로 가치를 생산해야 하는 가능성 — 양자의 결과입니다. (일자의 고착 및 근본 원리로서의) 주권 개념은 더 이상 생산의 다중적 역학을 통제의 영역 내부에 가두어 둘 수 없습니다. 노동의 초과 즉 산 노동이 지금까지 다중적 방식들로(더군다나 부를 창조하는 유일한 방식으로) 주장하기 시작해 왔던 자아의 생산은, 위기 개념을 (삶정치적 관계 속에 가져와) 다시 한정하는 한편, 우선 그

칼 슈미트 (Carl Schmitt, 1888~1985) : 1888년 독일 플레텐베르크의 중산층 가톨릭 집안에서 태어났다. 정치신학자, 법철학자, 가톨릭철학자이다. 『독재』(1921), 『정치신학』(1922), 『정치적인 것의 개념』(1927) 등은 지금까지도 찬반 논란 속에서 끊임없이 연구되고 있다.

문제와 연결되고, 그 다음에는 주권 개념에 대한 새로운 개념화와 연결됩니다. 주권은 더 이상 일자로 나타날 수 없습니다. 아니 오히려 전쟁만이, 단일한 장치를 파괴적으로 이용합니다. 근대성의 유산들에 대한 정치 이론들(슈미트■, 벤야민, 데리다, 아감벤) 내에서 이미 전쟁은 주권의 유일하게 일원론적인 장치로서, 그리하여 정치의 (그리고 삶정치적 시각에서는 적법성 그 자체의) 유일한 정초로서 기능합니다. 예외가 규칙이 된 것이지요.

국민국가 주권 이념의 위기에, 다시 말해 국민국가 구조에 외적인 위기(이 위기는 가치 및 교환가치의 척도를, 따라서 화폐, 권력 척도를, 따라서 제국주의적 배치와 소통 형식을, 따라서 이데올로기적 자율성을 일방적으로 고정할 수 없음에 의해 결정됩니다)에, 매우 새로운 위

기가, 국민국가에 내적이며 민족국가에 합체된 위기가 떠오릅니다. 이제 그곳에서 국민국가의 내적인, 그리고 국민국가와 동질적인 매우 새로운 위기가 발생합니다. 달리 말해 전쟁의 중층결정에 의해 해결될 수밖에 없는 적법성의 위기가 존재합니다. 자본의 시각에서 볼 때 주권은 자기 파괴적인 승리의 장치입니다. 그러나 이것이 사실이었다 할지라도, 완전히 쓸모없게 되어 버린 것은, 아니 오히려 영원히 해결되지 않을 이중성, 끊임없이 폭발하는 긴장으로 모습을 드러내는 것은, 주권이라는 바로 그 생각입니다.

우리는 이 지점에서 이 논의를 계급 분석의 관점으로 다시 다루어야 합니다. 다시 말해 조직, 강령, 그리하여 혁명의 기획에 대한 문제들에서 출발해야 합니다. 하지만 여기에서 그러한 논점들을 다루는 것은 적절하지 못합니다. 여기에서 우리는 단지 다음과 같은 점, 즉 모든 제국주의(제국주의가 국민국가의 권력의 표현이자 확장인 한에서)가 전체적인 정치적·지정학적 관계들에 직면할 때 힘이 부족할 뿐만 아니라, 삶권력의 체계가 제국 내부에서 제기하기 시작하는 새로운 규칙들에 저항할 수 없을 뿐만 아니라, 또한 (그리고 특히) 자신의 토대들과 관련하여 위기에 빠져든다는 점을 강조해야겠습니다. 사실상 그것이 전쟁을 모든 시민적 관계를 조건지우고 중층결정하는 유일한 힘(그리고 개념)으로 삼을 때, 제국은 단지 전지구적 시장으로 확대되는 새로운 질서가 될 뿐만 아니라, 또한 국민국가의 내적 관계들을 파괴하는 힘이 됩니다. 제국주의와 제국 사이의 양자택일은 전지구적 시장에 관련된 문제들에만 영향을 미치는 어떤 것이 아닙니다. 그것은 무엇보다도, 아니 오히려 가장 최우선적으로, 국민국가의 내적인 관계들에, 그리하여 바로 그 시민권의 규칙들에 영향을 미칩니다.

오늘날 우리는 분명, 근대성의 종말과 탈근대성의 개시 사이의, 국민국가의 사멸과 제국의 정초 사이의 공위기를 살아가고 있습니다. 수많은 모순들이 이 시기를 관통하며 어느 누구도 국민국가와 제국이 자연스럽게 각기 서로에 대립되는 형상들처럼 둘을 맞세울 수 없습니다. 공위기에 자본은 오히려 이 형상들의 상호침투 위에서 작동하며, 하나가 다른 하나로 진화할 것으로 착각합니다. 자본에게는 여전히 변증법이 작동하며, 국민국가의 상태에 뒤이어 공위기에는 국민국가가 부정되고, 그 다음에 제국에서는 국민국가의 필연적인 승화가 일어납니다. 그러나 변증법은 오직 자본에만 관계되는 어떤 것입니다. 우리는 그 반대의 입장을 취하는데, 이 입장은 계급투쟁의 유물론적 경향 위에서 시합을 합니다. 이 투쟁이 산 노동의 헤게모니 내에서 조직되는 한에서는 말이지요. 우리는 공위기 내부에, 우리에게 남겨진 시간 내부에, 제국의 수준에서 충돌[투쟁]할 조건들을 건설해야 합니다. 여기에서 또한 다중이 계급투쟁의 새로운 형상의 근본적인 지반임이 드러납니다.

2

유럽: 투쟁을 위한 기회

15강 유럽과 제국: 논점들과 문제들

16강 제국 안에서의 유럽과 미국

17강 보편주의와 국민적 차이들 사이의 유럽: 하나의 가능한 유럽

18강 천 개의 유럽적 이슈들

19강 유럽 연합의 외교 정책의 기초를 놓기 위한 노트들

15강

유럽과 제국 : 논점들과 문제들

우리의 관심을 끄는 문제는 통일된 유럽이 가능하냐는 것입니다. 내가 볼 때 유럽은 하나의 필연입니다. 이것으로 내가 의미하는 것은 자신의 전통적인 특징들을 유지하는 사회적 헌법 위에서 정치적이고 문화적으로 결합되고 구축되는 유럽입니다. 나는 이 문제를 나중에 좀 더 길게 다룰 것입니다. 잠깐 첫 번째 진술에 대해 논의해 보고자 합니다. 유럽이 하나의 필연인 것은, 다름 아닌 제국의 구성의 시각 내부에서 전지구적 시장과 관련된 정치적, 경제적, 사회적 이유들 때문입니다. 제국적 공간은 민주주의의 새로운 조건들을 창출했습니다. 이러한 민주주의의 정확한 본성을 상술하려고 애쓰는 것은 어쩌면 아무런 의미가 없을 것입니다. 예컨대, 세계적 수준에서 민주주의적 슬로건인 '1인 1표'가 실제로 실행 가능한지 의아해 할 수도 있습니다. 아니면 '시민사회'라는 문구를 서구 세계에서 사용해 왔던 맥락 위에서 전지구적 시민사회가 현실적으로 가능한지 의아해 할 수도 있습니다. 나는 진심으로 그것이 가능하다고 생각하지 않습니다. 미국의 한 정치과학자인 로버트 커헤인은 최근에, 전지구적 수준에서의 '1인 1표'는 전세계에 대한 중국식 독재를 의미할 것이라고 농담을 했습니다! 전지구적 시민사회와 관련하여 볼 때, 다양한 부르주아 및 / 또는 국제적인 자본주의 귀족들은 이와 같은 일에 동의하지 않는 것 같습니다. 전지구적 수준에서 민주주의를 건설하는 일은 사실 이와는 완전히 다른 어떤 것입니다. 그것은 실천적인 용어들을 쓰자면 투쟁들을 통해 실제적이 될 수 있는 자유와 평등을 향한 경향을 발전시키는 것을 의미합니다. 이것이 유럽이 건설할 수 있는 정치적 공간입니다. 다중들을 위한 민주적인 공간. 모델들의 제시가 아닌 투쟁들의 역사의 제시, 어떤 헌법(심지어는 유럽의 복지 모델에 기초한 헌법)을 다시 건의하는 것이 아닌 종종 급진적이고 언제나 개방적인, 민주적인 갈등성conflictuality — 유럽이 (앞에서 언급한 모든 것에도 불구하고) 언제나 할 수 있었던 어떤 것 — 의 표현.

유럽은 우선 하나의 공적 공간으로, 그리고 민주적 정치로 스스로를 표현합니다. 이것들은 유럽을 제국의 발전 내부에 위치지우는 술어들입니다. 이것은 동일성도 제도적 패러다임도 아닙니다. 있어야 할 것은 생생한 참조점이며, 권리들과 민주적 잠재력들을 표현하는 현실입니다.

당연히 첫 번째 문제는 이러한 계획, 즉 유럽을 건설하는 과정에 동질적인 특징들을 어떻게 부여하는가 하는 것입니다. 그것은 가능할까요? 우리는 노력할 가치가 있는 정치적 통일을 건설하는 데 성공할까요? 그리고 그 내부에 정치적 주체를 세우는 데에 누가, 현재의 제국적 무질서 속에서 먼저 준비될까요? 그뿐만 아니라 누가 이러한 기획(아니면 더욱 단순하게 말해서 이러한 방향으로의 경향성, 즉 실천적인 맥락에서 특유하고 추구 가능한 급진적인 민주적 갈등성을 지지할 수 있을까요?

유럽헌법 문제는 광범한 대안들을 제공합니다. 첫 번째 대안은 공동 시장으로서의 유럽이라는 대안입니다. 이러한 상황에서 유럽 공동체는 주권 국가들의 배치로 이해됩니다. 두 경우에서 나는 이것이 순수하고 단순하게 제국적 하위조직화의 배치로 이어질 것이라고 생각합니다. 제국에서, 그리고 특히 미국의 지도를 받는 제국에서, 동질적으로 조직된 시장 영역들은 제국적 명령의 발전 내부에서 — 사실 이 영역들은 이 내부에서 지지되고 위계화됩니다 — 대단히 바람직합니다. 이것은 우리가 관심을 갖는 유럽이 아닙니다.

두 번째 입장은 유럽 공동체의 건설을 근대성의 사법적-행정적 모델들을 되풀이하는, 일종의 초대국으로 이해하는 입장입니다. 이것 역시 (비록 현행의 유럽적 논쟁에서 유력하게 나타난다 해도) 우리의 관심을 끌지 못하는 개념화입니다. 국민국가에 반대하는 — 최근 수세기 동안 유럽에서 수백만 명이 죽도록, 애국주의에 죽임을 당하도록 방치했던 국민국가에 반대하는 — 논쟁은 우리와 상관이 없습니다. 이 두 번째 대안이 강력하게 지지를 받는다는 사실이 그것을 가능한 것으로 만들지는 않습니다. 나는 정말 내가 그렇게 사고하는 낙관론자라고 생각하지 않습니다. 그렇지만 이러한 입헌적 사고, 이러한 국가주의적 이데올로기가 규정하는 저항들이 과소평가되어서는 안 됩니다. 그것들이 고고학적이라고 해서 그 저항들의 유혹이 감소되지는 않습니다. 이 이데올로기들이 나타내는 민주적 결손은 현실적인 위험입니다. 그러나 나는 이것이 현재의 상황 속에서 실제로 전개되고 있다고는 보지 않습니다.

탐색되고 있는 세 번째 대안이 있는데, 이것은 유럽헌법에 대한 논쟁에서 압도적인 것으로 보입니다. 이것은 '국가 없는 헌법', 즉 국민들과 입헌적 배열들의 다수준적 연합의 건설을 옹호하는 노선입니다. 이것은 유럽의 헌법적 전통의 맥락에서 볼 때 서출庶出적 형상, 즉 제헌권력의 연약한 기계입니다. 그럼에도 우리는 이것을 선호합니다. 우리가 이것을 선호하는 까닭은 이 입헌적 기계가 갈등을 계속 드러낼 수밖에 없을 것이며, 끝맺기 어려울 통치의 실천들 내부에 입법적이고 행정적인 용어들을 끌어들일 수밖에 없을 것이기 때문입니다. 우리는 현재의 상황이 이행의 상황이 되어가고 있는 것으로 고찰할 필요가 있습니다. 이러한 논쟁은 미국의 일방주의에 대한 유럽의 반대에 의해 통일될지도 모르지만, 유럽의 다국적 엘리트들과 노동자 다중 사이의 갈등과 관련해서는 완전히 열려 있습니다. 이 경우에 민주적인 과정은 항상 열려진 채로 남아 있을 수 있을 것이며, 일종의 '결말 없음'에 의해 보장받을 수 있을 것입니다.

유럽의 헌법적 통일이 의미를 갖기 시작하고, 우리가 근본적이라고 보는 파열 그리고 민주적 표현과 같은 특징들을 지니면서 세계무대에 모습을 나타내는 것은 바로 이러한 맥락에서(앞에서 정의된 대안들 중 세 번째 대안의 내부에서)입니다. 우리가 첫 번째 대안 ─ 시장 영역으로서의 유럽 공동체라는 대안 ─ 을 거부할 때, 그것은 우리 자신을 미국 제국주의의 지배에 종속된 유럽 인민으로 규정할 가능성을 거부하는 것입니다. 우리가 유럽 공동체를 헌법적으로 초대국으로 규정하는 시각을 거부할 때, 그것은 우리가 유럽에서(각별히 유럽에서) 투쟁들의 결과 그 한계에 다다른 주권 역사의 반복을 거부하는 것입니다. 세 번째 대안과 관련해서 우리는 더 이상 데모스 demos*가 아닌 어떤 정치적 주체들의 절합, 즉 다중들의 민주적 이동의 결과로서 유럽의 공적 공간의 개방성을 유지하는 정치적 주체들의 절합인 무엇인가를 유럽에 구축하

■ 데모스 : 원래 고대 그리스 국가의 평민을 뜻한다. 시민, 평민, 민중, 대중 등으로 다양하게 번역될 수 있지만, 이 책에서는 일관되게 '다중'과 대비되어 사용되고 있는 점을 고려하여 '데모스'로 음역하기로 한다.

는 것이 가능하다고 생각합니다. 이렇게 해서 유럽의 정치적 공간은, 국민국가의 개념들과 실천들이 강제한 한계들을 파괴할 수도 있을 새로운 정치적 주체의 구축을 위한 지형이 됩니다.

내가 서술한 바와 같은 특징들을 갖춘 유럽의 정치적 주체의 구성에 누가 관심을 가질까요? 그 대답은 이렇습니다. 새로운 생산양식으로부터 발생한 생산적 힘들이 바로 그들입니다. 달리 말해, 오늘날 무수한 부의 형태들을 구축하고 이동성, 유연성, 부의 생산에서의 새로운 역학 등에 흥미를 갖는 비물질노동자들이 바로 그들입니다. 또 다른 흥미로운 사람들은 새로운 생산 조직화의 사회적 짜임새 내부에서 작업하도록 배치되는, 그리고 부와 주체성의 새로운 생산이라는 삶정치적 맥락 내에서 새로운 투쟁 형태들을 실험할 수 있고, 기꺼이 실험할 모든 시민들입니다. 우리의 관심을 끄는 것은 시민권의 새로운 특징들에 부합하는 공적 공간의 구축입니다.

무-장소로서의 유럽. 이와 같은 일을 상상하는 것조차 불가능해 보입니다. 하지만 그럼에도 이것이 유일한 가능성입니다. 권력의 장소가 아닌, 삶권력의 장소가 아닌, 다중적 힘들 사이의 연속적인 조우를 위한 공간. 유럽이 민주적인 무-장소의 주체가 될 때에만, 유럽이 국민국가에 종속된 시민권의 고고학적 조건을 포기하는 데 성공한다면, 오직 그럴 때에만 유럽은 살아가고 생산하기 위한 새로운 역량에 연결된 권

리들의 정초와 확장적 표현을 위한 장소로서 모습을 나타낼 수 있을 것입니다. 바로 이러한 일종의 낙관론으로써 우리는 지금의 상황을 바라봅니다. 제국적 위계의 사슬 속에서 유럽은 제국 구성의 '약한 고리'로 작용할 수 있습니다. 유럽은 횡단적 힘으로서, 민중이 아니라 제국에 대항하는 다중적 뽀뗀짜로서의 모습을 나타낼 수 있습니다. 현재의 상황에서 커다란 문제는 미국 헤게모니 아래의 제국에 의해 명령된, 그 이미지에 따라 창출된 구조의 문제입니다. 이 과정은 민주주의의 부정을 의미합니다. 유럽은 아마도 미국 지도 아래에서 제국적 모델을 창출하는 것에 대한 저항을 조직하는 다양한 대륙적 강대국들 중에서 가장 중요할지도 모릅니다.

16강

제국 안에서의 유럽과 미국

우리는 미국과 유럽 간의 첨예한 논쟁의 한가운데에 있습니다. 미국은 화성이며 유럽은 금성입니다. 미국인들이 보기에는, (피츠제럴드에서 헤밍웨이 사이에서 나타났던 바와 같은) 20세기 초반을 지배했던 유럽 이념의 쇠퇴가 이제 그 끝에 다다랐습니다. 이러한 생각이 얼마나 더 오래 계속될 수 있을까요? 유럽에 대한 이러한 '신보수주의적' 논쟁에는 커다란 허점이 있습니다. 유럽이 제국적 구성에 대한 논쟁을 뒷받침하는 정치 형태들에 대한 논의에서 피할 수 없는 지형이며, 앞으로도 그러할 것이라는 점은 사실입니다. 이것은 제국이라는 생각이 어떤 개인의 머리에서, 특히 미국이나 유럽의 부르주아의 머리에서 나오지 않았기 때문입니다. 지구화는, 유럽을 진원지로 하는 전지구적 내전(1917~1989)의 종식에 의해 야기된 과정입니다. 전지구적 내전은 자본과 노동자 운동의 세력들 사이에서 전개되었습니다. 프롤레타리아와 노동계급의 저항(그리고 자본주의 지배의 다양한 국면들이 펼쳐지는 과정에서의 변형들)은 그 내전의 핵심적인 요인이자 모든 변형들(제일 먼저 일어난 변형은 국민국가의 폐지입니다)의 원동력입니다. 유럽의 내전에서는 프롤레타리아 세력들이 승리를 거두었습니다. 국민국가의(모든 국민국가들의) 폐지와 더불어 우리에게 지구화 과정과 새로운 전지구적 평형의 추구, 그뿐만 아니라 생산양식 및 자본주의적 노동조직화의 새로운 구조들을 가져다 준 것이 바로 이 승리였습니다. 오늘날, 이러한 상황에서, 부르주아적이고 자본주의적인 귀족들과 프롤레타리아 다중들은 다시 갈등을 일으키게 되고, 어떠한 사건에서건 불안정한 평형상태 안에 있게 됩니다. 세계시장에 대한 소련의 봉쇄의 종식은 이러한 이행에 전지구적 강도와 확장을 제공했습니다. 이것이 전지구적 발전의 한복판에 서 있는, 하나의 패러다임으로서의, 그리고 계급투쟁들(이 투쟁들이 자신을 어떻게 나타내건 — 그러나 오늘날 이것은 본질적으로 다중적 형태 속에 있습니다.)의 계속적인 발전으로서의 유럽입니다.

그래서 유럽과 미국 간의 관계의 문제는 이러한 술어들로 다시 진술될 필요가 있습니다. 우리는 더 이상 냉전 상황 속에 있지 않습니다. 이 냉전에서 유럽 공동체의 구성과 구축에 반대하는 미국의 압력이, 어떠한 형태로건, 1953년부터 계속, 성공해 왔던 것입니다. 유럽의 귀족들은 그러한 기간 동안 계속, 그들이 노동자들의 투쟁들에 저항하는 한에서는, 아무런 선택권이 없었습니다. 그들은 미국 자본주의의 압도적인 지원에 의존해야 했습니다. 상황이 완전히 새로 펼쳐지는 것은 오로지 노동자들의 투쟁들이 냉전이 강제한 권력관계들을 — 전지구적 수준에서 — 흔들 때뿐이었습니다. 한편으로, 미국 정부는 자신의 제국적 지배의 기획과 함께 일방적인 군주적 선택을 제공하고 있으며, 다른 한편으로 유럽의 다국적 귀족들은 상대적 독립을 이룩하고 세국의 군주적 평형이 점점 더 빈번하고 효과적으로 파열되는 순간들을 구축하려고 애쓰고 있습니다. 마스트리히트Maastricht의 유럽*이, (그리고 하나의 헌법을 위한 최초의 시도들인) 유로의 유럽이 미국의 초권력으로부터 독립적인 정치적 공간을 되찾는 데 성공하는 것은 바로 이 지점에서입니다. 노동자 다중들의 압력과 거대한 반세계화 과정들의 개시는 그러한 모순을 심화시켰습니다. 유럽은 미국의 제국적 군주제에 대항하는 논쟁적 적대의 지형에 위치하게 됩니다. 여기에서 유럽에 대한 모든 긍정이 미국의 뽀뗀짜의 내적 한계가 된다는 점을, 유럽에 대한 모든 진술이 제국의 발전에서의 새로운 평형들의 표현이자 요구가 된다는 점을 주의하세요.

이를 통해 우리는 몇 가지 일반적인 고찰을 하게 됩니다. 미국의 군주적 압력에 저항하려는 유럽의 결정(투쟁들의 현존과 다중의 조직에 의해 지지되고 발전되는 저항)이 미국이 자임하는 일방적인 헤게모니에 위기를 가져왔습니다. 미국이 테러에 대한 전쟁을 일방적으로 운영해 온 것은 효과가 없는 것으로 드러나고 있습니다. 미국인들이 볼 때, 화폐적·경제적 수준에서의 일련의 좌절은 전쟁의 재난을 심화시켰습니다. 둘째, 유럽의 저항과 전지구적 수준에서의 새로운 유럽의 등장은 다른 대륙의 블록들에 의한 유사한 저항들과 등장들을 지지하고 고무합니다. 미국의 일방주의는, 미국을 위기까지는 아니라도 어려운 처지

* 마스트리히트의 유럽 (Europe of Maastricht) : 유럽의 정치 통합과 경제 및 통화 통합을 위해 1991년 네덜란드 마스트리히트에서 유럽공동체 정상들이 합의한 유럽통합조약이 이루어진 시기의 유럽을 말한다.

에 빠뜨리는 일련의 대륙적 대항세력들(유럽에 더해 중국, 인도, 라틴아메리카)에 의해 둘러싸이기 시작합니다. 바로 이 새롭게 출현하는 지형 위에서 유럽의 통일에 대한 미국의 공격 역시 명백한 파국까지는 아니라도 문제 상황에 처하게 됩니다. 1953년부터 1990년대에 이르기까지 미국 정부가 추구한 전술은 완전히 바뀌었습니다. 미국 일방주의에 대한 유럽의 종속은 더 이상 ― 나토를 통한 ― 군사적 수준에서만 시도되는 것이 아니라, 유럽연합의 발전에 내재적인 일련의 정치적 작전들을 통해서도 시도됩니다. 미국인들은 그 공동체가 동유럽으로 확장되기를 장려합니다. 이것이 더 큰 위기들을 야기할 수 있기를 기대하면서 말이지요. 그들은 영국의 고립주의를 지지합니다. 그들은 석유와 에너지 전쟁을 통해 재차 그것을 시도합니다. 그들은 유로와의 갈등을 유발합니다. …… 우리는 이러한 각각의 작전들이 유럽의 통일 과정들에 단지 부차적인 효과들만을 갖는다고 말할 수 있을까요? 아니, 우리는 그렇게 말할 수 없습니다. 그렇지만 상황은 정말 달라졌습니다.

그러나 다중들의 시각에서 볼 때, 우리는 이 모든 것이 결정적인 요소라고 말하지 않습니다. 이 상황은 여전히 매우 개방적입니다. 유럽의 통일, 그리고 유럽의 전지구적 배치를 유럽의 슬로건으로 만들 수 있는 다중들의 능력만이 유럽과 미국 사이의 적대를 강화할 수 있습니다. 이러한 계획이 추상적으로 ― 우리가 '추상적'이란 말로 권력에 대한 '계급에 기초하지 않은' 분석을 의미한다면 ― 고찰될 수 없다는 것은 분명합니다. 이러한 제안은 (오늘날 분명 자유주의적 방침들을 지향하는) 유럽의 헌법이 다중적 행동에 열려 있는 세력관계로 다시 방향을 잡을 수 있을 때에만 유용하고 생산적이게 될 것입니다. 우리는 갈등의 공적 장소들 및 공간들과 같은 것이 빠진 제도들에는 관심이 없습니다. 유럽헌법은 유럽 내부에서의 그리고 세계적인 차원에서의 자본의 지배에 대한 단호하고 끊임없는 반대, 갈등, 개방성의 이러한 기능에 맞춰 만들어져야 합니다. 그러나 이러한 전투를 시작하는 것이 오늘날 전지구적 수준에 즉각적으로 연루되는 것임은 분명합니다. 제국의 구조는 단순히 하나의 공간이 아니라 권력의 통일을 구성합니다. 이미 말했듯이, 유럽에 대한 모든 진술은 미국의 권력에게는 (국제적이 아닌, 그래서 외부적이지 않은) 내적인 한계입니다. 그러므로 유럽을 긍정하고 그것의 헌법을 다중적 갈등에 결부시키는 것은, 프롤레타리아 이해관계들을 방어하는 데에서뿐만 아니라, 제국의 발전을 민주적으로 재구성하려는 시도에서도 역시, 사활이 걸린 조치입니다.

17강

보편주의와 국민적 차이들 사이의 유럽 : 하나의 가능한 유럽

미국이 유럽연합을 원하지 않는다는 전제에서 출발해 볼까요. 이어서, 미국 일방주의의 위기가 새로운 유럽의 주도를 위한 새로운 공간들을 열어놓는다는 두 번째 전제를 덧붙여 보지요.

우리는 정밀한 역사적 과정을 지도로 그릴 수 있습니다. 거의 1990년대 내내, (국유화되고 공적인 산업들 중에서) 국유 부문에서 움직이는 원료 공급 산업 집단들과 그들을 지원한 노동조합 단체들은 여전히 하나의 정치적인 유럽에 대한 명백한 거부에 의해 특징지어졌습니다. 거의 1990년대 내내, 유럽 공동체의 구축을 위해 움직이는 것에 대해, 유럽 자본의 특정한 층들 가운데에서, 또는 유럽의 기술관료적 부르주아들 가운데에서 우리는 계속해서 열정의 결여를 발견할 수 있었습니다. 2004년이 된 지금, 우리는 환경이 얼마나 많이 달라졌는지 알고 있습니다. 한편으로 거대 기업들은 완전히 지구화되었으며, 그들은 유럽에서 때로는 긍정적이고 때로는 부정적인, 변화하는 이해관계를 갖게 되었습니다. 다른 한편으로, 우리는 유럽에서 정치적 이해관계를 갖는 것으로 보이는 새로운 유럽 프롤레타리아를 만나게 됩니다. 이들은 자본주의적 명령의 지구화와 그것에 대한 저항의 국지적 본성 사이를 연결하는 문화적·정치적 매개들을 수립할 필요를 느낍니다. 새로운 지적 프롤레타리아는 아마도 유럽에서 실질적인 이해관계를 갖는 유일한 사회 주체일 것입니다.

이 지점에서 유럽 문제는 다른 측면을 띠게 되는데, 이는 그것이 기본적으로 제국 시대에 민주주의의 재정초, 포스트사회주의적 강령의 규정, 그에 부합하는 정치운동의 구축을 수반하기 때문입니다. 유럽은 저항을 유지하고 좌파의 정치적 강령 재구축을 떠받칠 수 있는 유일한 지형적 차원입니다. 그러므로 우리의 관심을 끄는 것은, 새로운 연방주의, 즉 유럽의 국민국가들을 결합시킬 뿐 아니라 프롤레타리아의 새로운 강령들을 통일시킬 수 있는 다수준적인 연방주의에 대한 생각입니다. 유럽에서 총체적인 제도적 위기와 정치적 대의의 위기가 존재했던 것은 바로 이 수준에서입니다.

하나의 정치적 실체로서의 유럽의 창출은 현재의 제헌 과정을 불러온 것과 동일한 이유들 — 유럽을 구성하는 국민들 간의 평화의 추구, 공통적인 경제적 공간의 창출, 공통적인 문화적 환경 등등 — 에 비추어 볼 때 하나의 필수품입니다. 그러나 유럽의 필수성은 — 더 이상 정적이지 않고 동적인, 역사적이지 않고 정치적인, 지금 여기의 — 또 다른 이유들에 대해서도 역시 아주 명명백백합니다. 유럽의 필수성은 전지구적 시장의 현실들에 대면할 필요로부터, 즉 효과를 발휘하고 있는 제국적 구성 과정과의 대면으로부터 유래합니다.

제국 내에서는 절대민주주의('1인 1표')를 사고할 수 없게 되고 전지구적 시민사회의 이미지 — 이 이미지가 순수한 신비나 환영이 아닌 때에 — 역시 의심스럽기 때문에, 다중의 표현과 민주적인 의사결정, 아울러 다중의 정치적 조직화를 가능하게 하는 공간을 한정하는 게 필요할 것입니다. 더욱이 (미국의 일방주의 조처에 의해 야기된) 현재의 정치적 위기는 제국적 합법성의 새로운 배치들의 긴박성을, 제국적 수준에서, 한층 더 악화시켜 온 것으로 보입니다.

우리에게, (장구하고 특이한 문화적 연속성과 특유한 헌법적 역동성을 특징으로 하는) 유럽의 정치적 공간은 그와 같은 필연적인 범위 한정을 제공하는 것으로 보입니다. 이 공간 내에서 제국의 차원들에 부합하는 정치적 주체를 사고하는 것이 가능한지 나는 알지 못합니다. 하지만 분명한 것은, 이 공간의 외부에서는, 그리고 적절한 주체가 없이는, 민주주의는 고사하고 저항의 어떠한 가능성도 유럽에서는 없을 것이라는 점입니다.

이것들이 우리가 움직여야 하는 조건이라면, 다음과 같이 물어보아야 합니다. 새로운 공간을 건설하는 것이 가능한가? 그리고 이러한 공간 내부에 제국 내의 다른 주체들에 필적할 수 있는 정치적 주체 — 아니 더 잘 표현하자면, 제국적 헤게모니와 관련하여 다른 주체들과 함께 조화를 이룰 수 있는 정치적 주체 — 를 구축하는 것이 가능한가? 노력할 가치가 있는 하나의 정치적 연합이 가능한가?

우리가 볼 때, 우리가 유럽을 둘러싼 정치적 논쟁에서 오늘날의 지배적 입장들을 받아들인다면 이러한 질문들에는 어떠한 긍정적인 대답도 주어질 수 없는 것으로 보입니다. 이러한 질문들 중의 일부는 (1) 코뮤니즘적 논쟁의 내부에 있으며, 한편 다른 것들은 (2) 연합에 대한 정치적 논쟁과 관련이 있습니다. 우리가 살펴보게 될 모든 입장들은 지스카르 계획Giscard plan*을 둘러싼 논쟁 중에 — 풍부하게 — 표현되었습니다. 코뮤니즘적 논쟁 내부의 입장과 관련하여 볼 때, 그것들은 다음과 같은 두 개의 극단적인 대안들 사이에 놓여 있습니다.

1a. 시장 영역으로서의 유럽 공동체, 그리고 그것에 대한 규제.
1b. 주권 국민국가의 동맹으로서의 유럽 공동체.

두 가지 사례에서 유럽 공동체가 제국의 하부 조직으로, 달리 말해 제국적 피라미드 내의 탈중심화된 조직들 중의 하나로 제시된 것임은 분명합니다. 이 경우 정치적 연합은 민주주의도 제국 내부의 새로운 주체성도 생산하지 못합니다.

하지만 어떤 사람들은 다음과 같이 주장할지도 모르겠습니다. 즉, '군사적 결정요소'를 경제적 결정요소보다 더 중요한 것으로 다룬다면 제국이 부여한 종속적 기능으로부터 유럽을 이끌어 낼 수 있을 것이라고 말입니다. 그러나 그것은 유럽이 직접적으로 하나의 전체로, 하나의 군사적 권력으로 나타날 수 있을 (분명 사실이 아닌) 조건 위에서만 참일 것입니다. 이것은 유럽의 현실이 아닙니다. 현재 군사적 결정요소는 국지적이며, 개별적인 국민국가들에 의해 관리되고 있습니다. 결과적으로, 군사적 결정요소를 강조하게 되면, 제국적 영역에서 차지하는 어떠한 결정적인 위치 점유나 역할로부터 유럽을 배제하는 것으로 귀결됩니다. 더욱이, 군사적 결정요소에 대한 강조가 단순히 유럽적이거나 국제적인 현실에서의 국민국가의 중심성을 재긍정하기 위해 고안된 책

지스카르 데스탱 (Valery Giscard d'Estaing, 1926~) : 프랑스 제5공화국의 제3대 대통령 (1974~81)을 지냈다. 그는 재임 기간 중 유럽공동체를 강화하는 정책을 펴 유럽통합에 앞장섰다는 평가를 받는다. '지스카르 계획'은 이러한 유럽통합을 위한 지스카르의 일련의 정책과 활동을 일컫는 것으로 보인다.

략이라면, 이러한 입장의 유효성은 완전히 실패하게 될 것입니다. 또 다른 대안은 정치적 연합과 연관된 입장들을 고찰할 때 발견됩니다.

2a. 이 시각에서 볼 때 유럽의 정치적 연합은 한편에서는 하나의 사법적·행정적 초대국으로(요컨대, 제국 내의 제국으로) 여겨집니다.

2b. 다른 형태로는, 유럽의 정치적 연합은 또한 (현재의 논쟁 속에 자주 나타나는 바와 같이) '국가 없는 헌법'으로, 또는 주권적 중심에서 움직이기보다는 무수한 조직화 수준들을 특징으로 하는 주 형태의 구조statal structure로 상상될 수 있습니다.

여기 이 두 경우에서 우리가 보는 것은, 서출庶出적인 헌법적 형상 또는 제헌권력의 연약한 기계입니다. 두 형상들은 매우 중대한 민주적 결손을 특징으로 합니다. 2a에서 유럽연합은 기능주의적 역학의 산물로서의 제도들을 생산하는 관료적 치안판사들에 위임되는 것으로 보입니다. 2b에서, 유럽연합은 신성 로마 제국의 통치를 떠받쳤던 것들과 같은 정치적·사법적 간계들에 굴복하며, 이것은 낭만주의의 반동적 상상력을 갖춘 푸펜도르프Pufendorf■ 방식의 한 조합으로 읽힐 수 있습니다.

일부 율법학자들을 따른다면, 우리는 유럽연합의 기존의 법적 메커니즘들에 신뢰를 보내지 않으면 안 됩니다. 이것들은 일단 움직이기만 하면, 새로운 유럽적 주권의 '제헌권력'으로서 작동할 수 있을 것입니다. 이러한 '서출적' 권력은, 율법학자들의 견해에 의하면, 내적인 제노석 활동(유럽식 법정들) 그리고 유럽적 제도들과 동맹한 국가들의 결합된 부가물의 효력 둘 다에 의해 생산될 수 있을 것입니다. 그리하여 그 공동체 내부의 관료들은, 헌법적 결손을 벌충할 뿐만 아니라 또한 공동체가 그것을 초월할 것에 대비하는 데우스 엑스 마키나deus ex machina*가 됩니다. 이러한 가정들은 믿을 수 없는 것처럼 보입니다. 사실 그것들은, (a) 기본적인 민주주의의 결손, (b) 유럽의 엘리트들 사이의 다양한 갈등들, (c) (미국, 러시아 등등의) 제국적 엘리트들이 행사하는 적대적 및 / 또는 파괴적인 압력들을 특징으로 하는 상황에서 가정하기 어려운, 일종의 제헌적 통치를 필요로 합니다.

푸펜도르프(Samuel Pufendorf, 1632~1694) : 독일의 법학자로서 그로티우스와 홉즈 영향을 받아 인간의 사회성을 통해 개인적인 이해관계를 조화시키려고 하였다. 법을 이성과 인간성으로부터 도출해 내고자 기하학적 증명 방법을 사용하였다고 한다. '푸펜도르프 방식' (Pufendorfian architecture)은 이러한 그의 사고 체계를 가리키는 것으로 보인다.

어떤 경우에서건 정치적·제헌적 논쟁이 이러한 술어들로 이어진다면, 우리는 하나의 유럽연합으로 끝날지도 모릅니다. …… 그러나 그것은 노력할 가치가 없을 것입니다. 왜냐하면 통치하는 사람들의 편에서 보자면 그것은 제국적 명령에 완전히 종속될 것이고, 통치받는 입장에서 보자면 그것은 오직 반란, 탈주 또는 억압이라는 선택들만을 제공하는 수동성에 갇힐 것이기 때문입니다.

■데우스 엑스 마키나(deus ex machina) : 라틴어로 '기계에 의한 신', '기계장치의 신'을 뜻한다. 여기에서는 '외부적인 해결사' 정도의 뜻으로 읽힌다.

그렇다면, 어떤 다른 조건들 아래에서 하나의 정치적 유럽 — 그리고 더군다나 노력할 만한 가치가 있는 유럽 — 이 가능할 수 있을까요?

이것은 통일된 유럽을 위한 기획이 유럽 다중의 민주적인 동원 기획과 나란히 갈 때에만, 그리고 두 기획들이 제국 전체의 수준에서 — 그리고 그 차원들 내부에서 — 돌발적인 힘들을 지니고 행동할 때에만 가능할 것입니다. 내가 말하고자 하는 것은, 정치적 유럽(그리고 노력을 기울일 만한 가치가 있는 유럽)이 오직 유럽의 다중이 (상품들의 생산 및 가치들의 표현 양자에서) 강력한 사회 계층들의 — 여기 그리고 나머지 세계 모두에서 더 거대한 크기의 자유를 제공하는 것으로 정치적 유럽을 이해하는 사회 계층들의 — 동원을 통한 정치적 연합의 구성에 성공할 때 가능할 수 있을 뿐이라는 것입니다.

아마도 여기에서, 정치적 유럽을 건설하고자 하는 사람들이 관심을 가져야 할 것이 데모스의 구성이 아니라 정치적 주체의 생산이라는 점을 지적하는 것은 가치가 있을 것입니다. 그러나 다중에게서 정치적 주제를 이끌어 내는 것은, 그리하여 노력할 가치가 있는 정치적 유럽을 구성하는 것은, 자유의 가치들에 대한 분할들, 투쟁들, 결정들이 없다면 가능하지 않을 것입니다.

이 지점에서 간단한 삽화를 살펴보지요. 유럽이 지쳐 있을 때, 동족상잔의 전쟁들의 세기가 지난 후 20세기 중반쯤 낡은 사해동포적인 유토피아가 등장하여 유럽의 통일을 위한 정치적 기획 속에서 다시 공식화되었습니다. 이 결정의 역설은, 그것이 정치적 통일, 경제적 연대, 그리고 입헌적 재구성을 위한 실제적 탐색에 의해서보다 소련 공산주의에 반대하는 투쟁에서의 전략적 필요들에 의해서 더 활성화되었다는 것입니다. 유럽의 연방주의자들은 이러한 결점들을 제거하려고 오랫동안 노력해 왔지만, 언제나, 예정된 전략적 상황의 포로 상태를 벗어나지 못했습니다. 그것이 유럽의 기획으로부터 좌파와 프롤레타리아 대중들을 배제하는 한에서는 특히 그러했습니다. 이런 식으로 계급 분할은 유럽의 기획을 중층결정하고 오늘날의 유럽 현실을 앞서 규정합니다. 이것은 우리가 이러한 경위를 파헤치지 않고, 필요하다면, 이러한 분할들을 극복하기 위하여 — 가능한 곳에서 — 이러한 깊은 분할들을 재가동시키지 않는다면 유럽의 데모스를 구축할 수 없다는 것을 의미합니다. 어떠한 사건에서건 (현재 및 미래의) 갈등들의 존재를 고려해 보아야 합니다. 왜냐하면 그렇게 함으로써만, 궁극적인 정치적 수렴을 현재 속에 분절하는 것이 가능할 것이기 때문입니다. 우리가 그러한 시대의 국제적인 갈등 속에 계급 갈등이 다소라도 포함되지 않았다고 생각하지 않는다면, 냉전의 종식 그 자체는 아무것도 해결하지 못합니다. 다른 한편, 1990년대 제국적 경향들의 발전은 (우리가 이미 살펴보고 있는 바와 같이) 국민국가들이 제기한 대안들처럼, 위험을 무릅쓰고 유럽 통일의 구축에 대한 대안들을 한층 악화시킵니다. 예컨대 영국은 (재정적·군사적 정책 양자에서) 미국의 특권적인 동맹국으로서의 자신의 역할을 유럽 회의론의 강력한 무기로 활용했습니다. 그리고 그러는 동안 다른 유럽 강대국들은 재통일 이후의 독일의 대륙적 패권 등등을 의심을 갖고 지켜보고 있습니다. 이러한 상황을 극복하고자 원한다면, 유럽에 대한 논쟁, 그리고 유럽에 거주하는 사람들이 창조한 유럽에 대한 인식은 새로운 대결 국면들에, 그리고 가치들, 선택들, 경향들의 대안적 표현들에 열려져야 할 것입니다. 삶의 이러한 (때때로 극적인) 요구들에 몰두하지 않고는 유럽에 대한 논쟁에서 진전을 이루어내기는 어려울 것입니다. …… 그러므로 국민적 차이들은 출발점terminus a quo으로 — (헤겔의 말을 빌자면) 우리가 '소실'시켜야 하는 물질적 요소로 — 가정되어야 합니다. 우리는 소위 국민들의 실존을 잊을 수 없습니다. 다른 한편, 우리는 국민들을 떠올리면서 그와 동시에 국민들이 야기해 온 학살들에 대한, 그들이 선동했던 식민주의들에 대한, 그들이 부채질했던 동일성을 기반으로 한 폭력에 대한 우리의 혐오를 분명히 밝혀야 합니다.

그렇다면 — 누가 통일된 정치적 유럽에 흥미를 가질까요? 누가 유럽의 주체일까요? 대답은 이렇습니다. 그들은 바로 제국의 수준에서 절대민주주의를 구성하기 원하는 주민들과 사회계층들입니다. 자신들을 대항-제국으로 지명하는 사람들이 그들입니다. 요컨대, (자신들의 생산적 힘의 본성에 따르는 이유들 때문에) 필연적으로 다음과 같은 것들을 추구하고 있는 (다소간 프롤레타리아적인) 생산 계층들에 속하는 사람들이 그들입니다.

1. 시민권에 대한 점점 더 보편적인 헌장, 그리고 자신과 타인을 위한, 시민들의 가장 폭넓은 이동(권).
2. 보장 소득, 다른 말로 하자면 부의 생산과 삶의 재생산 모두에서 유연성을 갖는 다중들의 물질적 가능성.
3. 생산수단(바로 내가 말하는 새로운 생산수단)의 공통 소유. 지적 노동자는 더 이상 자신의 노동 도구, 즉 자신의 두뇌에 대한 소유권을 갖지 않습니다. 그렇기에 그는 더 이상 프롤레타리아가 아니라 단지 노예일 뿐입니다. 그러므로 필요한 것은 자유입니다.

새로운 자본주의적 생산양식에 의해 창출된 새로운 프롤레타리아가 존재합니다. 그것은 탈근대에, 대부분의 다양한 생산 장소들에서 자신을 결집하고 재조직하는 다중입니다. 사실, 포드주의 공장이 포스트포드주의 사회로 해체되어간 순간부터 자본의 생산 국지화가 어떤 무-장소가 된 이래로 모든 활동은 하나의 장소가 되었습니다. 우리 앞에 있는 것은 진행되는 대안적 엑소더스를 통해 자신을 배치하는 비물질적이고 불안정한 프롤레타리아로서, 이들이 지구화의 테두리 속에서 제국과 충돌합니다. 엑소더스의 유럽적 노선으로서, 위대한 주권적 뽀뗀짜로서 자본주의적인 초권력을, 보수세력의 블록으로서 (그들이 눈이 푸르거나 노랗건, 얼굴색이 검거나 빨갛건) 이 프롤레타리아적 유럽인을 상상하는 것이 가능하게 될까요? 전혀 그렇지 않습니다. 여기에서 모양을 갖추고 있는 것은, 구성된 권력의 모든 측면을 파괴하는, 이주하고 이동하는, 지성적인 민중의, 가난한 민중의 유럽입니다. 유럽에서 지적 노동의 사빠띠스따 행진을 볼 수 있을까요? 국민들의 제국에 대항하여, 제국적 지방 등등에 대항하여 지역들의 제국을 볼 수 있을까요? 그리고 마침내, 우리가 유럽을 제국 내의 혁명적 무-장소라고 이야기하기 시작한다면 어떻게 될까요?

우리가 이와 같이 말하면 사람들은 우리를 유토피아주의자들이라고 부릅니다. 그러나 우리는 단지, 마키아벨리와 스피노자를 거쳐 맑스로 이어지는, 계몽운동기에 볼테르와 칸트를 통해 모든 세계시민적 기획의 공화적 뿌리들을 발견하는 사유의 전통에 속하는 공화주의자들일 뿐입니다. 유럽은 최초의 (그리고 약속건대 마지막이 아닐) 세계시민적 기획입니다.

우리 자신에게로 돌아와 보지요. 여기에 제시된 조건들이 정치적일 뿐만 아니라 역시 삶정치적이기도 한 통일된 유럽의 헌법(구성)을 위한 하나의 도식을 나타낸다는 점은 지적할 만합니다. '삶정치적'이라는 말로 내가 의미하는 바는, 오늘날 (시민, 소득, 공통재에 대한) 보편적인 사법적 조건들이 자유의 이행의 전제조건이자 존재론적 근저根柢라는 것입니다. 정치는 삶이 정치적인 것을 포위해 온 것과 꼭 마찬가지로 삶을 포위해 왔습니다. 통일된 유럽의 건설에서 이 관계는 근본적이고 불가역적인 것으로 받아들여져야 합니다.

잠정적인 결론에 이르러, 유럽적 주체(그리고 또한 충분한 가치가 있는 유럽연합)가 새롭고도 근본적인 민주적 유럽 세력에 의해서만 형성될 수 있다고 말할 필요가 있을 것 같습니다. 통일된 유럽을 건설하고 새로운 좌파를 형성하는 문제는 동시발생적입니다. 따라서 새로운 유럽적 주체는 지구화를 거부하지 않고, 오히려 지구화 내부에서 지구화 반대를 이야기하는 것이 가능하게 될 장소로서의 정치적 유럽을 구축합니다. 그렇기에 이 기획은 (유럽의 공간 내부에서부터) 제국 내 자본주의적 헤게모니와 관련하여 하나의 대항권력으로서의 특징을 갖습니다.

논의를 새롭게 하기 위해, 여기에서 '제헌권력' 개념을 상기하고, 우리가 유럽을 제국적 지배 사슬의 '약한 고리'로, 그리하여 유럽의 단일한 헌법을 제국 내부에서 '내전'을 생산하는 것으로 상상하게 된다면 그 권력이 어떻게 행동할지 생각해 보는 게 유용할지 모릅니다. 이러한 가설을 세우고자 한다면 우리는 제국적 명령이 하나의 통일 유럽(그리고 특히 새로운 적대적인 사회적 힘들을 토대로 하여 통일된 유럽)을 지구화 내의 '대항권력'으로 결코 받아들이고 싶어 하지 않는다는 점을 가정해야 합니다. 이러한 거부는 전지구적 자본의 중요한 분파들에 의해 조직되고 표현되며, 미국 우파의 보수주의에, 그리고 국제 자유주의의 독특한 사고방식pensiero unico에 기초를 둡니다. 미국의 '일방주의'는 '미국적일' 뿐만 아니라 또한 자본주의적이고, 보수적이며, 반동적이기도 합니다. 거대한 제국적 변신은 정치과학과 국제법의 전통적 변수들을 뒤집어엎었으며, (전지구적인) 집합적 자본의 중요한 분파들이 사나운 보수파가 되도록 밀어붙였습니다. 이 '일방주의'는 다중들의 모든 운동을 저지하고 제국에 대한 거대 자본의 불변의 지배를 고정시키려는 시도를 나타냅니다. 이러한 시각에서 볼 때, 통일 유럽 — 생산양식에서 일어난 혁명이 창조해 낸 새로운 사회적 힘들을 위한 공간들을 만들어 낼 수 있었던(그렇지 않았다면 통일될 수 없었을) 유럽 — 을 위한 제안, 그렇다면 이 제안은 제국의 주인들, 우익 정부들과 집단적 자본이 원하지 않는 것입니다. 그래서 이러한 대안적 입장들을 위해 힘든 투쟁이 치러져야 할 것이고, 우리는 장차 급진적인 변형들이 담긴 강령에 몰두해야 합니다. 오직 이 경우에만 유럽은 실제적이 될 수 있으며, 실제적이 됨으로써 제국적 구성의 '약한 고리'로, 그리하여 다중들을 위한 새로운 자유[해방의 가능성으로서 등장할 수 있습니다. 그리고 바로 여기에서 새로운 유럽 연방주의가 — 국민국가로부터 벗어나는, 주권 국가로부터 벗어나는 엑소더스로, 그렇게 많은 억압과 죽음을 불러왔던 근대성의 삶[권]력의 물신들로부터 벗어나는 엑소더스로 정의됩니다.

그러나 우리 논쟁의 핵심으로 돌아가 최근에, 특히 유럽헌법을 만들려는 최초의 시도가 맞이한 위기에 뒤이어 출현한 다른 목표들에 대해 논의해 보겠습니다.

· 하부 제국적 유럽을 구축하려는 (신자유주의적인) 자본주의적 주

쿠투조프 (Mikhail Illarionovich Golenishchev-Kutuzov, 1745~1813) : 러시아의 장군으로 나폴레옹 전쟁 당시 총지휘관이 되어 나폴레옹 군의 모스크바 퇴각을 추격하여 큰 승리를 거두었다.

도권이 이미 너무 멀리 나아가 어떤 대응도 가능하지 않다는 (그리하여 유일한 가능성이 국민국가를 옹호하는 것이라는) 반대에 대하여.

· [이에 대해서는] 국민적 수준에서의 저항이 더 이상 가능하지 않다고 대답해야 합니다. 국민국가는 (동맹을 이루었을 때조차도) 이미 제국의 역학 속에 완전히 흡수되어 있습니다. …… 그러므로 유일한 가능성은 제국 내부에서 투쟁을 다시 시작하는 것입니다. '현실주의'의 요청은 쿠투조프Kutuzov 식의 퇴각을 위한 선전이나 '유럽 회의론'의 실천들을 의미하는 것이 아니라, 파열의 사건들을 낳을 수 있는 전지구적 대안들의 구축을 (심지어 뒤늦게라도 그리고 패배의 상황에서라도……) 주장하는 것입니다.

· 그러므로 우리는 다음과 같이 말합니다. 유럽 수준에서의 새롭고,

근본적으로 민주적이며, 연방주의적인 운동을 우리의 주요 목적으로 삼자. 이것(그리고 유럽)을 구축하는 과정에서 우리는 전복적인 방법들로 제국적 무장소를 공격할 수 있고 / 공격해야 한다.

· 유럽이 원료와 석유가 없는 것 이상으로 가난하다는, 유럽의 재원과 통화가 세계시장에 완전히 종속되어 있다는, 그리고 유럽이 원사탄이나 전쟁을 일으키기로 결정할 어떠한 역량도 가지고 있지 않다는 반대에 대하여.

· [이에 대해서는] 유럽이 발명 능력과 생활 형태들이 풍부하다고 답해야 합니다. 유럽의 원료 부족, 유럽의 재정적·화폐적 제도들 및 유럽의 극도의 군사적 무기력을 가정하면, 증진되어야 할 필요가 있는 것은 데모스나 몇몇 고대적인 (통속적인) 연대의 재창안이 아니라, 새로운 삶정치적 상상력, 즉 노동자들과 빈자들의 전지구적 이동 그리고 새로운 지성들의 동원과 관련하여, 자신을 근대성의 경제적·정치적 형태들의 빈곤으로부터 벗어나는 엑소더스로 표현하는 새로운 삶정치적 상상력입니다. 여기에서 '사라지는 덧없는 유럽', 즉 강력한 무능력im-potenza potente이라는 발리바르의 생각이 핵심적이 됩니다.

지금까지 논의된 요점들을 심화하고 그러한 결론들(통일된 정치적 유럽은 새로운 형상의 주권이 되기보다는 오히려 제국의 주체가 갖는 새로운 근본적인 권리들의 확장을 위한 '전쟁 기계'가 되어야 한다)을 강화하기 위해 나는 사회적 연대의 유럽적 모델에 대한, 노동 권리 법안과 유럽헌법 사이에서, 전통적인 것과 미래적인 것 모두에서 발견되는 관계에 대한 몇 가지 성찰들을 덧붙이고 싶습니다.

나는 우리가 이것을 다룰 때 사회적 연대의 유럽적 모델의 참조 사항이 갖는 모호성을 우선 기억해야 한다고 생각합니다. 이것은 비스마르크의 상위국가Obrigkeitsstaat에, 그리고 프랑스의 제3공화국의 조야한 사회학주의에 기원을 두는 모델이며, 언제나 (경제적 용어로 말하자면) 노동력의 재생산비용을 고려한 계산에 대한 (사법적 용어로 말하자면) 종속을 특징으로 하고, 마찬가지로 (정치적 용어로 말하자면) 사회 평화 및 국가 권위 강화의 기능을 특징으로 해 온 모델입니다. …… 국민연금INSP은 20세기의 대부분의 전쟁에 자금을 댔습니다. 여기에서 표면화되는 것은 국가의 삶정치적인 훈육적 역할이며, 알다시피 이것은 국가 사회주의로 귀결되었습니다.

하지만 이런 점을 감안하더라도 우리는 그 안에 구현된 복지 및 노동 법률의 유럽적 모델이 서서히 적대적인 노동운동들의 주장을 받아들였다는 점을 덧붙일 필요가 있습니다. 유럽의 복지 및 노동 권리들이 이전에 자신들을 특징지었던 협조조합주의적, 민중주의적, 식민주의적, 제국주의적 결정들로부터 점차 벗어났던 것은 바로 이러한 노동자 투쟁들을 통해서였습니다. 그 당시 이러한 사실은 우리로 하여금 1960년대와 1970년대에, 유럽적 모델이 자신의 최초의 조건들로부터 벗어났다고, 그리하여 진쯔하이머Hugo Sinzheimer*가 승리했으며 유럽의 연대 모델의 모호성이 이제 민주주의 속에 재정초될 수 있으며 ─ 그리하여 민주주의를 살찌울 수 있을 것이라고 착각했던 때를 떠올리게 했습니다.

사태는 그렇게 전개되지 않았습니다. …… 1970년대 이후 유럽적 복지의 획득물들은 신자유주의의 공격을 받았으며, 그 성과물들은 종종 무효화되었습니다. 억압의 방법들은, 그렇지 않았다면 억누를 수 없었던 세력들을 제거했으며, 그들을 이제는 정치적으로 하나의 자율적 권력으로 인식되는 전지구적 시장의 중층결정에 굴복하도록 했습니다. 게다가 유럽의 노동법 활동들은 아주 많은 방해를 받았습니다. 몇몇 경우들에서 그 활동들의 가장 기본적인 전제들이 공격당하고 있었습니다. 이러한 활동들의 진전이 노동자들(헌법적 인정을 획득한 주체)의 투쟁들과 관련된 갈등에 기초하고 있었기 때문에, 이제 이 주체(노동조합)는 단지 자신의 제도적·대의적 형상 속에서 공격받을 뿐만 아니라, 바로 그 자신의 존재 조

진쯔하이머 (Hugo Sinzheimer, 1875~1945) : 19세기 독일의 법학자로서, 독일 노동법과 노동법학의 기초를 확립했다.

건들 역시 분쇄되었습니다. 우리는 이 상황, 즉 산업 갈등의 존재론적 계층(노동계급)과 정치적 형상(노동조합)에게 있어, 그들 존재의 전제 조건들이 더 이상 적용되지 않는 상황을 묘사하기 위해 포스트포드주의라는 용어를 사용합니다.

그렇다면 포스트포드주의 내부에서, (차이들은 제쳐두고 동질성을 전제하면서) 바로 그 연속성의 조건들이 더 이상 존재하지 않는 것처럼 보이는 때에, 사회적 연대의 유럽적 모델(전통)에 대해 이야기하는 것은 어떤 의미가 있을까요? 강력한 갈등 주체의 결여 속에서, 생산적 노동의 유연성과 이동성이라는 새롭고도 결정적으로 확립된 조건들 속에서, 대륙적 규모로 노동의 권리들을 다시 현실화하고 재창안하는 것이 어떤 의미가 있을까요? 그리고 시장들의 지구화 속에서 노동법과 유럽 헌법을 동일한 틀 안으로 가져오는 것이 어떤 의미가 있을까요? 때때로 나는 우리에게 필요한 것이 뉴딜을 시작할 당시의 루즈벨트와 같은 것 — 새로운 복지 시스템의 창출을 가능하게 하기 위해 새로운 노동조합 주체

■ 국경 (frontier) : 발리바르는 'frontier' 개념을 논하면서, 국가의 영토적 경계로서 '국경'(國境)이 국민국가의 위기 속에서 이주민, 난민, 외국인, 소수자들에 대한 배타적인 '경계'(境界)들로 확장된다고 주장한다. 에티엔 발리바르, 『대중들의 공포』(최원·서관모 옮김, 도서출판 b, 2007)의 제4부 4장 「경계란 무엇인가」를 참조할 것. 또한 그의 『우리, 유럽의 시민들』(진태원 옮김, 후마니타스, 2010)의 서문의 옮긴이 각주와 제6장 「세계의 국경들, 정치의 경계들」을 참조할 것.

를 법령으로 강제하는 것 — 이 아닐까 하는 느낌이 듭니다. 그러나 오늘날, 어떻게 우리가 그와 같은 일을 생각이나 할 수 있을까요?

이와 같은 종류의 질문에 대한 대답들을 찾는 데 어려움을 더해 주는 또 다른 사항이 있습니다. 이민이 그것입니다. 지구화된 시장의 상황에서, 이 문제는 원주민 노동자들에 대한 (사법적이거나 정치적인) 규제화 문제의 추가 사항이 아닙니다. 그렇기는커녕, 그것은 산업 경제(대규모의 이용가능성과 가상적으로 '제로'인 노동 비용)와 관련하여 볼 때, 그리고 예산 정책(연금, 사회보장, 교육, 훈련, 사회정책, 등등)과 관련하여 볼 때, 그 문제와 '동질적'입니다.

여기에서 발리바르가 — 자신의 최근 저작들에서 — 이제 '국민국가'보다 더 폭넓은 것으로 고려하는 '국경 / 경계'frontier■ 같은 범주들을 제시하는 것은 — 그리고 어쩌면 또한 끌어내는 것은 — 흥미로운 일이 될 것입니다. 그리고 어쨌든 시민권이란 현재의 개념에 정면으로 다가가는 것, 이것은 민중들의 삶의 현실 그리고 그들의 노동할 필요와 비교하여 볼 때, 보잘것없이 제한되어 있으며 강제적입니다 …….

이로부터 두 가지 다른 문제들이 나오는데, 이것들은 이민 문제에 의해 끌어들여진 것이지만 단지 그런 점에서만 중요한 것이 아닙니다. (이동적이건 유연하건, 토착적이건 유목적이건) 포스트포드주의적인 노동력에 대한 삶정치적 통제가 배치되고 있는 그 과정이란 무엇일까요? 이어서 다음과 같이 물어보아야 합니다. (유럽적 수준에서) 노동법은 노동력에 대한 삶정치적 통제와 제국적 위계화에 대항하여 (전지구적 수준에서) 예외를 어떻게 창출할 수 있는가?

마지막 남은 한 가지 논점으로 끝내 보지요. 유럽에서 문화와 지성은 언제나 보편적인 것이었습니다. 권력에 대한 지식의 복종에 대항하는 투쟁이 그렇게 치열했고 또 오랜 시기의 역사를 통해 시속되어있던 것은 정확히 이러한 이유에서입니다. 오늘날 생산이 일반지성의 대중 노동에, 노동하도록 되어 있는 두뇌에 기초하고 있는 이때, 착취에 대한 지적 노동의 불복종은 결정적인 것이 될 수 있을 것이며, 보편적인 해방을 위한 지렛대를 만들어 낼 수 있을 것입니다.

18강

천 개의 유럽적 이슈들

오늘날 지구화의 이러한 정치적 국면에서 유럽과 민주주의에 대해 이야기하는 것은 미국의 일방주의에 대한 비판을 전개하는 것을 의미합니다. [그것은] 지리정치학적 맥락에서 현재의 국면에 대한 비판뿐만 아니라 이해 역시 의미합니다. 미국의 일방주의 ― 부시가 시도한 브뤼메르 18일, 제국에 대한 쿠데타는 패배했습니다. 나는 여기서 이라크에서 일어나고 있는 일의 세부적인 내용에 대해 일일이 설명하지는 않겠습니다. 알다시피 부시 행정부의 전략적 기획은 실패했습니다. 하지만 미국 일방주의의 이러한 패배는 유럽의 문제가 즉각적으로 다루어져야 함을 의미합니다. 사실 미국은 언제나 정치적 유럽의 구성에 반대해 왔습니다. 1953년, 유럽방위공동체EDC 기획의 좌절은 유럽 통일의 여하한 가능성도 짓밟기 위한 미국의 의도의 전조가 되었습니다. 미국의 반대는 1956년(수에즈 위기에서 드러난 유럽 식민주의의 최종적 패배의 순간)부터 아주 분명해졌습니다. 1960년대 전반에 걸쳐 유럽의 통일 요구가 주기적으로 재출현한 것은, 매번 저지당하긴 했지만, 미국의 제국적 전략을 형성하는 데 기여했습니다. 하지만 유럽의 다양한 저항들에 맞서 지배 상황을 유지할 수 없음을 깨달은 미국은 유럽의 문제를 위한 근본적인 해결책을 결심했습니다. 1971년과 1973년 사이에 브레튼우즈 협정이 끝나면서 그 결과 유럽은 달러에 종속되었습니다. (아이러니하게 '유럽의 해'로 선언된) 1973년에 석유 위기가 일어나 미국은 유럽 문제에 대한 결정적인 해결책(즉 유럽의 점증하는 종속화)을 갖게 되었습니다. 1970년대와 1980년대의 역사로 말하자면, 브레즈네프주의와 중국 위기가 결합된, 냉전을 수행하는 데에서의 미국의 우위는 유럽이 잊혀지고 있음을 의미했습니다. 유럽과 미국 간의 관계의 문제가 어떤 실제적인 의미에서 재개된 것은, 세계 경제에 의한 소련 교살이 끝나가는 1989년 이후였습니다. 당시 미국의 제국적 기획은 유럽의 저항에 직면했습니다. 발전의 개요들은 수정되었지요. 가치들과 사회적 경향들의 대안적 집합으로서의 유럽의 역할이 다시 한 번 미국의 제국주의에 대해 적대적이 된 것은, 바로 (이제는 하나의 기정사실이 되어 버린) 지구화 속에서였습니다. 유럽 문제가 다시 특정한 경제적·정치적 위치를 발견한 것은 바로 이 제국 내부였습니다.

이라크 전쟁 중에 유럽은 한편으로는 전쟁을 찬성하는 나라들과 다른 한편으로는 전쟁에 반대하는 유럽주의적 강대국들로 나뉘어졌습니다. 전쟁에 대한 저항과 유럽주의에 대한 찬성이 자리를 함께 했습니다. 사빠떼로Zapatero가 미국의 전쟁과 단절했을 때, 그는 또한 유럽과 관련한 스페인의 친미 경향, 그리고 유럽 회의론과 단절했던 것입니다.

■사빠떼로(José Luis Rodríguez Zapatero) : 스페인의 민주화 이후 다섯 번째 총리. 2004년 총선에서 자신이 속한 <사회노동당>(PSOE)이 정권을 잡는 데 결정적인 역할을 하였다. 총선의 승리로 총리로 취임하여 이라크에 주둔하던 스페인 군대를 완전히 철수시켰다.

이와 똑같은 내용이 이탈리아에 대해서도 참일 것입니다.

(영국의 경우 상황은 훨씬 더 복잡한데, 두 가지 문제들이 동시에 관련되어 있습니다. 전쟁에 대한 그리고 유럽 건설에 대한 영국의 연루가 갖는 당면한 문제, 그리고 미국과의 특권적 관계라는 오래된 문제가 그것입니다. 유럽의 정치적 영향력을 약화시키기 위한 계획의 일부로, 대서양에 가까운 나라들의 강력한 권장을 받아 유럽연합에 포함된 동유럽에 대해 말하자면, 친미적이고 반러시아적인 욕망들이 여전히 남아 있긴 하지만, 새로운 중앙집권적 경향들은 유럽을 점차 주목하기 시작하고 있습니다. 어떠한 경우이건, 유럽 회의론은 대단한 위기에 빠져 있습니다.)

따라서 유럽의 문제는 우선, 평화주의의 논점으로 나타납니다. 유럽이 정치적으로 구축되고 있는 형태와 시대는, 동질적인 방식으로, 평화의 사례에 상응합니다. 우리는 이러한 지형과 무관할 수 없습니다. 이 모든 것이 주의 깊게 말해지고 유보조항을 달아 제한되어야 하는 것은 당연합니다. …… 그러나 그럼에도 불구하고 그것은 언급될 필요가 있습니다. 그것도 강력하게 언급될 필요가 있습니다. 유럽의 내기가 시작되어야 합니다. 미국 일방주의의 위기는 전지구적 배열들에 대한 광범하고 복잡한 평가를 필요로 합니다. 그것은 제2차 세계대전 이후 최초로 사물의 다중심주의적 도식의 가능성을 확립합니다. 그것은 소련의 붕괴가 세계 시장의 교살에 이르는 마지막 경로였을 뿐만 아니라 대륙의 강대국들 — 미국, 러시아, 유럽, 중국, 인도, 라틴아메리카 — 의 증식 순간이었음을 보여줍니다. …… 대륙의 강대국들의 다중심주의적 상호작용 속에서, 전지구적 평화가 결정되는 것은 바로 이 새로운 시나리오 안에서입니다. 분명 우리는 현재의 상황을 고려해 볼 때, 우리가 맞닥뜨린 특정한 시점時點들과 형태들 속에서, 유럽으로부터 벗어날 수 없습니다. 현재 상태 그대로의 유럽을 받아들이는 것은 지구화 및 평화의 문제들과 관련하여 정치를 이야기할 수 있기 위한 전제조건입니다. 이러한 시각에서 볼 때, 우리는 정치적으로 통일된 유럽을 원해야 합니다. 그러나 이것이 가능하지 않은 것으로 판명되면, 우리는 평화 문제와 일방주의 타파, …… 그런 뒤에, 앞으로 보게 되겠지만, 전지구적 정부의 새로운 구조들의 건설 문제의 최전선을 유지하면서, 기본적으로 '다중속도'multi-speed 지형으로 이동해야 할 것입니다.

■ 폴리비오스 (Polybios) : BC 200~118년 경 그리스의 정치가·역사가. 로마가 세계적인 강대국으로 등장하는 과정을 다룬 책 『역사』(The Histories)를 썼다.

유럽은 험악한 짐승입니다. 제국적 질서가 폴리비오스Polybios■가 묘사한 바의 것과 유사하다면, 말하자면 그것이 미국의 군주제, 다국적인 자본주의적 귀족들 및 우리가 다중이라고 부르는 새로운 전지구적 계급 사이의 횡단선이라면, 우리는 제국에 대한 군주제적 계획의 실패가 우선 제국적 귀족들의 승리에 기인한다는 점을 기억할 필요가 있습니다. 지스카르 데스탱의 유럽헌법은 귀족 헌법입니다. 우리는 그것을 피할 수도 없지만, 또한 받아들일 수도 없습니다. 제국적 귀족들이 제안하고 있는 도식은 새로운 마그나카르타의 헌법을 위한 것입니다. 다중들은 이 기획으로부터 배제됩니다. 사회 정책들 — 무엇보다도 시민의 소득과 관계된 혁신적인 정책들 — 은 오늘날, 이러한 조건에서는, 제국적-귀족적 기획에 종속됩니다. 국제적인 노동운동들에 장애물을 설치하고 '유럽 요새'Fortress Europe를 봉쇄하는 것은 세계 시장들의 제국적 위계화를 위한 메커니즘들이며, 오늘날 세계화를 강화하는 한편 (그와 동시에) 미국 일방주의를 저지하고 있는 다국적 관계들과 밀접하게 관련되어 있습니다. 제국의 입헌적 마그나카르타에 대항하는 투쟁을 재개하기 위해 우리는 이 필연적인 이행(일종의 평화적 이행이기 때문에 필연적인 이행)을 어떻게 통과해야 할까요?

이것이 우리가 제기해야 하는 문제입니다. 하지만 노동운동들만이 이 문제를 제기할 수 있을 것입니다. 정당들은 분명 그럴 수 없을 것입니다. 정당의 제도적 대의는 제국적 입헌 과정에 필연적으로 포함되기 때문이지요. 운동들의 이점은 다중의 모든 표현적 역능을 갖추고 전지구적 수준에서 모습을 드러낸다는 점입니다. 정치 정당들은 오늘날, 어쨌든, 노동조합 유형의 중재 기능을 갖는데, 이것은 군주제와 제국적 귀족제 간의 새로운 협정의 개별적인 대륙적 사례들 내부에서 모습을 드러냅니다. 이러한 중재 기능은 중요할 수 있습니다. 하지만 그것은 다중의 투쟁들 내에서의 이론적·실천적 기능과 관련하여 볼 때 순전히 도구적이며 여전히 그러합니다. 그래서 한편으로 유럽의 문제는 평화의 획득과 다중의 정치적 권력에 대한 긍정을 함유하는 대안적 게임에서의 이행을 위한 핵심적인 장소가 됩니다. 다른 한편으로 그것은 새로운 대의 형태들의 실험을 위한 핵심적인 장소가 됩니다.

유럽헌법의 문제는 대의의 관점에서, 새로운 방식으로 공식화될 필요가 있습니다. 우리를 흥미롭게 하는 것은 근대 국민국가의 낡은 중앙집중적 공식을, 그리하여 고전적인 정치적 대의를 유럽적 수준에서 반복하는 것이 아닙니다. 우리를 흥미롭게 하는 것은 오히려 그러한 운동들의 연속적인 압력에 열려 있는 '통치'의 새로운 과정들을 열기 위한 국민국가의 (그리고 '정부' 일반의) 중심적 형상의 탈구입니다. '2단계'

이론과 실천(평화 먼저 그리고 헌법 나중, 그렇지만 또한 사회적 문제 먼저 그리고 헌법 나중, 및/또는 그 역도 같음)이 단락段落될 수 있었던 것은 오직 이러한 술어들을 통해서입니다. 그러므로 이러한 과정 속에서 중심적인 것은 그 운동들이지 정당들이 아닙니다. 정당들은 기껏해야 점진적인 자기 소멸 과정에서 연장통으로 존재할 수 있을 뿐입니다. 이 지점에서 모든 주요한 대륙의 영역들(아니면 최소한 질주하는 영역들: 중국, 라틴아메리카, 인도)에서 정부와 운동들 사이의 새로운 주권 관계가 표면화되고 있으며, 이것이 새로운 생산 및 자유 형태들을 강제한다는 점은 강조될 필요가 있습니다. 이러한 변화들이 부차적인 것으로 이해되어서는 안 됩니다. 유럽으로의 이행은 새로운 대륙적 강대국들과 새로운 정부 형태들로의 전지구적 이행이 일어나는 무대 위에서 상연되고 있습니다. 이러한 측면들을 함께 고려하는 것은 유럽 문제를 논의하는 데에서 가장 기본적인 문제들 중의 하나입니다.

 그렇다면 현재의 유럽헌법은 명령의 제도적 — 즉 경제적·정치적 — 수준들을 창조할 수 있는 국민적 부르주아 및/또는 유럽 자본주의의 능력을 강화시킬까요, 약화시킬까요? 우리의 대답은 이중적이며, 다양한 방식들로 분절됩니다. 우선, 유럽헌법은 자신을 평화의 지형에 위치 지우면서 전통적인 유럽 엘리트들의 중심적인 경제적·정치적 권력을 (모호하기는 하지만) 현실적으로 약화시킵니다. '다층'multi-level 구조, 허약한 연방적 분절, 우유부단한 입헌적 입장은 다중적 힘들을 통치 과정들에 삽입할 가능성을 위한 여지가 많다는 것을 의미합니다. 분명 이 조건은 모호합니다. [물론] 입헌적 구조들의 유연성과 통치의 유동성은 로비를 통한 선동, 정체성을 기초로 하는 정치적 입장들, 억압적인 정책들 따위를 수행하는 것이 더 쉽다는 것을 의미하기도 합니다. 그럼에도 불구하고, 우리의 시각은 이 모호성이 두 가지 수준들에서 강제될 필요가 있다는 것입니다. 한편으로는 내적으로, 명령 실천의 고전적이고 주권적인 결정을 깨뜨리려고 노력하는 것, 다른 한편으로는 외적으로, 그것을 범대서양주의와의 결정적인 단절을 향해 밀어붙이는 것. 그렇게 되면 진정한 제국적 다중심주의가 탐험될 수 있습니다. 둘째, 유럽헌법은, 그것이 유럽 수준에서 정치 정당들과 노동조합들의 구조들을 강화하는 한, 낡은 권력들을 재긍정합니다. 이것은 유럽과 유럽헌법이 싸움을 벌일 필요가 있는 지형이며, 진정한 연방주의, 그리고 통치의 새로운 절차들과 기계들의 개시가 긍정될 필요가 있는 지형입니다. 이것들이 모든 형태의 유럽 회의론이 결정적으로 거부될 필요가 있는 이유이며, 유럽헌법이 우리를 위해 준비하는, 그리고 전통적인 우파 및 좌파가 그렇게 행복하게 받아들이는 제도적인 장치들의 이러한 연속적인 실존에 대해 왜 우리가 단호하게 비판적이어야 하는가 하는 이유입니다.

우리가 지금 새로운 생산 및 삶의 주체들의 맥락 속에 있지 않다면 이 모든 것은 상상하기 힘들 것입니다. 정치적 논쟁을 완전히 갱신하는 것이 정말 중요합니다. 왜냐하면 다중(비물질적인, 지적인, 정동적인, 관계적인, 언어적인 노동의 지형 위에서 작동하는 특이성들의 공통적 총체성)이 이러한 과정들 속에서 잠재적으로 헤게모니를 갖는 새로운 주체성으로서 출현했기 때문입니다.

19강

유럽연합의 외교 정책의 기초를 놓기 위한 노트들

내 견해로는, 유럽연합의 헌법에 대한 현재의 논쟁 국면에서 유럽의 외교 정책 문제는 어떤 점에서도 제쳐 두거나 상대화될 수 없습니다. 그것의 중요성은 다음과 같은 매우 단순한 관찰을 기초로 합니다. 유럽연합이 분할되고, 또한 하나의 복귀를 목격하고, 어쩌면 또한 하나의 기동력으로서 출현한 것은 ─ 이라크 전쟁 문제를 둘러싼 ─ 외교 정책 이슈들에서였습니다. 어떠한 경우에서든 유럽은 자신의 현존의 중요성을 전지구적 수준에서 보여 왔습니다. 이제 오늘날 우리가 유럽을 위한 외교 정책의 토대를 놓고자 한다면, 우리는 다음과 같은 두 가지 문제들을 다루어야 합니다. 우리의 지구화된 세계의 통치가 세워지고 있는 형태의 문제와 유럽이 자신을 이 연속적인 과정 내부의 주체로서 제시하는 방식의 문제 말이지요.

유럽헌법의 이슈를 둘러싼 많은 일반적인 문제들이 존재하며, 수많은 구조적인 지적 사항들이 그 과정이 시작되도록 하기 위하여 이미 제공되어 왔습니다. 아마도 이 입헌적 방법론의 가장 근본적인 요소는 '다층의' 메커니즘을 가정하는 것인지도 모릅니다. '다층의' 구조들의 맥락 속에 세워진 '외교 정책을 위한 토대'란 무엇을 의미할까요? 이것이 우리가 물어야 할 첫 번째 질문입니다. 둘째로, 우리는 다음과 같이 자문해야 합니다. 전지구적 질서에 대한 어떤 형식적 및/또는 구조적 유사물들이 '다층적' 유럽헌법의 구축 과정을 제공할 수 있는가? 그것은 전지구적 질서화의 '일방적인' 헌법과 양립할 수 있을 것인가, 아니면 '다자적인' 헌법과만 양립할 수 있을 것인가? 나는 이러한 물음들을 둘러싼 몇 가지 가설들 — 비록 어떠한 주장도 해답을 가지고 있지 않지만 — 을 제시할 것입니다.

유럽연합 : 다층 구조들과 제국적 다자성

그 초기부터 현재에 이르는 유엔의 헌법을 지탱하는 사법 이론은, 그것이 국민국가의 보편적인 참여를 예견한다는 의미에서, 의심할 여지없이 다자적이었습니다. 바로 이 다자적 보편주의가 안전보장이사회로 의사결정이 중앙 집중화되면서 많이 약화되었지만 말입니다. 그럼에도 불구하고 샌프란시스코 헌법■의 개요는 진보적이며 다자적입니다. 하지만 세계 시장들이 점점 전지구적으로 통합되어감에 따라, 그것에 의해서 주권적인 규제 권력의 실존을 요구하면서, 유엔의 다자성 모델은 많은 비판을 받았으며, 종종 적

■ 샌프란시스코 헌법 : 1945년 4월 25일부터 6월 26일까지 샌프란시스코에서 '국제기구 창설에 관한 연합국회의'가 개최되었고 6월 26일 50개 국가가 유엔헌장에 서명함으로서 유엔이 창설되었다.

대적인, 그리고 때때로는 이겨내기 어려운 장애물들을 만났습니다. 다자주의가 기본적으로 유럽적인 시각을 갖고 있음은 기억할 만합니다. 이미 말했듯이, 유엔은 고전적인 ― 베스트팔렌적■이고 동시에 근대적인 ― 국제법의 최후의 완성 도구로 (그리고 내적 보증으로) 출현합니다.

■보충성 원리 : 초국가기구와 연방제에서 정책을 결정할 때 본연의 자세를 가리키는 말이다. '보완성'이라고도 한다. '정책 결정은 그 형성 과정과 실행의 유효성을 유지할 수 있는 범위에서 가장 낮은 수준으로 실천해야 한다는 사고방식'으로 정의된다. 유럽 통합을 목표로 하는 과정에서 사용한 조어이다.

하지만 오늘날 유럽헌법을 위한 기초를 놓는 데 있어서, 국제적인 계약법의 적법성과 유효성의 원천으로서의 국민국가의 근대적인 이데올로기가 계속 현존하고 있다는 것은 명약관화합니다. 유럽을 건설해 나가는 데에서의 실질적인 진전들은 근대성의 원칙들의 절대성이 약화되고 그 원칙들이 '다중 수준적' 헌법 조직 형태들로 변형되었을 때 이루어졌습니다. 요컨대, 국민국가의 주권적 독립은 여기에서, 자신의 기동력으로서의 '보충성 원리'subsidiarity■를 따르는 '다중 수준적' 과정 속에서, 초국가적 연합을 위해 중재됩니다. 이러한 작전은 비교적 효과적이지만 그 연합의 결정적인 사법적 조합에 앞서는 예비 행위로서일 때에 효과적일 뿐입니다. 예컨대, 공통적인 유럽의 외교 정책의 조직은 그 헌법의 '다중 수준적' 측면이 어떤 의미에서 더욱더 깊게 다루어지고 그리하여 변경되지 않는다면 불가능할 것입니다.

더욱이, 유엔에서 표현되고 있는 것과 같이 전지구적 다자주의에서 우리가 이제 위기의 지점을 충분히 벗어나 있다는 것은 분명합니다. 이라크 전쟁을 둘러싼 사태의 전개는 미국의 일방주의가 유엔의 다자주의에 굴복할 의사가 전혀 없다는 것을 보여줍니다. (부시 행정부의 취임 이래 유엔의 다자성과 그러한 맥락에서 취해진 결정들에 대한 많은

베스트팔렌 조약 (Peace of Westphalia) : 1648년에 독일 30년 전쟁을 종식시킨 평화조약이다. 역사상 최초의 근대적 국제회의로 근대 유럽을 형성한 중요한 사건으로 평가받는다. 이 조약으로 신성로마제국이 붕괴하였고 주권 국가들의 공동체로서의 근대 유럽의 정치구조가 출현했다.

정책 결정들이 있었습니다. 미국은 교토의정서 서명을 거부한 것에서 시작하여 국제형사재판소ICC의 참여를 거부했습니다. 일부 논평가들은 미국이 실제로 외교 정책을 최초로 공식화한 이래 지금까지 '예외주의적인' 노선을 따랐으며, 그리하여 미국의 유엔 회원 자격은 틀림없이 미국 정책의 전개에서 예외적인 것으로 이해되고 있다고 말했습니다.

그러나 유럽의 문제로 돌아가 볼까요. 전지구적 다자주의가 위기에 처해 있다면, 유럽의 '다층' 모델들에 국가 주권이라는 유령이 계속해서 살게 되는 한 그러한 모델들이 작동될 수 없을 것이라는 점은 아주 분명합니다. 이것이 현재 일어나고 있는 사태입니다. 전지구적 헌법과 유럽헌법 둘 모두에 대해 유럽 엘리트들이 국가 주권 모델들과 밀접한 유사성을 갖는 제도들과 정책들을 구축하려고 애쓰고 있는 것은 우연이 아닙니다. 그와 동시에, 우리는 국민국가에 대한 향수와 전지구적인 혹은 대륙적인 초대국가를 향한 기획을 갖고 있는 것으로 보입니다. 사람들은 무언가 다른 것을 상상할 능력이 없는 것으로 보입니다.

이러한 상황에서, 유럽연합의 외교 정책을 위한 기초를 놓는 것은 불가능하거나, 그렇지 않다면 언제나 어려운 작업일 것입니다. 외교 정책이 발전한다 하더라도 혁신을 이루어내는 데는 어려움이 있을 것입니다. 십중팔구는, 특정한 순간에 우연히 헤게모니를 쥐게 되는 국가 권력의 정책들에 종속되거나, 서로 다른 방침에 따라 불확실하게 끌려다니거나, 처음부터 무기력하게 될 것입니다.

헤게모니적 일방주의
현재의 전지구적 질서의 맥락에서 볼 때, 부시 행정부의 방침이 미국의 헤게모니적 의지의 표현들로서 일방적으로 설계된 정책들을 생산하는 것은 분명합니다. 특히, 내가 다른 곳에서 주장한 바와 같이, 이라크 전쟁은 실제적으로 부시 행정부가 수행한 일종의 전지구적 쿠데타 — 제국적 헌법의 과정들을 미국의 국민국가의 제국주의적 의지에 굴복시키기 위한 시도 — 였습니다. 부시 행정부는, 유엔의 다자주의에 반대하여, 비잔틴적인 주권 관계, 달리 말해 전 세계에 분할들 및 위계들을 만들어내기 위해 설계된 지배 관계 및 부단히 활성화되는 메커니즘을 강제합니다. 조지 부시의 정책들에서, 근대 주권의 구조적 조건들은, 그것들의 이론적 기반이 어떠하건, 자신들의 총체성 속에서 재현됩니다. (그 기본적인 이론적 기반이 대수롭지 않다는 것은 분명합니다. 그것은 민주적·연방적일 수 있거나 유기적·슈미트적일 수 있으며, 또는 특히 활동중인 전통들에 대해 말하자면, 그 정통성이 기독교적·권위적이거나 이슬람적·근본주의적일 수도 있습니다. 이 모든 다양한 이론적 기반들에는 매우 다양한 강도들과 확장들이 존재하지만, 그들의 메커니즘은 항상 절대주의적이거나 일방적입니다.)

하지만 일방주의의 문제는 권력의 바로 그 패러다임이, 발전의 국민적 조건의 이행과 초월 속에서, 근대성에서 탈근대성으로의, 포드주의적 생산에서 포스트포드주의적 생산으로의 이행 속에서 완전히 변형되었다는 점입니다. 삶권력은 이제 삶정치적인 맥락 속에서 작동해야 합니다. 무력의 행사는 단순히 그 자신의 입헌적 조건들과 관련해서가 아니라 민중들과 민족들의 전지구적 공존의 삶정치적 결정들과 관련하여 정당화됩니다. 정당화의 이러한 맥락이 근본적으로 변했다는 것을 이해하지 못한다면, (필연적으로 전지구적이 되어야 할) 어떤 새로운 질서도 세워질 수 없을 것입니다. 예컨대, 이 상황이 정치경제학 비판의 맥락에서 이해될 때, (주권 정당화의 새로운 독점적인 유지 기금인) 전쟁비용은 그러한 전쟁들의 자금 융통을 가능하게 할 수 있는 세제 형태들과는 아직 관계가 없었습니다. 초기에 이러한 문제를 해결하기 위한 시도가 입헌적 민주주의를 생산한 사실이 생각나는군요. 더욱이, 핵전쟁의 발발과 확산의 위험은 주권이 압제를 사용할 가능성을 제한하고 억제하는데, 그 이유는 그것이 상당히 높은 전지구적인 동의를 요구하기 때문입니다. 요컨대, 전지구적 권력은 전지구적인 여론의 중요성을 발견합니다. 결과적으로, 삶정치적 조건에서는 삶권력이, 엄청난 파국을 생산하는 것을 제외하고는, 자신을 실현할 가능성은 거의 없습니다.

우리가 이러한 결정들을 강조하는 것은 세계에 대한 미국의 악마적인 권력을 기술하는 즐거움을 위해서가 아니라, 오히려 일방주의가 처한 곤경을, 그것도 아니라면 불가능성을 보여주기 위한 것입니다. 그래서 우리는 유럽연합의 외교 정책들을 운영하는 특정한 방식들이 처음부터 모든 일방적 결정들을, (외교 정책을 입법하는 과정에서) 그 연합에 포함된 국민국가들의 외교 정책들과 유사한 것들에 의존하려는 모든 유혹들을 금지해야 할 것임을 분명히 합니다. 분명 '다층적'(다자주의적) 개념화에는 중대한 한계들이 있습니다. 특히, '다층적' 체계를 통해서만 구체화할 수 있는, 그리고 더욱이 하나의 일방적 힘으로 작동할 수 없는 외교 정책의 효과 문제는 어떻게 해결할까요?

다자주의에 대해 열린 마음으로 사고하기 보편적이면서도 효과적이기도 한 세계주의적인 외교 정책의 시각을 성공적으로 탐사할 수 있는 주체들의 다수성을 — 보충성이라는 상대적으로 허약한 메커니즘, 즉 공식적인 '다층적' 구조들을 통해서만이 아니라 — 상상하는 것이 어떻게 가능할 수 있을까요? 지금까지 윤곽을 그린 조건들을 하나의 전제로 취하면서, 유럽연합의 외교 정책을 운영하기 위한 메커니즘을 수립하는 것이 어떻게 가능할 수 있을까요?

관점을 바꾸어 이 문제를 정식화한다면, 우리는 정치적 결정이 이루어지는 계기를 (단독으로건 다자적으로건 그것이 어떻게 조직되는지 관계없이) 본래적인 권력 실체의 발산이 아니라 민주적 토대와 통치 사이의, 다중과 정치적 표현 사이의 역학의 산물로 이해할 수 있게 될 것입니다. 주권은 천부적으로 주어지는 것이 아닙니다. 주권은 하나의 본질이 아니며, 복잡 미묘하지도 않습니다. 그것은 통치와 다중 사이의 관계입니다.

유럽연합의 외교 정책 운용을 위한 가능한 메커니즘이 확인되기 시작할 수 있을 때란 오직 그것이 사회적 운동들의 산물로서, 대륙적 여론과의 부단한 대화로서, 다중들 사이의 조우로서 드러날 때뿐입니다.

이러한 과정의 구축을 가능하게 해 줄 이론적 도식을 확인하고자 한다면 우리는 먼저 다음과 같은 점을, 즉 한 명의 다중이 다른 한 명의 다중을 만날 때 완결된 주체들의 만남이 아니라는 점을, 그것이 예의 그 다중들을 구성하는 특이성들의 횡단이라는 점을 인식할 필요가 있습니다. 이 가설을 분명히 하기 위해 다음과 같은 내용을 언급해 두어야겠습니다. 결과적으로 유럽연합의 헌법 수준에서 정당화될 어떠한 궁극적 결정들(그리고 특히 외교 정책에 관한 모든 결정들)도 결코, 파괴적이고 부당한 형태 속에서의 군주다운 행동으로, 절대적 무력으로 이해되어서는 안 됩니다. (외교 정책 결정들을 포함한) 모든 결정들은 다중들의 정치적 주체성을 구성해 가는 견해들, 필요들, 욕망들의 조우와 증식을 고려하는 절차들을 통해 정식화되어야 할 것입니다. 이러한 종류의 민주적인 의사결정 과정이 외교 정책의 긴급성, 예기치 않은 진전과 변환을 다루지 못한다는 반대에 대해 우리는, 최종적인 무력 행위(그리고 그와 동시에 새로운 제국적 공동체의 최초의 기초적인 행위)가 외교 정책 문제들을 다루는 의사결정 절차들에서 광범위한 통일성을 창출하는 것에 의해서 존립하는 것이 틀림없다고 말합니다. 그렇다면, 이제 제국적 입헌 및 전지구적 시장 과정들의 입헌화 과정이 진전되어 가는 상황에서, '외교 정책'이란 무엇을 의미할까요?

지금까지 내가 말한 것은 순전히 방법론적이고, 진실이 되기에는 너무 추상적입니다. 그래서 그것이 사법적 범주들의 구성에 이르러서는 솔직히 초조해지기도 합니다. 그럼에도 불구하고 이 추상적 설명은 적어도 유럽연합의 외교 정책 체계를 위해 우리가 두 가지 기본적인 요점들을 확정하도록 해 줍니다.

1. 외교 정책의 작동 구조들은 전지구적 수준에서의 다중들과의 조우에 개방되어야 합니다. 유럽연합은 하나의 섬이 아니라, 우리가 거주하고 있는 지구화된 세계를 구성하는 기초적 요소입니다. 유럽연합의 외교 정책은 다중들의 운동들을 포착할 수 있어야 합니다. 달리 말해 보편적이고 세계적인 정신에 의해 고무되어야 합니다. 이라크 전쟁을 둘러싼 현재의 위기에서 유럽연합의 중심적인 국가들의 행위들은 이러한 점에서 전형적입니다.

2. 유럽연합을 위한 외교 정책의 구축은 하나의 작전입니다. 다시 말해 그것은 (우리가 다루는 특별한 경우에서, 즉 유럽의 입헌 과정에서) 국가 주권의 소멸이라는 근본적 문제와 관련하여, 그리고 그 자신을 전지구적인 및/또는 대륙적인 수준에서 구현하려 하는 모든 초강대국에서 바로 그 국가 주권 개념의 사멸과 관련하여, 유럽연합의 효과를 입증해야 할 하나의 작전입니다.

국가 주권의, 그것의 사멸이라고 말해도 좋을, 위기와 탈구는 지구화 내부의 모든 민주적 기획의 필수적인 토대를 형성합니다. 유럽연합의 외교 정책은, 이 수준에 놓인다면, 다중의 의지에 그 자신을 표현할 실제적인 기회를 제공할 것입니다. 이러한 최초의 성찰들은 몇 달 전에 씌어졌습니다. 이제, 이라크 이후 시기에 나는 새로운 논점들을 추가했습니다. 유럽연합을 위한 외교 정책의 창출에 필요한 새로운 시각들이 확립되어 왔기 때문이지요.

미국의 군사적, 재정적, 통상적 정책들과 유럽의 그에 상응하는 입장들 사이의 전지구적인 의제 속에서 하나의 갈등이 — 단기적이지도 표면적이지도 않을 — 전개되고 있습니다. 우리가 이것을 고찰한다면, 그리고 미국 쿠데타에 대한 (다국적 자본주의의 엘리트들, 즉 다른 곳에서 우리가 '제국적 귀족'이라고 언급했던 전지구적 질서 위에서 연기하는 그러한 배우들과 아마도 일치할 수도 있는) 유럽연합의 핵심 정부들의 저항을 고려한다면, 우리는 연합의 외교 정책이 취해야 하는 독창적인 시각들을 규정해야 합니다. 특히 우리는 이러한 새로운 시각들을 유럽연합의 외교 정책이 다루어야 하는 기능들(회원 국가들과 진정한 의미에서 외부적인 정책들 사이의 관계들)과 관련하여 살펴보아야 합니다.

논의를 위해 두 수준의 분석과 정책 제안들을 고찰해 볼까요. 첫 번째는 국가들 간의 관계들을 다룰 것입니다. 두 번째는 좀 더 완전한 의미에서 외교 정책을 다룰 것입니다. 먼저 유럽헌법의 문제를 다루어 보겠습니다.

유럽 확장 문제   처음부터 사람들은 유럽연합의 확장이, 유럽이 질적인 도약을 이루고 있는 순간에 해결할 수 없는 불균형 요소들을 유럽의 입헌 과정에 끌어들이기 위해 고안된 함정, 속임수를 의미할 수도 있다는 점을 알고 있었습니다. 일부 유럽 지도자들의 이런 이의제기에 대한 응답으로는, 대안이 전혀 없다, 구사회주의 국가들의 입회를 배제하는 것이 불가능하다, 어쨌든 이러한 어려움이 하나의 자원으로 변형될 수 있다는 등의 대답이 주어졌습니다. 어떠한 경고도 없이 발발한 이라크 전쟁으로 이 문제의 실제적인 맥락들이 분명해졌습니다. 전쟁이 확대되었을 때 유럽연합은 다르긴 하였지만 미국에 대한 충성에서는 완전히 동질적인 정치적 상황에 대처해야 했습니다. 낡은 스탈린주의적 관료제는 미국 영향권의 위성 속으로 기꺼이 전향하고 있었습니다. 미국인들이 허락하지 않는다면 국제형사재판소나 유럽의 항공 프로젝트의 회원 자격에 대해 아무도 말하게 하지 말라! '낡은' 유럽과 '새로운' 유럽 사이의 알력을 만들어내기 위한 미국 행정부의 시도들은 혹독했습니다. 이러한 상황에서 확실한 것은, 유럽 외교 정책의 창출을 통해, 새로운 국가들의 확장과 가입이, 유럽이 지구화된 세계에 그리고 그 통치 구조들에, 독립적으로 및 / 또는 자율적으로 참여해야 한다는 기본적인 원칙들과 연계될 필요가 있을 것이라는 점입니다.

NATO 문제   여기에서도 역시 우리는 커다란 문제와 만납니다. 유럽연합을 NATO의 구조에 의해 미리 그려진 것으로 상상해서는 안 됩니다. 이것은 동유럽 나라들의 가입에 관심을 갖는 논의들뿐만 아니라, 다른 어떤 가치보다도 대서양 동맹에 특권을 부여하려는 영국의 거듭된 주장에서 나타나는 경향들이었습니다. 사실 유럽연합과 NATO 사이의 관계는 모든 면에서 위기에 처해 있습니다. 우리는 양극의 적대 관계에서 소련을 더 이상 견고한 공통의 적으로 받아들이지 않습니다. 미국 행정부는 가상의 '의지의 연합'을 이론화하는 힘든 때를 맞이하고 있습니다. …… 게다가 미국과의 관계에 의해 일방적으로 결정될 수 없는 — 과학적 혁신의 발전과 관계된 — 경제적·과학기술적 위기상황들이 존재합니다. 고로 유럽연합의 발전이 NATO의 필요들이 반영되어 발생한 것이 아니라는 점은 분명합니다.

우리가 이미 제기한 바 있는 두 번째 문제는 유럽연합에서 헤게모니를 이루고 있는 경제 체제와 관련됩니다.

사회적 의제

알다시피 중앙 유럽의 나라들에는 실질적인 입헌적 중요성을 갖는 연대들의 가치 체제를 둘러싼 일정한 정도의 일반적인 합의가 존재합니다. 유럽은, 많은 필자들이 주장해온 바와 같이, 그리고 현재의 입헌적 논쟁이 보여주는 바와 같이, 미국 제국의 급진적인 신자유주의와 반대되는 연대의 가치들을 조명하는 사회입니다. 더욱이 유럽의 노동과 삶·정치적 협력의 질은 사회의 운영에 대한 모든 군주적 주장들에 (그리고 전지구적 질서의 일방적 운영을 위한 군국주의적인 주장들에 대해서는 훨씬 더) 반대되는 가치들을 표현합니다. 이러한 맥락은 유럽헌법 — 그것의 궁극적인 정치적 형상이 어떠하든지 간에 — 에 이르는 과정 속에서 조명되어야 합니다.

유럽의 통화

유럽연합은 가치들의 체계들을 구축, 변형, 소통시킬 가능성을 유로에서 발견했습니다. 통화들은 언제나 가치들의 질서들을 예견할 수 있는 능력을 가지며, (비물질노동의 헤게모니가 이제 결정적인 사실이 되는) 포스트포드주의 사회에서 화폐 요인은 권력 체계뿐만 아니라 협력적 잠재력의 관계들을 드러냅니다. 워싱턴 컨센서스*와의 — 즉 자본주의적 결정들을 위한, 그리고 신자유주의적 가치들의 중앙집중적 부과체계를 위한 전달 수단인 화폐 정책들과의 — 단절은 여기에서 유로의 독립적 가치를 위한 절대적인 전제 조건으로 나타납니다. 이러한 조건은 유

---

*워싱턴 컨센서스(Washington Consensus) : 1989년 라틴아메리카의 경제위기에 관해 미국 국제경제연구소의 존 윌리엄슨 선임연구원이 작성한 연구보고서에서 제시된 개념이다. 경제위기에 처한 개발도상국을 위한 신자유주의적 개혁 처방이 그 내용이다. 공공지출 삭감, 외환시장 개방, 시장자율금리, 변동환율제, 무역자유화, 외국인 직접투자 자유화, 탈규제, 민영화, 재산권 보호 등 10가지를 골자로 한다. 이후 이 개념은 IMF, 세계은행과 미국 재무부 등 워싱턴 3대 기관의 경제정책의 뼈대가 되었고, 오늘날 신자유주의 정책의 대명사처럼 쓰이고 있다.

럽에만 적용되는 것이 아닙니다. 그것은 또한 (브라질 부근의 라틴아메리카에서 창출되고 있는 체계를 시작으로 해서) 전지구적 수준의 다른 지역적 체계들에 적용되거나 곧 적용될 것입니다.

다른 영역들과 논점들을 둘러싼 유럽 외교 정책의 실질적인 시각들을 계속해서 고찰할 수 있을 것입니다. 하지만 잠깐, 이러한 정재들이 사회운동들과 관련하여 가질 수 있는, 그리고 가져야만 하는 분절들을 설명하고자 합니다. 문제를 이러한 맥락에 틀 지우는 것이 단지 그 운동들의 제헌적 효용을 주장하는 것, 그리고 실제적으로 세계시민적인 민주주의를 구축하는 문제를 제기하는 것만을 의미하지는 않습니다. 그것은 또한 그 운동이 어떻게, 지역적 수준 및 전지구적 수준 모두에서, 자신의 일상적 행위 속에서 '전략-전술적' 관계를 발전시킬 수 있는가를 이해하는 것을 의미합니다.

첫 번째 고찰은 다음과 같습니다. 이번에는, 미국의 일방적 주도에 직면하여 두 가지 핵심적인 난점들이 분명해졌습니다. 첫째, 사태들을 수평적으로 살펴보면, 자본주의 발전에 핵심적인 나라들 간의 권력 균형에 분명한 단절이 있었습니다. 이 단절이 귀족적인 다국적 엘리트들의 위기를 나타낸다는 것은 의심의 여지가 없습니다. 이들은 미국 정부의 군사적 차원이 전 세계에 전지구적인 질서를 구성하는 데에 있어서 충분하지는 않지만 근본적인 것으로, 그리고 그 체계의 경제적 생산과 재생산의 삶정치적 조건들에 부적절하게 적응한 것으로 간주합니다. 그것이 위험한 것으로 보이는 것은, 자칫하면 통제받지 않으며 통제 불가능한 반발들을 가져올 수 있기 때문입니다. 전지구적 운동이 던져야 할 첫 번째 문제는 그러므로 다음과 같습니다. 귀족적 세력들과 미국 일방주의에 반대하는 다중적 세력들 사이의 동맹이라는 전술적 기회들을 찾아내는 것이 유용하며 생산적인가?

　두 번째 고찰은 국가 체계들 및 전지구적 정책들의 '지역적' 또는 '대륙적' 배치들을 향한 점점 더 명백한 경향과 관련이 있습니다. 유럽연합의 강화와 하나의 헌법에 이르고자 하는 유럽연합의 시도들은 라틴아메리카에서, 동남아시아에서, 그리고 무엇보다도 중국과 같은 지역적으로 중요한 장소들에서 그에 상당하는 사례들을 갖습니다. 이러한 지역적 현실들은 이미 '인정을 위한 투쟁'에 연루되어 있습니다. 그 운동이 제기해야 하는 논점은 다음과 같습니다. 이러한 지역적 배치들 속에서 — 전지구적이고 세계정책적인 것으로 정의되어야 하는 전략적 기획의 관점에서 — 신자유주의에 반대하는 저항과 투쟁의 전술적 동맹 조건들을 발견하는 것이 어떻게 가능할 수 있을 것인가?

　그러므로 우리는 유럽 문제로 되돌아가 전지구적인 정치적 상황들과 논쟁 중인 사회운동들 간의 관계에 함축되어 있는 '전략-전술적' 대안들과 관련하여 다음의 두 가지 논점들을 확정할 수 있습니다. 유럽적 관점에서 보면 다음과 같습니다.

　1. 현재 진행 중인 '주권주의자들'과 '공동체주의자들' 사이의 논쟁은 미국적이고 신자유주의적인 일방주의에 대한 귀족적인 저항 요소들과 다중적인 저항 요소들 사이의 논쟁을 열어젖힐 수 없는 것으로 드러납니다. 따라서 그 논쟁이 이러한 방향성 속에서 작동할 수 있게 만드는 전술들을 규정하기 위해서 우리는 민주적인 유럽적 연방주의를 다시 꺼낼 필요가 있습니다. 이것은, 주권주의자들이 (하나의 국민적 초국가로서의 유럽을) 구축하고 있는 본질주의적인 권력 개념과 공동체주의자들 사이에서 우위를 점하고 있는 유럽연합의 기능주의적이고 관

료주의적인 개념 양자 모두를 거부하면서, 논의, 협력, 투쟁을 위한 열린 공간들을 제공해 줄 수 있는 유일한 선택권입니다. 그 운동들에 적합한 유일한 전술이 있습니다. 그것은 공통적인 것의 구축 전략 속에서의 중지들, 시작들, 후퇴들, 창안이라는 전술입니다. 민주적인 테두리는 오직 연방주의석인 맥락 속에서만 유지되고 발전될 수 있습니다.

2. 유럽은 신자유주의적인 쿠데타 선동자들에 반대하는 이데올로기적이고 실천적인 저항의 토대로서 작동할 수 있는가? 유럽은 민주적 제안들의 증식적 반란과 전지구적 연대의 창발과 강화를 위한 토대가 될 수 있는가? 수세기 동안 자본주의와 유럽의 국민국가에 의해 추구되어 온 근대성의 수출에 대한 비판을 개시할 수 있을 탈근대적인 유럽적 전략 노선을 상상하는 것이 가능한가? 그리고 그 대신에 연대를, 그리고 자유의 수출을 제안하는 것이 가능한가? 운동들은 이러한 질문들의 전략적 함의를 중심으로 유럽연합을 위한 전략과 전술을 함께 이끌어 낼 수 있는 연방주의적 선택을 할 필요가 있습니다.

포스트사회주의 정치학

20강 신자유주의에 대한 사회적 대안들

21강 제국 내에서의 포스트사회주의적 정치

22강 제국의 새로운 국면

23강 도시 민주주의

24강 새로운 복지를 위하여

20강

신자유주의에 대한 사회적 대안들

나는 신자유주의에 대한 대안들을 여러분과 토론하기 위해 여기에 있게 된 것을 자랑스럽게 생각합니다. 여러분들이 그것들을 실천하고 있기 때문이지요. 나는 이 대안들을 일반적인 관점에서 논의하지 않으려 합니다. 그렇게 하는 것은 여러분들에게 쓸모가 없을 것이기 때문입니다. 그리고 나는 특히 오늘 여러분들이 하고 있는 것에 대해서도 언급하지 않으려 합니다. 내가 이것에 대해 잘 모를 것이기 때문입니다. 여기에서의 책임은 전적으로 여러분에게 있습니다. 여러분은 (여러분이 행사하고 있는 대항권력의 힘으로) 대안들의 망을 짤 수 있는 실들을 손에 쥐고 있는 사람들입니다. 내가 할 수 있는 일이란, 다중의 정치학, 즉 여러분이 이미 제시하고 있는(아니면 내게 그렇게 보이는) 문제들과 관련한 몇 가지 논점들을 소개하는 것입니다. 그래서 그것은 우리가 확인해야 하는 분석적 용어들로 정식화될 필요가 없습니다. 오히려 우리가 할 필요가 있는 것은 무엇보다도 그것들이 끼친 효과를 심화하기 위해 그것들을 정치적 용어들로 발전시키는 것입니다.

다중은 우선 먼저 계급 개념입니다. 더 잘 표현하자면 다중은 하나의 계급적 경험입니다. 우리는 그것이 하나의 확장된 계급 개념, 달리 말해 노동계급이라는 낡은 개념보다 더 폭넓고, 더 광범위하며 더 포괄적인 계급 개념이라고 말할 수 있을 것입니다. 다중은 그 안에 가사노동을 하는 여성들, 서비스 부문에서 일하는 노동자들, 농업 노동자들, 학생들, 연구자들 등등을 포함합니다. 이러한 노동자 범주들은 한때 노동계급 개념에 주변적인 것으로 간주되었습니다. 물론 그들이 실제로 배제되지는 않았지만, 고려 대상이 되지도 않았으며, 여전히 주변에 머물러 있었고, 노동의 조직화에서 그리고 착취의 강도에서 본질적인 것으로 고찰되지 않았습니다. 그래서 정치적 관점에서 그들은 '동맹자들'로 간주되었습니다.

그러나 우리가 발전시킬 수 있을 그 이상의 관점이 존재합니다. 이 관점은 노동의 새로운 특질, 생산적 활동의 비물질적이고 사회적인 요소들을 강조합니다. 민중의 직업들이 갖는 대중적 무차별성으로부터 그들의 주체적인 차이로의 이행을, 민중이 행하는 직업들에서의 실제적인 차이로의 이행을, 주체성의 생산에서의 그들의 재배치로의 이행을 강조합니다.

동지들, 여러분은 어떻게 아르헨티나의 경제적 위기에 대해 그리고 여러분 나라의 산업체계의 난맥에 대해 이처럼 활동적이고 강력한 방식으로 저항할 수 있었을까요 — 여러분들이 대표하는 노동력이 노동력 자신에 대해서 그리고 노동력 자신을 재생산하는 생산 메커니즘들

아르헨티나의 실업자운동. 임금노동자 중심의 기존 사회운동에서는 조연에 불과했던 실업자들이 주역으로 나선 최초의 운동이다.

에 대해서 알고 있지 못했더라면, 뿐만 아니라 다른 무엇보다도, 여러분이 여러분과 함께 태어나고, 또 여러분이 발전시키고 여러분의 지성이 발전시킨, 그리고 여러분의 몸이 발전시킨, 생산적이고 사회적인 조직의 기능들을 지적으로 재전유할 수 없었다면, 여러분이 어떻게 이와 같이 저항할 수 있었을까요?

다시금 우리가 다중을 하나의 계급으로 이야기할 때, 그것은 통제를 행사하기 위한 착취의 새로운 특질이 다중에 부과되고 있다는 것을 의미합니다. 지금 착취되고 있는 것이 생산의 사회적 차원들이라면, 그 결과 여러분의 저항은 즉각적으로 사회적 생산의 맥락 내부의 저항으로 나타납니다. 적대는 자본주의적 발전의 새로운 체계들을 관통하며, 사회적인 것과 비물질적인 것에서 자신의 발전을 위한 토대를 발견합니다. 이 적대는 탈근대성 내부에 있는, 탈근대성을 특징으로 하는 일단의 경험들 — 달리 말하면, 근대성을 특징짓고 그것의 소멸을 야기한 임금

20강 신자유주의에 대한 사회적 대안들 199

노동의 거부라는 부단한 압력을 넘어서려 했던 경험들 — 내부에서 재규정될 필요가 있습니다. 이제, 우리가 처한 현장은 (작동하는 바로 그 순간에 삶권력에 의해 끊임없이 공격 받는) 특이성들의 산 노동의 총체로서의 다중의 현장입니다. 여기에서 우리는 오류를 허용해서는 안 됩니다. 왜 냐하면 우리가 자본의 신비화된 현실 내부에 있다면, 우리가 자본이 사회에 가한 실질적 포섭 내부에 존재한다면, 우리는 자본주의 발전으로부터 독립적인 행위와 전복의 공간을 창출해야 하기 때문입니다. 그곳은 자본 외부의 어딘가가 아니라 보호받으면서도 적대적인 '내부', 즉 부를 재전유하는 것이 가능하게 되는 토대입니다.

우리가 지금까지 사용해온 용어들로 다중을 논의할 때, 결론은 다음과 같습니다. 말하자면, 이 다중, 이 특이성들의 총체, 이 차이들의 덩어리는 자신을 낡은 방식으로 대의하도록 하기 위해 준비된 것이 아니라는 점입니다.

아르헨티나의 경험은, 그 복잡성 속에서, 대의의 거부를 통해 운동의 절정과 그 자신의 이론적 존엄에 도달했습니다. 대의는 항상 다중을 몰수하는 것입니다. 누구라도 잠시 멈춰 그것에 대해 생각해 보기만 한다면 이 점은 명백하고 또 이해 가능할 것입니다. 홉스와 칸트에 이르는 모든 근대적 정치학에는, 대의 개념으로부터 생기는 존재론적 한계가 존재합니다. (더 정확하게 말하자면, 그들은 대의의 추상적 통일이 수많은 주체들보다 우세하다고 주장합니다.) 그렇다면 여기에서 우리는 대의의 문제들을 다시 다룰 필요가 있습니다. 권력에 반대하는, 그리고 그것과 관련한 투쟁들의 연속성이 얼마나 여러 번 바로 그 노동자들의 정치적 대의의 잘못된 전통들 및 / 또는 기능들에 의해 저지되고 파괴당했습니까? …… 나는 오늘날 마침내 소위 대중적 대의가 경직된 행위 불가능성 속에 우스꽝스럽게 막히고 갇혀 있다는 사실에 대해 어느 신에게 감사해야 할지 알지 못합니다. 어쨌든 새로운 문제틀은 다중의 조직화입니다. 그리고 지난 십여 년 동안 국가와 운동 사이의 중재자로서 이 문제틀이 그리 강력하게 제기된 적이 없었지만, 도래하는 시대에는 점차 강렬하게 제기될 것입니다. 왜냐하면 모든 구성 이론은 실재에 맞서 자신을 측정할 필요가 있기 때문이고, (여러분이 여기에서 보여주고 있는 것과 같은) 투쟁들의 전통은, 그것이 스스로를 국가에 펼쳐 보인다면, 그것을 추상적으로 해결할 수 있는 누군가를 발견할 수 없을 것이기 때문입니다. 아니 더 특별하게 얘기하자면, 그것은 그것을 전복할 수 있는 (자신을 그 자체로 선언하는) 어떠한 사회적 지시 대상도 발견하지 못할 것이기 때문입니다.

그렇다면 ― 사회적인 것을 관통해서 그리고 신자유주의를 관통하지 않고 하나의 재구축에 착수하는 것이 가능할까요? 우리는 이것이 부정적인 순간을 횡단하는, 해방을 위한 자유주의적 요구의 결정적 국면을 횡단하는 필요조건임을 보았습니다. 그러나 여기 (이전의 19세기 그리고 20세기 유럽과 같은) 아르헨티나에서, 우리는 이제 적극적인 재구축의 출발선에 도달했습니다. 사회적인 것을 토대로, 즉 국가의 정치 개혁의 문제를 즉각적으로 제기할 토대로 받아들이는 것이 오늘날 승리의 제안인 것처럼 보입니다. 그래서 공장들을 향해 가는 것이 옳지만, 무엇보다도 우리는 공장들에서 도시로, 사회적인 것으로 갈 필요가 있습니다. 착취 속에 포함된 새로운 의미들을 파악합시다. 착취란 단순히 개별적인 인간들을 괴롭히는 체계가 아니라 그들의 사회적 힘을 무력화시키기 위한 도구입니다. 산 노동을 해방시키기 위해 사회적인 것 속으로 들어갑시다.

여기 아르헨티나에서 운동들은 산 노동에 무장을 명했으며 그것을 최전선에 놓았습니다. 아르헨티나에서 사회적인 것은 항상 정치적인 것에 접합되었습니다. 이제 이러한 종합은 동시에 비판되고 재구성되어야 합니다. 이것이 정확히 우리가 삶정치적인 것에 대해 말할 때 염두에 두고 있는 비판이자 종합입니다. 아르헨티나 운동은 복지의 재구축 문제가 공장들뿐만 아니라 사회 전체에 적용된다는 점을 이해한 것으로 보입니다. 노동자들의 경험 속에서 살아가는 그리고 계속해서 살아갈 근본적인 민주주의가 존재합니다. 그러나 그것은 자신을 모든 시민들 속에서 표현할 준비를 합니다. 일단 이 경험이 전체 사회로 확대된다면 말입니다.

아르헨티나 혁명은 새롭고도 강력한 공적 공간을 재구축하기 위하여 싸우는 것이 무엇을 의미하는가에 대한 매우 의미심장한 사례를 제공합니다. 아르헨티나 운동은 라틴아메리카 정부들이 이 의무를 어떻게 따를 것인가 하는 문제를 제기했습니다. 이 혁명은 사회적이고 공통적인 공간을 재구축하기 위해 깊게 작업했습니다.

공장 투쟁 위원회의 노동자들인 여러분에게 강연하면서 나는 우리가 혁명적 강령을 계속해서 진전시킬 수 있고 진전시켜야 한다는 점을 말하면서 결론을 지어야 할 것 같습니다. 그러나 계속해서 이렇게 하는 것은 우리 자신을 보호하는 것뿐만 아니라 침략자들을 공격하는 것, 적의 요새들을 넘어가는 것을 의미합니다. 그리고 그것은 무엇보다도, 여러분의 경험이 보여준 바와 같이, 공통적인 것을 투쟁의 최전선에 놓는 것을 의미합니다. 공통적인 것을 최전선에 놓는 것은 부의 재구축이 단지 국가에 의해서만 관리될 수 있다는 생각을 거부하는 것을 의미합니다. 그것은 또 보류된 임금에 관하여 그리고 사회적 재생산 및 조직화의 모든 문제들에 관하여 어떤 능력을 표현할 수 있는 위치에 노동계급 다중들을 놓는 것을 의미합니다. 마지막으로 그것은 우리가 지금까지 논의해 온 것과 같은 전술들을 실천하는 것을 의미합니다. 신자유주의(달리 말해 자본가들의 관리 능력)의 기둥들 중의 하나가 위기에 빠지자마자, 우리는 나라의 경세적 관리를 우리 수중으로 가져올 수 있는 가능성을 갖게 되며 이 뽀뗀짜를 국가의 관리에로 끌어 올릴 수 있는 가능성을 갖게 됩니다. 마키아벨리가 칭한 바와 같이, 적절한 덕virtus을 가지고 이 기회를 활용해 봅시다.

21강

제국 내에서의 포스트사회주의적 정치

오늘 우리는 현재의 세계 질서와 관련된, 대안들의 구축을 위한 가능한 정치적 전략들과 관련된 네 가지 문제들을 다루고자 합니다.

  이것들은 많은 진전이 필요한 문제들이며, 이러한 이유로 우리는 그것들을 부분적으로만 다룰 것입니다. 하지만 우리는 오늘 그리고 앞으로 며칠 동안 토론을 개시할 수 있도록 해줄 충분히 가치 있는 분석을 제공하고자 합니다. 우리는 제국 개념 — 오늘날 우리 앞에 나타난 새로운 전지구적 질서를 설명하기 위해 사용하는 개념 — 에 대한 간략한 설명에서부터 시작할 것입니다. 둘째, 우리는 새롭게 출현하는 생산 형태들을 분석할 것이며, 특히 오늘날 우리가 비물질적 생산이라고 부르는 것의 헤게모니를 분석할 것입니다. 생산에 대한 이러한 분석을 하고 나면 우리는 세 번째 문제, 즉 사회주의, 사회주의의 유산, 그리고 사회주의 이후의 강령을 위한 오늘날의 요구 문제를 다룰 수 있게 될 것입니다. 마지막으로 우리는 오늘날의 제국적 지배 질서의 변형을 위한 방법들을 제공해줄 수 있을 몇 가지 가능한 지정학적 전략들과 지역적 동맹들을 제안할 것입니다.

제국 : 신자유주의적 질서와 전지구적 전쟁

우리의 핵심적 가설은 오늘날 새로운 주권 형태가 전지구적 수준에서, 우리가 제국이라고 부르는 주권의 망 속에서 탈중심화된 형태로 나타나고 있다는 것입니다. 우리의 분석에서 이 새로운 제국적 주권은 유럽, 미국, 일본 등에서 근대에 처음으로 발달한 제국주의들과는 근본적으로 다릅니다. 근대의 제국주의는 지배적인 국민국가의 주권 위에 정초되었으며, 외국의 종속적인 영토들에 대한 그와 같은 국민국가 주권의 확장을 수반했습니다. 많은 제국적 국민국가들은 전지구적 열망들을 가지고 있었지만, 그들 각각은 오직 세계의 일부만을 지배할 수 있었습니다. 이러한 근대성의 제국주의적 권력들은 결국 서로 갈등을 빚었으며, 그 결과는 끔찍한 세계전쟁과 무수한 여타의 잔학 행위들이었습니다.

우리는 이제 변화를 겪은 근대 제국주의 시대의 세 가지 핵심적인 특징들을 확인하기 위한 지점에 서 있습니다. 첫째, 제국적 주권의 구조, 이것은 국민국가에 굳건히 기초했습니다. 둘째, 주권 국가 권력이 외국 영토들로 확대되었을 때, 지배하는 주체와 지배받는 주체 사이에 (그것이 영토이건 국민국가이건), 그리고 내부와 외부 사이에 명확한 분할이 만들어졌습니다. 마지막으로, 근대에는 단 하나가 아니라 여러

개의 제국주의적 나라들이 있었으며, 게다가 제국주의는 제국주의 나라들 그리고 상존하는 투쟁의 잠재력 사이의 경쟁을 항상 수반했습니다.

오늘날 출현하고 있는 제국은, 근대의 제국주의와는 대조적으로, 국민국가 주권에 기초하고 있지 않습니다. 그것은 내부와 외부 사이의 모든 분할을 흐린다는 점에서 진정 전지구적입니다. 하지만 제국이 국민국가 주권에 토대를 두고 있지 않다고 말하는 것이 국민국가들이 더 이상 중요하지 않다고 주장하는 것을 뜻하진 않습니다. 국민국가는 확실히 중요한 채로 남아 있습니다. 일부 국민국가는 분명 다른 국민국가들보다 더 중요합니다. 제국의 권력은 국민국가들을 포함하지만, 그들의 특권을 훨씬 넘어 확장합니다. 제국적 주권은 혼성적인 구성에 기초합니다. 우선 우리는 대략 제국적 주권이 군주 세력들과 귀족 세력들 사이의 세계에서 항구적인 제휴에 의해 정의된다고 말할 수 있을 것입니다. 예를 들어, 펜타곤이 전지구적인 군사적 차원 내부의 군주적 권력이라고 생각할 수 있을 것입니다. 펜타곤은 종종 일방적 결정들을 기초로 행동하니까요. 아니면 미국 행정부를 생각해 보세요. 미국은 자신이 사실상의 국제적인 정치적·경제적 거래를 운용할 때 전지구적으로 군주적 역할을 자임합니다. 둘째, 우리는 전지구적인 귀족 세력들에 미국 외에 또 다른 지배적인 국민국가들, 그리고 국가들이 아닌 세력들 ─ 주요한 자본주의적 다국적기업들, 유엔과 같은 국제기구들, 세계은행, IMF와 같은 초국적 경제기구들, 일련의 강대국들 ─ 을 포함시킬 것입니다. 군주 세력들은 자신들만의 힘으로 제국을 관리할 수 없으며, 다양한 전지구적 귀족들과 부단히 함께 작업해야 합니다. 달리 말해 그것은 어떤 국민가도, 심지어는 가장 강력한 국민국가조차도, 심지어는 미국조차도, 이 제국을 일방적으로 통치할 수 없다는 것을 의미합니다.

군주적이고 귀족적인 전지구적 세력들 사이의 제휴를 함축하는 혼성적 구성 개념은 제국적 주권 개념에 이르는 훌륭한 도입입니다. 보다 분절적이고 혁신적인 개념적 접근은 ― 이러한 접근법은 이 개념을 이런저런 방식으로 더 잘 규정합니다 ― 제국을 권력의 네트워크로, 제국적 주권을 분산된 네트워크 형태로 긴주하는 것입니다. 분산된 네트워크에는 중심이 없습니다. 오히려 그것은 다양한 방식으로 서로에게 연결될 수 있는 무수한 결절점들을 제공합니다. 이러한 개념화 속에서, 지배적인 국민국가들, 보다 거대한 자본주의적 다국적기업들, 초국가적 기구들, 여타의 지구적 강대국들은 제국적 주권의 네트워크 속에서 단순히 여러 결절점들일 뿐이며, 이러한 결절점들은 서로 다른 조합들 속에서, 그리고 서로 다른 순간들에 함께 작동할 것입니다.

네트워크 모델은 우리의 이전의 진술, 다시 말해 내부와 외부 사이의 구별이 제국 안에서 흐려지는 경향이 있다는 진술을 명확히 해 줍니다. 모든 분산된 네트워크에는 분명 외부적 요소들이 존재하지만, 네트워크의 모든 결절점들이 잠재적으로 포함될 수 있으며, 그래서 내부와 외부 사이의 경계는 불확정적으로 됩니다.

우리는 쉽게 생길 수 있는 일정한 오해들을 피하기 위해 이 점을 강조할 것입니다. 첫째, 우리는 다음과 같은 점, 즉 우리가 국민국가 주권이 (근대의 제국주의와는 달리) 제국의 토대에 있지 않다고 말할 때, 이것이, 다시 한 번 말하는 것이지만, 국민국가가 더 이상 중요하지 않다는 것을 의미하는 게 아니라는 점을 주의해야 합니다. 지구화에 대한 논쟁에서도 역시, 이러한 사실은 종종 하나의 양자택일의 문제로, 하나의 등식으로 간주됩니다. 한편으로, 사람들은 지구화가 하나의 현실이기 때문에 국민국가들이 더 이상 가치가 없다고 말하며, 다른 한편으로, 사람들은 국민국가가 여전히 유효하기 때문에 지구화란 존재하지 않는다고 말합니다. 이것은 잘못된 양자택일입니다. 지배적인 국민국가들은 여전히 강력하지만, 그들이 궁극적인 권력은 아닙니다. 전지구적 제국의 네트워크 구조는, 우리가 앞서 말한 바와 같이, 수많은 다른 강대국들과 함께 지배적인 국민국가들을 포함합니다. 둘째, 우리가 제국이 갈등들과 제국주의 간의 전쟁들을 특징으로 하지 않는다고 말할 때 이것이 주요한 나라들 사이에 더 이상 갈등들이 존재하지 않는다는 것을 의미하지는 않습니다. 오히려 그것은 제국적 네트워크의 다양한 결절점들 사이의 갈등들과 모순들이 이 제국적 구조 자체에 내재적이라는 것을 의미합니다. 그와 동시에, 우리가 제국의 외부가 존재하지 않는다고, 더 정확하게는, 내부와 외부 사이의 구별이 부단히 흐려진다고 말할 때, 우리는 세계에 더 이상 위계와 종속이 존재하지 않음을, 권력을 가지고 있는 사람과 그렇지 못한 사람들 사이의 분할이 더 이상 존재하지 않음을 의미하는 것이 아닙니다. 그와 반대로 제국은 위계들의 증식을 수단으로 하여, 그리고 자신의 구조에 내재적인 분할들을 통해 작동합니다. 하지만 이러한 분할선들이 국경들이나 남과 북을, 동과 서를, 제1세계와 제3세계 등등을 분할하는 전지구적인 선들로 이해되어서는 안 됩니다. 위계 및 착취의 선들은 훨씬 더 복잡하게 뒤얽히며, 모든 국가적·지역적 공간을 관통합니다. 제국적 주권을 하나의 네트워크로 묘사하고자 한다면, 우리는 네트[워]크가 결코 동질적이지 않으며 전개되고 있는 것은 다양한 결절점들 사이의 극적인 갈등과 위계라는 점을 기억해야 합니다.

우리는 제국의 이 네트워크 구조가 전지구적 시장의 필요들 및 전지구적 자본의 생산회로들과 완전히 일치하는 게 분명하다고 생각합니다. 자본은 항상 생산 및 소비의 영역들 사이의 이러한 산입算入을 필요로 합니다. 이 산입은 언제나 기존의 위계들을 통해 작동해야 하며, 사실상 이것이 권력과 복지의 새로운 분할들을 낳습니다. 이러한 의미에서 제국은 신자유주의적인 전지구적 체제에 가장 잘 맞는 정치 형태로 나타날 수 있습니다.

이제 우리는 우리의 제국 개념에 대한 보다 진지한 반대 — 미국의 '테러와의 전쟁', 그리고 특히 이라크 침공에서 드러나는 미국의 일방주의적 행동들이 우리의 가설을 반박한다는 반대 — 로 옮겨가고자 합니다. 이러한 주장에 따르면, 미국이 보여주는 것은 제국주의가 아주 기운이 넘쳐 난다는 것입니다. 하지만 우리의 시각에서 이라크 전쟁은 정확히 그 반대를 증명합니다. 백악관의 통치자들이 제국주의적 야망들을 키우며, 미국이 전지구적 체계를 일방적으로 통치하기 위한 계획을 세웠다는 것은 사실입니다. 안보와 예방적 공격이라는 미국의 교의, 국제법과 국제협약들에서의 미국의 예외, 그리고 마지막으로 다른 모든 나라들을 대하는 데에서의 미국의 오만 등은 모두 이 제국주의적 기획의 일부입니다. 사실상, 미국의 일방주의는, 우리가 앞서 말한 바와 같이, 제국을 특징짓는 군주적 세력들과 귀족적 세력들 사이의 진행 중인 제휴를 깨길 원하며, 전지구적 군주의 자율을 주장하려 합니다.

하지만 이라크를 침공하고 '바그다드를 접수'한 지 1년이 지난 오늘날, 이러한 자칭 제국주의자들의 기획들은 작동하고 있지 않습니다. 군사적 무장의 엄청난 비대칭에도 불구하고, 미국은 전지구적 질서를 일방적으로 유지할 수 있는 위치에 있지 않다는 점이 점점 더 분명해지고 있습니다. (확실히 군사력은 그 자체로 질서를 유지하는 데 충분하지 않습니다.)

그와는 반대로 이라크에서 미국의 제국주의적 기획들은 오직 혼돈만을 낳았으며, 소위 '무질서'의 영역들을 늘려왔을 뿐입니다. 달리 말해, 이러한 부정적인 경험을 통해, 백악관의 야심찬 제국주의자들은 제국에 대한 우리의 가설을 입증하고 있습니다. 그들의 실패들이 입증하는 것은, 오늘날 제국주의 체제가 존재할 수 없다는 것입니다. 오직 — 전지구적 권력의 군주적·귀족적 요소들 간의 지속적인 제휴를 특징으로 하는, 탈중심적인 권력 네트워크 형태인 — 제국만이 전지구적 질서의 위계들을 유지할 수 있을 뿐입니다.

마지막으로, 제국의 문제를 떠나기 전에, 우리 생각의 또 다른 특징을 명확히 하고 싶군요. 오늘날 우리는 제국을 하나의 기정사실이 아니라 하나의 경향으로 간주합니다. 경향으로서의 이러한 방법은 또한 맑스의 저작들이 갖는 특징입니다. 19세기 중반 자본주의적 생산이 겨우 영국 경제의 일부로, 유럽 경제의 여전히 더 작은 부분으로, 전지구적 경제의 아주 작은 부분으로 확대되었을 때, 맑스는 미래를 향해 투사된 경향으로서의 자본을 인식했으며, 그런 식으로 완전히 자본주의적인 사회를 분석했습니다. 제국에 대한 우리의 이론화도 이와 유사합니다. 제국은 전지구적 자본과 그 신자유주의적인 체제가 그러한 전지구적 질서를 유지하고 보증할 수 있는 유일한 형태이며, 이러한 사실은 제국적 경향을 하나의 필연으로 만듭니다. 제국주의에서 제국으로의 이러한 이행을 개시한 때가 언제인가를 묻는 것은 흥미롭습니다. 그 때는 1989년 중국에서 일어난 사회운동들일 수도 있을 것이며, 소비에트 체계의 붕괴일 수도 있을 것이며, 베트남에서의 미국의 패배일 수도 있을 것이며, 1968년 봉기들의 전지구적인 연쇄일 수도 있을 것입니다. 어쨌든, 제국은 오늘날 완전하게 현실화되지 않았지만, 우리는 그것이 내일 우리가 대면해야 할 권력의 신흥 형태라고 말합니다. 내일 우리가 그것과 싸우는 위치에 놓일 상황에 대비하여, 오늘 그것을 분석하는 것은 좋은 생각일 것입니다.

새로운 생산 형태들 : 비물질노동의 헤게모니

우리가 제국 개념을 통해 제시하는 제국적 주권에서의 이러한 변화들을 향한 이행이라는 설명에서, 오늘날에도 역시 우리는 생산과정들에서의 중대한 변형들을 목격하고 있습니다. 우리의 시각에서 볼 때, 여타의 생산 형태들에 대한 비물질적 생산의 창발적 헤게모니가 존재합니다. 이러한 사실은 산업 생산의 이전의 헤게모니를 대체합니다.

모든 경제적 체계에는, 서로 다른 수많은 노동 형태들이 나란히 공존하지만, 여타의 것들에 헤게모니를 행사하는 하나의 형상이 항상 존재합니다. 이러한 헤게모니적 형상은 점점 여타의 형상들을 변형시키는 소용돌이로 작용하며, 그 결과 그것들은 그것과 동일한 중심적 자질들을 띱니다. 헤게모니적 형상이 지배적인 것은 양적인 맥락에서가 아니라, 여타의 것들을 변형할 수 있는 힘을 갖는다는 맥락에서입니다.

19세기와 20세기에 산업노동은 전지구적 경제에서 헤게모니적이었습니다. 비록 여타의 생산 형태들, 예를 들어 농업과 비교해 볼 때 양적인 면에서 여전히 소수였지만 말입니다. 여타의 생산 형태들을 자신의 소용돌이 속으로 몰아넣는 한에서 산업은 헤게모니적이었습니다. 농업, 광업, …… 심지어는 사회 자체도 강제적으로 산업화되었습니다. 산업의 과학기술적 실천들뿐만 아니라 산업노동과 그 노동일의 생활 리듬들은 여타의 사회적 기구들, 예컨대 가족, 교육, 병역 등등을 점차 변형시켰습니다. 산업화된 농업과 같은 영역들에서 변형된 노동 실천들은, 비록 산업과는 항상 구별이 되었지만, 또한 점차 늘어나는 다수의 요인들을 산업과 공유했습니다.

20세기의 마지막 십년 동안에, 산업노동은 자신의 헤게모니를 상실했으며, 그 자리에 '비물질노동', 달리 말해 비물질적 생산물들 — 지식, 정보, 소통들, 언어적·감정적 관계들 — 을 창조하는 노동이 나타났습니다. 서비스 노동, 지적 노동, 그리고 인지 노동과 같은 종래의 용어들은 모두 비물질노동의 측면들과 관계되지만, 이중에 어느 것도 그 일반성을 완전하게 포착하지 못합니다. 우선 비물질노동은 두 개의 주요한 형태들 속에서 사유될 수 있는데, 이 형태들은 보통 노동의 현실적 실천 속에서 융합됩니다. 그 첫 번째 형태는 주로 지적이거나 언어적인 노동 — 예를 들어 문제 해결적이고 상징적이며 분석적인 작업들, 정교한 언어적 표현들 등등 — 을 포함합니다. 이러한 비물질노동의 유형은 아이디어들, 상징들, 코드들, 텍스트들, 언어적 형상들, 이미지들, 여타 종류의 생산물들을 생산합니다. 우리는 또 다른 주요한 비물질노동의 형태를 '정동적 노동'이라고 부릅니다. 정신적 현상들인 감정들과는 달리 정동들은 정신과 신체 양쪽 모두와 동등하게 관계를 맺습니다. 사실 기쁨과 슬픔 같은 정서들은 유기체 전체의 삶의 상태를 드러내며, 어떤 하나의 사고방식에 특유한 신체의 어떤 주어진 상태를 표현합니다. 그러므로 정동적 노동은 편안한 느낌, 좋은 느낌, 만족, 흥분, 열정 등등과 같은 정동들을 생산하거나 다루는 노동입니다. 정동적 노동은 예를 들어 법률 보조원들, 승무원들, 패스트푸드 노동자들의 노동 속에서 인식할 수 있습니다. 적어도 지배적인 국가들에서, 정동적 노동의 점증하는 중요성은 고용주들이 자신들의 피고용자가 필수적으로 갖추어야 할 기본적인 자질들로서 훌륭한 매너, 교양, 몸가짐, '사교적인' 태도, 품성과 품행들을 중요하게 여기는 것을 보면 알 수 있습니다. 훌륭한 몸가짐과 사교적인 능력들을 지니고 있는 노동자는 말하자면 정동적 노동의 영역에서 행동하는 노동자입니다.

우리는 비물질적 생산에 내재하는 노농이 여전히 물질적임을 강조해야 합니다. 비물질노동은 여타의 노동 형태들과 똑같은 정도로 우리의 신체들과 두뇌들을 필요로 합니다. 비물질적인 것은 그것의 생산물입니다. 우리는 '비물질노동'이라는 문구가 이러한 점에서 모호하다는 것을 인정합니다. 이 새로운 헤게모니적 형태를 '삶정치적 노동', 즉 물질적인 재화를 생산할 뿐만 아니라 관계들, 그리고 궁극적으로는 사회적 삶을 생산하는 노동이라고 부르는 것이 더 좋을 것입니다. 더욱이 '삶정치적'이라는 용어는 경제적인 것, 정치적인 것, 사회적인 것, 그리고 문화적인 것을 나누는 전통적인 구별들이 점점 더 흐릿해져 가고 있다는 사실을 가리킵니다. 하지만 '삶정치적'이라는 용어는 또 다른 개념적 복잡성들을 끌고 들어오며, 우리의 시각에서 볼 때 비물질성 개념이, 비록 모호하기는 하지만, 경제적 변형의 일반적 경향을 처음으로 포착하기에 더 용이한 것으로 보이며, 그러한 경향을 가리키는 데 더 잘 맞아떨어집니다.

우리가 비물질노동이 경향적으로 헤게모니적 지위를 띤다고 말할 때, 그것이 오늘날 전 세계의 대다수의 노동자들이 비물질적 재화를 생산한다는 것을 뜻하는 것은 아닙니다. 그와는 반대로, 농업노동은, 수세기 동안 그래왔던 것처럼, 양적인 면에서 여전히 지배적이며, 산업노동은 전 세계적이지 않으며 수적으로 하락하고 있습니다. 비물질노동은 전지구적 노동의 소수를 이루며, 지구의 지배적 지역들의 일부에 집중되어 있습니다. 오히려 우리가 의미하고자 하는 것은, 비물질노동이 질적인 면에서 헤게모니적이 되었으며, 자신의 경향을 여타의 노동 형태들에, 그리고 사회 전체에 부과했다는 것입니다. 달리 말해, 비물질노동은 오늘날 산업노동이 150년 전에, 전지구적 생산의 작은 부분을 차지했을 때, 세계의 작은 일부에 집중되어 있었지만 현실적으로 여타의 모든 생산 형태들에 헤게모니를 행사했던 것과 동일한 지위 속에 있습니다. 정확히 그와 같은 국면 속에서, 모든 노동 형태들, 그리고 사회 전체는 산업화되어야 했습니다. 한편 오늘날의 노동과 사회는 스스로를 정보화시켜야 하고, 지적이고, 소통적이며, 정동적이 되어야 합니다.

어떤 면에서 산업의 헤게모니 시대의 하위의 계급들은 비물질노동의 헤게모니의 주요 특징들을 이해할 수 있는 열쇠를 제공합니다. 예컨대 농업노동자들은 항상 비물질노동의 지식, 지성, 혁신을 배치해 왔습니다. 농업노동은 분명 육체적인 면에서 노동집약형이지만, 농업은 순수과학입니다. 모든 농부는 우량한 씨앗들을 토양에 심고, 과일과 우유를 술과 치즈로 변모시키는 화학자입니다. 모든 농부는 식물 다양성을 증진시키기 위해 가장 우수한 씨앗들을 선별하는 유전학자이며, 또한 천체를 관측하는 기상학자입니다. 농부는 대지를 알아야 하며, 대지와 함께, 대지의 리듬에 맞춰 작업해야 합니다. 씨뿌리기에, 또는 수확하기에 가장 좋은 때를 결정하는 것은 복잡한 계산을 필요로 합니다. 그것은 직관에 의한 임의적인 행위나 과거의 주기적인 반복이 아니라, 관찰된 현재의 조건들에 비추어 전통적인 지식들을 토대로 하여 선택된 결정, 지성과 실험에 의해 부단히 갱신되는 결정입니다. (그와 동시에, 그리고 그와 유사하게, 대다수의 농부들은 또한 자신들의 생산물들을 팔기에 가장 좋은 때를 알아내기 위해 시장의 부단한 변동을 읽어낼 수 있는, 금융 브로커들임에 틀림없습니다.) 농업에 전형적인 — 자연의 예측 불가능한 변화들에 따라 움직이는 — 이러한 종류의 열린 과학은 과학기술적인 농업 과학의 유형학이라기보다는 비물질노동에 핵심적인 지식의 유형학을 나타냅니다. 그러므로 우리의 비물질노동 개념은 1990년대의 유토피아적 꿈들, 즉 — 주로 과학기술상의 혁신, 지구화, 금융시장의 확대를 통해 — 모든 노동을 흥미롭고 만족스럽게 만들고 복지를 민주화하며 과거의 경기후퇴들을 막아 줄 것으로 많은 사람들이 생각했던 '새로운 경제'라는 유토피아적 꿈들과 혼동되어서는 안 됩니다. 비물질노동의 헤게모니는 노동을 유쾌한 것으로 만들어 주지도 않으며, 더 큰 보수를 가져오지도 않을 뿐더러, 작업장에서의 위계와 명령을 감소시키지 않는 것은 말할 것도 없습니다. 마지막으로 그것은 일국적이고 전지구적인 노동 시장의 양극화를 줄이지도 못합니다. 우리가 방금 살펴본 것처럼, 농업노동이 비물질노동의 특질들의 많은 부분을 공유할지라도, 그것은 전지구적 체계에 계속해서 종속되어 있으며, 도시와 농촌 사이의 위계질서도 변한 것이 없습니다.

하지만 비물질노동의 헤게모니는 노동의 조건들을 변화시키기에 이릅니다. 비물질적 패러다임에서 노동일의 변형들, 달리 말해 노동시간과 자유시간 사이의 점점 더 규정 불가능한 분할을 예로 들어 봅시다. 산업의 패러다임에서 노동자들은 거의 전적으로 자신들이 공장에서 보낸 시간 동안에만 생산했습니다. 그러나 생산이 문제 해결, 또는 아이디어나 이야기의 창조를 포함하게 되면서, 필요로 되는 노동시간은 삶 전체로 연장되기에 이릅니다. 하나의 아이디어 또는 하나의 이미지는 단지 사무실에서만 창조되는 것이 아니라, 샤워를 하면서도 또는 우리의 꿈속에서도 역시 창조됩니다. 다시 한 번 말하자면, 농업과 가내노동의 전통적인 특징들은 우리가 이러한 변화를 이해하는 데 도움을 줄 수 있습니다. 알다시피 농업노동은 전통적인 시간표를 따르지 않습니다. 들판에서 노동일은 필요하다면 새벽에서 해가 질 때까지 늘어납니다. 여성의 가내노동의 전통적인 분절은 훨씬 더 분명한 방식들로 노동일의 분할들을 파괴하며, 결국에는 삶의 전 부분을 침범합니다.

일부 경제학자들 역시 산업노동자들에 전형적인 안정적이고 장기적인 고용을 특징으로 하는 경제로부터 유연성, 이동성, 불확실한 노동관계들 등등을 특징으로 하는 경제로의 이행을 가리키기 위해 포드주의와 포스트포드주의와 같은 용어들을 사용합니다. 유연성이라 함은 노동자들이 다양한 직무들에 적응해야 하기 때문이고, 이동성이라 함은 노동자들이 종종 직업을 바꾸어야 하기 때문이며, 불안정성이라 함은 어떠한 계약도 안정적이고 장기적인 직업을 보증하지 않기 때문입니다. 예컨대 농업생산의 창발적이고 포스트포드주의적인 형태는 이러한 과학기술적 변화들을 특징으로 합니다. 농업 근대화는, 소비에트의 트랙터에서부터 캘리포니아의 관개 체계에 이르기까지, 기계적인 과학기술들에 아주 많이 의존하고 있지만, 농업적인 탈근대화는 온실, 인공조명 체계, 수경법과 같은 특화된 생산체계들과 더불어 생물학적이고 생화학적인 혁신들을 발전시킵니다. 이러한 새로운 기술들과 과학기술들은 농업 생산을 대규모 생산으로부터 분리해 내는 경향이 있으며, 보다 전문화된 작업들을 소규모로 할 수 있도록 해줍니다. 더욱이 탈근대적인 제조업 생산은 자신이, 예를 들어 기존의 산업적인 과정 속에 소통 과학기술들을 통합하는 것을 통해, 디지털화되고 있습니다. 그와 같은 방식으로 농업 역시 정보에 기반을 두게 되며, 이는 씨앗 생산에서 분명하게 확인할 수 있습니다. 예컨대, 농업에서의 보다 흥미로운 투쟁들 중의 하나는 식물 게놈, 즉 씨앗 속에 포함된 유전 정보에 대한 소유권을 둘러싼 것입니다. 종자 다국적기업들은 ― 종종 유전 공학을 이용하여 ― 자신들이 생산하는 새로운 품종의 식물들에 대해 특허를 얻습니다. 그러나 농민들은 예로부터 소유권에 대한 어떠한 주장도 하지 않고 식물들의 유전적 자원들을 발견하고, 보존하고, 개선해 왔습니다. 여기에서의 우리의 목표는 이러한 실천들을 지지하거나 규탄하는 것 ― 농업에서의 어떤 과학적 개입은 혜택을 가져왔고, 다른 것들은 폐해를 가져왔다는 것 ― 이 아닙니다. 우리의 주요 관심은 농업에서의 변화 과정과 권리들을 둘러싼 전투들이 어떻게 정보의 생산과 통제에, 이 경우에는 식물들 속에 포함된 유전 정보에 점차 의존하는가를 밝히는 것입니다. 그리고 이것이 농업이 정보화되고 있는 한 가지 방식입니다.

일반적으로, 비물질노동의 헤게모니는 분산된 네트워크들의 무수한 불확정적인 관계들에 의해 결집된 양상 속에 설정된 선형적 관계들을 관통하면서 생산 조직을 변형하기에 이릅니다. 정보, 소통, 협력은 생산의 규칙들이 되며, 네트워크는 생산의 지배적인 조직 형태가 됩니다. 따라서 생산의 기술적 체계는 명확하게 생산의 사회적 구성 ― 한편으로는 과학기술적 네트워크들 그리고 다른 한편으로는 사회적 주체들이 착수하는 협력 ― 에 상응합니다. 이러한 상응이 노동의 새로운 유형학을 규정하고, 새로운 실천들과 새로운 착취구조들을 특징짓습니다. 우리의 시각에서 볼 때, 비물질노동에서의 착취는 대부분, 개별적이거나 집단적인 노동에 의해, 그리고 그러한 노동의 시간 속에서, 생산된 가치의 전유가 더 이상 아닙니다. 착취는 오히려 협력적 노동에 의해 생산되는, 그리고 사회적 네트워크들에 의한 노동의 순환을 통해 점차 공통적이 되어가는 가치의 전유입니다. 생산적 협력의 핵심적 형태들은 더 이상 노동 조직화 기획의 일부인 자본가에 의해 발생하지 않습니다. 대신에 그 형태들은 노동 그 자체에 의해 개시되는 생산적 에너지들로부터 발생합니다. 이러한 사실이 비물질노동의 주요한 특징입니다. 비물질노동은 소통, 사회적 관계들, 협력을 생산합니다.

누군가는 이 지점에서, 이러한 비물질노동 개념이 전 세계의 지배적인 지역들에서 일어나는 경제의 변형들을 기술하는 데 더 적합할 것이며, 노동자들이 여전히 들판과 공장에 묶여 있는 종속적 지역들과는 관계가 극히 적다고 반대할 수도 있을 것입니다. 하지만 우리는 여전히, 비물질노동의 헤게모니를 향한 이러한 경향이 최소한 세 가지 점에서 전지구적 경제의 모든 부문들과 지역들에 적용된다고 주장합니다. 첫째, 그리고 이것이 가장 두드러진 것인데, 비물질노동의 헤게모니는 새로운 전지구적 노동 분할들을 야기합니다. 예를 들어, 비물질적 생산의 일부 형태들이 지배적인 지역들에서 유지되는 한편, 수많은 산업적이고 제조업적인 생산 유형들은 종속적 지역들로 이동되고 있습니다. 둘째, 이미 설명한 바와 같이, 비물질노동의 특질들은 여타의 모든 생산 형태들을 변형시키는 경향이 있습니다. 모든 헤게모니적인 노동 형태들은 의심할 바 없이 공통적 요소들을 낳습니다. 그래서 경제적 근대화와 산업노동의 헤게모니가 (다른 모든 분야들과 더불어) 농업을 과학기술적으로 새롭게 하고 또한 산업적·경제적 실천들 및 관계들을 동질화시켰던 것과 마찬가지로, 그와 같은 방식으로 경제적 탈근대화와 비물질노동의 헤게모니는 변형들을 생산해 내었습니다. 이것들은 부분적으로는 공통적인 것에 의해 새롭게 창조된 토대들의 산물이며, 또한 부분적으로는 유도된 효과입니다. 오늘날 우리는 공통적인 것의 '오래 지속되는' 토대들을, 예컨대 농업에서의 정보와 과학 지식의 역할 속에서 분명히 확인할 수 있습니다. 우리는 이것이 노동 및 생산의 조건들이 전 세계 또는 경제의 다양한 분야들에서 동일한 것이 되어가고 있다는 것을 의미하는 것이 아님을 강조해야 합니다. 오히려 그것이 의미하는 것은— 우리의 시각에서 볼 때— 노동과정들의, 생산조건들의, 지역적 상황들의, 그리고 생생한 경험들의 수많은 특이한 결정들이 노동 형태들의, 그리고 생산 및 무역의 일반 관계들의 '공통되기'와 공존한다는 것입니다. 그리고 특이성과 공통적인 것 사이에는 아무런 모순이 없다는 것입니다.

셋째, 우리는 비물질노동의 헤게모니가 또한 노동의 사회화의 극적인 확장을 수반하며, 노동의 독립적인 조직화를 위한 새로운 토대들을 제공한다는 점을 인식해야 합니다. 어떤 관점에서 보면 비물질노동은 이전의 노동 형태들과 비교해서 협력과 특이한, 더욱 친밀한 관계를 맺습니다. 협력, 소통, 협업의 창출은 생산과정 자체의 본질적인 부분이며, 노동하는 주체들의 수중에 완전히 놓여 있습니다. 또 다른 관점에서 보면, 비물질노동은 바로 그 산물들이 여러 면에서 직접적으로 사회적이고 공통적이기에 여타 노동 형태들과 다릅니다. 자동차와 타자기의 생산과 달리 소통, 정동적 관계들, 지식들을 생산하는 것은 우리가 공동으로 내놓고 공유하는 바의 부를 직접적으로 증대시킬 수 있습니다. 두 가지 관점 모두에서 볼 때, 생산은 보다 분명하고 직접적으로 주체성의 생산 및 사회 그 자체의 생산이 되어가고 있습니다. 달리 말해, 비물질적 생산의 헤게모니가 창출한 더 거대한 추상은 또한 노동의 더 거대한 사회화를 함축합니다. 공통적인 것의 이 부단한 창출과 서로 다른 노동 형태들의 이 공통되기는 서로 다른 노동계급들을 나누었던 질적인 분할들을 감소시키고, 그렇게 함으로써 우리가 '다중'이라고 부를 수 있는 노동의 공통적인 정치적 기획을 위한 조건들을 창조합니다.

**포스트사회주의 강령, 또는 사회주의 중에서
살아 있는 것은 무엇이며, 죽은 것은 무엇인가?**

생산에서 일어나는 오늘날의 변형들에 대한 이러한 분석은 사회주의 전통의 정치적·경제적 전략들의 몇 가지 핵심적인 측면들을 재평가할 수 있는 관점을 제공해 줍니다. 그 첫 번째 요소로 경제적 근대화라는 사회주의 전략들이 지금은 유용하지 않은 발전 단계 개념에 기초하고 있었다는 점에 주목해 봅시다. 사실상 이러한 사회주의적 근대화 개념들은 전적으로 자본주의 발전 모델에 따라 만들어진 것이었습니다. 또한 이 전략이 과거에 정말 현실적으로 어떠한 가치라도 지니고 있었는지 물을 수도 있을 것입니다. 그러나 오늘날 그것이 그러한 가치를 지니고 있지 않다는 점은 분명할 것입니다. 이 모든 것은 비물질노동의 헤게모니에 대해 우리가 이전에 행한 분석을 통해 본다면 확실할 것입니다. 오늘날 전지구적 경제에 노동의 위계들과 분할들이 존재한다는 것은 의심의 여지가 없으며, 그것들 중 일부는 과거에 그랬던 것보다 훨씬 더 경직되어 있습니다. 그러나 이러한 서로 다른 부문들은 동일한 시간적 차원에서 동시에 작동하며, 발전 단계들 사이에 어떠한 관계도 존재하지 않지만 전지구적 체계에서 상호작용합니다. 여기에서 발전은 상이한 굴절을 겪습니다. 발전은 생산의 '훨씬 더 거대한' 사회화와 더불어, 공통적 관계들, 소통 및 협력의 회로들과 더불어 나아갑니다. 오늘날 실제로 생산의 사회화에서의 진보 없이는 발전이란 가능하지 않습니다. 그러므로 사회주의 중에서 죽은 것은 자본주의 발전 체계를 모방했던 이행 개념입니다.

둘째, 이러한 경제적 변형들은 또한 국가 통제라는 중앙집중적이고 권위주의적인 메커니즘들의 — 국가의 토대들로부터의, 바닥으로부터의 — 출현을 낳았습니다. (우리는 경제적 발전에서 수행되는 국가의 진보적 역할이라는 개념이 또한 자본주의적인 노동 조직화의 규범들을 모방한 것이며, 자본주의 발전과의 관계 속에서 누적된 지체를 극복하기 위한 수단으로 이해되었다는 점을 강조해야 합니다.)

오늘날 경제적 지평은 오로지 직접적으로만, 일련의 공통재에 의해서만 유지될 수 있습니다. 그러므로 우리는 사회주의 패러다임 — 이에 따르면 사회적 재화의 분배와 투자의 규칙들은 외부로부터 결정됩니다 — 으로부터 벗어나 오히려 생산의 사회화라는 공통의 전제조건을 기초로 하는 개념에 이르는 길을 찾아야 합니다. 달리 말해 우리는 사회주의의 권위주의적이고 중앙집중적인 실천들에서 경제적 자기조직화의 실천들로 이동할 필요가 있습니다. 앞서 말했듯이 우리는 이러한 이동의 필요성과 그것을 경제에서의 변형들에 대한 우리 분석의 출발점으로 삼을 필요성을 느낍니다. 전지구적 경제에서의 비물질노동의 헤게모니는 국가 통제라는 낡은 패러다임을 생존불능으로 만들어 버립니다. 그러나 우리는 또한 이러한 변화의 정치적 유인을 강조할 것인바, 이것은 국가 형태 자체에 대한 광범위한 재고찰뿐만 아니라, 정치적·민주적 대의의 개념과 그 제도들에 대한 재고찰을 요구합니다. 이것이 의미하는 바는, 우리가 자본주의적인 국가 통제 형태들(과 함께 그것들의 가공할 신자유주의적인 변형들)을 공격하는 한편 사회주의 국가에 의해 발전된 형태들 역시 비판할 필요가 있다는 것입니다. 이것은 단순히 소련의 전체주의적 모델에 대한 비판을 넘어 우리로 하여금 새로운 민주적 대의 형태들을 탐험하기 위한 하나의 가능성으로서 사회주의 국가의 민주적 성격을 재고찰하도록 해줍니다.

사회주의 전통 중에서 아직도 살아 있는 것은 주로, 그 기원 이래 사회주의 정치의 특징을 이루었던 평등과 민주주의를 위한 욕망입니다. 왕후이Wang Hui는 영어로 출간된『중국의 신질서』China's New Order라는 책에 실린 논문에서 사회주의를 위한 투쟁들의 유산이 어떻게 우리에게 민주주의를 위한 요구가 사회적 평등을 위한 요구와 분리될 수 없음을 가르쳐 주는지 훌륭하게 설명합니다. 그가 말하는 바처럼, '세 가지 차이들' — 산업노동자들과 농민들 사이의, 도시와 농촌 사이의, 지적 노동과 육체노동 사이의 차이들 — 을 제거하기 위한 모택동주의적 기획이 무수한 여타의 위계들 — 남성과 여성 사이의 위계, 인종적 집단들 사이의 위계, 세계의 지역들 사이 등등의 위계들 — 을 제거하기 위한 투쟁과 함께 여전히 매우 중요하다는 것은 분명 옳습니다. 오늘날 포스트사회주의적 정치 강령이 존재할 수 있다면, 그 첫 번째 관심사는 국민국가적 규모와 전지구적 규모 양자에서의 민주주의의 새로운 개념과 새로운 제도들의 발전이 되어야 하며, 이 개념은 평등을 위한 투쟁들을 통합해야 합니다.

이러한 점에서, 우리는 제국의 지배적인 전지구적·자본주의적 질서에 반대하여 세계의 다양한 지역들에서 일어나고 있는 수많은 운동들을 귀중하고 유망한 것으로 바라봅니다. 사회주의의 유산 위에서 구축되고 있는 운동들이 존재하며, 이 운동들은 사회주의를 새로운 방향 속으로 움직이게 하고 있습니다. 정치적 전투들이 구체적이고 지역적인 목표들에 맞추어져 있는 상황들이 많지만, 그와 동시에 그것들은 어떻게 하든 전지구적 권력 구조를, 제국의 본성 그 자체를 직접적으로 건드리게 됩니다. 인도의 나르마다 강에 거대한 댐을 건설하는 것에 반

사빠띠스따 (Zapatistas) : 사빠띠스따 민족해방군은 북미자유무역협정(NAFTA)이 시행되는 1994년 1월 1일 치아빠스에서 봉기하며 세계무대에 혜성처럼 등장했다. "권력을 잡지 않고 세상을 바꾸기 위한 투쟁에서 돈키호떼의 광기가 필요하다"는 점을 제시한 사빠띠스따는 전 세계에 끊임없이 새로운 영감을 불어넣어 왔다. "최초의 탈근대 혁명." 이것이 이들의 투쟁에 붙여진 이름이다.

대하는 운동을 예로 들어보지요. 이것은 분명 땅에 거주할 권리, 국가 채무, 나라의 부 등등과 관계있는 지역적이고 국민적인 사건입니다. 그러나 댐에 반대하는 사람들은 또한 이와 같은 종류의 거대 사업을 장려하고 인도 정부에 자금을 빌려주는 세계은행에 직접적으로 맞서게 됩니다. 아니면 멕시코의 치아파스에서 일어난 사빠띠스따▪ 봉기를 생각해 보세요. 여기에서도 역시 논점들 ― 원주민들에 대한 인종주의, 토지 분배 체계의 개혁, 멕시코 사회 내의 법적 권리들과 대의 등― 은 지역적임과 동시에 국민적입니다. 그러나 처음부터 사빠띠스따는 또한 NAFTA 협정에 반대하여 동원되었으며, 신자유주의적인 자유무역지대의 건설이 멕시코 국가의 정책들을 결정하는 한 요인임을 인식했습니다. 우리는

■ 무토지농민운동(Movimento Sem Terra, MST) : 브라질의 부유한 20%가 토지의 90%를 소유하고 있는 상황에서 농민과 농업노동자들이 주축이 되어 1984년에 만든 운동 형태. 이들은 거대 자본가들의 투기자산으로 놀고 있는 땅을 정부가 적절한 보상으로 인수하여 무토지농민에게 분배하라고 요구하며, 투기화된 땅을 점거하고 공식적인 점유권 보장을 요구하는 직접행동을 펼친다. 자본주의 사유제 자체에 대한 비판이 운동의 주요 쟁점이다.

또한 이러한 투쟁들에 브라질의 셈 띠에라 Sem Tierra 노동자들의 투쟁■, 볼리비아의 원주민 운동들의 투쟁, 그리고 역시 자신들을 '반세계화'라 정의하는 유럽과 북미의 다양한 투쟁을 포함시켜야 할 것입니다. (사실 왕후이는 중국의 1989년의 사회 운동들, 즉 천안문 봉기가 투쟁들의 이러한 전체적 주기와 '내적 연결'을 가지고 있다고 주장합니다.)

이것들을, 그리고 지구 전역에서 일어나고 있는 다른 무수한 투쟁들을, 그것들이 구체적이고 지역적인 문제들에 초점을 맞추는 한에서, 서로 분리된 것으로 생각하는 것이 훨씬 간편할 것입니다. 그러나 우리는 그것들이 어떻게 전지구적 민주주의, 아니면 최소한 사회적 평등에 기초해야 하는 전지구적 체계의 민주화의 건설을 (가장 낮은 공통분모로서가 아니라 최대의 공통 열망으로서) 공유하는지 인식할 필요가 있습니다. 이러한 운동 하나하나는, 다른 관점에서 보면, 자기 나라 정부의 반민주적 성격뿐만 아니라 전지구적 제국 자체의 반민주적 성격과도 역시 갈등하게 됩니다. 그것들 각자는 그들의 파괴적 본성을 인식하고, 민주주의와 평등을 요구합니다.

이러한 운동들은 포스트사회주의 강령의 건설을 위해 이용할 수 있는 자원입니다. 하지만 분명한 것은, 아주 많은 것이 필요하다는 것입니다. 제도들만이 아니라 전지구적 민주주의의 실질적 개념을 개발하기 위한 기획은 막대한 과업이며, 이것은 엄청난 자원들을 요구할 것입니다.

지역적 지정학과 뉴딜   포스트사회주의 강령으로서의 전지구적 민주주의와 평등이라는 이러한 고귀한 목표를 개괄하면서, 우리는 보다 조심스러운 영역, 즉 지역적인 정치 기획의 문제를 다루는 논의로 마무리하고자 합니다. 제국 내에서의 지역적 기획들은 두 개의 뚜렷한 국면들을 지니는 것으로 보입니다. 여기에서는 제국 내의 군주적 세력들과 귀족들이라는 단순화된 개념(우리가 시작할 때 제시한 개념)으로 돌아가는 것이 유용합니다. 왜냐하면 지역주의의 논점은 귀족들의 문제와 연관되기 때문입니다. 그래서 한편으로 우리는 철저히 제국적인 지역주의 모델을 갖는바, 여기에서 각각의 지역 귀족은 군주적 요소들과 충실하게 협력합니다. 우리가 이야기하고 있는 것의 환원적 (그러나 그럼에도 유용한) 사례의 하나로 미국 정부가 어떻게 모든 무역 지대에, 그리고 모든 군사적 동맹에 연루되어 있는지 생각해 봅시다. 이러한 노선들 속에서, 각각의 지역적 동맹은 미국의 현전을 포함합니다. 가령 유럽 지역동맹은 유럽과 미국으로 구성되어 있습니다. 마찬가지로 라틴아메리카 동맹은 라틴아메리카 국가들과 미국으로 구성되어 있습니다. 극동 지역의 나라들 사이의 동맹들에서도 사정은 마찬가지입니다. 이것이 제국의 안정성을 유지하는 지역주의의 국면입니다.

다른 한편으로, 지역의 귀족들(지역의 경제 강대국들과 함께 국민국가들)은 군주적 요소들과 제휴하는 대신, 다중과 동맹을 맺는 것이 가능합니다. 이러한 동맹은 일종의 지역적 뉴딜New Deal, 즉 귀족들이 다중에게 정치적·경제적 보증들을 제공하고 그것으로써 생산력들을 발전시키고 그들 자신의 이해관계들을 증진시킬 타협을 만들어 낼 수 있습니다. 이 지역주의의 국면은 잠재적으로 제국으로부터의 거리를 조성하며, 다른 방향을 향하게 됩니다. 달리 말해 이러한 지역적 동맹들은 제국적 질서를 강화하는 대신에 대항 제국적 전략을 만들어낼 수 있을 것입니다. 하지만 우리는 지역적 귀족들의 이해관계와 다중의 이해관계가 어쨌건 동일하지 않다는 점을 잊어서는 안 됩니다. 이러한 지역적 동맹들은 다중이 그 자신의 목적들의 관점에서 적용해야 할 전략적 노력을 구성할 것입니다.

오늘날 이러한 동맹의 사례는 라틴아메리카의 원뿔꼴 지역■에서, 특히 아르헨티나와 브라질 사이에서 찾아볼 수 있습니다. 라틴아메리카 사례는 지역적 뉴딜이 동시에 두 개의 발전 ─ (WTO, IMF, 미국에 대한 도전들을 포함하는) 국제적이고 전지구적인 수준에서의 민주적 정책들의 제안과 (부의 분배, 농업 개혁, 노동 정책 등등을 포함하는) 국내적인 민주적 정책들의 발전 ─ 을 포함할 필요가 있음을 분명히 보여줍니다. 외부를 향한 민주적 제안들은 내부적 민주화와 분리될 수 없습니다. 라틴아메리카 사례는 암시하는 바가 많지만, 오늘날까지 단지 소규모의 조치들만이 취해져 왔습니다. 하나의 민주적 과정이 현재의 조건들 속에서 어떻게 분절될 수 있을지는 전혀 확실하지 않습니다.

우리가 여러분과 함께 탐구하고 싶은 것은 ─ 그리고 이 지점에서 마무리해야 하는 것은 ─ 어떻게 지역적 뉴딜의 기획이 중국에서 가능할 수 있는지, 그리고 어떤 방식으로 이러한 과정이 오늘날 이미 발전되고 있는지 하는 것입니다. 민주화를 위한 투쟁들의 내적인 과정들을, 민주적인 동아시아를 위한 기획과 병합하고 그리하여 전지구적인 제국 체계의 대안을 제기할 수 있을 평등을 위한 투쟁들의 내적인 과정들을 중국에서 확인하는 것이 가능할까요? 사회주의적 유산과 코뮤니즘적 국제

■ 라틴아메리카의 원뿔꼴 지역이란 브라질, 파라과이, 우루과이, 아르헨티나, 칠레로 이루어지는 원뿔 모양의 지역을 일컫는다.

주의의 전통은 그러한 과정에서 중국이 이용할 수 있는 복지의 저수지를 어느 정도로 만들 수 있을까요? 중국 국내의 운동들이 앞에서 인용했던, 전지구적 민주주의를 요구하고 있는 다양한 운동들 ─ 예를 들어 신자유주의적 지구화에 반대하는 운동들 ─ 과 자신을 어떤 식으로 생산적으로 분절할 수 있을까요? 이것들은 우리보나 여러분이 대답을 디 잘 할 수 있는 질문들입니다. 하지만 우리는 중국의 과거 경험이 제국의 규칙들에 반대하고 전지구적 민주주의를 찬성하는 여하한 지역적 동맹의 기획에서도 아주 강력한 지위를 차지하게 되기를 희망합니다.

22강

제국의 새로운 국면

드문 일이지만 (그리고 그럴 때란 가족이나 친지들을 방문할 때 뿐이지요) 빠도바에 올 때마다 나는 당황스러움을 느낍니다. …… 이곳은 내가 태어나서 자란 도시이고, 갖가지 이유들로 묶여 있는 도시이며, 나는 또한 이곳에서 내 대학시절의 성장기를 보냈습니다. 나는 이제 여러분에게, 아마도 25년 전 저 소위 '가증스런 범죄' 명목으로 체포된 이래 처음으로, 빠도바에 돌아와 정말 일종의 수치심을 느낀다는 것을 말하고자 합니다. 수치스럽다고 말한 것은, 여기 빠도바 대학이 벤튜라 교수의 강연(이것은 『리비스따 스또리까 이탈리아나』*Rivista Storica Italiana*에 발표되었으며, 여러분은 거기에서 찾아볼 수 있습니다)으로 이번 학년을 시작했다는 사실에 대한 공개적인 자기비판 행위를 아직까지 하고 있지 않기 때문입니다. 그 강연에서 '칼로게로 테제'Calogero thesis■ — 여기에서 나와 내 동지들은, 이들 중 일부는 오늘 이 자리에 나와 있는데, 살인자들(그리고 우리가 그러한 점을 받아들이지 않는다고 해서 비겁한 자들)로 표현되었습니다 — 는 과학적 진리의 가치를 부여받았습니다. 다른 때에 만약 사람들이 빠도바 대학에서 그와 같은 것을 말했다면, 그들은 연단에서 끌려 내려왔을 것입니다. 빠도바에서 이러한 종류의 고소들을 계속해서 해 대는 이 전혀 학문적이지 않은 신사들을 언제쯤 연단으로부터 끌어내릴 수 있을까요? 결코 자기비판의 의무를 져 본 적 없는 신문 편집부들을 교체하는 것이 언제 가능할까요? 우리에게 덮어씌운, 그래서 소송 절차 중에 온 가족들을 파멸로 몰아넣은 허위, 중상, 부끄러운 고소들을 칼로게로 검사가 깨닫도록 하는 것이 언제 가능할까요?

■ 칼로게로 테제 (Calogero thesis) : 안또니오 네그리를 1979년 <붉은 여단>의 수괴로 기소한 칼로게로 (Calogero) 검사는 다음과 같은 등식을 갖고 있었다. <노동자의 힘>=아우또노미아=<붉은 여단>. 이것이 칼로게로의 테제이다 더 자세한 내용은 네그리, 「네그리와의 인터뷰」, 『혁명의 만회』, 영광 옮김, 갈무리, 2005 참조.

　나로 말하자면 운이 좋은 셈입니다. 이 모든 것에서 벗어나 아직 이렇게 버티고 있으니 말이지요. 그러나 나와 함께 체포되었던 여러 동지들 중에서 15명이 암으로 젊은 나이에 죽었습니다. 만약 신이 존재한다면, 나는 그 신이 이 판사들과 이야기를 나누기를, 그리고 그들이 얼마나 많은 비참과 불행을 만들어 내는 데 성공했는지 말해 주기를 바랄지도 모릅니다. 물론 법은, 법의 책임은 그런 것들을 감당하지 않습니다. 빠도바는 너무 많은 것들을 내게 빚지고 있어 나는 그것을 도무지 잊을 수 없습니다. 빠도바는 우리가 아직 살아 있다는 사실에 감사해야 할 것입니다. 우리로서는 우리의 선량한 성격에 대해, 우리의 선량한 기질에 대해, 우리가 이 모든 무서운 일을 겪고 여전히 강한 사람들이 되어 계속해서 연구하고 작업하고 생각들을 제안할 수 있었다는 — 그리고 계

장 보댕 (Jean Bodin, 1530~1596) : 프랑스의 법학자이자 사상가 주권에 대한 이론으로 잘 알려져 있다. 대표적인 저서로 자신의 정치학 이론을 체계화한 『국가론』(Les Six Livres de la République, 1576)이 있다.

속해서 정치적 운동을 제안하고 있다는 ― 사실에 대하여 빠도바에 감사하는 바입니다. 이것들은 오늘날 모든 사람들이 세상을 살아가는 데 근본적인 것으로 간주하는 힘들입니다.

민주주의가 주어진 조건에 속박된다는 생각은 폐기되었나요? 그런 것 같습니다. 민주주의는 사실 통치 관리 형태들 중의 하나가 아니며, 그리스인들의 가르침에 따르자면 군주제, 귀족제, 민주제 역시 아닙니다. 이것들은 사회의 카오스가 어느 하나로 환원되는 형태들입니다. 그 경우 민주주의는 민중의 통치 이외에 다른 것이 아닙니다. 그러나 민중은 (그와 같은 견지에서) 일자이며, 정확히 민주주의가 일자인 것과 같습니다. 16세기의 노회하고 인상적인 이론가였던 보댕Bodin은 다음과 같이, 즉 통치의 모든 형태들이 군주제로 환원되는데, 그 이유는 그것들이 일자의, 단일성의 통치가 되고자 하기 때문이라고 말했습니다. 오늘날 이것은 전혀 참이 아닙니다. 사람들이 민주주의에 대해 말할 때(그들이 조지 부시 식으로 말하고 있지 않다고 가정한다면), 그들은 무언가 다른 것을 언급하고 있는 것입니다. 민주주의는 욕망들의, 산 노동의, 생산의 표현이며, 차이들을 한데 모을 수 있는 능력의 표현입니다. 민주주의는 노동을 통해 차이들의 연속적인 변증법을 묶을 수 있는 굉장한 능력이며, 일치에 이르고 공통 속에서 건설할 수 있는 역량입니다.

최근에 나는 철학과 정치사상의 역사가들이 ― 세계 전역에서, 그리고 또한 빠도바 대학에서 — 생산한 일련의 논문들을 다시 읽고 있습니다. 이러한 민주주의 — 더 이상 만인을 통일시킬 수 있는 플라톤과 아리스토텔레스의, 도시인city-tribe의 민주주의가 아니라, 오히려 서로 다른 정체성들을, 다양한 욕망들을 생산하는 것으로서의 민주주의 — 의 의미는 주권의 형태로는 여전히 표현될 수 없습니다. 이러한 종류의 개념들은 요즈음 널리 퍼져 있습니다. 이러한 데에는 사실 '반세계화' 운동이 기여한 바가 컸습니다. 이 운동은 민주주의에 대해 새로운 생각을 불러일으켰습니다. 레닌 및 그의 공산주의적 민주주의와 공통점이 거의 없으며, 마찬가지로 매디슨과 같은 연방주의자들과도 또 위대한 미국의 전통과도 공통점이 거의 없는 민주주의에 대한 생각을 말입니다. 우리들 중 누구도 이러한 생각에 대해 폄하하지 않습니다. 그러기는커녕 민주주의는 다중들의 욕망을 횡단하는 자유의 클리나멘으로서 자신을 드러냅니다. 민주주의란, 그것이 다수성의 표현인 한, 카오스가 아닙니다. 그 이유는 우리가 공동체 속에서 살고 있기 때문이며, 소통하는 언어 속에 빠져 살고 있기 때문이며, 네트워크 형태를 띠는 생산에 빠져 살고 있기 때문이며, 우리를 통일시키는 단 하나의 실체 — 그것이 심지어 혐오나 부정적인 감정들의 형태 속에 놓여 있을 때조차도 — 인 정동들에 빠져 살고 있기 때문입니다. 다음과 같이 물어봅시다. 통치와 주권이 우리의 삶 속에서 차지하는 비중은 얼마나 되는가? 대략 10퍼센트일 것이며, 그 나머지는 우리가 자발적으로 구축하고 행하는 것들입니다. 왜냐하면 그것이 인간이 — 다수성의 위대한 정치적 동물로서 — 성장하는 방식이기 때문입니다. 우리가 구축하는 것은, 우리가 그것을 자유롭게 구축한다 해도, 카오스(우리에게 항상 가해진 비난)가 아닙니다. 그것은 고도의 복잡성과 공동성comunanza (코뮨)를 향한 탐색입니다.

자, 7, 8년 전 하트와 내가 『제국』을 쓰고 있을 당시 ― 1세기 전인 것처럼 느껴지다니! ― 우리가 확인했던 유형학과 관련한 짧은 농담 한 마디를 해 볼까요. 그 책에서 우리는 다음과 같이 말했습니다. 이러한 제국이 구축되고 있으며, 제국은 새로운 종류의 혼성적인 정부이다. 이것은 군주제, 귀족제, 그리고 우리 삶의 근저를 이루며 우리가 다중이라고 부르는 민주주의의 형태의 조합이다. 10년 전 미국은 왕이었습니다. 워싱턴은 1989년 전지구적인 시장에서 소련의 제거를 끝낸 이후 군대에 명령하고 전 세계에 질서를 부과했습니다. 뉴욕은 군주적 방식으로 세계시장을 운영했으며 할리우드는 커뮤니케이션 시장을 운영했습니다. 이것은 군주제의 도식이었습니다. 국민국가들과 그들의 중재자들로 구성된, 그러나 무엇보다도 다국적기업들의 거대한 운동들로 이루어진, 귀족의 세계 역시 존재했습니다. 이들은 미국적인 전지구적 제국의 기업들과 동등하지 않았으며 때때로 자신의 이해관계에 따라 그 체계의 균형을 다시 맞추려고 노력하였습니다. 그 다음엔 지금쯤 새로운 형상을 획득한 운동들 ― 해방운동들과 노동자들의 운동들 ― 의 거대한 압력이 존재했습니다. 이 사람들 ― 이동하고 유연하며 이주하는 노동자, 지적 노동자, 서비스 노동자, 소통을 다루는 노동자들 ― 은 생산 및 자유의 새로운 유산을 구체화한 사람들이었습니다. 자유를 생산하지 않고 생산하는 것은 더 이상 가능하지 않았으며, 자신을 하나의 순환 속에 밀어넣지 않고 생산하는 것 역시 더 이상 가능하지 않았습니다. 다중은 더 이상 대중이 아니라, 자신들의 영혼과 자신들의 자유를 생산 속에서 작동하게 하는 특이성들의, 민중의, 남성과 여성의 새로운 총체였습니다. 참여를 위한 이러한 역량 없이 생산된 가치란 존재하지 않았습니다.

더 이상 대량화되고 무차별적인 것이 아니라 최대치의 차이들[을 지닌 다중]. 그러므로 우리는 이 매우 역동적이고 급변하는 상황에 놓여 있었습니다. 자, 다중(노동의 이 새로운 현실)의 최초의 전면적인 반란에 직면하여 무슨 일이 일어났습니까? 미국 정부에 의해, 신보수파들에 의해 그리고 부시에 의해, 제국에 가해진, 순전한, 미수에 그친 쿠데타가 일어났습니다. 우스운 일이지만, 우리는 이것을 '조지 부시의 18일간의 브뤼메르'라 부릅니다. 그러나 이것이 정말 프랑스 공화국의 발전에 반대하여 나폴레옹 보나빠르뜨의 조카인 나폴레옹 르 쁘띠가 수행한 쿠데타에 대한 비판에서 맑스가 묘사한 상황과 비교할 만한 것이었을까요?

'짐이 곧 제국이다'라고 말하고 (부시 식의) 일방주의로 나아간 쿠데타. 지구화 내부에서 나타나고 있는 새로운 경향들의 일자로의 환원 reductio ad unum을 향한 바로 그 시도 — 그리고 여기에서 우리는 그것들이, 우선 강력한 귀족적 저항을 대표했다는 점을 기억해야 합니다. 시라크와 슈뢰더는 확실히 다중의 새로운 생산적 자유들의 운동들에 관심을 갖는 종류의 사람들은 아니었습니다. 그들은 자신들의 다국적기업들과 금융시장들의 이해관계에 더 관심을 가졌고, 부시의 입장을 하나의 공격으로 간주했으며, 미국 제국 내부로 통일시키려는 강제된 종속으로 간주했습니다. 그들이 [미국의] 쿠데타를 반대한 것은 이것 때문이지 그들이 평화를 사랑해서가 아니었습니다. 평화에 대한 사랑은 그들의 마음속에 떠오르지조차 않았습니다. 아니, 아마도 시라크는 프랑스 교외의 과격파들이 봉기할지 몰라 잠시 긴장했을지 모르지만, 이것은 그들이 취한 입장의 실제적인 이유를 생각해 보면 부차적인 것에 지나지 않습니다. 당시 미국인들은 프랑스가 전쟁을 치를 준비가 되어 있지 않다고 그들을 책임 회피자들이라고 비난했습니다. 그들은 물론 책임회피자들이지요. 그것은 그런 식으로 그들의 이해관계에 딱 들어맞았습니다. 하지만 가장 중요한 사실은, 이 사람들이 전쟁을 거부했다는 점입니다. 그들의 이해관계와 일치하고, 전 세계의 여론과 새롭게 조직된 전지구적 다중으로부터의 압력 아래에서였다 하더라도, 생성되고 있던 제국의 혼성적 동맹 속에서 이러한 귀족들이 어떤 점에서 미국의 군주와 공모할 수밖에 없었다는 사실에도 불구하고 말입니다. 이것은 다중들의 위대한 승리였습니다. 이라크 전쟁이 여러 면에서 미국의 고립을 이끈 전쟁이 되었다는 사실에서 말입니다.

나는 내가 어쩌면 우리들 중에 가장 시시한 반미주의자가 아닐까 상상해 봅니다. 나는 언제나 미국을 좋아했습니다. 아이였을 때 심지어 미국에 이민가기를 원하기도 했습니다. …… 하지만 문제는 우리가 미국을 좋아하느냐 미워하느냐가 아니라, 세계에서 어떤 일이 벌어지고 있는지를 객관적으로 고찰하는 것입니다. 우리는 투쟁들에 의해서뿐만 아니라 권력 동맹들의 분열에 의해서도 패배당한 쿠데타를 목격했습니다. 우리가 분석할 필요가 있는 것이 바로 이 동맹들의 분열인데, 그 이유는 우리가 미국의 패배가 사태를 대단히 복잡하게 만드는 국면을 통과하고 있기 때문입니다. 우리의 시각으로 볼 때, 미국인들이 이라크 작전을 통해 세계의 모든 에너지를 수중에 넣는 데 성공하지 못하고, 자신의 일방적 권력을 강화할 수 없었다는 사실은 하나의 승리이며, 또한 엄청난 문제들을 열어젖힙니다. 나는 그 운동을 생각할 때 이러한 그림을 고려할 필요가 있다고 생각하며, 또한 그 운동 내부의 수많은 비판적 태도들이 이러한 전반적인 테두리 내에서 읽혀질 필요가 있다고 생각합니다.

나로서는, 앞으로 몇 년 안에 우리가 제국의 '입헌적' 재구성을 보게 될 것이라고 생각합니다. 앞으로 몇 년 안에 시라크와 슈뢰더는, 아니 그들을 대신할 누구라도, 부시와, 아니 그를 대신할 누구라도, 합의에 이를 것 같습니다. 또 군주와 귀족들 간의 제국적 동맹이 재구성될 것 같습니다. 하지만 그 때 다중들의 전복적이고 민주적인 가능성들, 노동자들, 억압받는 계급들은 새로운 맥락에 놓이게 될 것입니다. 나는 우리가 살아가고 있는 이행 내부에 되돌릴 수 없는 요소들이 일부 존재한다고 말하고 싶습니다. 그것들 중 첫 번째는 전쟁, 그리고 예방 전쟁 개념입니다.

'예방 전쟁'은 '제국주의적 전쟁'이 아니라 '제국적 치안유지'를 의미합니다. 이것은 이 재구조화된 전지구적 중심으로부터 이동해 나와서 전 세계의 모든 공간들을 자본주의 발전의 맥락 속으로 질서지우기 위해 개입할 수 있는 치안유지 구조들로 변형시키는 것을 의미합니다. 우리 앞에 있는 것은 더 이상 국민국가 간의 전쟁이나 약한 민중들을 짓누르는 강한 국민국가라는 '제국주의'가 아닙니다. 그 대신 우리 앞에는 모든 곳에 개입하는 경찰 권력들의 네트워크가 있습니다. 이 새로운 억압적 장치들의 구조는 이미 무장세력 조직에 너무 깊숙이 침투해서 이제 되돌릴 수 없는 하나의 현실을 이루고 있습니다. 이제 전 세계의 무장세력들은 자신의 무기고에 지니고 있는 파괴적인 잠재력의 깃발을 휘날리며 국경에서 싸우기 위해 행진하는 군대들이 더 이상 아닙니다. 전 세계의 무장세력들은 이동적으로, 역동적으로, 얼마간은 (경찰 역시 용병인 것과 마찬가지로) 용병이 되었고, 질서를 부과할 필요가 생기면 신속하게 개입할 수 있게 되었으며, 네트워크들 속에 그리고 이동 차량들 주변에 조직되었습니다. 그리고 개입할 수 있는 역량 그리고, 원조하고, 조직하며, 국민국가를 건설하고, '민주적 구성'을 할 수 있는 역량

둘 다를 동시에 제공했습니다. 군인과 선교사의 임무를 동시에 떠맡았던 것이지요.

이탈리아가 나시리아에서 겪은 수치스러운 경험, 그리고 그것으로 이루어진 한층 더 부끄러운 선전宣傳은 권력의 조직이 무엇이 되어가고 있는가 하는 일종의 작은 패러다임입니다. 생각해 보세요. 지구 전역에 무장경찰이 쫙 깔려 있는, 참으로 가관인 세상이 우리 앞에 있습니다. 이 네트워크화된 '역-반란'counter-insurgency(이 단어는 이탈리아 말로 도저히 번역할 수 없는데, 그 이유는 이 단어가 '역-게릴라'counter-guerrilla가 아니라 '역-봉기'counter-uprising 또는 '역-자유'counter-freedom를 의미하기 때문입니다)은 우리가 거주하고 있는 이 멋진 자본주의 세상을 만들어 나가는 모든 것 — 비정부기구들, 은인으로 자부하는 은행들, 종교인들과 세속적인 전도사들 — 을 자기 안에 포함하지 않으면 안 됩니다. 멋진 칵테일! 이것은 그들이 합법적인 제국적 폭력 조직 속에서 결코 돌아서지 못할 하나의 문지방입니다. 내가 앞에서 논의하고 있던 민주주의 — 필요들, 욕망들, 공통을 위한, 공동체를 위한 역량들의 표현, 아래로부터의 의지의 표현, 연방주의의 표현, 우리가 우리 안에서 느끼며 자연스럽게, 우리 삶들의 일부로서 지각하는 이 모든 훌륭한 것들의 표현으로서의 민주주의 — 와 얼마나 대조적인가요. …… 마찬가지로 언어, 그것의 풍부함, 탐구 등등도 역시 우리 삶들의 일부입니다. 그렇게나 널리 퍼지게 된 이러한 공통적 사고방식들의 반대편에는 이제 전쟁이라는 되돌릴 수 없는 지평이 존재합니다. 이라크 전쟁은 미국의 통치 집단의 단극적이고 군주적이며 배제적인 경향에 대해서는 하나의 패배이지만, 한편으로 역시 이 새로운 전쟁 상황을 개시하고 일반화시켰습니다.

주목할 만한 두 번째 요소는 군주제와 귀족들 사이의 새로운 동맹의 모호성입니다. 이 동맹을 다소 모호하다고 하는 까닭은, 미국인들이 자신들이 조만간 이와 같은 종류의 상황에 도달할 것임을 알고 있었기 때문입니다. 우리는 앵글로색슨의 역사에서 이와 유사한 근사한 사례, 즉 마그나카르타의 입안立案을 만납니다. 13세기의 어떤 시점에서 영국의 존 왕은 자신이 시작한 전쟁들(십자군 전쟁, 프랑스와의 전쟁 등등)의 비용을 치러야 했지만, 귀족들과 맞서게 되었습니다. 귀족들이 왕에게 다음과 같이 말했습니다. '이봐요, 당신이 우리에게 권력을 주지 않는다면 당신에겐 더 이상 줄 돈이 없어요.' 그때부터 귀족들과 왕의 관계는 계약적이고 입헌적인 관계가 됩니다. 민주주의와 해방의 기초로 일컬어지는 마그나카르타는 사실상 왕과 전투적인 귀족들 — 그들은 '죽음을 맞으러 나가기 전에 우리는 당신이 가진 권력의 일부를 원한다'라고 말했습니다 — 사이의 협약이었습니다. 오늘날 우리는 이렇게 해서 사태가 어떻게 전개되어 갈지 상상할 수 있습니다. 시라크, 슈뢰더 또는 중국은 부시에게 가서 다음과 같이 말할 것입니다. "청산해!" — 정치적 협약과 권력의 재분배의 맥락에서의 청산.

그래서 단일중심주의의 종말에 대해 이야기하는 것은 좋은 일입니다. 그러나 미국 단일중심주의의 종결은 흥미로운, 그러나 오직 일정 정도로만 흥미로운 — 우리와 관계되는 한에서, 착취받는 프롤레타리아 다중, 노동자 다중으로서의 — 다자중심주의의 등장과 맞물려 있습니다. 내가 앞서 기술했던 상황을 자신들이 다룰 수밖에 없게 되었다는 사실을 알게 되면서 미국인들은 '분할과 지배'divide et impera 전략을 시도했습니다. 유럽과 관련하여 이것은 아주 저속한 방식으로 발생했습니다. 유럽을 깨뜨리려는 시도들은 몇 가지 아주 끔찍한 장면들 — 폴란드의 매수, 아스나르Asnar 총리에게의 금품 제공 — 을 보여줍니다. …… 가엾은 베를

루스코니는 말할 것도 없습니다. 그는 언급할 만한 가치가 조금도 없습니다. 동일한 것이 라틴아메리카에도, 구소련과의 관계에도, 중국 및 중국의 WTO 회원자격 이슈에도 들어맞습니다. 하지만 이러한 이행을 규정하려 할 때 우리는 그것을 그것의 모든 상이한 측면들 — 발발한 봉기의 거대한 권력을 드러내는 것으로 받아들여질 수 있는 차이들 — 속에서 바라볼 필요가 있습니다.

그렇다면 유럽은 어떠할까요? 1953년 그리고 유럽방위공동체라는 생각이 종언을 고한 이후로 유럽은 계속 통일을 시도해 오고 있습니다. 유럽연합을 방해하려는 미국의 시도에 의해, 그리고 하나의 시장 및 하나의 정치적 권력으로서의 유럽 통일의 가능성에 의해 야기된 파열구는 결코 봉합된 적이 없었습니다. 유럽이 통일을 꾀하고 있다는 사실은 우리에게 대단히 중요하지만, 동시에 그것은 부차적으로 중요합니다. 대단히 중요하다고 하는 것은 전지구적 수준에서의 정치가 오직 유럽적 차원들 내에서만 수행될 수 있기 때문이며, 부차적으로 중요하다고 하는 것은 전적으로 귀족들에 의해서, 시라크와 슈뢰더 같은 치들에 의해서 창조된 유럽은 노동자들에게 오직 상대적인 혜택을 줄 뿐이기 때문입니다. 그러나 이것은 라틴아메리카에 대해서도 역시 참입니다. 여기에서 새로운, 전지구적으로 정향된 정치는, 기본적으로 브라질과 아르헨티나의 정치는 다음과 같은 경향들, 즉 통일을 향한, 그리고 세계 권력의 균형에 있어서, 미국과 그 군주적 의도들에 반대하는 대항권력으로서 근본적인 것으로 입증되고 있는 대륙적인 기둥들의 건설을 향한 경향들을 창출하고 있습니다. 이것은 중국에 대해서도 마찬가지로 참입니다. 중국은 강력한 공산당에 의해 통치되는 단일한 나라가 결코 아닙니다. 우리 모두가 알다시피 중국은 아주 활발히 움직이고 있는 나라입니다. 여기에서는 지금 2~3억 명의 사람들이 자본주의 과정의 초기 단계에 끼워져 있는 한편, 수천만 명의 비참한 농민들이 자신들의 자유를 요구하고 있습니다. 군주들과 귀족들이 결합하고 있는 이 새로운 제국적 구성이 새로운 운동들을 위한 공간들을 어떻게 열어젖힐 수 있을까요?

오늘날의 현상태로는 전 세계의 운동은 이라크 전쟁에 맞서 출현했던 형태 속에서 종결됩니다. 왜 그럴까요? 첫째, 대부분 그것은 주권주의적 운동이었습니다. 즉 그것은 국민국가들의 회복이 중요하다고 생각했고, 그리고 국민국가들이 하는 일의 회복이 제국주의 — 이 경우 미국의 제국주의 — 를 패퇴시키는 데 그 자체로 충분하다고 생각했습니다. 둘째, 특히 남쪽의 나라들에서, 민중들은 독립적인 발전 기획이라는 — 주권에 기초하는 — 개념들을 다시 한 번 받아들이고 있었습니다. 이것 또한 대단한 난센스입니다! 셋째, 동맹의 일반적인 메커니즘들이 그 운동들과 연루되어 있지 않았습니다.

그러나 운동들은 이 모든 것보다 더 강력했습니다. 오늘날 형성되고 있는 새로운 과정 — 즉 미국의 군주와 유럽, 라틴아메리카, 중국의 귀족들, 그리고 여타 세력들과의 새로운 동맹 — 에 직면하여 우리가 상대적인 난국에 처해 있다 할지라도, 우리는 또한 수많은 여타의 근본적인 것들과 대면해 있습니다.

우선, 주권적 지형에서, 국민국가가 제거되고 있습니다. 국민국가는 다중들의 해방을 위한 효과적인 투쟁을 수행할 수 있는 지형이 더 이상 아닙니다. 국민국가는 제국적 구조가 — 특히 오늘날 나타나는 바의 새로운 형태들 속에서의 제국적 구조가, 그리고 미국의 제국적 권력과 자본가들 및 지역의 정치 엘리트들의 다양한 연합들을 결합시키는 제국적 구조가 폐지되어야 하는 장소입니다. 정치는 더 이상 국민국가적 수준에서 이루어질 수 없습니다. 국민국가적 수준은 더 이상 아무것도 — 화폐들의 가치도, 무력 행사의 가능성도, 언어와 소통에 대한 논점들도 — 결정되지 못하는 수준입니다. 국민국가적 수준은 이제 다중들의 해방 경험에서 완전히 소멸됩니다.

둘째, 우리가 앞서 논의했던 것과 같은 종류의 민주주의 개념들과 연관된, 정부에 대한 특별한 생각이 제거됩니다. 이 점에 관해서 중국과 라틴아메리카의 나라들 모두에서 중요한 발전들이 있었습니다. 정부들은 더 이상 그 운동들과 자신들을 떼어놓지 못합니다. 정부들이 또한 대항권력 세력들의 역동성을, 대항권력 내부의 운동들의 역동성을 염두에 두지 않는다면, 그들이 발전의 특정한 지점에서 그들 나라의 규범적이고 규제적인 체계들을, 그리고 사회 조직화의 일반적인 메커니즘들을 계획하는 것은 더 이상 가능하지 않습니다. 다중적인 대항권력들의 중재들과 저항들을 항상 존재하도록 유지하지 않고서는 생산과 부를 발전시킬 가능성은 존재하지 않습니다. 이것은 새로운 민주주의 개념이 그 운동들의 상층부 속에 침투해 들어갔기 때문만은 아닙니다. 요점은, 오늘날 노동의 세계에서, 즉 자신의 지성과 정신적 능력들을 사용하면서 그리고 자유롭게 작업을 하면서 참여하는 이 노동의 세계와 같은 상황에서, 산 노동의 주체적인 자유, 이 새로운 생산력을 수용하고 인정하기 위한 공간들을 창출하지 않고 부를 생산하는 것이 가능하지 않다는 점입니다. 이것은 우리에게 익숙한 고전적인 노동조합 세력들에게만 적용되는 것이 아닙니다. 일반적인 맥락에서 그것은 또한 노동의 현실적인 사회적 구조에도 적용됩니다. 여전히 식료품들과 농업 상품들을 생산하는, 저 엄청난 수의 세계 주민들인 농민들을 예로

들어 보지요. 여기에서 우리는 매우 흥미로운 변화들을 발견합니다. 농민을 살펴보면 우리는 대량 생산의 거대한 메커니즘들 속에 더 이상 순진하게 빠져드는 것이 아니라 생산적 역량들의 연속적이고 특이한 차이를 살아가는 위대한 다중들을 목격합니다. 모든 노동자들과 마찬가지로, 농민은 항상 주목할 만한 형상이었습니다. 이들의 노동하는 삶은 날씨, 대기, 자연, 경작 유형상의 변화들과 관계를 이루며, 이들은 이러한 특이성을 생산 속으로 가져올 수 있었습니다. 오늘날 이러한 과정들은 점점 더 지적인 것이 되고 있으며, 모든 측면들로 확대되고 있습니다. 농업생산에서 가치가 늘어나기를 원한다면, 특이하게 그리고 지적으로 행동해야 합니다. 달리 말해, 특이성들의 다중으로서 행동해야 한다는 것입니다. 이러한 발전들은 포 밸리Po Valley의 농민들이나 부르고뉴Bourgogne의 농민들에게서뿐만 아니라 남아메리카, 미국, 중국의 거대한 농업 경제에서도 역시 찾아볼 수 있습니다. 농민의 프롤레타리아화는 끝났습니다. 농업노동 역시 비물질적입니다!

또 다른 거대한 (그리고 완전히 혁명적인) 변화는 서비스노동, 정동적 노동, 관계적 노동에서 일어나고 있었습니다. 이제 이러한 노동 형태들에서도 자유의 정도와 표현의 역량의 증대가 요구됩니다.

한편, 정부들은 약간의 손실을 보는 상황에 놓입니다. 그들은 삶과 노동의 이 새로운 형태와 관계를 맺는 데 성공할 때에만 규범적인 실체를 표현할 수 있습니다. 브라질의 룰라Lula 정부가 행한, 그리고 아르헨티나의 커쉬너Kirchner 정부가 행한 시도들, 그리고 그 나라들에서 나타났던 거대한 사회운동들과 그들이 맺은 관계들은 이 관점에서 볼 때 모범이 될 만합니다. 확실히 오늘날, 이러한 지형에서도 역시, 우리는 주요한 장애물들과 어려움들, 때때로 위기의 순간들로 변하는 장애물들

<자유 조국 바스크> (ETA, Basque Euskadi Ta Askatasuna) : 스페인으로부터 독립과 자치를 쟁취하려는 바스크의 분리주의 단체를 말한다. 바스크는 피레네 산맥 서부, 스페인 북부와 프랑스 남부에 걸쳐 있는 지역이다.

에 직면하는 처지에 놓입니다. 그러나 그곳에서 경험들이 발생하며, 우리는 우리가 살아가고 있는 변형 상황들에 대한 분석의 한가운데에 그러한 경험들을 놓아야 합니다.

아스나르가 선거에서 패배하고 난 뒤 며칠 동안 마드리드에 머물렀던 적이 있었습니다. 나는 여러 동지들의 설명을 듣고, 더욱이 그 운동 외부의 사람들을 통해, 그 당시의 정서를 파악할 수 있었습니다. 엄청난 수의 시민들 — 정부의 명백한 거짓말(〈자유 조국 바스크〉ᆞ가 아토차Atocha 역 폭파 사건의 배후였다는 비난)을 들어 왔던 시민들 — 이 특이하고 다중적인 방식들로 스스로를 조직했다는 사실로부터 솟아 나오는 어떤 정서. 이 모든 것을 조직했던 것은 사빠떼로의 사회당이 아니라, '아니야, 이 거짓말들에 맞서 싸워야 해, 그리고 나는 내 친구들에게 문자 메시지를 보내거나 전화 통화를 하거나, 또는 그들을 방문해서 그들에게 이 필요를 소통시킬 거야. ……'라고 말하고 있었던 일단의 사람들이었습니다. 하루 만에 이 특이성들의 다중은 정부를 전복시키는 데 성공했습니다. 그러나 그것만이 아니라 이 대중적 봉기는 스페인을 이라크 동맹으로부터 끌어내 유럽으로 이동시켰습니다. 스페인 농지들은 이 운동을 '미드리드의 코뮨'이라고 부릅니다. 그것은 실제로 새로운 봉기 형태였으며, 이것은 한 사람 한 사람의 개인의 진실을 위한 자각과 욕망을 관통하는 만큼 대중들을 관통합니다. 그러므로 노동의 세계의 새로운 질서화에 맞서 만들어지고 있는 것과 같은 종류의 요구들을 발견한다 해도 놀라지 마세요! 그러한 일은 일어날 수 있습니다!

그러나 이 모든 것은 또한 전혀 예기치 않았던 방식들로 일어났습니다. 여론 조사에서부터 대중매체의 만장일치의 압력에 이르는 권력의 도구들은 모두 아스나르에게 승리를 안겨주려 하고 있었습니다. 그러나 일은 그렇게 전개되지 않았습니다. 거스를 수 없는 힘으로 그 반대의 상황이 일어났습니다. 나는 그 운동이 진행 중에 있는 거대한 이행을 인지하고 있다고 생각합니다. 그것은 더 이상, 집단적으로 깨닫게 되면서 단지 평화를 위해서, 그리고 미국이 일으킨 전쟁에 반대하여 싸우는 문제만이 아닙니다. 우리는 또한 다중들의 저항을 통해서 평화를 위해 싸우고 있으며, 나날의 저항을 생산하면서 매일 노동하는 모든 사람들의 행동을 통해 사회적 질서의 변형을 위해 싸우고 있습니다.

내가 지적하고 싶은 세 번째 요점은 오늘날 발전하고 있는 조직 및 대의 형태들이 우리가 지난 세기에 보았던 — 이제는 쓸모없고 무의미하는 것으로 드러나고 있는 — 형태들과는 다르다는 것입니다. 프롤레타리아와 노동 다중들의 새로운 형태에 연결되어 있는 사회적 투쟁들의 복귀는 다시 한 번 근본적인 이행이 됩니다. 일종의 포스트사회주의적 강령을 정식화하는 것이 필요하다고 말하는 이유가 이것입니다. 사회주의, 우리 모두가 살았고 그 안에 우리가 소련 공산주의를 포함시키는 저 위대한 경험은 자본의 생산적 역량을 발전시키기 위한 프롤레타리아의 권력 탈취에 기초한 강령이었습니다. 오늘날, 새로운 생산조건들 속에서, 우리는 희망적 관측이나 무정부주의적인 것이 아니라, 공통적인 것 속에서 권력을 획득하는 것을 목표로 하는 강령을 제출하기 시작하고 있습니다. 우리가 생산적 뽀뗀짜를 표현할 수 있도록 하기 위하여, 자유의 생산을 통해 부를 구축하기 위하여 말이지요. 오늘날 새로운 사회계층들이 존재하는바, 이들은 사회적 생산에서 중심적이며, 생산적 발전의 핵심 지점들 바로 거기에 집중되어 있습니다. 이러한 계층들은 지적이며, 디지털로 협력을 이루고 있으며, 관계적이고 네트워크화되어 있습니다. 이들은 (자신들의 욕망으로써) 하나의 정치적 강령을 구축해야 할 계층들입니다.

한편으로, 우리가 살아 왔던 운동은 권력으로 하여금 군주와 귀족들 사이에서, 자신의 명령 기능들 속에서 스스로를 재구성하도록 강요당합니다. 다른 한편으로, 그것은 새로운 주체들에게, 새로운 주체성에게 표현을 제공해 주었습니다. 이 주체성은 새로운 노동 형태들로부터, 새로운 소통 형태들로부터, 그리고 새로운 생산 형태들 ― 비물질노동과 더불어 농민들, 여성들, 돌봄 노동자들, 가내노동, …… 요컨대 사회적 노동 전체에 또한 영향을 미치는, 그리고 다중의 네트워크화된 생산 내용을 일반화시키는 생산 형태들 ― 로부터 태어납니다. 우리는 이러한 발전에 걸맞은 강령이 필요합니다. 이것은 우리를 기다리는 새로운 코뮤니즘 선언이자 우리가 구축해야 할 새로운 종류의 시각입니다. 우리는 이미 포스트사회주의적 강령의 구축을 위한 몇 가지 핵심적인 질문들을 확인할 수 있습니다. 첫 번째는 세계시민주의, 국경들의 분쇄, (예를 들어) 유럽의 건설, 그리고 라틴아메리카의 통일 — 예컨대 대륙적 수준에 존재하는, 그리고 제국적 권력을 조절할 수 있는 역량을 가지고 있는, 그러한 모든 잠재력들의 표현 — 등의 전지구적 논점입니다. 두 번째 주제는, 이것이 근본적인데, 특별히 새로운 소득 형태들을 창출할 가능성, 즉 부의 재분배 가능성입니다. 시민소득이라는 논점은 단지 실업과 관련해서가 아니라 일반적인 사회적 생산 전체와 관련해서 이해되어야 합니다. 사회 전체가 노동하도록 배치되고 있다면 누구라도 그러한 노동으로부터 소득을 얻을 가능성이 있어야 합니다! 세 번째 문제는 주체성의 생산 및 발전과 연관됩니다. 다른 말로 하면, 한편으로는 소통이 명령되는 모든 형태들과의 체계적 단절, 그리고 다른 한편으로는 소통 형태들 — 직접적으로 주체적인 형태들과 거대 대중매체의 형태들 모두 — 에 대한 구성적이고 특이한 재전유가 그것입니다. 네 번째 문제는 새로운 통치 형태들을 위한 기획입니다. 권력을 잡는다는 것은 무엇을 의미할까요? 권력이 자본의 관리를 뜻한다면 그것은 아무런 의미가 없습니다. 우리가 그 대신에 권력을 잡는다는 것은 풍부한 자유, 생산과 사유의 자유, 모든 가능한 측면에서의 자유를 표현하는 것이라고 말한다면 그것은 무엇을 의미할 수 있을까요? 이것은 우리 삶들의, 우리 활동과 우리 행복의 초과가 작동하게 되는 기획입니다. 우리는 여전히 극단주의에 빠질 위험이 있지만, 이에 대해서는 최대로 주의를 기울이고 있습니다. 이미 무르익고 숙성된 어떤 것을 요청하는 것은 극단주의가 아닙니다. 제3신분이 모든 것을 생산했기 때문에 모든 것을 원했다고 아베 시에예스Emmanuel Joseph Sieyès▪가 말할 때 누가 그를 극단주의자라고 부를 수 있을까요?

■아베 시에예스(Emmanuel Joseph Sieyès, 1748~1836) : 프랑스 혁명의 주요 이론가들 중의 한 명으로 프랑스 헌법의 아버지로 불린다. 그의 자유주의적 소책자인 『제3신분이란 무엇인가』는 프랑스 혁명의 사상적 배경이 된다. 이 책에서 시에예스는 특권 계급의 편의대로 유용되는 법이 아닌 국민을 위한 진정한 법의 역할이 무엇인지 고찰한다. 『제3신분이란 무엇인가』(박인수 옮김, 책세상, 2003) 참조.

문제는 공통적인 것을 투입할 수 있고, 스스로를 민중의 정치적 활동(제도적 장애물들을 부수고 실제적인 것을 혁명화할 수 있는 실제적인 역량을 아래로부터 배치할 수 있는 능력을 가지고 있는)에 정초할 수 있는 통치 형태들을 어떻게 구축하는가 입니다. 이것들은 우리가 항상 말해 왔던 것들입니다. 하지만, 이제 그것들은 새로운 타당성을 갖게 되는데, 그것은 연방적 구조들, 참여의 구조들 — 여기에서 부의 창출이 활성화되지요 — 이 이제 아주 잘 전개되기 때문입니다.

또 다른 비판적 요소 역시 존재합니다. 현재의 권력은 다중이 표현하는 것들 중 어느 것도 수용하지 않는다는 점입니다. 권력은 자신을 정당화하기 위해, 이렇게 단순한 이유로 전쟁을 개시합니다. 자본은 점점 더 기생적이 되어가고 있습니다. 고용계급은 더 이상 미래를 이해할 능력을 지니고 있지 않습니다. 이것이 운동과 투쟁들의 현 국면이 우리에게 보여주는 현실입니다. 사장들은 더 이상 생산의 척도를 가지고 있지 않습니다. 생산이 사회적으로 되고 공통적으로 될 때, 생산이 우리 모두가 얼마나 지적인지 보여줄 때, 사장들은 더 이상 명령할 수 없습니다. 지난 시절에 사장들은 우리의 할머니, 할아버지들을 들판에서 끌어내 공장으로 데려와 그들의 목에 알람시계를 걸고 다음과 같이 말했습니다. '시계가 울리면 저 레버를 당겨라.' 그 뒤에 점차 사장들은 대답할 필요조차 없는 기계들 앞에 그들을 두기 시작했습니다. 생산하기 위해서는 그저 복종하는 것으로 충분했습니다. …… 오늘날, 우리의 자녀들로 말하자면 사태는 달라졌습니다. 생산은 지성이며, 지성은 명령될 수 없습니다. 그리고 이러한 자유는 더 이상 가두어질 수 없습니다. 그러면 자본은 전지구적 치안유지 형태 속에서 국제 헌병이 됩니다. 바로 이 순간 생산은 더 이상 자본주의적 논리 속에 가두어질 수 없으며, 고용주는 더 이상 아무런 소용도 없게 됩니다!

이것들은 포스트사회주의적 강령의 토대로 받아들여져야 하는 변화된 환경입니다. 그것은 대의적 실천에서 근본적인 변화를 요구할 것입니다. 새로운 지적 프롤레타리아는 더 이상 그들에게 다음과 같이 말하는 정치 정당을 받아들이지 않을 것입니다. '이것이 노선이다. 당신이 우리와 함께 한다면 당신은 우리 편이다. 그렇지 않다면 우리 편이 아니다. 우리는 운동들의 대표부이다.' 아니, 당신들은 아무도 대표하지 못합니다. 다중의 운동들은 구성적 과정 속에서만, 구성적 과정에 의해서만 대의될 수 있을 뿐입니다. 정치 정당들은 조금이라도 유용한 목적에 봉사하는 한에서만 운동들을 위한 지원 구조들이 될 수 있을 뿐입니다.

동일한 것이 행정에 적용됩니다. 우리는 행정적 수준에서의 모든 변화들에 주목할 필요가 있습니다. 그 모든 것들이 내던져져야 할 것임을, 그리고 그것들의 규범성이 새로운 에너지들의 출현을 가능하도록 하기 위하여 파괴되어야 할 것임을 인식할 필요가 있습니다. 우리는 모든 노동조합 투쟁들에 주목해야 하지만, 여기에서 우리는 노동의 비용이 문제가 아님을 인식할 필요가 있습니다. 왜냐하면 노동의 비용은 더 이상 논점이 아니기 때문입니다. 실제적인 논점은 자신을 재생산하기 위한 생산적 사회의 필요입니다. 그러므로 우리는 소득을 위한 요구를 일반화해야 합니다. 우리는 교육 속에서 일어나는 모든 투쟁들에, 이것이 핵심적인 생산적 자원이라는 지식에 주목해야 합니다. 우리는 여성들의 모든 투쟁들에, 여성들의 차이가 가부장적 사회에서 열린 생산의 사회로의 혁명적인 변형의 바로 그 본질을 구성한다는 지식에 주목해야 합니다. 우리는 이 모든 것 속에 존재해야 하는데, 그것은 이것이 유일하게 가능하고 적절한 강령을 나타내기 때문입니다. 그리고 우리는 우리가 새로운 상황 속에, 그리고 또한, 새로운 것과 항상 함께 발생하는, 어려운 상황 속에 놓여 있음을 기억할 필요가 있습니다.

23강

도시 민주주의

우리는 도시적 상황 속에서의 문화에 대한 사유들을 일부 소개해 달라는 초대를 받았습니다. 2004년 〈유럽 문화의 해〉 조직자들에 따르면, 제노바와 릴은 논쟁을 위한 참조점들입니다. 우리는 제노바와 릴에 대해서는 나중에 더 많이 얘기할 것입니다. 지금은 여기 우리들 중에 릴-루베Lille-Roubaix 도시의 의원들이 있기 때문에, 우리의 접근법을 심화하길 원할 때 결정적인 것으로 보이는 것들을 몇 가지 논의해 보고자 합니다.

도시 지역의 문제는 오늘날 우리가 무엇이 자본주의 축적인지를 이해하고자 할 때 절대적으로 필요합니다. 도시 지역은 탈근대적인 축적의 공장, 비물질적 가치화의 실험실, 활동과 노동력 배제가 서로 대면하는 삶정치적 환경입니다. 우리는 이행의 한 시기를 살고 있으며, 도시는 아직도 사람들, 문화들, 생산들 간의 접촉과 관계가 이루어지는 장소입니다. 다른 한편 도시는 또한 완전히 새로운 방식들로 — 마구 치솟는 고층건물들에 집중되는 지구화된 생산적 에너지들을 둘러싸고 조직되는 전지구적인 소통 및 착취 네트워크들 속에 삽입되는 것으로, 또는 사회 주체들과 프롤레타리아들이 착취의 국제적인 유연성과 이동성의 상황들 속으로 강제로 밀어 넣어지는 게토들로서 — 모습을 드러냅니다.

제노바와 릴 처음 보기에 두 도시의 차이점이 무엇인지 찾기란 어려울 것입니다. 도대체 왜 두 도시가 함께 다루어져야 할까요? 이러한 유럽적 문화 기획들이, 그렇게나 아주 상이한 주민들과 생활방식들에, 그렇게나 근본적으로 반대되는 지평들과 환경들 사이에, 왜 형제애를 부과하려 애쓸까요? 지식인들은 왜 모임의 이유들을 창안하고 이처럼 대단한 차이를 다루는 논의의 공유된 지형을 만들어내는 데 자신들의 시간을 소비해야 할까요? 물론 몇 가지 유사성들도 있습니다. 예컨대, 제노바와 릴은 둘 다 포드주의 기간 중에 주요 산업 도시들이었습니다. 이들은 각자가 예전에 갖고 있었던 거대한 노동계급 지구 때문에, 그리고 각자가 과거에 표현했던 강력한 정치적 정체성들 때문에 비교됩니다. 그렇다면 오늘날은 어떨까요? 오늘날 그것들은 자신들의 도시의 쇠퇴의 측면에서만, 삶의 방식 및 생산방식의 위기의 측면에서만, 그들의 전체 제조업의 전망의 파괴의 측면에서만 그리고 이 모든 것으로부터 연원하는 피로의 측면에서만 서로 닮은 것처럼 보입니다.

그것은 그렇다 치고 제노바는 북부에 있고 릴은 남부에 있으며, 한 곳은 따뜻하고 다른 곳은 춥습니다. 한 곳에는 자신의 심장 그리고 영혼과 같은 지중해가 있으며, 다른 곳은 영국 해협의 몹시 추운 바람이 붑니다. 그렇다면 심지어는 이종교배métissage(문화 혼합)가 아닌 괴물스러운 반대 형상을 만드는 것처럼 보이는, 이 쌍둥이 만들기를 고집하는 이유는 무엇일까요?

하지만 아마도 남과 북은 상대적 개념들인지 모릅니다. 에긴대, 나는 온통 북North의 특징만이 가득한 제노바가 기억나는군요. 바다는 바로 곁에 있었고 하늘은 대개 파랬겠지만, 누가 그것을 보았을까요? 코닝글리아노Cornigliano 제철 공장의 굴뚝들은 매연을 너무 많이 배출해서 삼뻬에르다레나Sampierdarena[이탈리아 제노바의 주요 항구이자 산업지역]는 안팎이 — 건물들의 외관도 사람들의 마음도 모두 — 시커멓게 되었습니다. 제노바의 억양 없는 방언은 오직 슬픔으로 가득 찬 노래만을 만들 수 있는 것처럼 보였습니다. 비교하자면, 내가 기억하는 릴은 지중해 남부처럼 보였습니다. 남부의 공명하는 목소리를 갖고 있는 이탈리아 사람들과 스페인 사람들, 그리고 북아프리카 사람들 — 그들 중 다수는 지중해적 상상력이라면 이런 식으로 발명했을 성 싶은 지중해의 모든 나라들 출신이었으며 또한 온갖 직업들을 가지고 있었습니다 — 로 부산한 도시.

아마도 그 이유는 제노바와 릴 모두 항구 도시이기 때문인지도 모릅니다. 제노바에서는 지중해로 출항하고 릴에서는 북해로 빠져나갑니다. …… 항구 도시들, 유목의 도시들, 자신과 자신의 민중들의 정체성을 찾기 위해, 즉 자신의 다중들을 해방시키기 위해 투쟁하고 있는 유럽의 결절점들. 릴은 파리에서 베를린에 이르는 초승달[모양의 지형]의 기지에 위치합니다. 제노바는 오늘은 바르셀로나에서 나폴리에 이르는, 내일이면 아테네까지 다다를, 남부 유럽의 초승달[모양의 지형]의 중앙에 위치합니다. 그리고 이러한 공간들 내부에서 우리는 새로운 다중의 유목적 운동을, 여러 얼굴색의 오르페우스를 목격합니다. 제노바와 릴은 그들로 가득합니다. …… 탈식민주의적 긴장들 및 인종주의적이고 제국주의적인 모순들투성이인 유목 도시들, 세계주의적 중심지들. …… 그럼에도 불구하고, 멈출 수 없이, 단순히 백인들과 교육을 잘 받은 시민들 가운데에서가 아니라 무엇보다도 이 시민들과 근래 우리의 공통, 공유된 실존에 색깔을 입혀 주는 이러한 유목민들 사이에 새로운 유럽적 대화 구조가 구축되고 있는 도시들.

그들은 또한 주요한 사회적 전환이 일어나는 도시들입니다. 포드주의의 위기가 그들의 낡은 사회적 짜임새를 파괴함에 따라 두 곳은 모두 불안정한 노동을 위한 특권적인 장소가 되었습니다. 이 두 도시, 제노바와 릴의 주민들은 우리가 '사회적 노동자'라고 부를, 이동적이고 유연하며 불안정한 새로운 노동력으로 이루어져 있습니다. …… 이것은 ─ 지적이고 가난한, 자신의 직업 전망에 있어서는 요행을 바라고 자신의 욕망에 있어서는 급진적인 ─ 새로운 프롤레타리아입니다. …… 이곳, 제노바와 릴은 점점 더 사회적·산업적 서비스 부문들의 생산적 힘을 표현하는 다중이 있는 도시들입니다. 이곳은, 사람들의 두뇌 속에, 자신과 함께, 그들의 노동의 연장들을 나르고, 노동을 제공해 줄 사장을 필요로 하지 않는 것처럼 보이는, 불안정한 프롤레타리아 중에서 일종의 성장하는 자기고용 현상이 나타나는 장소들입니다. 이러한 관점에서 볼 때, 제노바와 릴은 매우 부유함과 동시에 매우 가난합니다 ─ 지적인 면에서 부유하고 임금의 면에서 가난합니다. 자본주의 발전의 새로운 국면? 확실히 그렇지만, 그와 함께 정치적 결과들을 가져오는 국면이라 할 수 있습니다. 노동 연장들을 당신의 머릿속에 가지고 온다면, 당신이 사장을 필요로 해야 할 아무런 이유가 없기 때문입니다. 그리고 무엇보다도 당신은 왜 가난한 흑인 민중들이 노예에 이르는 노동 속으로 끌려들어가고 백인 프롤레타리아들은 노동을 하지 않는 상황으로 귀결되는, 자본주의, 자본주의 시장, 그리고 오늘날은 무역의 자본주의적인 지구화가 '자연스러운' 것으로, 달리 말해 필연적이고 본질적인 것으로 간주되어야 하는지 이해하지 못합니다. 그리고 이 젊은 사람들은 왜 기난이 이러한 공통적인 조건이 되는지, 그리고 과시적인 부가 유일한 도덕이 되는지 이해하지 못합니다.

이러한 도시들에서의 사회적 전환은 매우 강력합니다. 신세대적 계층들이 노동시장에 나타나고 있습니다. '낡은 경제'의 위기가 파괴해 버린 세계주의적이고 다중적인 프롤레타리아가 아래로부터, 젊은층으로부터 재구성되고 있습니다. 금속 가공 및 운송 부문들에서 일하는 젊은 사람들은 닷컴 신진회사에서 일하는 사람들이나 대학에서 불안정한 고용의 미래를 준비하고 있는 사람들과 더 이상 구별되지 않습니다. 이러한 특이한 단편들의 통일은 지성과 지식의 운동 속에서 이루어집니다.

이렇게 해서 우리는 마지막으로 제노바와 릴 사이의 유사성의 현실적 지점에 이르렀습니다. 그것을 역사나 유사성들 속에서 찾으려 하지 말고, 변화와 차이 속에서 …… 또 다른 세계를 자기 힘으로 발명해내기 위하여 노력하는 새로운 노동력의 차이 속에서 찾으라.

제노바와 릴 사이에서 한 가지 공통적인 요소를 찾았으므로 계속해서 다른 것을 찾아봅시다. 실제로 만약 우리가 그것들을 과거 속에서 찾을 수 없다면, 우리는 어려움을 겪게 될 것입니다. 그렇다면 누가 미래를 읽을 수 있을까요? 그리고 여기에서 우리는 미래의 계보학을 구성하는 주체들 및 힘들에 직면하게 되며, 이 미래 속에서만 그것들은 공통으로 인식될 수 있습니다…….

다른 한편 이 젊은이들, 이 사람들, 이 주민들은 허공 속에서 행동하는 것이 아니라, 노동 조직화 속에서 그리고 삶의 재생산 속에서 일어난 변화들의 결과로서 그 스스로가 변형되었던 도시들 내부에서 행동합니다. 제노바와 릴을 볼까요. 한때 이 도시들은 서로 달랐으며, 서로 다른 자본가 및 노동계급 기업들의 지배를 받았고, 둘 모두 어떤 의미에서는 지구적이었고 고대적이었습니다. …… 오늘날 이 두 도시들은 도발적으로 표현하자면, 단 하나의 무장소로 규정될 수 있을 것입니다. 왜냐하면 이 두 도시들 모두, 자본주의 문화가 이러한 발전 단계에서 부과하는 그와 같은 삶의 소비와 욕망의 식민화 속에서 통일되기 때문입니다. 그러나 거기에서 멈추는 것은 불충분하며, 사실상 잘못일 것입니다. 그 이유는 이 도시들이, 포드주의적 생산체계 아래에서, 일종의 공유된 삶의 방식을 제거하고 강탈하려고 했던 파괴를 받아들이지 않을 정도로 충분히 강했기 때문입니다. 복지의 파괴는 이 도시들의 삶정치적 공동체들을 파괴하는 데 성공하지 못했습니다. 제노바와 릴이 포드주의적 생산양식의 파괴에 또한 생산적인 사회적 짜임새의 파괴를, 그러한 노동자들의 기술들의 파괴를 추가하지 않으면 안 되었다면, 그리고 그러한 복지 체계들을 약화시킴과 더불어, 그들이 사회와 행정 구조들 사이의 상호작용의 종말과 대면할 수밖에 없었다면, 우리는 오늘날 어떤 종류의 사막에서 살아가게 될까요?

사태는 그와 같은 방식으로 전개되지 않았습니다. 유목에서의, 메티사쥬에서의, 불안정성에서의, 새로운 노동력의 지성에서의 새로움의 요소들은 지역적인 행정부들에서의 사회주의적이고 공산주의적인 전통들의 낡은 짜임새 속에 자신을 끼워 넣었습니다. 이것들은 때때로 너무 나이가 들어 버린 행정적 배우들로 인해 종종 피곤한 전통들이지만,

그럼에도 불구하고 새로운 것과의 접촉, 급진적인 비판, 새로운 요구들에 대답할 필요성은 때때로 이러한 전통들의 일부를 다시 게임 속으로 가져오기조차 합니다. …… 우리는 '유일한 부활이란 첫 번째 원리들로 돌아가는 것'이라는 역설을 목격하고 있습니다. 마키아벨리는 이것을 1500년대의 거대한 변형 속에서 발견했습니다. 그렇다면 탈근대의 거대한 사회적 변형 속에서 그것이 왜 오늘날에도 역시 적용되어서는 안 되는 걸까요?

그리고 이번에는 여성이 존재하는바, 이는 이런 대도시적 상황에서 점점 두드러집니다. 그들은 사회적 생산의 대부분의 짐을 운반할 뿐 아니라 차이의 흐름들에 대한 통제의 짐도 운반합니다. 노동 및 정치의 여성되기는 여기에서 중심적인데, 그것은 여성의 노동의 양적인 현전이 막대하기 때문만이 아니라, 생산과 재생산 간의, 대도시의 맥락에서의 서비스와 돌봄 간의 관계의 전체 맥락이 그들에게 부과되어 있기 (그리고 그들은 이제 그러한 맥락을 통제할 수 있기) 때문이기도 합니다.

그들은 정말 하나의 무장소가 아니며, 프롤레타리아의 새로운 사회적 구성이 이루어지는 도시들입니다. 그들은 차이를 지닌 다중의 도시들이지만 그럼에도 불구하고 함께 노동하는 데에도 성공하며, 그리고 아마도 전복顚覆을 생산하는 데에도 성공할 것입니다. 새로운 다중들의 생산적 힘에, 그리고 그것들 안에서 살아가는 부활을 위한 희망들에 직면하여, 불안과 반란의 순간에 직면하여 이 도시들은 또한 억압 속의 실험실을 위한 특권적 자리가 됩니다. 우리는 얼마 전에 제노바에서 경찰이 전시 체제로 전환하는 것을 목격했습니다. 그들은 더 이상 인간이 아니라 젊은 사람들의 시위들을 난폭하게 공격하는 자동장치, 사이보그처럼 보였습니다. 카를로 지울리아니는 살해당했습니다. 다른 많은 젊은이들이 막사와 병원에서, 거리와 임시 감방에서 구타당했습니다. 도시는 경찰 행위와 저강도 전쟁을 더 이상 분간할 수 없는 장소가 되었습니다. 이와 유사하게 릴의 교외에서, 이주와 주변화의 도시에서, CRS Compagnies Républicaines de Sécurité (안보 공화단원)가 지역 경찰을 대신했으며, 거기에서도 역시 그 지역은 요르단 강 서안 지구의 마을들처럼 순찰이 이루어지고 있습니다.

    그러나 당신이 무장한 채로 이 지역들에 들어가지 않는다면, 당신 마음에 아직도 조금의 기쁨이라도 남아 있다면, 당신은 사회적 저항의 행동들을 폭력이라기보다는 새로운 음악으로, 끊임없는 랩으로 느낄 수 있을 것입니다. 하나가 되는 운동과 소리, 삶을 조직하는 노래들…… 그리고, 다시 한 번 저항. 이러한 경향 속에서 제노바는 릴Lille을 예견했습니다. 앞에서 말한 바와 같이, 사람들은 삼뻬에르다레나에서는 방언까지도 포드주의의 규율이 관철되는 힘든 시절에 슬픈 노래들을 중얼거리는 것처럼 보였다고 말하곤 했습니다. 그러나 그 때, 1970년대에 이미, 그곳에서는 새로운 노래책이 만들어지고 있었으며, 그것은 광활한 장관과 바다를, 마음 속 깊은 감정들과 늘 새로워지는 봉기들을 찬미했습니다. …… 이탈리아의 가수가 태어나 대중가요의 부활을 일으킨 것은 바로 제노바였습니다. 대중가요는 그 도시를, 그곳의 생활방식을, 그곳 젊은이들의 정신을 공격하기 위해 공장들에서 생겨난 불만과 고통 가운데에서 태어날 수 있었을 유일한 장소, 그곳에서 태어났습니다.

    억압이 있는 곳에 저항이 있으며, 저항이 있는 곳에서 새로운 문화가 탄생합니다.

    이제 우리 자신으로 돌아옵시다. 지식인들은 이러한 상황에서 무엇을 말할 수 있을까요? 이 유럽적 기획들이 이러한 사회적·정치적 봉기들의 관점에서 우리에게 요구하는 것은 무엇일까요? 아마도 지식인들은 정신적 평온을, 생존하기 위해 투쟁하고 있는 이 도시들의 주민들의 보다 직접적인 필요로부터의 어떤 전환을 가져올 수도 있을 것입니다. 종종 젊은 반란자들이 의심하는 것이 이것입니다. 그럼 이러한 의심들을 벗고 싶다면, 지식인들은 이러한 저항 운동들에 대해서 무어라고 말할 수 있을까요? 그들은 정치적 대안들을 제공할 수 있을까요, 아니 훨씬 더 단순하게 말해, 조직화의 계기들을 — 여기 이 가난과 이 강함 속에서 — 고취시킬 수 있을까요?

나는 정말 지식인들이 여기에서 할 말이 많지 않다고 생각합니다. 사실상, 그들이 정직하다면, 그리고 권력에 매수당하지 않았다면, 그들은 아무 말도 하지 않을 것입니다. 그들이 해야 할 일이란 이 도시들에서, 노동과 사회적 조건들의 변형이 가장 심하게 이루어진 바로 이 도시들에서 그들 자신이 무엇이 되었는지를 살펴보는 것입니다. 이 도시들에서 조우는 노동자들, 이민자들, 지식인들 사이에서가 아니라 단일한 노동력의 블록 내부에서 일어납니다. 이 블록 내부에서는 노동자들 사이에서, 모든 노동자들에서 어떤 구별을 하기가 점점 더 어려워집니다. 특별한 변론을 위해 소용되는 사람들, 높은 액수의 수표를 받고 종교계와 대중들 앞에서 똑같은 이야기를 되풀이 하는 사람들을 제외한다면, 더 이상 지식인들은 존재하지 않습니다. 지적 노동이 이제는 그저 노동이기 때문이지요. 지금 우리에게는 노동자들, 실업자들, 미혼모들 사이에 서 있는 지식인 형상이 더 이상 존재하지 않습니다. 그리고 권력도 마찬가지입니다. 지적 노동은 이제 노동 전체를 횡단하는 문제로 실존합니다. 이것이 노동이 불안정해진 이유이며, 바로 이것 때문에 사회 전체가 노동하도록 배치되었던 것입니다. 이러한 상황에서 지식인들이 무엇을 말할 수 있을까요? 그들은 단지 다음과 같이, 즉 '우리는 여러분과 똑같아요'라고 말할 수 있을 뿐입니다.

나는 권력에 맞서는 투쟁들의 지구화라는 맥락에서 릴과 제노바 간의 문화적 관계를 해석해 보려 시도할 것입니다. 이러한 점에서 유럽의 문화적 주도권은 몇 가지 의미, 그러나 아마도 공식적인 문건이 의도하는 것과 정반대의 의미 — 문화적 주도권이 다중 내부에 있다는 것을, 그리고 참고 싶지 않은 모든 억압 요소들을 없애버릴 역량을 다중이 가지고 있다는 것을 함축하는 전복적인 의미 — 를 갖습니다.

그러나 이 지점에서 우리의 논의는 조금 뒤로 돌아가서 이 차이들을 주체적으로 재진술하고, 그것들을 아래로부터 재해석할 필요가 있으며, 그리고 단순하게 그 여행의 건널목들과 혼란들을 해체하지 않아야 합니다. 여기에서 중요하게 드러내야 하는 것은 자신이 흥미 있어 하는 것에 대해 직접적으로 이야기하는 젊은 사람입니다. 우리는 이 사람을 관찰하지 않고 있고, 이 사람이 하는 말들을 해석하지 않고 있으며, 그저 경청하고 있을 뿐입니다. 이 사람은 릴과 제노바가 만들어 낸 창조물이며, 다른 많은 장소들을 보아 알고 있는 사람입니다. …… 이 사람이 이 대도시적이고 다중적인 차원들 내부에서 살아가고 있는 곳이 바로 여기이며, 이 사람이 본성적으로 적대와 저항의 계기들을 확립하는 곳이 바로 여기입니다. 모든 것이 이 도시 내부에서 이루어집니다.

이 새로운 주체에 의한 적대의 추구는 먼저, 삶의 세계의 파편화와 소실에 맞서 자신을 배치해야 합니다. 불안정성의 특이한 체험은 이 젊은 사람을 창조적인 노동에 놓음과 동시에 사회적 변형 과정들의 배치에 대한 저항이 일어나는 상황 속에 놓는 것입니다. 이러한 사람들은 자신들의 창조적 재능들, 자신들의 언어, 자신들의 사회적 관계들의 부, 배울 수 있는 자신들의 역량과 자신들의 감정들이 왜 자신들 앞에서 발생하고 있는 것으로 보이는 자본 관계의 공적·사적 차원들에 짓눌려야 하는지 자문합니다. 그들은 해방의 바로 그 가능성을 빼앗깁니다. (아니 그들은 그렇다고 생각합니다.) 그러므로 그들은 자신의 본질(특이하고 창의적인 노동력)을 그들을 둘러싼 조직 및 명령 상황과 긴장하도록 배치해야 합니다. 자신들을 표현하려는 지적 권력 및 지적 자유의 경향과 생산관계들의 현실적 본성 사이에는 틈이, 매우 큰 틈이 존재합니다. 그리고 이 틈 내부에 결정決定이 자리합니다. 관계들의 비참함은 엑소더스, 제거, 자율, 생산, 그리고 공통 존재의 삶 연계들의 끊임없는 재전유를 강제합니다. 전지구적인 운동은 지역적인 것을 부단히 관통할 때 구축됩니다. 그것이 우리들 각자가 지배와 창조 경험 사이에서 경험하는 틈을 구성하는 그러한 소규모적이고 연속적인 혁명들을 부단히 관통할 때에 구축될 수 있을 뿐이라는 점은 틀림없습니다. 그래서 들뢰즈는 '권력이 지역적인 것은 그것이 결코 전지구적이지 않기 때문이지만, 그것이 지역적이지 않고 또 국지적일 수 없는 것은 그것이 분산되어 있기 때문이다'라고 말합니다.

이렇게 해서 우리는 이제 도시의 변형이 우리의 가장 중요한 필수사항, 우리 실존의 바로 그 조건이 되는 지점에 다다랐습니다. 그것은 오늘날 일종의 군사적 결정입니다. 자신을 조직하는 방법을 알지 못할 때조차도 그것은 어디에서 시도해야 할지 알고 있습니다. 자기가치화의 자발적이고 분산된 행위들을 결집하면서, 해체와 엑소더스의 창의적인 전술들을 수립해야 한다는 점을 알고 있습니다. …… 사회적 협력의 부와 네트워크들을 살아가는 것이 정치적 전투의 유일한 결정이 되는 곳은 여기, 도시 안에서입니다.

 자연과학에서 하나의 구분은 존재론과 계통학 사이에서, 즉 개체가 되는 것과 종이 되는 것 사이에서 이루어집니다. 여기 우리의 경우에, 우리는 이러한 두 과정들이 함께 전개된다는 인상을 받습니다. 개체의 재구축은 오직 종의 재구축을 통해서 발생할 수 있을 뿐이라는 인상말입니다. 그런데 릴과 제노바는 우리에게 종의 변화를 정확하게 보여주고 있지 않나요?

24강

새로운 복지를 위하여

19 70년대에서 오늘날까지 급진 좌파에서 전개되었던 복지국가에 대한 비판을 상술하는 데에서 시작하고 싶군요. 이어서 오늘날 나타나고 있는 복지의 위기에 대해 급진 좌파가 얘기할 수 있는 내용으로 나아가겠습니다.

알다시피 복지국가는 1930년대 이후부터, 특히 20세기 후반에, 노동계급의 운동을 자본주의 발전의 요구사항들 속에서 규제하려는 시도 — 이것은 노동력을 자본 입장에서 가치화하는 것입니다 — 로서 도입되었습니다. 복지정책들은 — 1917년 이후 고유명사가 되어 버린 — 10월 혁명으로 야기된 자본주의 질서의 와해에 대한 자본의 높은 수준의 (그리고 효과적인) 대응이었습니다. 사태를 이러한 역사적 맥락 속에 위치시키면, 20세기에 걸친 다양한 투쟁 순환들을 성격 규정한 현저하고 계속적인 노동계급의 공격이 어떻게 복지국가의 발전을 조건 지웠는지 이해하기 쉽습니다. 내가 지금 말하고 있는 것은 복지정책들이 단지 공산품의 대량 생산에 부합하기 위해 높은 수요를 창출하는 (포드주의 시기의) 자본주의 경향의 기능이었다는 것이 아닙니다. 복지정책들은 무엇보다도, 산업노동계급이 20세기 내내 폭발시킨 투쟁들의 연속적인 물결을 막기 위한 시도였습니다.

어떤 점에서 복지국가의 자본주의 계급들(여기에서 나는 제2차 세계대전의 종결에 뒤이은 '영광의 30년'을 언급하고 있는 것입니다)이 스스로 그러한 노동계급 투쟁들을 자본주의 발전의 동력으로 사용하는 것을 용인했다면, 이것은 권력의 기능적인 대응이 아닙니다. 그것은 우선 먼저 노동계급 투쟁들의 구성적 역능의 발현입니다.

따라서 그 자신의 권력을 민주적으로 정당화하려는 목적을 갖고, 노동조합들과의 (그리고 정도는 낮지만, 농민들 및 도시의 중산계급들과의) 동맹을 발견하려는 자본의 요구는 보편적인 복지체계의 탄생과 확산으로 이어졌습니다. 이 과정은 단기간에 잉여가치의 실현과정들을 보증하기 위해 고안된, 집합적인 요구에서 많은 증가를 보여주었습니다. 하지만 이후의 시기에서, 특히 1970년대 초반 이후부터, 이와 동일한 과정은, 노동자 투쟁들의 연속적인 주요한 물결로부터 부단한 공격을 받으면서, 국가의 회계 체계를 완전히 통제불능의 상태에 빠뜨렸습니다. 이렇게 해서 1970년대에 서방 사회들에서 금융 위기가 일어나게 되었습니다. 여기에서 이해할 필요가 있는 것은 이 위기가 점차 역전 불가능해졌다는 것이며, 이러한 상황에서 임금관계 자체는 의문에 붙여지게 되었으며, 그리하여 이 위기는 노동계급이 (대중 노동자의 투쟁들을 통해) 포드주의적 조약에 따른 규제적 제한들을 철폐하는 것으로 귀결된다는 것입니다.

우리는 이러한 이행을 강조할 필요가 있습니다. 1970년대 중에 발생한 단절은 전문 분야에서 일하는 주체들의 변형을 수반했습니다. 한편으로 자본은 노동 조직화를 변경하는 것으로, 가치의 생산에서의 지적이고 비물질적인 몫을 늘리는 것으로, 그렇게 해서 착취의 수준을 높이는 것으로 반응했습니다. 이러한 수술을 통해 자본은 사회 선제기 노동하도록 했습니다. 노동 조직화의 변경과 함께 자본은 모든 사회적 노동을 자신의 명령 아래 포섭하는 위치로 스스로를 밀어 넣었습니다. 다중의 개념이, 산 노동에서 발생하는 변경들에 대한, 산 노동 자체의 특이한 및 / 또는 주체적인 산입算入에 대한, 그리고 무엇보다도 노동의 비물질성과 특이성들의 협력이 항상 조화를 이룬다는 인식에 대한 동시적인 이해로서 분절되는 곳이 바로 여기입니다. 더욱이 그것은 다중의 정치적 구성의 '활동적인 요소들'을 인식할 필요성에 의해 강제됩니다.

우리는 노동계급의 행동이 구성적 / 제헌적이라는 점을 언제나 기억해야 합니다. 이미 앞에서 말했듯이, 포드주의 시기에 복지주의적인 국가는 단순히 통제의 형상이 아니라, 실제로 저항 — 노동계급의 역동적이고, 돌발적이며, 항상 강력한 저항 — 의 산물입니다. 그리고 노동이 통제 및 지구화의 새로운 네트워크들 내부에서 변형되고 포획되면, 바로 그때 노동은 다음과 같은 즉각적인 양자택일을 제공합니다. 하나는 초과를 생산할 수 있는 역량 속에서 가치를 인식하는 산 노동이며, 다른 하나는 개별적이건 대량화되었건, 생산의 모든 다른 결정요인들에 대한 협력의 유행을 창조하는 산 노동입니다.

그러므로 자본은 포드주의 계약의 파기 그리고 국가의 금융 위기에 대응하려고 할 때, 노동계급 행동이 자신에게 부과된 한계들을 극복하려고 할 때, 복지국가의 탈규제와 일련의 사유화 과정들을 작동시킵니다. 위기에 자극을 받은 자본과 그 국가는 포드주의 계약에 의해 작동되는 다양한 메커니즘들을 사실상 포기합니다. 이것이 자본주의 진영의 중심적인 나라들 내부에서 일어나는 일이며, 외부적으로는 소련의 붕괴로 전지구적 규모에서 자유재량을 부여받은 경제적 지구화 과정의 압력이 뒤따릅니다. 이 새로운 맥락에서 복지국가에는 어떤 역할이 주어질까요? 복지국가는 아직도 발전의 여지를 지니고 있을까요? 이 물음들에 이론적인 대답을 내리려 하는 것은 소용없는 일입니다. 복지국가는 죽었습니다. 복지국가에 만수무강을! 복지국가가 바로 그 자본주의적 생산양식에 뿌리박혀 있어서 그 근본적인 파괴가 미심쩍어지고 사실상 불가능해 보인다고 말할 필요가 있습니다. 복지국가는 어쩌면 ― 자본주의의 성숙기에 ― 자본주의 생산양식의 파기할 수 없는 특징인지도 모릅니다. 대처나 레이건 같은 사람들조차 종종 복지국가를 폐지하려는 시도를 억눌러야 했습니다. 오늘날과 같은 신자유주의의 퇴조 국면에서, 복지국가의 몇 가지 근본적인 측면들(인구학, 학교 교육, 연금 따위)이 여전히 지연되고 있는 중에, 우리는 최후의 일격을 가하려고 했던 수많은 정치가들이 실각하는 것을 목격합니다. 복지국가가 항상 존재해 왔었다는 것 ― 즉 국가에 의한 용인이 아니라 노동자 투쟁들의 산물로서, 자본의 필요들에 의한 기획이 아니라 다중들의 뽀뗀짜에 의해 구축된 것으로서 존재해 왔었다는 것 ― 을 고려한다면, 복지국가를 둘러싼 전투가 아직도 완전히 끝난 것이 아니라는 점은 분명해집니다. 사회적 과정의 모든 연계들에 영향을 미칠 수 있는 노동 능력이 확장됨에 따라 투쟁 또한 사실상 확장되고 있습니다. 사회의 자본으로의 실질적 포섭에서, 삶정치적 탈근대성에서, 노동력의 투쟁은 도시적이고, 도시에 기반을 두고 있으며 사회적입니다 ― 그리하여 모든 곳에서 발견됩니다.

복지를 둘러싼 전투는 다시 시작됩니다. 시민소득 문제는 투쟁들에 의해 가까스로 시작되었지만, 그것은 이미 복지 기획의 재구축에 있어서 중추적인 요소로 등장했습니다. 하지만 우리는 하나의 중심적인 요소가 그 문제들을 해결할 수 있다거나, 사회적 노동의 일원론적 개념화가 우리로 하여금 착취의 측면들의 다수성에 대면할 수 있도록 해 준다고 믿지 않기 때문에, 복지의 새로운 강령의 규정을 가능하게 만들기 위하여 무수히 많은 대안들을 생산하고, 구축하고, 이론화할 필요가 있을 것이라고 생각합니다.

그래서 새로운 공통의 강령이 필요합니다. 그리고 여기에서 '공통'은 우리가 더 이상 국가에, 또는 자본에, 또는 그 어떠한 외부적 권력(기독교 교회, 이슬람 사원, 유대인 회당 ─ 요컨대 자비를 통해 작동하는 명령의 힘과 광기)에 우리 것들을 관리할 역할을 양도하지 않는다는 의미로서 이해되어야 합니다. '공적인 것'과 '공통적인 것'의 차이는 다음과 같은 것입니다. 공적인 것에서 사회적 생산은 국가에 의해 관리될 수 있지만, 공통적인 것에서 사회적 생산은 주체들 ─ 공동으로 그것을 재전유하고 정치적으로 공동으로 재생산하는 주체들 ─ 에 의해 관리됩니다.

복지국가는 하나의 역사적 경험일 뿐만 아니라, 또한 하나의 인류학적 경험이었습니다. 그것은 실현된 인류의 욕망이었습니다. 그러한 경험으로 다시 되돌아갈 수는 없습니다. 노동자 투쟁의 관점에서 볼 때, 복지는 하나의 기정사실이며, 역전 불가능합니다. 더욱이 우리는 신자유주의적 회로가 현재 쇠퇴하고 있다는(전조이지만 그럼에도 불구하고 실제적인) 것을, 그리고 그것의 예견되는 패배를 ─ 내가 말하고 있는 것의 증거로서 ─ 목격하고 있습니다.

4

제국적 탈근대성에서의 정치철학

25강 탈근대성과 자유

26강 내재성의 코뮤니즘

27강 삶권력과 주체성

28강 다중과 삶권력

29강 제국과 전쟁

30강 정치 사전을 개정하자!

31강 일반지성의 삶정치학

32강 '낡은 유럽'의 철학

33강 배우와 관중: 비물질노동, 공공 서비스, 지적 협력 및 공통의 구성

34강 실제 시간과 착취의 시간

35강 새로운 푸코

36강 탈근대성과 동시대성

25강

탈근대성과 자유

후기 근대의 토론들에서 해방 개념은 종종 중심적인 것으로 간주되어 왔습니다. 후기 근대에서만이 아니라 사실상 20세기 전체에 걸쳐서 그러했지요. 자유liberty — '자유'freedom — 는 유효하고 자율적인 가치가 아니었습니다. 사실상 자유의 슬로건은 보수주의자들에게, 자연법의 주창자들에게, 그리고 신자유주의와 자본주의 발전의 옹호자들에게 넘어갔습니다. 위선에게 넘겨졌던 것이지요. 자유에 맞서 해방을 방어한다는 것은 무엇을 의미할까요? 그것은 자유를 권력의 원 안에 완전히 포섭되는 것으로, 우리가 오늘날 알고 있는 바처럼 그것을 사물의 자본주의적이고 민주주의적인 질서의 본질적인 부분으로 만든 변증법적 관계 속에 완전히 갇혀 있는 것으로 이해하는 것을 의미했습니다. 이렇게 해서 자유 개념은 하나의 확장적인 과정의 일부로 발전할 수 없는, 생명 없는 개념이 되기에 이르렀습니다. 자유는 자본주의 권력의 구성적 형태와 상응하게 되었습니다.

　사회과학계의 오늘날의 논쟁들에서, 권력으로의 자유의 이러한 환원, (자신을 비판적인 것이 아니라 오직 수동적인 것이라 여기는) 이러한 상동화는 반복되고 있습니다. 그러나 근대에서 자유가 자본주의 발전 내부에서 작용한 것이 사실이라 해도, 그리고 자유가 지배 부르주아 계급들의 슬로건이 되었다 해도(그리하여 해방liberation이 자유freedom나 또 다른 욕망을 얘기하는 또 다른 방식으로, 유일하게 가능한 개념으로 되는 것처럼 보였다 해도), 오늘날 우리는 상황이 달라졌다고 말할 수 있으며, 사람들 또한 모두 이것을 인식하고 있습니다. 자본이 사회를 흡수하면서 행한 실질적 포섭은 — 그리고 사회적, 경제적, 정치적 관계들의 지구화는 — 완전히 새로운 하나의 지평을, 하나의 현실을 창조했습니다. 이러한 현실을 탈근대라 부르면서 우리는 그것이 근대와의 관계 속에서 함축하는 차이를 올바르게 규정합니다. 우리가 처한 오늘날의 현실을 '탈근대'라고 부르는 것에 대해 동의하지 않는 사람들이 있습니다. 그들은 그걸 '초근대'hypermodernity라고 부르길 선호합니다. 이 용어상의 차이는 해방liberation 및 / 또는 자유freedom의 문제들과 무슨 관계가 있을까요? 여기에서 다시 우리가 해방을 강조하고 있다고 말하는 것으로 충분할 것입니다.

　우리는 탈근대성을 생산에서건, 문화에서건, 또는 삶의 방식들에서건, 자본의 적대적 관계가 모든 사회적 관계들을, 삶의 모든 연계들을 지배하는 상황으로 규정합니다. 달리 말해, 우리를 둘러싼 세상은 이제 삶정치적 맥락 속에서 특징지어집니다. (자신이 구축한 다양한 계보학적 다이아그램들에서 푸코가 기술한 바와 같은) 근대적인 삶정치적인 것에서 탈근대적인 삶정치적 것으로의 이행은 간단히 말하자면, 사회 전체의 실존적 조건들에 대한 권력의 침입이 심화된 것일 뿐입니다. 권력의 과학기술들은 노동력의 사회적 구성을 공격합니다. 연구를 통해 우리는 대중 노동자에 의해 지배되는 노동 조직화 국면으로부터 사회적 노동자에 의해 대표되는 국면으로의 이행을 광범위하게 기록하였으며, 노동의 본성상의 변화들 — 물질성에서 비물질성으로, 지성성 등등으로의 변화들 — 을 구체적으로 설명하였습니다. 이제, 삶정치적 과학기술들의 사회적 이행들에 대해, 그리고 그 기술들 내부의, 권력이 사회적인 것과 맺는 관계들 속에 건설하는 실재들 내부의 사회적 이행들에 대해 서술하는 것은 더 이상, 포섭의 역학 내부에 갇힐 수도 있는 (아니면 그렇지 않을 수도 있는) — 또는 그 역학에 의해 생산될 수도 있는 — 해방 과정들을 우리가 신뢰한다는 것을 의미하지 않습니다(그래서 그들이 가두어지지 않을 가능성은 발전의 유효한 조건들보다는 주체들 간의 권력 균형에 의존합니다.) 오히려 우리는 창발성과 자유의 강력한 선언을 신뢰해야 합니다. 우리는 자유가 자신을 직접 뽀뗀짜로, 대안적 구성으로 나타내는 시대에 돌입했습니다. 자유는 이제 물질적인 뽀뗀짜입니다.

   소통 과학기술 및 사회화된 지식의 시대에, 탈근대적인 삶정치의 시대에 일어나는 정치적 이행들을 기술하고자 한다면, 우리는 이 현실을 횡단하는 근본적인 요소가 자신의 헤게모니를 지적이고 정동적인, 협력적인, 초과적인 행동에 두고 있는 산 노동임을 기억해야 합니다. 이것이 바로 삶정치적 생산입니다. 사회적으로 유용한 노동의 이 새로운 짜임새와 다른 무엇이 존재할 수 있을까요? 분명 그렇지 않을 것입니다. 하지만 이러한 상황에서, 해방이 기획이라면, 자유란 그것이 없다면 생산도 노동도 존재하지 않는 주체, 전제조건, 조건입니다.

 자유는 오늘날, 근본적인 의미에서, 노동과정의 본질적인 부분, 즉 초과, 차이, 그리하여 근본적으로 대안적인 방식으로 자본주의적 잉여가치나 삶의 공통적인 재전유를 구성하는 그러한 모든 지적 및 / 또는 정동적인 가능성들과 지식 공여의 본질적인 부분입니다. 나는 해방 개념 앞에 오는 것으로서 이 자유 개념을 매우 소중하게 고수하며, 그것을 주장하는 바입니다. 해방이란 자유를 해방시키는 것입니다. 그러므로 자유가 사물들의 뿌리에 서 있는 것입니다.

 자유에 대한 스피노자의 정의로 돌아가면, 우리는 그것이 단지 필연에 대한 인식의 구축이 아니라, 우선 존재의 구축을 향한 모든 억누를 수 없는 경향 / 긴장임을 보게 됩니다. 자유는 자유로운 사람의 존재론적 구축, 그리고 공통적인 것의 사회적이고 의식적인 구축을 의미합니다. 이러한 의미에서 자유의 과정을 취한다면, 우리는 자유가 어떻게 자신을 해방의 과정 위에 포개는지 (그리고 그것에서 의미를 제거하는지) 볼 수 있습니다. 그 과정의 의미는 사회적 제도들을 구축하면서 열정들(수동들) 사이로 확대되는 관계들에 의해 구축됩니다. 스피노자에게 자유는 실질적인 민주주의에서 절대적인 자유가 됩니다.

 이제 우리는 — 지력이자 동시에 에로스로서의 — 일반지성의 문제를 만나게 됩니다. 오늘날의 자유는 (일련의 장애물들로부터의) 해방과 아무런 관계가 없으며, 그러한 장애물들을 횡단하는 것과, 그러한 횡단이 인류학적으로 분절되는 만큼 강해지는 특이화의 과정과 아주 밀접한 관계가 있습니다. 자유는 물질과 영혼의 존재론적 성형체compact 안에서, 물질적 노동과 비물질노동 사이에서 주장됩니다. 자유는 재화 및 서비스 생산 사이의 모호한 관계에 복종합니다. 그러나 산 노동은 이것에 복종하면서 사회적 활동으로서의, 더 이상 가두어질 수 없는 초과로서의, 주어진 자유로서의 자신을 발견합니다.

더욱이 형이상학적이고 존재론적인 관점에서 볼 때에도, 해방 개념은 의미를 거의 가지고 있지 않습니다. 해방은 신학정치적인 것으로 더럽혀진 개념입니다. 여기에서, 자신을 해방시킨다는 것은 죄로부디, 물질로부터, 현실의 무게로부터 스스로를 해방시킨다는 것입니다. 오늘날 이것들은 우리와 관계있는 종류의 문제가 아닙니다. 우리에겐 죄를 짓는 자유가 아니라 존재를 창조하는 자유가 있을 뿐입니다. 달리 말해 우리는 존재의 구성적 행위가 결여된 자유(누가 그것을 아직도 자유라고 부를 수 있을까요)를 가지고 있지 않습니다. 저항도 정확히 이와 똑같은 방식으로 고찰되어야 합니다. 그것은 권력에 의해 수립되는 지평들 안에서 자신을 위축시키거나 자신을 제한하는 것이 아닙니다. 저항은 주체의 생산 및 새로운 현실의 구성이거나, 그렇지 않다면 아무것도 아닙니다. 저항은 삶의 자본주의적 식민화에 대한 급진적인 대안이지만, 공통적인 것(즉 우리가 살고 있는 조건들) — 달리 말해, 급진적으로 그러나 독창적이고, 천진난만하고, 자발적이고, 자율적이며, 자기에 기반하는 방식으로 명령과 단절할 수 있는 능력 — 의 재전유인 한에서만 그렇게 되는 데 성공합니다.

이제 방향을 바꿔 도덕철학의 관점에서 해방과 자유의 문제를 고찰하면, 우리는 많은 유사성들을, 또한 많은 차이들(우리가 지금까지 이야기했던 것들)을 발견합니다. 첫째, 우리의 실존적 조건을 고찰해야 합니다. 우리는 고독, 고통, 공포 속에서 살고 있습니다. 이것은 거의 대부분 사실이지요. 이 부정적인 것은, 사물을 정치적 현상학의 맥락에서 보면서 거의 그곳에 존재하지 않는 것처럼 보였습니다. 아니 그것은 오히려 오직 유령 같은 방식으로 나타나는 것처럼 보였습니다. …… 형이상학적 형태들을 통해서만 우리와 대면했던 부정적인 것이 이제 물리적으로 현존합니다. 정치철학에서는 한계로 나타나는 것이 우리의 삶에서는 우선적인 것priority으로 나타납니다. 실제로 정치철학의 기적은 이의異議를 제거하는 기적, 점점 더 효과적인 중립화 수단들을 사용하는 기적입니다. 오히려 자유의 첫 번째 행동이 필연적인 것으로 모습을 드러내는 곳이 바로 여기입니다. 그리고 그것은 부정적인 것으로, 부정 그 자체로 보입니다. 그것은 반란이자 거부입니다. 그것은 '아니오'라고 말하는 힘입니다. 필연적으로 해방의 외부에 주어진, 즉 특이성의 긍정을 향한 하나의 경향으로서의 자유 개념이 직접적으로 거부로서, 부정성으로서 자신을 드러내는 것은 이상할지 모릅니다. 그럼에도 불구하고 이것이 우리가 가장 넓게 일반화되었다고 생각하는 현상학적 형상입니다. 그것은 언어의 영역 속에서 어떻게든 자신을 주장하는 자유의 형상이며, 소통의 영역에서 자신을 긍정하는 데 성공하는 자율을 위한 욕망의 형상입니다. …… 반란과 거부는, 직접적으로 그리고 모든 예외들에 맞서서, 윤리적 자각을 구축하는 데 있어서 긍정적인 요소들입니다.

우리의 관점을 특이성으로부터 공통적인 것으로 확대한다면, 자유의 이 긍정을 그것의 특이한 정합성 속에서 취한다면, 그러나 그와 동시에 이 경험을 사회의 자본주의적 포섭에 넘겨준다면, 우리는 또 다른 일련의 문제들을 제기해야 합니다. 여기에서 내가 의미하는 바는, 자유를 근본적이고 본질적인 요소로서 진술하는 것이 결코 권력 구조에 의해 창출된 어려움들, 파열들, 장애물들을 없애지는 못한다는 것입니다.

(여기에서 나는 두 번째 견해, 즉 탈근대성에서 이 자유 이론은 순

수하게 이상적인 용어들로 정식화된 자유 개념 — 말하건대 신체들의, 임금들의, 가능한 삶의 물질적인 구축인 자유 개념 — 과 아주 다르다는 견해를 밝히고 싶습니다.)

탈근대성에서 자유에 대한 유물론적인 철학은, 우리가 그것의 유효성 및 / 또는 효과를 평가해야 할 두 가지 길을 제공해 줍니다. 첫 빈째는 노동력의 초과에 대한 이론(과 실천)을 따르는 길입니다. 두 번째는 잔여의 길, 노동력에 의한 역사적 흐름의 파열의 길입니다. 나는 이 이론들 중 어느 것도, 그것들이 주요한 변경들, 수정들 또는 대규모의 변형들에 자신들을 개방시키지 않는다면, 가능한 대안을 발전시킬 수 있는 능력을 원래부터 가지고 있지는 않다고 생각합니다.

초과 이론은 종종 선물[증예]의 사회학적 전통에 의존합니다. 잔여 이론은 해체론적 철학에, 그리하여 자본주의적 지배의 가장자리에서 발생할 수 있는 그러한 작은 변화들에 의존합니다. 그렇다면, 이것은 탈근대성에서의 자유의 철학이 요청하여 얻을 수 있는 것이 아닙니다. 탈근대성에서 자유의 철학은 초과 및 선물의 철학들과, 그리고 해석적 잔여scarto의 해체론적 철학들과도 역시 거리를 유지하는데, 그 이유는 그것들 안에서 변증법적인 구조화를 인지하기 때문입니다. 근대성으로부터의 탈출구들을 (그것들을 근대성 위에서 다시 평평하게 하기 위하여) 지배하는 이러한 변증법적 형상은 더 이상 역사적 표본들에 그리고 (헤겔에게서 일어났던 바와 같이) 정신의 생리학에 호소하지 않으며, 더 이상 시간-존재론적 결정요소들을 위임하지 않습니다. 이러한 이론들이 함축하는 이행들은 열정적이고 윤리적입니다. 그럼에도 불구하고 그것들은 여전히 변증법적입니다. 그것들은 초월론에 뿌리를 두고 있습니다. 그것들은 구원을 위해 참조할 수 있는 별을 요구합니다. 그것들은 실은 해방의 지형 위에서 움직입니다.

그러나 오늘날 문제는 자유의 문제이지 더 이상 해방의 문제가 아닙니다. 자유는 물질적인 토대입니다. 자유는 하나의 기계, 즉 자유에서 계보학을 찾아낼 수 있거나 또는 그것을 현재에 적용하기 위하여 그것을 변신에 종속시킬 수 있는 기계 안에 넣어질 필요가 없습니다. 아니, 바로 여기에서, 그것이 프롤레타리아의 투쟁들에 의해 창조되었던 것과 마찬가지로, 계급투쟁이 지금까지 수세기 동안 계속되어 온 것입니다. 자유는 산 노동이며, 주체성의 생산입니다. 자유는 자본이 이 사회에 영향을 준 실질적 포섭에도 불구하고 모습을 나타내는, 순전한 적대입니다. 총체적이 되는 바로 그 순간에 총체성의 반란을 결정한 포섭, 총체성과 지배에 아랑곳하지 않는 자유.

오늘날 자유의 다중들은 자본주의 세계의 파국의 형상들로서 그리고 동시에 열정들의 재구성의 형상들로서, 특이성들의 다중적 잡종들의 형상으로서 모습을 드러냅니다. 다중은 오늘날의 감각적인 것들의 재구성의 형상이며, 언어뿐만 아니라 또한 무엇보다도 욕망의 형상입니다. 여기에서 파괴와 뽀뗀짜 간의 차이, 자본이 강제하지 않을 수 없는 파괴와 다중이 제시하지 않을 수 없는 뽀뗀짜 간의 차이를 건드리는 절대적인 임계점이 존재합니다. 여기에서 우리는 스피노자와 만나게 되며 우리는 그를 우리와 동시대인으로 읽으려고 합니다. 스피노자는 자유를 위한 추구와 자유에 대한 사랑 사이로 나 있는 길을 따라 갔으며, [다양한] 국면들 속에서, [다양한] 차원들 속에서, 개체를 사회적 협력에 개방시키는 것을 향해 나아갔던 과정의 감각적인 이행들 속에서 자유를 확인했습니다. 이러한 개방 속에서 개체는 제거되고 특이하게 되었습니다. 특이성들의 존재론적 특징들은, 협력적인 맥락에서, 개체성을 규정하는 이기적이고 파괴적인 홉스주의적이고 헤겔주의적인 특징들보다 훨씬 강합니다. 우리가 정치철학과 도덕철학 양자에서 답파한 이 길은, …… 선물의 맥락에서가 아니라, 잔여의 맥락에서가 아니라 존재론적 구축의 맥락에서 이해되는 바의 …… 공통적인 것으로, 즉 참된 민주주의로 우리를 이끕니다.

26강

내재성의 코뮤니즘

근대는 국가, 복종, 그리고 주권의 정의에 관한 두 개의 반대되는 입장들에 상응하는 두 개의 사유 노선들에 의해 횡단되었습니다. 첫 번째의 것은 홉스에게서 연원하여 루소를 거쳐 헤겔에 이르는 노선입니다. 이 노선은 주권, 권력, 그리고 사회에서의 인간의 공존 가능성을 초월에 뿌리박은 질서의 효과[결과]로 간주합니다. 두 번째 노선은 마키아벨리에서 연원해 스피노자를 거쳐 맑스에 이르는 것으로, 권력과 주권을 인간 존재들 간의 경험 및 연합의 산물들로 이해합니다. 첫 번째 노선은, 초월에 대한 자신의 근본적인 진술 속에서, 권력을 하나의 통일로 확립합니다. 주권은 '지상의 신'입니다. 두 번째 노선은 주권을 개인의 자유에 대해 점점 더 개방적이고 점점 더 유효한 구성 과정으로 이해합니다. 이러한 견지에서는 '절대민주주의', 달리 말해 만인의, 그리고 만인을 위한 민주주의가 사회적 주체들의 편에서 연속적인 구성으로서 모습을 드러냅니다.

오늘날 절대민주주의의 실천들에 반대되는 것으로서의 권력 및 주권에 대한 초월적 관점은 다시 한 번 신자유주의적 보수주의의 의제가 됩니다. 프랑스 혁명 이후 프랑스와 독일의 반혁명가들이 낭만주의에서 정치신학을 발명했던 것과 마찬가지로, 오늘날 미국의 신보수주의는 주권의 초월적 본성을 재발명하고 있습니다. 레오 스트라우스에서 오늘날의 부시의 전쟁 도발 정책들의 이데올로그들에 이르기까지 우리는 그들에게서 똑같은 신념, 즉 권력이 절대적이고 변경 불가능한 정의正義 개념과 관계된 것을 제외하고는 어떠한 정당화도 필요로 하지 않는다는 신념을 발견합니다. 플라톤은 종교적인 근본주의나 정치적 파시즘과 구별하기 힘든 이데올로기적 입장들에 이용되기 위해 거론되어 왔습니다. 그러나 이러한 입장들에서 가장 특징적인 것은 수행적인 performative 선전포고를 지지하는 특별한 종류의 사회학입니다. 사회적 갈등을 부정하고 국가이성을 호소하는 것은, 전지구적 수준에서의 주권 정치의 자율을 위한 주장들에 기초하고 있습니다.

그러나 이러한 현실을 맞아 우리는 가난, 고역, 착취, …… 요컨대 권력 이론이 부정적이라고 결정하고 배제하는 모든 것의 실존을 인식해야 합니다. 부정적인 것은 존재하지 않는 존재라는 것이지요. …… 그러나 이 부정적인 것은 뽀뗀짜로 차 있습니다. 그것은 거기에 존재하며, 자기 자신의 실존에 대한 거부 및 / 또는 중립화에 반대하여 매순간 싸움을 계속해야 합니다. 그럼에도 불구하고 그것은 피하지 않고 거기에 존재합니다. …… 가난, 고역, 착취는 끊임없이 반란의 상태에 있습니다. 우리는 이러한 잠재력들의 집합, 뽀뗀짜의 총체를 언급하기 위해

'다중'이라는 용어를 사용합니다. 더욱이, 이러한 정치적 대안들을 알려주는 개념들을 고찰한다면, 더욱이, 이러한 정치적 대안들을 알려주는 개념들을 고찰하면, 우리는 '존재하지 않는 존재'가 어떻게 그 대신에 뽀뗀짜의 분노를 생산하는지, 자신이 갇히게 되는 기존 상태로의 환원 불가능성을 생산하는지 즉시 지각하게 됩니다. 우리는 여기에서 변증법적 작동을 수행하고 있는 것이 아닙니다. 변증법은 부정성을 실체[기 취 및 동력으로 가정합니다. 그래서는 안 됩니다. 여기에서 변증법은 사라집니다. 그 이유는 만들어져야 할 최종적인 목적이 더 이상 존재하지 않고 오직 표현되어야 할 자유만이 존재하기 때문입니다. 이 둘이 하내일재를 압도합니다. 여기에서 출현하는 것이 바로 다중, 더 정확히 말해 주체로서의 다중입니다. 여기에서 내재성은 정치적 담론을 위한 유일한 가능성으로서 나타납니다.

그러나 사태가 이와 같다면, 변증법을 넘어 내재적이고, 내생적인 뽀뗀짜, 존재론적 뽀뗀짜의 힘을 알아내는 것은 어떻게 가능할까요? 오늘날 이것은 아마도 맑스주의의 부활을 위한 주요한 노력들이 수행되고 있는 영역일 것입니다. 달리 말해, 여기에서 코뮤니즘은 더 이상, 실현되어야 할 불가피성으로서가 아니라 현재의 시간 속에서 주체적으로 활동적인, 앞으로 움직이는, 하나의 경향으로 간주됩니다. 이러한 문제적 차원 속에는, 자본주의의 위기와 새로운 프롤레타리아적 주체들의 힘 양자를 종합하는 시간들의 숙성이 존재합니다. 맑스주의의 부활이 일어난다면, 그것은 이러한 이론적 차원들 내에서 완수될 것입니다.

우리가, 다중이 하나의 존재론적 뽀뗀짜라고 말하면, 정치경제학 비판의, 간단히 정치적 비판의 테두리를 수정하는 수많은 실제적인 정의들이 제기됩니다. 우선 다중은 산 노동의 뽀뗀짜로, 즉 생산적 노동의 새로운 기술적이고 정치적인 구성의 표현으로서 나타납니다. 우리는 산 노동의 이 뽀뗀짜를 비물질노동의 뽀뗀싸라고 말합니다. 이렇게 말하면서 우리는 협력의 뽀뗀짜(그리고 점점 더 강렬한 존재론적 공통의 탄생)에 의해, 다른 한편 정동적 노동과 프롤레타리아적 주체들 내의 육체적이고 지적인 측면들의 연속성의 뽀뗀짜에 의해 나아가는 일련의 경향들을 요약하고 있는 것입니다. 다중은 특이성과 차이의 분절들 및 네트워크들의 이러한 매우 강력한 결정입니다. 우리가 공통적인 것에 대해 말할 때, 이 용어는 매우 다르지만 노동의 조직화 기술들을 통해 객관적으로 통일되는 사태들을 포함합니다. (예컨대, 농업노동이 오늘날처럼 지식 부문에서 일하는 사람들의 노동과 밀접한 적은 결코 없었습니다. 여성들의 집안일이 오늘날처럼 서비스 부문 노동의 여성되기와 밀접한 적은 결코 없었습니다. 더 많은 예를 들 수 있겠지요.) 그러나 이 객관적인 변형은 주체적인 능력으로의 변형으로 해석되어야 합니다.

스피노자는 우리가 탈근대성에로 이르는 길을 찾도록 도움을 주었습니다. 스피노자는 형이상학적 포텐티아의, 물리학적 코나투스의, 윤리학적 쿠피디타스의, 그리고 마지막으로, 합리적인 아모르*라는 존재론적 연속성 위에 사랑의 뽀뗀짜를 구축하면서 그것을 언급하는데, 다중은 바로 여기에서 자신을 주체화하고, 절대민주주의의 모든 사고 가능성의 토대가 됩니다.

여기에서 더 심화된 이행 — 코나투스와 사랑 사이의 뽀뗀짜의 연속성,

* 'potentia', 'conatus', 'cupiditas', 'amor' 모두 스피노자의 개념들의 목록에서 '힘'(power, force)에 해당한다. 명확하게 대응하는 한국어를 찾기가 어려워 음역을 한다. '포텐티아'는 '활력', '코나투스'는 '살고자 하는 의지', '쿠피디타스'는 '욕구', '아모르'는 '사랑의 역능'의 의미를 갖는다.

주체성의 생산으로서 나타나는 구성 — 을 지적하는 것 역시 가치가 있을 것입니다. 현재의 정치적 차원들, 이론적 사유의 질식, 운동들의 불복종에 대한 억압에 상응하는 용어들로 이것을 성공적으로 사유하는 것은 어렵습니다. 그럼에도 불구하고, 오직 이 내재성 안에서만 저항이 일어날 수 있습니다. 오직 이 내재성 안에서만 하나의 강력한 경향이 형이상학적 원리로서의 명령에 반대하여, 그리고 이론적 혁신을 가라앉히는 늪으로서의 전통에 반대하여, 보수적 사유는 제쳐두고라도, 약한 사유의 포스트모더니즘적 부드러움을 횡단할 수 있으며 — 또 그것에 맞설 수 있습니다.

27강

삶권력과 주체성

현대 사회에 대해, 그리고 명령과 복종이 행사되는 형태에 대해, 그리고 저항과 삶-대안들이 스스로를 표현하는 형태에 대해 논의할 때, 우리는 기본적인 최초의 이해방식, 즉 이 사회가 실제에 있어서 자본에 포섭되어 버렸다는 것에서 출발하여 그렇게 합니다. 권력은 삶을 감싸 버렸습니다. 푸코는 자신의 주요 저작들에서 주권 권력이 어떻게 근대성의 세기에 삶권력으로 변형되었는지 설명했습니다. 삶권력은 경제적인 것의 차원들을, 정치적인 것의 차원들을, 의식의 차원들을 감싸는 개념입니다. 삶권력은 그것이 삶을 감싸는 권력의 기능적인 합리성인 한, 자본주의 지배의 점증하는 확산을 야기하는 경제적 행동[조치]의 도구적 합리성인 한, 또한 의식들에 영향을 미치는 유효한 소통적 행동인 한, 근대성의 종합을 표상하는 개념입니다. 하지만 삶권력

로베스삐에르 (Maximilien François Marie Isidore de Robespierre, 1758~1794) : 1789년 프랑스 혁명기의 정치가. 자코뱅당의 지도자로 활약하였고 파리코뮌의 대표로 추대되었다. 산악파 대표가 되어 공포정치를 펼치다 부르주아 공화파의 반격으로 처형되었다.

에 대해 말할 때 우리는 또한 삶정치적인 것에 대해 말하고 있는 것입니다. 달리 말해, 삶권력은 삶의 총체성을 감싸면서, 삶을 구성하는 사건들의 총체성을 에워싸는 힘입니다. 아마도, 삶을 규율하고 통제하기 위해 고안된 경제적·정치적 규칙들에 삶이 완전히 종속되는 이러한 과정을 이해하기 위해 우리는 근대성이 생산해 낸 동질적인 권력 개념으로 돌아갈 필요가 있을지 모릅니다. 칼 슈미트에서 막스 베버와 레닌에 이르는, 특이성들의 삶에 가해지는 초월적 행동으로서의 권력 개념으로 말입니다. (하이네가 말한 바와 같이) 이 개념은 사물들을 결합하는 명령이라는 낡은 슬로건입니다. 리첼리우^{Richelieu}, 로베스삐에르, 로스차일드를 떠올려 보세요. 이것은 삶을 감싸는 권력입니다.

탈근대로 전진하면서 우리는 이러한 지각을 우리의 출발점으로 삼습니다. 삶의 세계는 권력 내부에 차단되고 압축됩니다. 세계는 체계로 환원됩니다. 이것이 그러한 지각이며, 우리가 느끼고 겪는 세계의 경험입니다. 우리는 어떻게 반응해야 할까요? 저항들이 존재하며, 그것들은 항상 그리고 끊임없이 나타납니다. 예를 들어 조르조 아감벤은 그러한 방식들을 아주 집중적으로 설명했습니다. 그것은 절대적이면서도 동시에 주변적인 저항[하기]이며, 주변성 속에서 절대성의 힘을 발견하는 저항[하기]입니다. 벌거벗은 삶, 집결된 캠프들에서의 인간 존재들의 저항 ― 그 자신의 삶에 대한 이 가공할 주장이 통제의 한계를 결정하는 무엇입니다. 독립 및 / 또는 자율을 위한 이 개인적인, 주체적인 추구가 삶권력이 결정하는 침략으로부터, 세계에 대한 삶권력의 통제로부터 자신을 구출하기에 충분할까요? 침묵하는 수동적 저항은 확실히 하나의 의미를 갖습니다. 근대성의 역사 속에서 이미 우리는 하나의 사례를 발견합니다. 17세기에 '방탕자들[자유사상가늘]'은 '조용히 사는 것이 잘 사는 것이다'Bene vixit qui bene latuit라는 모토에 굴복했습니다.

우리가 지금까지 개괄한 바와 같이, 삶권력에 대한 반응, 그리고 탈근대성에서의 삶권력의 침략성은 우리가 인용한 대부분의 필자들에 의해 불충분한 것으로 받아들여져 왔습니다. 실제로, 그 논쟁은 삶권력의 침윤성이 한계에 다다르게 될 때, 달리 말해 우리가 삶권력에 앞서서 삶정치적 짜임새가 존재할 뿐만 아니라 이러한 짜임새가 또한 개방적이며, 그것과의 충돌 및 그것을 횡단하는 역학이 핵심적이며 억누를 수 없다는 것을 이해하기 시작할 때 논쟁이 시작됩니다. 들뢰즈·가따리와 푸코는 이러한 이행기를 살았습니다. 처음부터 그들은 삶권력의 현실을 삶의 생생하고 정치적인 짜임새를 둘러싼 투쟁들의 개방적인 환경으로 해석했습니다. 들뢰즈는 삶정치적인 것을 투쟁적이고 환원 불가능한 특이성들의 영역으로 규정했습니다. (들뢰즈가 『차이와 반복』에서 재차 논의하고 비판적으로 분석한) 구조주의는 이 지점에서 파기됩니다. 법칙들과 구조적 동형성들isomorphisms은 사건들의 인식에 의해, 그리고 끊임없이 새롭게 분해되는 욕망에 의해 방해를 받습니다. 삶권력에 의해 통일되는 세계가 있습니다. 그래 좋습니다. 그러나 그것은 사건들과 차이들, 특이성들과 다이어그램들diagrams, 그리고 마지막으로 리좀적 대안들에 의해 횡단되는 표면입니다. …… 탈근대적 짜임새를 저항들의 삶정치적 실재로 이해할 수 있는 가능성…….

이러한 해체적 행동을 이론화하고 설명한 『안티 오이디푸스』 이후 푸코는 한 단계 더 나아갑니다. 사건들, 차이들, 특이성들 사이의 이 분할된 지평 위에서, 그는 주체성 생산의 특이한 동력을 표명하기 시작합니다. 푸코의 마지막 저작들과 더불어 우리는 들뢰즈적인 삶권력 분석과 삶정치적 짜임새에 대한 비판적 전망을 뛰어넘게 됩니다. 푸코에게서 구성적 요소는 삶권력이 삶에 대해 행사하는 통제의 테두리 속에 삽입됩니다. 저항은 더 이상 단순히 추상적인 방어나 대안이 아닙니다. 오히려 '신체들을 관통해서 서로 다른 인간 현실을 구축하는 것입니다.' 이 대안적 생활 요소 material 중에서 푸코가 고대적이고 중세적인 섹슈얼리티의 재구축 속에서 그리고 현재를 위해 제공하는 새로운 제안들 속에서 생산하는 것보다 더 굉장한 사례들이 무엇이 있을 수 있을까요?

이것은 우리를 근본적인 이행으로, 근대 내부의 대안이라는 이행으로, 그러나 근대성을 넘어서는 이행으로 데려다줍니다. 푸코가 근대성의 운명을 거부할 때, 삶권력으로 끝나는 운명을 거부할 때, 그리고 존재에 대한 파괴적이고 대단히 허무주의적인 개념을 — 초월적 방식으로 — 구축하는 운명을 거부할 때, 그리고 푸코가 니체를 통해 하이데거를 거절할 때, 그는 구성적인 심급을 탈환합니다. 그가 초월론에 맞서 우리에게 주체성의 생산에 대해 이야기할 때, 실제로 그는 다음과 같은 스피노자적인 격언을 반복하고 있는 것입니다. '당신은 당신의 신체가 무엇을 할 수 있는지 알지 못한다!'

우리가 푸코의 주변에서, '근대성'을 바로 그 하나의 분열된 세계로 이해하는 근대성에 대한 해석 — 한편으로 마키아벨리에서 연원하여 스피노자, 맑스에 이르는 존재론적이고 민주적이며 내재론적인 노선, 다른 한편으로 홉스, 루소, 헤겔 사이의 근대적 사유를 횡단하는 이상주의적이고 철저히 반민주적인 노선 — 을 반복하고 있는 것은 이상합니다. 그러나 이 반복이 정말로 반복적인 것은 아닙니다. 우리가 다루고 있는 논점은 그와는 완전히 다른 지평 — 삶정치적 지평, 달리 말해 삶과 정치, 생활과 집단적인 생활 조건들이 완전히 맞물리는 지평 — 을 제안합니다. 여기에서 나시 예의 격언이 적용됩니다. '당신은 당신의 신체가 무엇을 할 수 있는지 알지 못한다!'

맑스의 그늘들, 아니 오히려 철학에서 정치경제학 비판에 이르는 그늘들. 저항 — 근대성의 탈출 지점에서 들뢰즈·가따리가 이론화하고 특징지은 강력한 저항, 그리고 푸코가 구성적 용어로 새롭게 구축한 저항. 그렇게 이 저항이 세계의 체계 속으로 옮겨지고 있습니다. 이것이 바로 내가 '맑스의 그늘들'로 의미하고자 하는 것입니다. 유령, 괴물, 이미지, 끊임없이 실제적인 것으로 변형하는 빛. 세계의 체계는 — 맑스가 우리에게 말해 주는 바의 유령처럼 — 단지 죽은 노동의 궤적이 아니며, 자신의 제헌적 힘을 소진해 버린 산 노동의 침전물은 더더욱 아닙니다. 세계는 오히려 산 노동의 구성적 궤적에 의해 끊임없이 저지되고 부서지는 체계입니다. 자본에 포섭된 세계는 분열된 관계의 세계입니다. 그것은 자본주의적 관계 안에 분열의 틈을 확산시키는 세계입니다. 자본의 개념은, 실질적 포섭 안에서, 이중적 관계, 즉 복수적 관계가 되는데, 분산적이며 활동적인 관계가 그것입니다.

이러한 이행을 완수하는 것이 중요합니다. 그것은 자본이 근대성에서 탈근대성에로의 이행 속에서 초래하는 파열의 급진성을 드러냅니다. 착취 관계는 사회적 관계들의 총체성을 둘러싸고, 그리고 자본이 시간적 관점과 동시에 공간적 관점에서 결정하는 전지구적 관계들의 연속성 속에서 끊임없이 탈구되는 무언가가 됩니다. 산 노동은 이러한 상황 속에서 완전히 변신합니다. 이것으로 내가 의미하는 것은, 산 노동이 변하는 것은 단지 자신이 자본이 결정하는 노동 조직화에서 일어나는 변화들에 종속되어 있기 때문만이 아니라, 또한 투쟁들과 집단적 운동들이 철저하고 구조적인 방식들로 노동의 변신들을 결정하기 때문이라는 것입니다.

우리는 자본 관계에서의 다양한 변화들을, 노동의 정치적 구성 및 기술적 구성의 다양한 단계들과 시기들을 결정하는 방식으로 간주할 수 있습니다. 오늘날, 자본주의적 조직의 현재의 구조에서, 그리고 프롤레타리아 행동의 현재의 수준에서, 우리는 관계들의 복잡성 위에서 분절되는 기술적·정치적 규제와 연관되는, 간헐적이고 변화 가능한 노동의 조직화를 정의할 수 있습니다. 삶정치적인 것과 삶권력 사이에서, 사회적이고 생산적인 관계들의 칸막이는 그 어느 때보다도 폭이 넓습니다. 우리가 포드주의적 공장에서 포스트포드주의적인 사회적 생산으로의 이행을, 그리고 산업 생산에서 정보 과학기술들의 헤게모니에로의 이행을 추적할 때, 우리가 대중 노동자의 물질적 노동으로부터 사회적 노동자의 비물질노동으로, 정보 과학기술들에 의한 새로운 사회적 주체들의 사회적으로 중대한 생산적 활동으로 나아갈 때 ― 이 모든 것에서 핵심적인 문제는 우리가 어떻게 저항을 사회의 자본에로의 실질적 포섭의 바로 이 고도의 수준에서 확인할 수 있는가 하는 문제입니다. 종속적인 인간의 노동과 해방된 인간의 노동 …… 더 정확히 말해 투쟁하는 인간의 노동의 차이는 무엇인가?

비물질노동은 산 노동입니다. 우리가 손을 쓰고 몸을 쓰는 활동으로 알고 있던 바의 것인 노동은, 아직도 이러한 것이 대부분 남아 있다

할지라도, 변형되고 있습니다. 노동의 지성되기가 존재합니다. 달리 말해, 노동은 공간의 측면에서 이동적이며, 시간의 측면에서 유연하고, 노동이 수행되는 방법과 장소의 측면에서 종종 독립적입니다. 여기에서 노동자에 의한 노동 도구들의 재전유에 대해 이야기할 수 있을 것입니다. 물론 이러한 맥락에서 문제를 제기하는 것은 과장일 수 있습니다. 하지만 그것은 강력한 선택입니다. 이 선택은 자본의 모든 재흡수하는 변증법의 종말이라는 조건 속에서 파악되는 비물질노동의 발전에 의해 표현됩니다. 헤겔에 따르면 자본주의는 본질적으로 도구의 변증법에 기초를 두었습니다. 달리 말해 자본주의는 즉 자본가가 노동자에게 노동의 수단을 제공하고, 공통의 삶이 이 도구화 주변에 구축되었다는 사실에 기초를 두었습니다. 오늘날 이 헤겔주의적 도구화는 제거되었습니다.

산 노동으로서의 비물질노동의 변형을 규정하는 두 번째 요소는 노동의 여성되기입니다. 비물질노동에는 정동적 노동, 돌봄 노동, 관계적 노동 그리고 역사 전반에 걸쳐 여성적인 노동의 형태로 특징지어졌던 다른 수많은 노동 형태들이 존재합니다. 노동의 비물질적 되기 안에서 그것의 자율이 주장되는 것과 마찬가지로, 노동의 정동적 되기 안에서는 그것의 차이가 주장됩니다. 달리 말해, 이 정신적인 초과와 윤리학이 자본주의적 통제의 규칙들과 수단들로 환원될 수 없다는 것이지요.

그러나 노동이 자본주의적 명령 아래에서 획득될 수 없고 포획될 수 없는 산 노동으로 정의되는 또 다른 형태들 역시 존재합니다. 노동의 이 새로운 본성의 첫 번째 수준은 노동의 자연되기입니다. 이것은 언어유희가 아닙니다. 자연 속의 노동 — 농민 노동, 자연을 변형시키는 것과 관계된 노동 — 은 이제는, 자기 안에 과학적 유산 전부와 노동의 정보

과학 및 수단을 전부 포함한다고 말해도 좋을 정도까지 지적으로 되고 복잡해졌습니다. 농민 노동은 생산 속에서 전통적인 (또한 방대한) 지식을 과학기술적 지식의 재전유로 변형시킵니다. 지적 노동의 자율에, 노동의 여성되기가 주장하는 차이에, 이제 새로운 자질이, 즉 노동과 자연의 재구성의 자질이, 내적 변형의 자질이, 필수적인 변신의 자질이 덧붙여지고 있습니다.

마지막으로, 언어적 표현이, 달리 말해 기호들의 표현이, 언어되기로서의 언어의 소통적 구성이 있습니다. 오늘날의 생산의 관점에서 사고할 때, 우리는 새로운 언어들을 구축합니다. 언어가 표현되고 노동이 영향받는 것은 바로 이 형태 안에서입니다.

당연히, 이 전체적인 일련의 요소들은 노동의 공통되기에 의해 재조직됩니다. 노동은 더 이상 추상적이지 않고, 그것의 되기를 구성하는 이 일련의 활동적인 요소들에 의해 연속적이고 실질적인 방식들로 구체적이고 특이하게 됩니다. 노동의 공통되기는 자신이 지니고 있는 어떤 자연적인 본질과 활동의 재발견이 아니며, 노동의 본성 속에서 일어나는 변형들을 횡단합니다. 공통적인 것은 노동의 공통적 변형과의 관계 속에서 동질적으로 실현됩니다. 다시 한 번 말하자면, 우리의 분석은 근대성에 대한 대안들로 다시 우리를 이끕니다. 이제 그것은 결코 환원될 수 없는 요소들을 노동의 규정 속에, (노동을 통한) 사회적인 것의 구성 속에 고정하며, 그리고 노동의 가치와 공통의 질서 같은 모든 초월적 개념들을 고정합니다. 여기에서 우리는 스피노자와 맑스에게서 이미 발견한 직관들을 — 탈근대성의 새로운 형상들과 일반지성의 권력 등의 용어들로 이해된 — 개방적이고 구성적인 방식들로 완수할 수 있습니다. 아페티투스(열정)appetitus에서 쿠피디타스(욕망)를 거쳐 아모르(사랑)를 향해 움직이면서 새로운 세계를 구성할 수 있는 새로운 인간 존재를 열정적으로 구성하는 존재론적 노선.

우리가 다중을 정의내릴 때, 우리는 그것을 관계들의 망으로, 협력적 활동으로, 다수의 특이성들로 정의합니다. 다중은 다수의 특이성이기 때문에, 정치적인 것을 초월로 규정하려는 모든 가능성에 반대하여 제기됩니다. 근대 주권의 패러다임들로서의 민중과 행동은 여기에서 파산합니다.

다시 말하자면, 다중은 다수성을 대중으로, 무차별적인 주체들의 총체로 동일시하는, 어느 정도 사회주의 개념과 연관되어 있는, 그러한 모든 범주들과 대조됩니다. 다중은 특이성들의 총체입니다. 이 점을 망각해서는 안 됩니다. 최종적인 분석에서 다중은, 존재론적 관점에서 볼 때, 생산적 역량으로, 제헌권력으로, 생산적이고 사회적인 초과의 결정 요인으로 모습을 드러냅니다.

(또한 하나의 경험이기도 한) 이 후자의 개념은 주체성과 협력 사이에 놓인 다중에서 전개되는 관계로 우리를 다시 데려다줍니다. 그러나 주체성과 협력은 공통 — 달리 말해, 결코 평평하고 유기적인 공동체들로 끝나지 않는 역동적이고 항상 개방적인 관계 — 을 구성합니다. 주체성과 협력 간의 관계는 다중의 개념 및 현실의 뿌리에 있는 공통을 구성함과 동시에 그것을 드러냅니다.

오늘날 우리는 제국의 구조들 및 전지구적 형상들의 구축에서 일어나는 중요한 이행의 순간을 살고 있습니다. 다중적 활동들에 의해 구축된 공통적인 것을 재봉건화하려고 애쓰는 세력들이 있습니다. 전지구적 운동들, 그리고 무엇보다도 주체성의 끊임없는 일상적 생산은 일방적 방식들로 제국으로의 이행을 평균화하려는 이러한 시도들에 반대하고 저항합니다. 이 지점에서, 결론에 대신하여, 이 제국적 이행이 지구화 내에서 극히 모순적이라는 점을 강조할 만한 가치가 있을 것입니다. 실제로 우리는 공위기를 — 즉 다양한 대안들이 모두 불완전한 채로 모습을 드러내는 시기를 — 통과하며 살고 있습니다. 전지구적 투쟁들과 전지구적 운동들, 메티사쥬 현상들과 인류학적 변신들이 나란히 공존합니다. 야만인들은 더 이상 단순히 창문에, 제국의 경계들에 존재하는 것이 아니라, 자신의 일관성을 횡단해 끊임없이 확장합니다. 설령 그것이 아무리 고통스럽고 모호한 것으로 판명된다 할지라도, 우리가 이 틀을 채택해서 그 동학을 충분히 이해하지 않는다면, 그 시대의 성격을 앞서 상상하는 것은 어려울 것입니다.

28강

다중과 삶권력

여기에서 나는 두 세트의 개념들 사이의 분절을 만들어 보려고 할 것입니다. 첫 번째는 철학과 정치에서의 내재성의 차원과 관련된 것이고, 두 번째는 철학적 맥락의 다중 개념을 역사를 만들어 나가는 삶정치적 차원으로 고려하는 것입니다.

정치는 존재론으로 탄생합니다. 철학이 서방에서 태어날 때, 이번에는 정치적 논쟁으로서 모습을 드러냅니다. 그러므로 고전 철학에서 존재론적 원리와 정치적 명령이 모두 '아르케'arche라는 같은 단어로 표현되는 것은 우연이 아닙니다. 플라톤주의와 그 전통은 그것들을 동일한 것으로 취급하는 것으로 이루어져 있으며, 또 그렇다고 주장합니다. 이 노선이 저지당하는 것은 오직 근대에서입니다. 정확히 말하면 근대 철학의 초창기(휴머니즘)에서입니다. 그 정치적 원리가 다시 한 번 그 자신의 자율과 함께 등장했을 때입니다. 내재성은 초월과 대조됩니다. 여기에서 주어지는 것은 오직 자연 지배에 대한 인간 존재의 (절대적으로 타당한) 요구들과, 산 노동의 뽀뗀짜에 대한, 개인들 간의 협력에 대한, 사회적 협동에 대한, 그리고 마지막으로 역사 건설에 대한 긍정입니다. 근대 철학이 다시 자격을 갖추게 되는 것은 바로 이 반란적 현실 내부에서입니다. 근대 철학은 점점 더 세속적인 정치적 표현 형태를 띠고, 절대적 내재성의 지평들을 건드리며, 역설적이게도 (철학을 변형시킴으로써) 초월을 역사의 동력으로 만드는 식의 변증법적 과정들을 발명합니다. 그렇다 하더라도, 철학은 절대민주주의에 대한, 지상의 진실에 대한, 진보적인 휴머니즘에 대한 요구를 정치적으로 정복할 것입니다. 철학은 '지상의 신'의 실용주의적 계시의 진보적인 의미를 탈환할 것입니다.

초월의 지형은, 기원상 종교적이거나 전통주의적인 보수적 철학들에 의한 점증하는 폭력과 함께 오늘날 다시 제시되고 있습니다. 정치신학은 우리 시대의 역사에 대한 분석에서 다시 한 번 표면화되었습니다. 신학적·정치적 지평은 민주주의의 옹호자들과 비방자들을, 미국의 신보수주의들과 이슬람의 근본주의자들을 통일시킵니다. 우리는 탈혁명적이고 대항혁명적인 반동의, 19세기 전반부의 테르미도르의 침울한 (그러나 이론적 관점에서 볼 때에는 대단히 생산적인) 시대로 돌아온 것처럼 보입니다. 그와 같은 상황에서도 역시, 정치신학은 매우 폭력적으로 부활했습니다. 그 당시 그것이 국가 정체성과 '국가 사고'nation-thinking의 반란에 의해 소멸되었다는 점을 제외한다면 말이지요. 동시에 이러한 반란은 대항혁명의 반동적인 동력drive을 소진하고 동시대성의 새로운 신학적·정치적 이단들을 불태웠습니다.

철학에서 무엇이 일어나고 있었는지를 살피는 시각에서 역사 속의 이 순간을 고찰한다면, 우리는 근대 속에서 정치적 입장들의 반복을, 즉 휴머니즘과 르네상스의 위기에서 가장 심각한 시대를 특징지었던 정치적 입장들의 반복을 확인할 수 있습니다. 거기에는 반대되는 입장들이 서로 거리를 두고 있었습니다. 한편으로 우리는 근대적 주권이라는 개념과 만납니다(홉스, 그리고 데카르트 이후의 모든 이상주의적 철학자들). 다른 한편에는 종종 공화주의로서 자신을 드러내는 급진적인 민주적 사고가 있습니다. 우리는 마키아벨리에서 스피노자에 이르는 전통을 통해서 이러한 경향을 읽을 수 있습니다.

우리는 근대성의 정치신학의 취약한 변이체를 지적할 필요가 있습니다. 이것은 내재성과 초월을 중재하자는 요구와 함께, 자유를 위한 혁명적 욕망 내부에 공화주의적 사고를 다시 배치하자는 요구와 함께 등장합니다. 우리가, 내재성의 경계 위나 정치신학의 경계 위에 정렬하기를 거부하는 이러한 초월적 경향들을 아주 뚜렷하게 발견하는 것은 바로 칸트주의적 철학과 자유주의적 헤겔주의에서입니다. 여기에서 세워지는 지평들은 거짓입니다. 엄밀하게 말하자면 형식적이며 초월적입니다. (인간 존재들의 자연스러운 필요로서의) 매개의 고정성은 잘 조직된 민주주의를 측정하고 유지하는 가능성을 보여줄 수 있을 것입니다. 그러나 이 모든 것은 내재성의 급진성에서 벗어나려는, 완전히 인간적인 지평의 무게로부터 벗어나려는 — 존재하는 것으로부터, 공동체 속에서 살아가는 것으로부터, 역능을 행사하는 것으로부터 벗어나려는 — 헛된 시도에 지나지 않습니다.

근대성이 진전됨에 따라 정치에서의 초월은 더욱더 강력하게 수립되었습니다. 정치가 자본주의적 삶권력에 완전히 포섭될 것으로 간주하는 사람들에게 역설적인 것은, 이러한 정황에서 아직도 공화주의를 열망하는 사람들에게 역설적인 것은, 형이상학적 규칙이 여기에서는 주체성의 분절들 위에 겹쳐진다는 점입니다. 프랑크푸르트학파에서 프랑스 구조주의에 이르기까지 우리는 이중의 역설을 발견합니다. 한편으로는 전체 사회의 자본주의적 삶권력 내부로의 실질적인 포섭, 다른 한편으로는 개별적인 저항들의 전지구적인 개방이 그것입니다. 이 저항들은 분명 삶정치적인 것의 지형을 횡단하지만, 이들은 주변적이기 때문에, (삶의 모든 관계 속으로의 자본의 확장이라는 바로 그 사실로 인해 제시될 수 있는 바의) 반란의 계기들을 발전시키고 확대할 수는 없습니다.

우리는 이 조건으로부터 길을 발견하여 사유의 이러한 블록들을 분쇄할 필요가 있습니다. 우리는, 정치적 분석의 짜임새를 제공하는 것과 동시에 포스트모더니즘적인 약점이라는 종잡을 수 없는 상황에 우리를 빠뜨렸던 이 현실을 넘어설 필요가 있습니다. 문제는 다중을 위한 공존의 규칙들을 재전유하는 것을 출발점으로 삼고 그와 동시에 자유의 급진적인 옹호를 주장하면서, 내재성의 주변에 어떻게 정치적 사유를 구축하는가 하는 것입니다. 오직 신체들만이 비판을 행할 수 있습니다.

이것은 우리를 탈근대성 ― 허약하지 않은 탈근대성 ― 에 대한 정치적 고찰들의 영역으로 데려다줍니다. 그리고 바로 여기에서 우리에게는 '다중' 개념이 핵심적인 것으로 보입니다. 다중은 노동 개념에 기초한, 노동의 착취에 기초한, 착취 내부에서 만들어지는 적대에 기초한 계급 개념입니다. 우리가 지성되기, 여성되기, 자연되기, 언어적 / 관계적 / 협력적이 되기, 그리고 마지막으로 노동의 공통되기에 대해 이야기할 때, 우리는 일반적인 어떤 개념을 제안하고 있는 것이 아닙니다.

오히려 우리는 역사적 이행 — 내재성이 전지구적인 방식으로 결정되는 순간 — 을 절대적으로 결정하는 것을 확인하고 있는 것입니다. 이제부터 정치적인 것의 어떠한 신학적 개념화도 그 자체로 신비적인 것이 될 것입니다.

하지만 당연히, 이 다중적 토대 위에서 착취는 공통적인 것의 착취입니다. 공통적인 것의 착취란 무엇을 의미할까요? 그것은 자본주의적 명령과 자본주의적 착취/축적이 더 이상 단순히 노동과 삶을 조직하는 단일한 작동자operator에 초점을 맞추지 않고 노동이 생산적이 되기 위하여 결정하는 공통적 관계들에 들러붙고 그것들에 얽혀든다는 것을 의미합니다. 착취는 그러므로 대단히 격심할 것이며, 그것이 전지구적 차원으로 확대되는 한 특히 더 그럴 것입니다. 그러나 이 착취 조건의 적대적 성격 역시 극심할 것입니다. 여기에서 자본주의적 전유의 폭력에 영향을 받는 것이 단지 한 사람의 노동자가 아니라 오히려 착취당하는 것은 사회 전체의 노동 활동이기 때문입니다.

우리는 곧 착취의 특징들로 돌아갈 것입니다. 여기에서 나는 다음과 같은 사실을, 즉 의미심장한 것이 되려면 다중 개념이 삶정치적인 것 안에 자신을 구축할 필요가 있다는 사실을 강조하고자 합니다. 이제 삶정치는 전지구적 노동력과 그 생산의 사회적 조건들이 도달하는 한계입니다. 그것은 (자본이 그렇게 되기를 바랐던 바의) 삶의 생산적 활동으로의 환원이 생산을 위한 뽀뗀짜로서의 삶을 회복하는 장소입니다. 다른 한편, 삶정치적인 것은 또한, 삶이 역사적 변형들의 동력이자 주체인 그 한도限度가 밝혀지는 개념적이고 존재론적인 차원입니다. 노동의 본성에서 일어나는, 그리고 노동 착취의 사회적 조직화에서 일어나는 변화들은 계급투쟁의 산물입니다. 그리고 바로 이러한 이행 속에서 주체성의 생산이 — 끊임없이, 점차 강력하게 — 계속되며, 삶정치적인 지평으로 모습을 드러냅니다. 자본이 정치를 정복한 곳에서 삶이 자본주의적 활동의 차원들과 형상들을 해체하면서 다시 나타납니다. 그리고 바로 여기에서 삶이 (축적의 생산물을 전유하면서) 착취를 공격합니다.

이처럼 삶정치적 짜임새는 삶에 대한 자본의 대대적인 습격을 특징으로 하지만, 그와 동시에 자본에 맞선, 노동력의, 삶 자체의 저항과 반항을 특징으로 합니다. 이러한 이행은 변증법적이지 않고 변신적입니다. 달리 말해, 삶정치에서는, 그 안에서 서로 대면했던 주체들에 의해 취해진 배치들이 새로운 일원론적 차원들로 뒤집어질 수도 만회될 수도 없습니다. 자본은, 그리고 무엇보다도 주권은 — 이 새로운 삶정치적 조건 안에서는 — 더 이상 종합의 힘들로 구성되지 못하며, 부분적이고 일방적인 활동을 벌이는 요소들로서 나타납니다. 노동자와 삶정치적 주체는 환원 불가능한 요소들로서, 독립변수들로서, 참조, 저항, 봉기, 반란의 지점들로서 자본과 주권 앞에 맞섭니다.

근대성에서 탈근대성으로의 이행에 대해 앞에서 설명한 부분으로 돌아가, 우리는 패러다임의 변화의 강도에 주목합니다. 나는 신학적·정치적인 것이 내재성 — 다른 말로 하면 절대민주주의 — 에 대한 근대적 개념과 대조를 이루었던 여러 형태들을 조명하는 것에서 이 강연을 시작했습니다. 우리는 신학적인 것과 정치적인 것 사이의 이 대립이 어떻게 강제되었는지를 보았습니다. 그리고 우리는 상대방을 포위하고 포섭할 수 있는 변증법적 경로들에 영향을 미칠 수 없는 불가능성을 보았습니다. 오늘날, 패러다임의 변화가 있었다고 말할 때, 우리는 기본적으로 노동의 다중되기가 불러오는 급진적인 불연속성을 언급하고 있는 것입니다. 이러한 급진적인 불연속성 속에 엑소더스의 중심성이, 그리고 또한 다중의 구성적 활동이 뿌리내리고 있습니다. 여기가 우리가 살아가고 있는 이행의 입구입니다.

우리가 다중과 삶정치적인 것에 대해 이야기할 때, 우리는 이렇게 내재성의 뽀뗀짜의 승리를 언급하고 있는 것입니다. (스피노자적인 전통에서의) '신의 사랑'은 어스름한 쇠퇴기의 삽화가 아닙니다. 그것은 오히려, 창조적인 것으로 밝혀진 노동 속의 인간적 활동을 중심으로 완전히 정치적으로 된 삶의 뽀뗀짜를 표명하는 것입니다.

29강

제국과 전쟁

1. 이 강연을 준비하는 중에 나는 맑스, 슈미트, 베버에 관한 칼 뢰비트Karl Löwith의 저작 선집을 우연히 접하게 되었습니다. 나는 50년 전에 이미 이 저작들을 알고 있었습니다. 하지만 나는 이 특별판에 실린 서문을 읽은 적이 없었습니다. 그것은 에른스트 놀테Ernest Nolte가 쓴 것이었습니다. 서문에서 뢰비트는 자신이 살았던 시대의 투쟁들에서 '권력을 잡기를 거부한 정치 인물'로 미화되었는데, 그것은 그가 영원한 인간 본성과 사유의 초월성을 주장한 철학자였기 때문이었습니다. 여기에서, 놀테가 뢰비트의 사고에 대한 자신의 해석에서 저지른 배반(그것은 정말 배반이라 할 만하기 때문에)은 정치에서의 초월 ― 오늘날 미국의 신보수주의자들과 제국적 전쟁의 현재 국면에서의 신자유주의자들과 완벽히 들어맞을 어떤 것 ― 을 위한 선택으로서 흥미를 자아냅

니다. 앞서 말했듯이, 그것은 배반입니다. 뢰비트에게 초월은 전적으로 역사적 진실의 영역 내부에 있었습니다. 그는 그것을 뒤흔들고 마침내 방향을 바꾸고 있었습니다. 이러한 초월에 대한 이해 방식은, 수정주의자 놀테가 생각했을 수도 있었던 바와 달리, 내재성의 주위를 돌고 있었고, 그것과 접촉하는 극적인 측면을 띠고 있었습니다. 이것이 바로 맑스, 슈미트, 베버가 밝힌 근대성의 경향 속에서 뢰비트가 인식한 무언가입니다. 우리가 하이너 뮐러*를 더 면밀하게 고찰했

하이너 뮐러(Heiner Müller, 1929~1995): 독일 작센주 에펜도르프에서 출생. 극작가, 시인, 수필가, 극장 감독이다. 사무엘 베켓 이후 "연극의 살아 있는 가장 위대한 시인"으로 평가되며, 베르톨트 브레히트 이후 20세기 독일의 가장 중요한 극작가로 꼽힌다.

더라면, 우리는 유사한 상황에 처했을 것입니다. 그가 관심을 가진 것은— 초월의 경향적 패배를 목격한— 절대적 내재성의 통과라는 사실이었습니다. 그렇지만 그것은 아직도 끝나지 않은 하나의 긴장— 허공 중에 쏘아진 화살— 이었습니다. 내가 이 강연에서 말하고자 하는 바는 철학적 — 그리하여 정치적인 — 내재성을 하이너 뮐러의 극적이고 철학적이며 정치적인 사유와 연관지어 논의하는 것입니다.

내재성의 사유란 무엇일까요? 단순히 말하자면, 그것은 이 세계에 외부가 없고, 세계의 구축과 필연성이 이 세계 내부에 있으며, 그리고 그것의 구조 속에서 인류학과 존재론이 분리되지 않는다는 사유입니다. 우리는 이 세계에 외부가 없다는 것을 인식하기 위해 혁명가가 될 필요가 없습니다. 포스트모더니즘(맑스주의의 위대한 이단)은 이러한 단언을 일반화했습니다. 포스트모더니즘은 권력 속에서 단지 사회의 포섭을 위한 기계가 아니라 사회 전체를 생산하는 동력을 인식했습니

다. 권력은 삶권력이 되었습니다. 그러나 포스트모더니즘은 저항을 망각했습니다. 그것은 저항을 제국적 전체성의 주변부에 놓았습니다. 다른 말로 하면, 포스트모더니즘은 다음과 같은 것들을, 즉 다중의 봉기를, 더 이상 대항권력이 아니라 특이성의 저항적 다양성들인 무언가를 제국의 심장부에 가져올 가능성을 상상하지 않았습니다. '또 다른 세계가 가능하다'라는 진술은 주체적 계보학에 대한, 특이성과 저항의 대안적 생산에 대한 분석과 전개 속에 뿌리내리고 있습니다.

하이너 뮐러가 우리로 하여금 움직이도록 권하는 것이 바로 이러한 내재성의, 참된 내재성의 지형 위입니다. 그것은 그가 여기에서 우리 스스로 움직일 것을 예견하기 때문이며, 무엇보다도 에른스트 놀테가 (그리고 허약한 탈근대성에 대한 강력한 수정주의가) 제공한 것과 같은 종류의, 존재의 위기에 강제된 궁극적 초월이라는 왜곡을 효과적으로 선취하기 때문입니다.

2. 권력은 삶권력이 되었습니다. 삶권력은 무엇을 의미할까요? 그것은 권력이 전체적인 사회적 관계들을 포위하는 것을 — 그러니까 사회적 관계들의 구축, 전지구적인 시간과 공간 속에서 이루어지는 사회적 협력에 대한 통제, 삶에 대한 지배를 — 의미합니다. 권력은 삶의 재생산이라는 삶정치적 맥락을 자신의 모든 측면 속에, 생산 및 재생산에 대한 자신의 그 모든 다양한 분절들 속에 감쌉니다. 우리는 이 이행에 대한 주장을 푸코에게 빚지고 있습니다. 이 주장은 오늘날 (신보수주의가 강제하는 전쟁도발적인 위기 속에서의) 생산양식들, 노동 조직화, 일반적인 인류학적 조건 등에 대한 분석에 의해 확증되고 있습니다.

다음을 주의하세요. 자유와 삶의 공간에 대한 침입이 새로운 것은 아니라는 점을 말이지요. 노예와 가부장제에 대한 역사적 현상학들은 지배와 사회적·정치적 위계의 이러한 삶정치적 경험들을 폭넓게 보여주었습니다. 오늘날 권력의 결정에 따라 지배되는 나라들이 아직도 존재합니다. 그러나 이러한 과거의 자취들을 고려하는 것이, 심지어 그것들이 아직도 효과적인 곳이 있다 할지라도, 우리가 지금 살아가고 있는 상황의 새로운 특질을 망각하는 것을 의미하지는 않습니다. 이 지형 위에서, 하이너 뮐러는, 말하자면, 푸코와 일치된 추론을 했습니다. 푸코와 마찬가지로, 현실 사회주의의 위기에 새롭게 다시 제기된, 삶정치적인 노예 경험의 중대성을 폭로하기 위해, 근대성과 사회주의의 정치적 맥락 속 '그는 가면을 쓴 채 걸어갔습니다.'

제국(주권의 새로운 형상으로 명확하게 구축된 패러다임)은 삶권력을 단순히 규율의 맥락에서가 아니라 점차 통제의 맥락에서, 단순히 생산의 맥락에서만이 아니라 조직의 위계 및 생산적 공간들의 맥락에서도 역시, 더 이상 단순히 사회적 연계들의 구축의 맥락에서가 아니라 주체성의 생산에서의 끊임없는 시도들을 통해 해석합니다.

우리가 제국에서 보는 것은 다소 러시아 인형 같은 구조 ― 삶을 규율이 봉쇄하고 있고, 규율을 통제가 봉쇄하고 있는 구조 ― 입니다. 그리고 권력이란 자기를 행사함으로써 자신을 정당화하는 폭력이기 때문에, 제국은 어려움들이나 저항들의 표현에 맞서, 예외상태를 강제합니다. 오늘날 예외상태는 예방 전쟁, 결코 끝나지 않는 전쟁으로 불립니다.

3. 낡은 유물론적 변증법 역시 언제나 내재성입니다. 그러나 이러한 정황에서 포스트모더니즘적 전체성 내에서 움직이는 것이 어떻게 가능할까요? 낡은 변증법은 ― 예를 들어 베르톨트 브레히트가 해석한 바와 같

> *페터 캄머러 (Peter Kammerer, 1938~) : 이탈리아 우르비노 대학 사회학과 교수로 재직 중이며 번역가, 편집자, 비평가, 저술가로 활동하고 있다. 이탈리아의 시인이자 소설가이며 영화감독인 파솔리니 연구자이기도 하다.

이 — 우리에게 자본주의적 발전에 내재적인 위기로서의 지배과정의 피할 수 없는 위기를, 지배의 분절들을 (어떤 운명적인 순간에) 깨뜨릴 물질적 필연성을 제공해 주었습니다. 경제주의와, 구조와 상부구조 사이의 변증법은 이러한 시각을 구성하는 근본적인 요소들이었습니다. 변증법적 유물론은 사실적 필연성이 해방의 극적 및 / 또는 종말론적 개시를 수반하는 틀을 확립했습니다.

우리는 이러한 놀이를 하지 않습니다. 그리고 하이너 뮐러도 마찬가지였습니다. 우리는 (소위 '현실 사회주의'의 세계를 포함하여) 자본주의적인 폭력과 파괴적인 명령이 어디까지 갈 수 있는지 보아 왔습니다. 우리는 히로시마와 아우슈비츠 이후에, 소비에트 강제노동수용소 이후에, 또한 새로운 제국적 전쟁들 내부에서 등장한 세계를 이해하기를 원합니다. 우리는 변증법적 분리를 넘어서는, 내재성에 대한 또 다른 해석이 존재한다고 생각합니다. 그것은 주체적 가능성의, 되돌릴 수 없는 사건의, 드러나고 있는 현실에 대한 감각의 발견에 기초하고 있습니다. 변증법에 대해 우리는 적대를, 인간성을 공격하고 있는 해결할 수 없는 위기를, 그리하여 계보학을 — 그리고 그보다 훨씬 전에 이 인류학적 지형 위에서, 이러한 변화들의 고고학과 변신들의 뽀뗀짜를 — 대립시킵니다.

우리가 하이너 뮐러를 발견하는 곳이 바로 여기입니다. 뮐러 저작들의 이탈리아어 번역본의 서문 어디에선가 페터 캄머러Peter Kammerer*는 매우 지혜롭게 이 점에 주목합니다. 그의 말에 따르면, 브레히트가 여전히 확신하고 있는 역사의 변증법적 발전('심지어 홍수조차 영원히 지속되지 않는다')에도 불구하고, 하이너 뮐러는 다른 경로를 취합니다. 그는 인류학적 균열incrinatura의 출현을 지적하고, 강조하고, 발전시킵니다. '인간적인 모든 것은 이질적으로 됩니다.' 브레히트적인 테제와 안티테제에 뒤이어 교훈이 아니라 심연이 나타납니다. 하이너 뮐러의 극상은 교훈적이기보다는, 테러리즘이 변증법을 파열시키는 것으로서 영속된다는 의미에서, 테러리즘적입니다.

하이너 뮐러는 우리가 살고 있는 위대한 존재론적 이행 안에서 살았으며, 또 그것을 극적으로 예견했습니다. 우리는 이 내재성의 현실성을 해석할 필요가 있습니다. 하이너 뮐러는 서방 세계에서 영속된 것과 사회주의 세계에서 영속된 것의 일치 속에서 위대한 비변증법적 비극의 현전을 읽습니다. 인간들에게 모든 것은 이질적이 됩니다. 서방 세계에는 자신들이 인간들이면서도 어쩌면 원숭이일 수도 있다고 생각하는 사람들이 있었고, 사회주의 세계에서 살면서도 종종 인간들처럼 행동했던 원숭이들이 있었습니다. 아마도 오직 스피노자만이 짐승되기와 인간되기 사이의 이러한 관계를 하나의 역설로, 즉 시간 속에서 확대되고 물리적인 코나투스에서 열망하는 큐피디타스로, 좀 더 존재론적으로 구성적인 지적 아모르로 변형할 수 있는 역설로, 다시 한 번 말하자면 윤리학(자유로운 개인의 자유로운 행위)이 존재론으로, (더 이상 추상적인 주체가 아닌) 그/그녀 자신의 실제 역사를 전개시키는 인간 존재의 윤리적 제도로서 모습을 드러내는 역설로 해석할 수 있었을 것입니다.

4. 내재성에 대한 이 새로운 해석이 어떻게 극적으로 표현될 수 있는가? 이러한 상황에서 극이 어떻게 가능한가? 그곳에서 어떻게 외부 없이, 다시 말해, 사유와 유토피아, 그리고 그 기획에 대한 비판이 더 이

상 거리를 두지 않을 때, 정치가 가능할 수 있는가? 이것은 주체적 현실 (카타르시스)을 위한 상징적인 것(미메시스)의 대의적 교환이 직접적일 때 일어나는가? 이러한 물음들에 답하기 위해 우리는 다음과 같은 것을 해야 합니다.

· (중심에 놓여 있는) 이론적·극적 행위의 장소를 규정할 것.
· 그 운동과 그 (다중적) 운동의 형상을 결정하는 힘을 확인할 것.
· 수동적이고 능동적인 의미 모두에서, 고고학적이고 계보학적인 의미 모두에서, 우리 경험의 일부일 수 있는, 우리가 구축한 공통을 규정할 것.

뮐러의 희곡들을 읽으면 우리는 이 존재론적 현실 내부에 완전하게 존재하는 것 같습니다. 그의 희곡들 각각은 더 이상 변증법적으로 만회될 수 없는 장소를 구축하며, 플롯의 복잡성 속에서 흩어지기는 하지만 어떤 결정의 계기 속에서 자신을 구성하는 비판적인 힘을 확인합니다. 그리고 결국 이것은 우리가 붙잡을 수 있거나 그렇지 않을 수 있는 공통을 구축하지만, 연기와 그 연기를 계속해서 관통하는 희망의 짜임새가 존재합니다. 이러한 긴장들의 확장을 기다리는 것에 우리를 한정하지 맙시다. 우리는 (뮐러가 암시하듯이) 쉽게 내파에 처할 수 있을 것입니다. 그렇다고 해도 우리는 모든 필연성 외부에서, 모든 변증법 외부에서, 이 과정이 일어날 수 있다는 것을 항상 믿어야 합니다. 비극은 단지 하나의 문학적 형식만이 아니라, 또한 존재의 형상이기도 합니다.

5. 섹션 4의 말미에서 제시된 요점들에 대해서 우리는 이미 몇 가지

진전을 이루었습니다.

    a. 우리는 하이너 뮐러가 주변적이지 않고 삶권력의 통제에 기반한 관계들의 총체의 중심에 놓여 있는 극적이고 이론적인 연기의 장소를 규정하려고 애쓴다고 말했습니다. 이렇게 해서 극적인 담론이 중심으로 이동하는 것입니다. 여기에서 우리는 내재성과 저항에 대한 포스트모더니즘적 개념들과 충돌합니다. 이 개념들은 내재성과 저항을 단지 자연주의적인 유혹들에 쉽게 넘어가는 주변적인 요소들로 간주하며, 그래서 저항의 중심성을 특이성의 계보학으로 파악하지 못합니다. 우리는 우리가 하이너 뮐러의 인류학적 균열이라고 불렀던 것을 여기에서, 철학적으로 그리고 정치적으로 중심이 된 이 장소에서 발견합니다. 예를 들어, 데리다와 아감벤과 비교해 볼 때, 저항의 장소의 이러한 이동은 근본적이며, 적대가 끊이지 않고 갈등이 멈추어지지 않는, 실제적인 장소로 우리를 데려다줍니다. 영구 전쟁과 예외상태는 우리로 하여금 명령을 생산하는 중심 내부에서 (그리고 그것에 맞서) 비변증법적인 방식으로 사고된 대답을 하도록 만듭니다. 그래서 제안되는 것은 대항권력의 주체가 아니라 긴장의 분산이며, 저항을 중심으로 하는 인류학적 혁신입니다. 특이성의 발생은 또한 다중의 계보학입니다.

    b. 우리는 위기의 중심에서 출발하여, 운동을 결정하는 세력을, 그 운동의 형상을 확인하는 것이 가능한지 물었습니다. 우리는 반대할 수 있는 역량을 갖춘 세력이 존재하는지 물었습니다. 우리는 그것이 다중이라고, 다시 말해 특이성들의 다수성이라고 대답합니다. 우리가 다중에 대해 말할 때, 우리가 의미하는 것은 노동이 협력으로 나타나고, 특이성들의 총체가 언어로 나타난다는 것입니다. 비판이 계급투쟁의 물

■ 필로크테테스(Philoktetes) : 그리스 신화에 등장하는 영웅으로, 여기에서는 글의 맥락상 '특이성들의 다수성인 다중'을 의미한다.

질적 주체에게 해방 과정의 능동적인 동력이 되라고 요청했다면, 여기에서 그 가설은 검증[단계]에 이릅니다. 하지만 국가이성raison d'état, 예외상태, 삶권력을 혁명적 이성, 저항, 특이성들의 반란 즉 봉기와 혼동하는 것은 더 이상 가능하지 않습니다. 이번에는 필로크테테스 Philoktetes■가 승리합니다. 이렇게 해서 하이너 뮐러는 이 근본적인 이행의 특징을 부여했을 것입니다. 내재성은 여기에서 승리를 거두었을 뿐만 아니라 혁신의 초월적 상투어 역시 흡수해 버렸습니다. 에른스트 놀테의 수정주의적 악평이 여기에서 완전히 폭로되는데, 그 이유는 사유와 행동은 확실히, 자유롭고자 하는, 고통 받지 않고자 하는, 동일성 외부에서 자신의 실존을 주장하고자 하는 인간 존재의 욕망의 외부에 — 그리고 그것 너머에 — 어떠한 참조점도 필요로 하지 않기 때문입니다. 필로크테테스가 승리합니다. 그러나 이것이 우리가 지금까지 다루어 온 문제들이 하나의 해결책을 가지고 있다는 것을 의미하진 않습니다. 오히려 어려움들이 집중될 뿐이지요. 그래서 이제 우리는 다음과 같이 물을 수 있습니다. 다중을 위한 극장이 가능한가, 즉 공통의 목적에 매혹된 특이성들의 다수성을, 무리[떼]swarm를 자신의 주체로 삼는 극장이 가능한가?

c. 하나의 인용에서 시작해 보지요. 니체는 다음과 같이 말했습니다. '인류에게 선善에 이르고자 하는 경향이 있는가 하는 문제보다 앞서 풀어야 하는 문제는, 그러한 도덕적 배치에 의해서만 설명될 수 있는 사건이 존재하는가 하는 문제이다.(『도덕의 계보학』) 프랑스 대혁명이 이와 같습니다. 칸트는 다음과 같이 말했지요. '인류 역사의 이러한 현상은 더 이상 망각되지 않는다. 왜냐하면 그것은 배열이라는, 선을 향

한 능력이라는 인간 본성 안에서의 실존을 드러냈기 때문이다. 어떤 정치가도 지금까지 그것을 사물들의 과정을 토대로 생각해 내지 못했다.'(『철학적인 것과 법률적 역량 사이의 갈등』, 1798)

우리는 수동적이고 능동적인 의미 모두에서, 고고학적이고 계보학적인 의미 모두에서 우리의 경험의 일부가 될 (우리가 구축한) 공통을 우리가 어떻게 규정할 수 있을지 자문했습니다. 우리는 다중의 경험을 안내할 수 있을 공통의 의미를 확인할 수 있을지 물었습니다. 우리는 이러한 의미가 수동적으로, 그리고 동시에 능동적으로 존재한다는 점을 (칸트가 혁명적인 사건 속에서 보여주는 바와 같이, 그리고 니체가 다루는 바와 같이, 푸코가 자신의 굉장한 저서에서 보여준 바와 같이, 계몽을 위한 투쟁에서 나타나는 정신의 긴장 속에서 우리는 이것을 다시 발견합니다), 그리고 그것이 극적 구성의 비판적 방법의 기저에 존재한다는 점을 발견했습니다. 예컨대 하이너 뮐러가 그것을 자신의 『몸센스 블록』*Mommsens Block* 에서 해석하는 바에 따르면, 그것은 계보학입니다.

이 계획에는 단 하나의, 거대한 반대가 있습니다. 그것은 예외상태로, 제국적 형상으로서의 전쟁으로, 새로운 주권으로 표상되는데, 이 모든 것들은 죽음의 경험을 확증하고 배가합니다. 죽음은 삶권력의 내용, 궁극적인 내용입니다. 그것은 규율과 통제를 배제하지 않으며, 그것들을 권력의 유효성을 보증하는 것으로 이해합니다. 죽음의 제공은 권력의 작동 방식이며, 계속해서 그러할 것입니다.

자, 요약해 볼까요. 하이너 뮐러에게서 극의 의미는 완전히 회복되지만, 우리는 또한 내재적 비판 — 삶을 부여하기, 창조하기, 진심을 다해 용기를 다해 혁명을 소유하기 — 을 얻습니다. 제국에서, 다중을 위한 극장은, 저항과 반란의 무리[떼]의 연기를 통해, 하이너 뮐러가 아주 잘 이해했던 인류학적 균열을 발전시켜야 합니다. 극장은 오늘날 존재론적 기능을 갖습니다.

30강

정치 사전을 개정하자!

나는 내게 던져진 일련의 물음들에 답하기 위해 이 자리에 섰습니다. 자본주의에서 우리는 어떻게 정치를 사고할 수 있는가? 아니 오히려 좀 더 구체적으로 표현하자면, 현재의 국면에서, 즉 역사적 자본주의가 전지구적 난기류와 체계적 카오스로 돌입한 것처럼 보이는 이때에, 우리는 반자본주의 정치를 어떻게 사고하는가? 일단 우리가 적대적인 정치적 주체의 새로운 역사적 실존 양식들, 특히 자본주의적 세계경제의 집단적인 노동력의 지배적인 형상으로서의 일반지성 가설을 가지고 있는 조건에서, 우리는 정치를 어떻게 사고하는가? 마지막으로, 우리는 생산의 새로운 형태들, 정치적 투쟁의 새로운 형태들, 입헌적 구축 및 / 또는 혁명적인 정치적 실천의 새로운 형태들 사이에 어떤 관계들을 수립할 수 있는가?

아마도 이 일련의 질문들에 대답하기 위해 우리는 새로운 정치 사전이 필요할 것입니다. 우리가 경험하고 있는 이 세계의 실질적인, 역사적인 변형은 정치 언어의 변형을 가져옵니다. 내 자신과 나의 이론적 역사의 경우에, 나는 얼마나 심원한 변경들이, 사실상 변신들이 1968년과 1989년의 핵심적인 사건들의 사이들을 경과하는 20년에 일어난 노동계급의 정치적·기술적 구성을 분석하기 위해 사용된 범주들이었는지 회상하지 않을 수 없습니다. 하지만 정치 사전을 개정하는 것이 단순히 역사의 변형을 고려해야 하는 작업은 아닙니다. 정치 사전을 변형하는 것은, 우리의 상황에서는, 또한 근대성에서 탈근대성으로 이르렀던 과정에 내재하는 계보학(또한 연속성들과 불연속성들을, 사실들과 혁신들을 파악할 수 있는 계보학)을 수립하는 것을 의미합니다. 더욱이, 지금까지 우리는 완전히 지구화되는 상황 속에 있기 때문에, 우리의 사전 편집의 노력은 또한 전지구적 수준에서 일어났던 또 다른 경험들과도 부합되어야 할 것입니다. 나로서는, 『제헌권력』에서 『디오니소스의 노동』, 그리고 마지막으로 『제국』과 『다중』에 이르는, 내 저작들 속에서 일종의 완전한 사전 편집 활동을 수행해 왔다고 주장할 수 있을 것 같습니다. 이 작업을 기초로 해서 나는 여기에서 새로운 정치 사전에 대한 논의를 시작해 보고자 합니다.

하지만 새로운 정치 사전을 편찬한다는 것은 대단한 용기가 필요할 뿐만 아니라 경계할 것들 또한 많이 있습니다. 이 경계할 것들에 대해서는 사전이 새로운 현실을 따르고 또 그것을 기술할 필요가 있다고 말했을 때, 부분적으로 앞에서 이미 언급했습니다. 그럼에도 불구하고, 경계할 것들은, 문제가 되고 있는 것이 다중(또는 당신이 이걸 더 선호한다면, 프롤레타리아)의 새로운 기술적, 사회적, 정치적 구성을 기술하는 것뿐만 아니라 그것을 또한 심화시키는 것일 때, 훨씬 더 중요해집니다. 새로운 정치 사전은 새로운 정치적 주체들을 기술하지만, 또한 그들로 하여금 이야기할 수 있도록 해야 합니다. 새로운 정치 사전을 구축하기 위해서 우리는 시간들, 언어들, 실천들의 일종의 성숙에 ─ 역사의 존재론적 씨실에 의존해야 합니다.

그럼 이 입구에 다가가 봅시다. 새로운 정치 사전의 기본적인 용어들은 무엇일까요? 그것들은 다중, 비물질노동, 일반지성, 차이, 특이성, 그리고 공통입니다. 그러나 한편으로 제국, 국민국가, 주권, 규율, 통제, 전쟁…… 그리고 이어서 민주주의, 코뮤니즘 등이 있습니다. 나는 각각의 이 술어들을 오늘날의 정치적 논쟁 속으로 가져오기 위해 요구되는 정의定義 작업을 수행할 의도가 없습니다(아니 그럴 수 있는 능력이 내게는 없을 것 같습니다). 여기에서 나는 단지 사전을 구축하는 일반적 과정에서 필요한 몇 가지 중요한 요소들을 지적하고자 합니다. 하지만 강조하고 싶은 것은 이것입니다. 정치적 언어의 구축이 그러한 언어를 말하는 사람의 뽀뗀짜와 분리될 수 없다는 것입니다. 예컨대, 누군가 비물질노동에 대해 말한다면, 그것에 대해 말하기에 가장 알맞은 위치에 있는 사람은 컴퓨터 과학이나 과학 탐구에 종사하는 비물질노동자들임이 분명합니다. 그렇지만 정치 사전을 구축하는 데에서는, 우리는 단순히 이 분명한 언어적 관계를 언급하고 있는 것이 아니라, '비물질노동'이, 예를 들어, 새로운 농업 생산양식 속에서의 농민들의 생산적 활동들에 관계되는 용어로서, 또는 정동적 서비스들과 사회적 재생산 속에서의 여성들의 노동에 관계되는 용어로서 받아들여질 수 있는 형태들을 언급하고 있는 것입니다. 새로운 사전 용어는 그러므로 그것이 정치적 현재성을 갖는 한에서만, 달리 말해 그것이 수많은 특이성들의 활동의 전개 속에서 그러한 특이성들에 의해 동화되고 융합될 수 있는 한에서만 의미를 갖습니다. 이것이 정치적 언어의 구축에서 등장하는 새로운 대상들의 미학적 구성과 관계되는 그 무엇입니다. 우리는 특이성, 특이성들, 특이성들의 언어가 새로운 용어를, 자신들 안에 잠재적으로 포함되어 있는 궁극적인 실천적·정치적 징후들을 통제하는 한에서 정확히 그것의 유효성을 평가할 수 있습니다. 그것은, 시에서와 마찬가지로, 하나의 사건입니다.

우리가 여기에서(단순히 이 회의에서가 아니라, 우리가 지금 하고자 하는 이 작업에서) 재정의하고자 하는 수많은 용어들이 우선 기술記述들로서 작동한다는 점은 여전히 사실입니다. 우리가 '제국'에 대해 말할 때 우리가 가리키고 있는 것은 사실 세계 시장을 지배하고 주권의 경향적 출현입니다. 그런 한에서 그것은 기술적記述的 용어입니다. 그러나 모든 기술적 용어들이 특정한 공간성 및 시간성 양자에 의해(제국의 경우, 단 하나의 세계 질서의 경향적 공간성에 의해, 그리고 이 단일한 되기를 횡단하고 그것을 분절하는 시간성들에 의해), 그리고 다소간은 효과적인 정치적 긴장들(예컨대, 제국에 대한 일방적 헤게모니를 성취하고 고정하려는 미국의 결정)에 의해 분절된다는 점 역시 명백합니다. 우리에게 중요한 여타의 용어들에 대해서도 똑같이 얘기할 수 있을 것입니다. 예컨대 '국민국가'(그것에 대한 비판, 그것을 극복하는 역학에 대한 분석 등등), '전쟁'(전쟁이 나타나는 새로운 형태들), '규율과 통제'(제국적 역학이 그것들을 강제하는 새로운 분절들, 그리고 생산양식들의 변형) 등등에 대해서도 말입니다.

그러나 절대적으로 근본적인 것은 이 주제 및 정의 기획에 다중의 민주적 열정들을, 공통적인 것의 정치적 현전을 도입하는 것입니다. 사람들은 새로운 세계가 가능하다고 말합니다. 신자유주의적 지구화에 맞서는 투쟁들은 이제 평화를 위한 투쟁들이 뒤를 잇고, 이제 갈등의 새로운 이행들과 사회적 개혁의 새로운 강령들을 지시하는 새로운 투쟁들이 열리고 있습니다. 신자유주의적인 지구화에 대한 논쟁의 수준에서, 신보수주의자들과 신자유주의자들에 맞서는 투쟁에서 가장 중요한 에피소드는 분명 G8에 반대하는 대규모의 제노바 시위들이었습니다. 여기에서 다중, 자본주의적 지배에 대한 거부 그리고 새로운 세계에 대한 희망으로 하나가 된 주체적 힘들의 총체성 — 바로 여기 제노바에서, 저항의 '코뮨'이 도입되었으며, 그것은 새로운 투쟁 계획을, 새로운 적대의 전략적 통합을 형성했습니다. 신자유주의적 지구화에 반대하는 투쟁들은 제노바에서 매우 고도의 그리고 전형적인 협력적 확장성을 발견했으며, 그와 동시에 되돌릴 수 없는 잠재력을 축적했습니다. 또 다른 지형(평화를 위한 투쟁의 지형, 그리고 새로운, 민주주의적인 국제 질서의 구축을 위한 지형)에서, 위와 똑같이 중요한 것이 아스나르 총리의 거짓말과 기회주의에 반대해 일어난 마드리드 반란이었습니다. 의심할 바 없이 그 당시 마드리드에서 우리는 다중의 '코뮨'을 경험했습니다. 이전에 제노바에서 운동은 경찰의 억압적인 행태들에 대한 광범하고 계속적인 문건 배포를 통해, 그들에 대한 탄핵을 통해, 다중적 대중들의 편에서의 끊임없는 재분절화를 통해 '위험 지대'red zones 의 지정을 공격했습니다. 마드리드에서도 역시 그와 마찬가지로, 분산된 네트워크들과 문자 메시지 보내기 등의 효과적인, 평범하지만 보편적인 사용을 통해, 다중은 권력 기구가 대면할 것이라고 예견하지 못했던 세력관계들의 소란을 조직했습니다. 그 운동의 속도, 그 운동의 역동적이고 복수적인 절합, 진실의 폭로와 공개적 진술, 이것들은 더 이

위험 지대 (red zones) : 2001년 7월 이탈리아 제노바에서 열린 27번째 G8 정상회담 당시 이탈리아 정부는 비거주민의 출입을 엄격히 통제한, 바리케이트로 둘러싸인 "위험 지대" 내에서 정상회담을 개최했다. G8 반대 시위를 위해 이탈리아를 방문한 전 세계의 활동가들이 G8 정상들과 접촉하는 것을 막기 위해서였다. 위 사진은 2001년 7월 20일 시위 진압 도중 23세의 청년 카를로 줄리아니가 경찰의 총격으로 숨진 사건이 발생한 후 이에 분노한 시위대가 제노바 중앙은행에 내건 플랫카드 "국가테러는 이제 그만"이다.

상 사회학적 관점에서가 아니라 정치적·창조적 관점에서 다중의 개념을 정의하는 요소들 중의 일부입니다. '새로운 세계가 가능하다'는 단순히 하나의 강령의 진술이 아니라 하나의 실재, 하나의 전제, 그 운동의 강력한 잠재적 자질입니다. 다중은 현실적인 새로운 세계입니다. 정치 사전이 새로워진다면, 그것이 자신을 새롭게 해야 하는 것은 바로 이와 같은 종류의 언어적 분절 내부에서입니다.

나는, 제헌적 담론으로 이끌 수도 있는 새로운 정치 사전에 대한 논쟁을 개시하는 것이 모험적인 가설은 아니라고 생각합니다. 수준들은 분명 다릅니다. 한편에 우리는 (주체성과 관계가 있는) 분석체 및 그 정치 동학의 정교화를 갖고 있으며, 다른 한편에 우리는 ― 제헌적 담론과 관련하여 ― 행위의 주체성과 제도들의 객관성 사이의 관계를 창출하는 적대적이며, 경직되고 폭력적인 태도를 갖고 있습니다. 그러나 우리의 주의가 끊임없이 재정향되는 것은 정확히 이 모순적인 횡단입니다. 설령 그것이 단지 언어를 구축하기 위한 것뿐이라 할지라도 그렇습니다. 왜냐하면 언어의 구축은 중립적인 작업이 아니기 때문입니다. 새로운 사전이 단순히 기술적이지 않다는 사실은 새로운 강령 ― 그 운동들이 제국적인 자본주의적 질서에 반대하여 건설하는 데 성공하는 파열의 심급들을 충분히 확장하고 분절하는 강령 ― 을 세우기 위한 ― 모든 다중적 주체성들(창발들)이 표현하는 ― 요구사항에 의해서도 역시 확인됩니다. 이제, 우리가 등록하는 이 새로운 상황 속에서 ― 정부들은 그 운동들이 마음대로 할 수 있는 처지에 놓일지도 모릅니다(예컨대, 여기에 정부 및 통치 능력에 대한 새롭고도 특이한 정의가 있습니다). 정치적 대의가 약화되고(또는 그렇게 되거나) 그 자신의 최대의 추상적 성격을 상실하는 일 역시 발생할 수도 있습니다(예컨대, 여기에 대의 개념에 대한, 또는 일반적으로 대의 제도들 ― 원래의 방식으로 '서비스 구조들'로 정의될 수 있을 제도들 ― 에 대한 새로운 정의가 있습니다). 나는, (괴물적 성격을 갖는) 주권의 새로운 분절이 존재할 수 있을, 언어적이면서도 기능적인, 새로운 가능한 형상들을 목록으로 만드는 일을 수행할 수 있을 것입니다. 그러나 더 중요한 문제는 역사적 상황이 우리에게 제공하는 수많은 가설들을 고찰하는 것이 아니라, 새로운 사전의 정의들을 생산관계들 및 지배관계들에 대한 자본주의적 재구조화를 예방할 수 있는 (그리고 그와 동시에 그에 맞서 저항을 축적할 수 있는) 정치적 행위에 연결시키는 것입니다. 재정의하려는 노력에 가장 개방적인 용어들이 주권 개념의 (지금까지 확고하고 근본적인) 이원론에 연결되어 있는 용어들이라는 것은 우연이 아닙니다. 주권은 더 이상 그 대립물들을 변증법적으로 재구성할 수 없습니다. 그 대신에 그것들을 자신의 내부에서 모순적인 것으로 가정해야 합니다.

『다중』에서 마이클 하트와 나는 이러한 상황을, (우리가 이제 막 그 소진을 목격하고 있는) 수세기에 걸친 근대성의 역사에서 유일한, 시간적이고 실질적인 이행으로 정의하려고 했습니다. 시간적 관점에서 볼 때, 주권의 이 이중적 분절은 자본주의적 질서의 결정적 위기에 상응하며, 그리하여 자본가들과 다중 사이의 정치적 관계들이 따를 수밖에 없는 이행(공위기)을, 이중의 형태 속에서 그리고 되돌릴 수 없는 맥락 속에서 정의합니다. 실질적인 관점에서 볼 때, 주권의 행사는 위기에 처한 것으로 보입니다. 왜냐하면 주권은 운동들이 정부들에 행사하는, 그리하여 이러한 상황 속에서 권력의 괴물적 실천들을 불가능하게 만들어 버리는 끊임없는 압력에 의해 조건지어지기 때문입니다. 새로운 현실을 표현하기 위한 새로운 언어의 구축, 이것이 우리의 임무입니다.

31강

일반지성의 삶정치학

오늘날 삶정치적 질서의 첫 번째 특징은 전쟁의 일반적 조건입니다. 제국적 자본주의는 삶을 전쟁에 종속시킵니다.

그러므로 정치적 언어의 어떠한 부활 — 우리가 처한 삶정치적 조건에 알맞은 부활 — 도 특히 어렵다는 것은 명백합니다. 하지만 그것은 걱정스러운 만큼이나 매력적인 것이기도 합니다. 정치적 사전을 개정하는 것이 형이상학적 행동과 존재론적 재발견을 수행하는 것을 의미하는 것이 사실이라면, 우리의 정치적 언어를 개정하는 것이 다중을 통해 작동하는 것을 의미하는 것이 사실이라면, 이로 인해 우리는 즉각 — 전쟁의 관계가 점차 우리를 무겁게 짓누르게 되면서 더욱더 결정할 수 없게 되는(자유의 언어 위에 부과된) — 이 새로운 언어의 역설적 상태에 맞닥뜨리게 됩니다. 우리는 휴지와 단절을 통해, 심화와 불연속성을 통해 나아가야 할 필요가 있을 것입니다. 이것이 정확히, 전쟁에 의해 횡단된, 일반적인 삶정치적 조건이 한결같은 폭력으로써, 우리에게, 모든 사람에게 부과하는 바의 것입니다. 어떻든 이 연구의 몇몇 새로운 조건들을 고찰해 봅시다.

우리가 지배의 제국적 구조들을 규정하고 그것들을 삶정치적인 것의 이름 아래 두었을 때, 한편으로 우리는 국가 통제 및 명령의 연속성이 자신을 제국적 지형 위에 (그리고 효과적으로) 확장하고 조직하는 경향이 있는 것으로 표현하고 있었으며, 다른 한편으로 이러한 그림 안에서 우리는 운동들의 행동으로부터(즉, 저항, 투쟁들, 상상력으로부터) 세워진 짜임새를 확인할 수 있었습니다. 이제 우리가 '일반지성의 삶정치학'에 대해 이야기할 때, 아울러 위에서 말한 어려움들을 인식할 때, 이것은 또한 지구화의 견지에서 운동들의 잠재력들을 발전시키는 (추출하고 일반화시키는) 것을 의미할 것입니다. 따라서 우리는 현대의 정치적 사전이 재구축되고 있다는 것을, 그와 동시에 우리가 살고 있는 전쟁 조건의 중압에 의해 사전의 수행성이 방해당하고 저지당하고 있다는 것을 알고 있습니다. 그럼에도 불구하고 우리는 일반지성 속에서 (생산적이면서도 정동적인 관점에서 볼 때, 특이성들의 출현과 특이한 존재들 사이의 관계들의 공통적인 수립의 관점에서 볼 때) 언어들과 신체들의 혁신적(이고 초과적)인 종합들이 결정된다는 것을, 전쟁이나 경찰 압력이 아무리 그것들에 가해진다 할지라도 그러한 경향들이 영원히 저지될 수 없다는 것을 알고 있습니다. 일반지성의 삶정치학은 제거될 수 없는 생생한 측면들을 가지고 있습니다. 일반지성이 말하자면 에로틱하고 디오니소스적인 측면을 가지고 있다는 점 역시 말해져야 합니다. 비물질노동은 추상적 노동이 아니라 언제나 특이성과 공통적인 것 사이의 (구체적인) 궤적입니다. 용어들을 가지고 작업하는 우리의 노동은 이 존재론적 환경을 다룰 필요가 있습니다.

칼 맑스(Karl Marx, 1818~1883): 맑스는 『정치경제학 비판 요강』(Grundrisse)에서 '일반지성' 개념을 사용하여 생산의 중심성이 인간의 근력에서 인간의 지성능력으로, 즉 과학으로 변화하는 자본주의 발전의 역사적 경향을 설명했다.

확실히 우리는 일반지성의 삶정치학의 발전에서 자유의 물리학을 과장해서는 안 됩니다. 사실 우리는 오늘날 (자본주의와 국가에 의한) 자유주의의 전유의 대상이 되어버린 것이 정확히 공통적인 것의 자유로운 구성임을 알고 있습니다. 생산수단을 다중적으로 사용하는 것의 비상한 성숙(그리하여 생산적이고 구성적인 주체들의 비상한 성숙)이 부단히 공격받아야 함은 말할 것도 없습니다. 신자유주의는 오직 이러한 연속적인 히스테리적 반응을 기초로 해서만 규정될 수 있을 뿐입니다. 이러한 영역들에서 반응하지 않았다면 신자유주의는 아무것도 아니었을 것입니다.

여기에서 우리는 즉각 다음과 같은 문제를 만납니다. 일반지성의 삶정치학에서 전투성을 구체적으로 어떻게 규정하고, 그 전투성의 새로운 실천들을 어떻게 형성하느냐의 문제가 그것입니다. 우리가 이러한 상황에서 전투성에 대해 말할 때 차이들의 중요성을 인식해야 한다는 것은 분명합니다. 이것은 제일 먼저 제거해야 할 것이 전위주의적 모델(전통적이지만, 언제나 삶정치적 과정의, 다중의 조직화의 내재성에 외부적인 모델)이라는 것을 의미합니다. 여기에서 중요한 차이들은 내재적으로 주어진 차이들 — 특이성들, 자신들을 저항의 즉각적인 행사 속에서 정당화하는 행동들, 그리고 행동들 간의 관계들의 네트워크화된 본성으로부터 태어나는 주체들— 입니다. 차이들의 전투성은 제일 먼저 언어적 연결들의 미로 같은 다성적polyphonic 전선으로 모습을 드러냅니다.

이 모든 것이 결정의 지형(과 지점)이 주장될 수 없음을 의미하지는 않습니다. 실제로, 그것이 역설적으로 보일 수 있다 할지라도, 이 필요성은 우선적인 것으로 나타나며 근본적인 맥락에서 차이들과 저항들의 전투성을 횡단합니다. 여기에서 제시되는 것은 강력하고 횡단적인 결정입니다. 다시 말해, 결정은 횡단성 속에서 강력합니다. 그렇다면, 제기되는(그리고 일반지성의 삶정치학의 일부이자, 주체들의 정치적 언어로 해석되는) 문제는 투쟁들의 횡단성을 통해 공통의 결정의 순간에 도달하기 위해 다양성들을 어떻게 가장 잘 분석하는가 하는 것입니다. 이것은 조직적 질서가 명령으로부터가 아니라 새로운 정치 사전에 대한, 적의 새로운 인식에 대한, 그리고 삶정치적 생산의 새로운 주체들에 대한 공통적 정의로부터 태어난다는 점을 고려하면서 조직적 과정의 그 새로운 구성적 역학을 인식할 수 있다는 것을 의미합니다. 조직한다는 것은 일반지성 전체의 삶정치적 과정을 횡단한다는 것을 의미합니다.

이제 엑소더스의 개념을 소개해 보겠습니다. 나는 일반지성의 삶정치학에 대해 말하는 것이 동시에 엑소더스에 대해 말하는 것을 의미한다고 말하고자 합니다. 그렇다면 이 용어를 사용하는 것은 이미 하나의 강령 — 정치적 조직화를 묘사할(예시할) 수 있는 투쟁들의 횡단성에 대해 말하면서 이미 언급했던 강령 — 을 규정하는 것입니다. 이것을 좀 더 추상적인 용어로 말하자면, 엑소더스는 뽀뗀짜와 권력 사이의 새로운 매개형태를 지시하려고 합니다. 여기에서 뽀뗀짜와 권력 사이의, 운동들과 통치들 사이의 어떠한 형태의 상동관계도 세울 의도가 없다는 것을 명심하기 바랍니다. 언어들과 신체들 사이에서만, 정치적인 것의 새로운 사전과 일반지성의 새로운 생산적 운동들 사이에서만 횡단적이고 유효한 상동관계들이 존재합니다. 그렇다면, 우리가 뽀뗀짜와 권력 사이의 매개들에 대해 말할 때 우리는 그 운동들을 제도들에 맞서는 것으로, 그리고 ― 오식 권력관세로부터 ― 노동히도록 배치된 전체 사회를 횡난하는 행정적 연계들을 활용하는(아니 오히려 전복하는) 것으로 간주하는 적대적 원동력에 대해 이야기하고 있는 것입니다. 전통적인 이론적 수준으로 다시 논의해 보자면, 우리는 교환가치가 더 이상 존재하지 않는다면 아마도 새로운 사용가치들이 ― 이러한 사용가치들이 사회적 삶의 모든 조건을 지배 체계를 파열시키는 일에 배치할 수 있는 능력으로 해석되는 한에서만 ― 존재할 것이라는 점을 덧붙일 수 있을 것입니다. 삶정치적 생산의 공간을 구성하는 네트워크들은, 이러한 공간 속에서 작용하는 과학기술들은, 여기에서 작동하게 되는 주체적 에너지들은 가능하면 언제든지 엑소더스를 구축할 수 있습니다. 내적이고, 횡단적이며, 다중적인 결정이 사회의 생산적 과정들의 재전유 행동에 자신을 열어둘 때면 언제든지 말입니다.

사람들은 일반지성의 정치학이라는 이 개념을 가지고 우리가 코뮤니즘의 선행조건에 대한 맑스주의적인 (또는 신맑스주의적인) 이론을 단순히 반복하고 있다고 말하려 할 것입니다. 어떤 사람들은 우리가 이런 식으로 작업하면서 사회주의적 진보주의나 간단히 근대적인 생산주의의 환상들 몇 가지를 개량주의적인 용어로 재수립하고 있다고 말할 것입니다. 아마도 어떤 사람들은 이러한 반복 속에는 프롤레타리아 권력과 자본주의 권력 사이의 상동화에 대한 환상들이 존재한다고, 그리하여 억압의 가능성이 존재한다고 악의를 가지고 덧붙일 수도 있을 것입니다. 이러한 징후들에서 시작하면, 우리가 혁명적인 삶정치적 언어를 주장하는 상황이 편집증적 조건들의 반복으로 매도될 수 있을 것입니다. 사실상 그 반대가 참입니다. 우리는 여기에서 (사회주의나 프롤레타리아의 생산력을 위한 변명을 반복하거나, 또는 '인터넷 더하기 소비에트들'이라는 기치 아래 새로운 레닌주의적 강령들을 몽상적으로 만들어내기는커녕) 실천적으로 다음과 같은 단일한 이론적 결정을, 즉 우리가 계급투쟁을 사회적 지평의 모든 변형의 생산자로 이해할 수 있도록, 그리하여 이러한 긍정을 통해 역사적 과정들에 대한 모든 신학을 제거할 수 있도록, 우리가 오늘날 실제적이고 현실적인 변신들로서 이행해 가고 있는 변화 과정들을 연구할 수 있도록 해 주는 결정을 회복하고 있습니다. 여기에서 일반지성에 대한 맑스주의적 개념을 통해 삶정치학이 부과하는 변형과 혁신은 급진적인 것으로 판명됩니다.

'낡은 유럽'의 철학

프랑스 대학에 다시 돌아오게 되어 감개무량하다는 것을 고백해야겠습니다. 1984년 망명 생활을 출발하면서 여기 프랑스 대학에서 강의를 하기 시작했을 때 그것이 얼마나 대단한 일이었는지, 말하자면 용감하기조차 한 일이었는지 생각납니다. 세미나에 참석했던 동지들은 파리의 철학적 주류에 속한 사람들은 아니었습니다. 그들은 이탈리아에서 프랑스로 와서 몹시 힘든 투쟁의 시기 이후 서로의 생각들을 나눌 실제적 필요를 가지고 있던 동료들이었습니다. 오늘, 나는 그와 같은 초기 단계들을 요약하면서 이렇게 말하고 싶습니다. 나는 프랑스와 프랑스 대학이 이탈리아에서의 선전, 사유, 투쟁의 새로운 형태들을 수정하는 데에, 그리고 그것들을 개발하기 위한 도움을 주는 데에 매우 중요했다고, 이탈리아에서 일어난 비판적 사유의 변화가 여기

바티스티(Casare Battisti, 1954~)는 옛 이탈리아 극좌파 운동 그룹 <공산주의 무장 혁명을 위한 프롤레타리아>(PAC)의 지도자이자 작가로 1978~9년의 테러 혐의로 종신형을 선고받았으나, 자신의 무죄를 주장하며 1991년 프랑스로 망명했다. 2004년 2월 10일 이탈리아 우파 정부의 본국 송환 요청으로 프랑스에서 전격 체포되어 파리 상떼 감옥에 수감되었다. 이후 송환을 피해 브라질로 도피했다가 2007년 3월 18일 브라질 리오데자네이로에서 체포되어 아직도 수감 중이다.

에서 일어났던 특정한 경험들과 연관되어 있다고 생각합니다. 이것은 또한 우리가 바티스티사건Battisti case▪을 평가하는 데 있어서도, 그리하여 이들 운 없는 사람들에게서 우리가 느끼는 연대에 있어서도 중요합니다. 하지만 이 경우에서도 역시, 그것은 새로운 논쟁에의, 그리고 여기에서 겪었던 새로운 경험들에 참여함으로써 강화되고 수정된 연대입니다. 어떤 의미에서 나는 특권적인 지위에 있습니다. 구속이라는 힘든 결과들을 무릅쓰고서라도 이탈리아로 돌아갈 수 있었지만, 세계를 여행할, 그리고 아주 많은 사람들과 노트들을 비교할 가능성을 되찾기도 하였습니다. 이탈리아의 가증스런 정의의 상황 때문에 이 가능성을 가지지 못했던 [나 이외의] 다른 사람들도 있습니다. 나는 여러분들이, 가능한 한, 이 점을 고려할 수 있기를 바랍니다.

이제 나는, 우리의 의장 프랑스와 누들만François Noudelmann이 모두에서 언급한 바와 같이, 내가 내년에 여기 프랑스 대학의 일단의 세미나들에서 다루고자 하는 여타의 문제들에 대한 도입인 이번 강연의 주제로 돌아왔습니다. 나는 '낡은 유럽'의 철학에 대해 이야기할 것입니다. 그것이 내가 정한 제목이지요. 나는 '낡은 유럽'이라는 생각과 관련하여 나타나는 논쟁을 고찰하고자 합니다. 이 논쟁은, 알다시피, 미국의 신보수주의자들이 시작하였습니다. 그들은 '낡은 유럽' 속에서 논쟁적 참조점들을 발견했습니다. 그중 하나는 화성과 금성 사이에서 발견됩니다. 화성, 즉 전쟁을 통한 미국의 전투적 역량들과 창조적인 역량들. 그리고 금성, 즉 낡은 유럽의 피로함과 타락. 또 다른 도발provocation은 적적으로 유럽에 내재적인 것이었습니다. 여기에는 유럽의 낡은 중앙집중적 강대국들(권력들)과 새로운 나라들, 즉 최근에 유럽연합, 즉 반소련 투쟁을 통해 현실 사회주의에 반대한 투쟁 속에서 새로 태어나고 있는 것으로 보이는 그러한 나라들을 대조하는 것도 포함되었습니다. 그러므로 낡은 유럽의 가정된 타락을 출발점으로 삼아서 나는 그와 반대로 낡은 유럽을 변호하고 싶으며, 그것도 일정한 관점에서 그러고 싶습니다. 나는 '일정한 관점에서'라고, 그리고 오직 그러한 관점에서만이라고 말하고 있습니다. 나는 그 무엇보다, 미국 제국이 제공한 것들보다 더 깊고 더 실제적인 일련의 민주적 가치들의 생산자였던 유럽이라는 생각을 옹호하면서 낡은 유럽을 변호할 것입니다. 실제로 유럽에 대한 이러한 생각은 미국의 신보수주의자들의 발견물이 아니었습니다. 낡고 부패한 유럽의 이미지는 서방의 여명기의 이미지와 깊게 연관되어 있습니다. 서양 세계의 복잡성 및 전체성에서 타락한 낡은 유럽이라는 생각은 슈펭글러를 거쳐 하이데거에 이르기까지 널리 퍼져 있습니다. 그것은 파시즘적 생각입니다.

하지만 낡은 유럽이라는 생각이 또한 미국을 포함하는 서방의 위기, 여명기의 초상화의 일부라는 점은 기억할 만합니다. 유럽의 위기라는 생각은 과학기술의 위기에, 과학기술의 운명에, 근대화 과정을 부정적으로 이해하는 시각에 연결되어 있습니다. 그것은 두 세기 ─ 19세기와 20세기 ─ 사이에 태어난 반동적 사상으로서, 제2차 세계대전 이후 특히 두드러지게 되었습니다. 그러므로 분명히 말하자면, '낡은 유럽'은 기본적으로 또한 '낡은 서방'입니다. 그러나 이 점을 주의합시다. '새로운 유럽'은 잠시 반동적이고 파시즘적인 이념에 묶여 있었습니다. 그리고 다른 한편 낡은 유럽의 역사를 충성스럽고 용감하게 고수하는 것은, 유럽과 서방 전체를 위해, 민주주의의 희망을 부단히 갱신했습니다. 사실상 자유로운 영혼에 대한 새로운 정치적 배치들과 이미지들의 원천을 찾기 위해 유럽의 역사를, 고대 유럽을, 고전적인 그리스와 로마를 다시 참조할 이러한 가능성은 항상 존재했었습니다. 나는 레오나르도 브루니Leonardo Bruni 나 마키아벨리, 그리고 로마 공화국 속에서 다중의 해방 사상을 발견했던 필자들에 대해서만 사고하고 있는 것이 아닙니다. 나는 지암바티스타 비코Giambattista Vico 와 그의 '이탈리아의 오래된 지혜'에 대한 텍스트에 대해서만, 또는 로마 공화국의 사상들을 계몽주의와 프랑스 대혁명에 적용하는 것에 대해서만 사고하고 있는 것이 아닙니다. 이것들은 우리가 학교에서 배우는 평범한[진부한] 것들입니다. 더욱이 그것들은 모두 극히 의심스럽습니다. 그럼에도 우리는 불가피하게 다음과 같이 물어야 합니다. 사람들이 낡은 유럽이라는, 공화주의적인 유럽이라는 이 사상으로 정직하게 돌아갈 때마다 이것이 또한 일종의 사유의 부활을 의미하는 것은 왜인가? 공화주의적인 유럽의 전통, 결코 자신의 운명을 땅 끝으로 받아들이지 않는 유럽, 언제나 한계에 도달하고 그 한계를 넘어 가야 하는 이 유럽, 항상 어떤 종류의 가장자리에서 비틀거리며 나아가는 이 유럽, 이것이 우리가 사랑하는 유럽입니다. 나는 이 자리에서 유럽중심주의에 대한 논쟁 속으로 들어가는 모험을 하고자 하는 게 아닙니다. 하지만 고대의 공화정이라는 생각, 여기 유럽에서 언제나 부활할 가능성이 있었던 공화주의적 이념 — 제국들의 형성만큼이나 노예 전쟁들이 중요한 헌법으로부터 출발해서 이 공화국을 일으킬 능력 — 에 의해 자양분을 받지 않았다면, 유럽중심주의는 발생할 수 없었을 것이라고 생각합니다. 확실히, 이렇게 우리가 이해하려고 애쓰고 있는 역사 속에서 고대 세계를 — 그리고 또한 실제 역사를 — 참조하는 것은 역사에 의해 행해진 동요들과 도약들을 통해 항상 진전을 이루었습니다. 이 과거의 실험들에 대한 우리의 옹호는 기억의 결핍 또는 기억의 회복을 관통합니다. 그럴 때마다 우리는 기억하기와 구축하기라는

▪ 브루니 (Leonardo Bruni, 1370~1444) : 15세기 피렌체의 대표적 휴머니스트이자, 역사가, 정치사상가이다. 그는 최초의 근대 역사가로 여겨지기도 한다.

▪ 지암바티스타 비코 (Giambattista Vico, 1688~1744) : 나폴리의 한 서점 주인의 아들로 출생. 1699년 이후 나폴리대학 수사학 교수로 42년간 근무. 데카르트 철학에 반대하고 인간 역사에 주로 관심을 가졌다. 대표 저서로는 『여러 민족의 공통성질에 대한 신과학원리』(1725)가 있다.

이 어려움에 봉착합니다. 그러나 그렇게 말한다 할지라도 우리가 유럽을 우선 제일 먼저 공화국으로, 정신의 공화국으로, 평등의 공화국으로, 연대의 공화국으로 규정할 수 있다는 사실은 변함이 없습니다. 그리고 우리가 이 공화국에 대해 생각할 때마다 우리는 그것을 권력의 소외를 제거하거나 배제하는 무엇이라고, 특이성들의 권력이라고, 다중의 민주주의라고, 그리하여 연대와 소통, 협력적인 다수성 속에서 자신들을 자유의지적 힘으로 드러내는 특이성들의 능력이라고 생각합니다.

오늘날 우리는 근대성과 탈근대성의 이행기에, (막 생겨난) 민주적이고 입헌적인 제국주의적 체계와 (그것이 무엇인지는 모르지만 우리가 원하고 있는) 무언가 새로운 것 사이의 이행기에 살고 있습니다. 우리는 일종의 공위기 — 스튜어트 왕가의 사람들과 오렌지 가 사이에, 영국인들이 1640년 이후 그리고 1688년의 '명예혁명'의 시기를 살았던 것과 유사한 그 무엇 — 에 놓여 있습니다. 그 때는 중세의 종말을 특징지었으며, 고전적이고 절대주의적인 시대의 세습적인 국가를 변형시켰으며, 근대적

세계의 부르주아 및 자본주의적 국면을 확립했습니다. 근대가 열린 것입니다. 오늘날 우리는 미래를 조직하기 위해 의존할 수 있었던 일종의 최초의 신화가 있었다고 생각하는 해링턴Harrington*을 비롯한 공위기의 위대한 이론가들의 시대와 유사한 시대를 살고 있습니다. 그래서 나는 우리가 어쩌면 이 이행의 국면 중에 우리 자신을 정향하기 위해 사용할 수 있을 유럽 공화국의 독창적인 신화가 존재한다고 생각합니다.

이 지점에서 나는 스피노자를 참조합니다. 그는 일자 — 권력의 통일성 — 의 관리의 이론이자 실천으로서의 통치 형태들에 대한 이론을 — 결코 — 받아들이지 않았던 유일한 사람입니다. 이 일자, 이 단일성unicity은 군주나 제후에 의해 관리될 수 있었습니다. 그것은 귀족제나 과두제일 수 있었습니다. 그것은 또한 민주제, 말하자면 다수의 권력일 수 있었습니다. 그러나 관리되어야 했던 것은 언제나 일자였습니다. 권력과 주권의 이론은 예수 이전에, 기독교 이전에, 권력의 이 유일한 기반과 긴급성 — 일자의 관리 — 위에서 태어났습니다. 그러나 오직 민주적이고 심원한 유럽적인 재정교화만이 불가피하게 일자가 되어야 한다는 이 권력 사상을 넘어서는 데 성공했습니다. 일자의 관리 형태로서의 민주주의 그 자체? 이러한 생각에 대해 스피노자는 다음과 같이 말합니다. 아니다. 민주주의는 그런 것이 아니다. 이러한 형태를 갖는 민주주의도 존재한다는 것은 참이다. 그러나 우리가 살고 있는, 그것 없이는 사회가 불가능해질, 진정한 정치적 형태는 특이성들의 다수성을 함축하는 형태이며, 그리하여 사회를 구성하고 사회 속에 모든 일관성의 형태들을 구성하는 것은 다중이다. 이것이 바로 공화국이다. 제3의, 제2의, 제1의 공화국이 아닌, 아니 제4의, 제5의, 제6의, 제7의, 제8의 공화국이 아닌, [진정한] 공화국이다. 우리는 수많은 제도적 공화국들을 계

해링턴 (James Harrington, 1611~1677) : 영국의 고전적 공화주의 정치사상가. 대표 저서는 『오세아나 공화국』(The Commonwealth of Oceana, 1656)으로 출간 당시 많은 논란을 일으켰다. 그의 사상은 미국 근대 정치제도에도 중요한 영향을 끼쳤다.

속해서 가지게 될 것이지만, 다른 공화국은, 마키아벨리와 수많은 다른 사람들 이후의 공화국은 자유와 연대를 재통합하기 위해 합의에 이르고, 함께 살아가는 것을 목표로 갖는 특이성들의 갈등의 공화국입니다.

그래서 이것이 낡은 유럽, 휴머니즘의 유럽, 프로테스탄트 개혁의 유럽, 계급투쟁의 유럽, 민중들이 살아갔던 코뮤니즘의 유럽, 삶의 지평 위에 모든 선한 것들을 제시했던 유럽입니다. 이 유럽은 칸트가 말했듯이, 인간이 신을 욕망할 수 있다는 생각을 창안했던 유럽입니다. 그리고 신을 위한 이 욕망은 역사에 의해, 칸트가 말한 '혁명'에 의해 확증될 수 있는, 하나의 경험입니다. 그 이유는 이것이 정치인들이 결코 예견할 수 없는 무엇이기 때문이며, 정치인들은 언제나 민중들이 나쁘다고 생각해 왔기 때문입니다. 아니, 공화국은 민중들이 선하다고, 그들이 정치적 구성 속에서, 우리 실존에 대한 형이상학적이고 존재론적인 조건을, 역사 속에서 보여줄 수 있는 능력을 가지고 있다고 생각합니다. 그러므로 이 공화국은 모든 정치적 형태를 예견하며 우리의 삶은 오직 '함께 존재하기'라는 이 독창적인 도식을 위한 부단한 추구입니다.

두 개의 요소들이 이 공화국 사상을 낡은 유럽 속에 구성합니다. 첫째, 봉기와 저항, 이것은 특이성을 구성하고, 그리하여 자유의 긍정을 구성합니다. 둘째, 이러한 특이성들 사이에 존재하는 관계, 그리하여 생산에서의 협력과 연대가 있습니다. 예를 들어 어떤 사람은 모국patria에 대해 사고합니다. 마키아벨리가 보여주고 칸토로비츠Kantorowicz가 매우 잘 정리한 것처럼, '낡은 유럽'에서의 모국이라는 생각은 국민국가적 개별성과 관계가 없습니다. 애국주의는 오히려 연대의, 사람들 사이의 사랑의 자유로운 변형입니다. 이것은 국민국가적 개별화나 그와 연관된 현상들 — 국민적 자부심, 쇼비니즘, 제국주의, 식민주의 들 — 과 아무런 관련이 없습니다.

다른 한편, 모든 연대 사상들은 사회적인 것이 언제나 정치적인 것 내부에 있다는 것을, 누구도 정치적인 것과 사회적인 것을 분리할 수 없다는 것을, 자유와 평등이 완전히 함께 묶여 있다는 것을 의미합니다. 그것들을 분리하는 것은 폭력과 무력의 불합리한 행위입니다. 하지만 우리는 유럽에서 또한 정치적인 것과 사회적인 것의 입헌적 분할과 관련된 사상들의 승리를 겪었습니다. 민주주의에 대한 이 완전히 잘못된 사상은 미국의 헌법을 위한 변호에 의해 고양되어 왔습니다. 하지만 우리는 이러한 획책이 — 정확히 그와 같은 상황에서 그 당시 정치적인 것과 사회적인 것 사이의 통일이 전체주의로 낙인찍혔기 때문에 반전체주의라고 불렸던 — 반코뮤니즘 투쟁에 얼마나 잘 기능했었는지를 잊을 수 없습니다. 한나 아렌트 역시 이러한 입헌적 신비화 게임에 빠져 익살을 부립니다. 그녀는 무거운 정치적 책임을 지고 있습니다. 그와 반대로, 근본적인 것은 사회적인 것과 정치적인 것 사이의 관계들을 완전히 서로의 내부에 있는 것으로 사고하는 것입니다. 하지만 유럽 역사의 가장 나쁜 시기에서조차, 예컨대 냉전기 동안이라거나, 유럽의 이데올로기가 어떤 신자유주의적인 미국 입헌주의에 압도당했던 그때에도, 실제로, 그와 같은 낡은 추세들과 경향들, 유럽 민주주의의 그와 같은 실제적이고 낡은 긴장들은 결단코 사라지지 않았습니다. 예컨대 나는 유럽의 복지국가가 결코 미국의 입헌주의 — 심지어 가장 훌륭한 미국의 입헌주의, 뉴딜과 같은 입헌주의 — 의 규칙들에 완전히 굴복하지 않았다고 생각합니다. 계급투쟁의 — 달리 말해 프롤레타리아 세력들에 의해 해석된 연대와 자유의 — 강력한 현존을 통해, 유럽이 고전적인 자유주의적 도식schemata으로 축소되는 것을 결코 허용하지 않았던 살아 있는 공화주의 사상은 항상 존재해 왔습니다. 이제 나는 — 만들어지는 과정 중에 있는 — 유럽의 헌법을 규정하는 데에서 너무 멀리 가고 싶지 않습니다. 하지만 이 경우에서도 역시 시장과 법 사이의 관계는 시장 쪽보다는 법 쪽으로 더 기울어져 있다고 확신합니다.

그렇다면, 미국의 신보수주의자들이 우리에게 제시하고 있는 '새로운 유럽'은 무엇일까요? 이 이야기의 역설은 실제로 다음과 같은 사실, 즉 미국의 보수주의자들이 말하는 '새로운 유럽'이 여전히 하나의 산물, 낡은 유럽의 부산물이라는 사실로부터 나옵니다. 그것은 실제로 서방의 여명에 대한 이론들(근본적으로는 하이데거) 속에서 작동하는 정치적 존재론의 사멸입니다. 파시즘적인 하이데거적 사상은 스피노자주의와 대립되는데, 그 이유는 스피노자에게서 우리가 구성적 역능을 발견하는 반면에, 정치적 관점에서 볼 때 하이데거에게는 결여적이고 무효적인 존재의 운동이 있을 뿐이기 때문입니다. 스피노자에게서 뽀뗀짜는 내가 말한 바처럼 주체들의 협력 속에서 나타나는 자유와 연대의 표현입니다. 자유의 주체적인 실현은 점점 강력해지고 제도적이 되며 사랑스럽게 되는 자취들과 요소들을 구성합니다. 욕망에서 사랑으로의 이행 ― 충동으로부터, 욕구로부터 자유의 실제적 구성으로의 이행 ― 은 그 순간이 저지당하지만 않는다면, 매 순간 가능합니다. 하이데거에게서는 사정이 정확히 그 반대입니다. 모든 객관화에 소외와 공허가 상응합니다. 모든 의미화의 정합성은 무의미하게 됩니다. 칸트의 초월적 도식주의를 횡단하는 전체적인 긴장은 하이데거에게서는 ― 이것이 그의 문제이기 때문이 아닐까요? ― 모조리 사라졌습니다.

그러나 우리는 최근 50여 년 동안 우리가 서구 사유의 부정적 발전에, 말하자면, 푹 빠져 있었다는 사실에 주의를 기울일 필요가 있습니다. 예컨대, 나는 한나 아렌트의 일부 측면들이 얼마나 위험한지, 그리고 그녀가 입헌주의의 정치적 지평을 사회적 지평으로부터, 연대로부터 ― 미국 혁명을 프랑스 혁명으로부터 ― 분리시키는 지점이 어디인지 말했습니다. 그러나 우리는 벤야민에 대해서도, 우리의 철학적인 일상적 현실을 끊임없이 횡단하는 일련의 작가들에 대해서도 동일하게 말할 수 있을 것입니다. 이것은 완전히 획일적이고, 고전적이며 고대적인, 부활하는 권력 개념이 존재하는 곳이라면 어디에서나 발생합니다. 달리 말해 계급투쟁의 현실, (스피노자의 규정에 의한다면) 다중의 현실, 그리하여 결과적으로 권력의 전통적인 형태에 대한 대안의 현실을 설명하지 못하는 부활하는 권력 개념이 존재하는 곳이라면 어디에서나 발생합니다. 사유의 이러한 한계는 상이한 방식으로 경험될 수 있습니다. 벤야민에게서 우리는 그것을 매우 구세주적인 방식들로 발견합니다. 달리 말해 그것은 다른 편에 무언가 존재한다는 희망 속에서 받아들여집니다. 아니, 전체 프랑크푸르트학파에게, 그리고 — 그 밖의 사람들 중에서 — 주로 아도르노에게 그것은 매우 계시록적인 맥락 속에서 이해되었습니다. 여기에서 권력은 모든 가능한 공간 전체를 점령하고 자유의 여지를 전혀 남기지 않습니다. 그렇지 않습니다. 권력은 결코 하나의 통일성이 아니며, 전체성은 더더군다나 아닙니다. 권력은 뽀뗀짜에 의해, 공화국에 의해 항상 방해받습니다. 권력에 대한 초월적 사상은 형이상학적 통일성의 반향에 지나지 않습니다. 그것은 플라톤이며, 아리스토텔레스이며, 위대한 철학적 전통입니다. 개똥같은 철학! 우리는 우리 모두의 삶들을 위해 이 모든 것을 횡단했던 투쟁들의 체험을 가지고 있습니다. 이것이 유럽의 역할 — 이 도식에 대한 연속적인 파열에 대한 기억과 체험 — 입니다.

    이것이 우리가 철학적 존재론을 재발견하고, 정확히 우리가 처한 이 이행기적인 공위기의 의미를 고찰하는 데 다다를 수 있는 기본적인 출발점입니다. 자본주의의 발전이 격렬하고 전체적인 발전이었다는 점

바띠모(Gianni Vattimo, 1936~): 이 탈리아 또리노 출생. 니체와 하이데거의 철학과 해석학을 연구하여 '약한 사유'의 이론을 정립했다. 『근대성의 종말』 등이 한국어로 번역돼 있다.

은, 그리고 맑스주의자들이 말하는 것처럼, 이 사회가 말 그대로 자본의 지배 아래 완전히 포섭되었다는 점은 분명합니다. 더 이상 사용가치는 존재하지 않으며, 오직 교환가치만이 존재합니다. 우리가 하는 모든 것은 권력의 생산 및 재생산을 위한 이 가공할 기계에 의해 완전히 소외됩니다. 그러나 엄밀히 말해 중대한 문제는 대안의, 파열의, 이 지평 내의 분할을, 실제적인 것의 이 새로운 서술의 감각을 도입하는 것이 어떻게 가능한가 하는 것입니다. 어떤 사람들은 우리가 처한 상황을 더할 나위 없이 명료한 용어들로 서술했습니다. 예를 들어, 나는 지금 내가 아주 잘 알고 있는 바띠모*와 로티*에 이르는 탈근대성의 필자들을 떠올리고 있습니다. 여기에서도 역시 (나는 지금 오늘날의 바띠모, 그러니까 현재 엄청난 자기비판을 시작하고 있는 바띠모를 염두에 두고 있습니다), 자신의 지적 진보에 있어서 굉장히 모호한 결과들을 이룬 철학자들이 존재합니다. 1970년대의 좌절된 투쟁 속에서 바띠모는, 맑스주의를 무장해제시키려는 시도, 맑스에게 맑스를 포기시키려는 시도, 최근에 그가 진술한 것처럼 '맑스를 약화시키려는' 시도, 그리하여 맑스주의의 폭력을 맑스에게 짐 지우지 않으면서[즉 맑스는 폭력을 주장하지 않았다고 주장하면서] 계급들 간의 관계를 해석하는 범위 내에서만 맑스를 활용하려는 시도가 정당하다고 주장합니다. 그러나 바띠모는 이렇게 하면서 또한 민주주의를 무장 해제시킵니다. 그리고 맑스주의로부터, 진보적인 역사 개념들로부터 모든 결정이나 신학을 제거하려는 시도 속에서 그는 저항의 모든 이유를 제거해 버렸습니다. 사람들은 왜 저항해야 하는지 더 이상 알지 못합니다. 낡은 유럽을 사유하면서 발견되어야 했던 해방을 향한 긴장들을 약화시키려는 시도 속에서 바띠모는 시장이 자연이 되는 존재 개념을 열어 놓았습니다. 이로부터 그는 시장의 자연에 직면하여 해방은 아무런 존재 이유를 갖지 않는다고 추론했습니다.

로티(Richard Rorty, 1931~2007): 미국 뉴욕에서 태어난 철학자로 프래그머티즘(실용주의)을 새롭게 조명한 네오프래그머티즘(신실용주의)의 선도자다.

실제에 있어서 이 모든 것은 아주 짧은 시간 동안만 지속되었습니다. 오히려 우리는 이 현재의 공기 속에서 사회적 관계들의 폭력과 저항과 자유를 위한 욕망을 재발견하였습니다. 뽀뗀짜는 저항할 수 없는 그 무엇, 유일하게 자연스러운 것이기 때문입니다. 여러분과 공유하고 싶은 짧은 일화를 소개할까 합니다. 그것은 1848년 6월에 출간된 드 토크빌de Tocqueville의 저널에 실려 있습니다. 드 토크빌 가족이 제7번 구區에 있는 자기 집안의 아름다운 아파트에 앉아 있다가 그때 처음으로 봉기를 일으킨 노동계급을 향해 대포가 발사되는 소리가 세느강 맞은편에서 나는 것을 듣습니다. 하녀가 식탁에서 시중을 들고 있습니다. 테이블에 앉아 있던 모두가 걱정하고 있습니다. 그러나 그 하녀는 미소를 짓고 있습니다. 이것 때문에 그녀는 즉시 해고되어 쫓겨납니다. 그 미소 속에서 저항이 인식되었던 것이지요. 세느강의 맞은편에서 들려오는 대포들의 메아리 속에서, 토크빌 가족이 받아들일 수 없는 것이, 바로 이 불가능성, 이 미소, 이 뽀뗀짜입니다.

그래서 우리는 봉쇄된 상황이 존재한다는 것을 압니다. 사회를 포섭해 버린 자본주의적 권력이 존재하지만, 이 저항, 노동자들의 바리케이드들의 저항, 하녀의 미소의 저항 역시 존재합니다. 이 저항을 어떻게 오늘날, '새로운 유럽'에 맞서, 지배의 이러한 도식에 맞서, 철학 속에 표현할 수 있을까요? 다양한 전략들이 존재합니다. 그 하나는, 특히 최근에 매우 중요해진 것으로, 변두리들에서, 가장자리들에서 출발함으로써 이 포섭되고 지배당하는 세상에 일격을 가하는 것입니다. 외부로부터 출발해서 — 무의미함 또는 모호한 의미들로 가득찬 — 이 세상과 장애물을 공격하려 시도하는 것입니다. 데리다가 이 전략의 굉장한 동력이었다고 말할 수 있을 것입니다. 하지만 내게는 조르조 아감벤이 훨씬 더 흥미로운데, 그 이유는 그가 말하자면 격분하면서, 변두리들부터 출발하는 이러한 방식을, 호모 사케르, 벌거벗은 삶, 강제 수용소들에 거주하는 '이슬람'의 초상화, 타자성으로서 — 저항하는 유일한 타자성으로서 — 나타나는 총체적인 부정성을 제시하는 이러한 방식을, 아주 강력하게 만들었기 때문입니다. 아감벤의 것과 같은 담론들 이면에는 권력의 봉쇄가 언제나 삶정치적 씨실에 의해 횡단된다는, 이와 같은 모든 삶의 봉쇄를 삶이 관통한다는 인식이 존재합니다. 이것은 단지 맑스가 말했던 것 — 자본주의가 승리하는 것은 필연적이라는 것, 그러니까 모순이 세계의 자본주의적 실현의 모든 수준에서 인식될 수 있다는 것 — 일까요? 아마도 그럴 것입니다. 그러나 반드시 그런 것만은 아닐 것입니다. 여기에서 경험의 새로운 문지방이 도입되었습니다. 그것이 바로 삶정치적인 것입니다. 그리고 그 문지방은 이 삶정치적 차원, 즉 삶의 모든 수준들에서의, 단지 공장들에서만이 아니라, 단지 지배의 관계들에서만이 아니라 삶의 모든 측면에서 이러한 모순과 대립의 현전입니다. 개입하기 위하여, 다시 돌아가 자본주의적 발전과 자본주의적 지배의 완전한 구조와 겨룰 수 있기 위하여 변두리에서 출발하는 것이 가능할 수도 있다는 생각을 제시하는 것은 바로 이 차원입니다.

하지만 다른 것들, 보다 의미 있고 효과적인 전략들 ─ 자신들의 출발섬으로 변두리들이 아니라 중심을 취하는 전략들 ─ 이 존재합니다. 이것들은 푸코와 들뢰즈가 자신들의 원대한 예시적 노력 속에서 설계한, 그리고 오늘날 완전히 현실적인 것으로 된 전략들입니다. 우리는 그들을 통해, 이 단일하고 꽉 짜인 세상의 중심에서 출발하여, 거기, 중심에서, 모든 이행으로부터 발생하는 모든 뽀뗀짜를 재발견할 가능성을 엿봅니다. 그리고 모든 이행에는 상이한 저항들이, 특이성의 새로운 형상들이 결정될 수 있습니다. 이것들은 하나가 다른 하나 곁에 놓이는 식으로 한 줄에 놓일 수 있으며, 변형의 연쇄들인 연쇄를 구축할 수 있습니다. 다이아그램들, 리좀들, 계보학들이 그것들입니다.

그러나 우리가 푸코와 들뢰즈를 따른다면, 혁명이란 무엇일까요? 아마도 혁명은 변신일 것입니다. 아마도 혁명은 계속적으로 열리는 ─ 그럼에도 불구하고 결정되어야 하는 ─ 주체성의 생산일 것입니다. 우리는 더 이상, 들뢰즈에게서처럼 또는 가따리에게서처럼, '약한 사유'가 표면의 고양을 이용하려고 하는 상황에 있지 않습니다. 그러한 시기는 끝났습니다. 우리는 공위기에 놓여 있습니다. 사유의 새로운 형상들이 재발견될 수 있으며, 재발명될 수 있습니다. 그리고 이러한 새로운 형상들은 파열이 존재한다는, 그리고 우리가 더 이상 정치적 사유와 정치적 존재론의 범주들을 그것들이 수천 년간 규정되어 왔던 형태로 규정할 수 있는 가능성을 가지고 있지 않다는 사실의 견지에서 구축될 수 있을 뿐입니다. 이러한 이유로 나는 새로운 개념들을 가지고 새로운 정치적 사전 ─ 예를 들어 주권을 더 이상 일자가 아닌, 그러나 언제나 관계 내에 존재하는 주권으로 정의하는 사전 — 을 토대로 작업하자고 제안하고 있는 것입니다. 아마도 우리는 비존재라는 토대에 도달할 필요가 있을 것입니다. 다시 말해, 우리는 그것이 하나의 환상이라는 것을 보여주기 위해, 일자의 구멍인, 권력의 통일성의 구멍인 이 구멍에 빠질 필요가 있을 것입니다. 권력의 통일은 현상학적 관점에서 보더라도 역시 잘못입니다. 이 일자임oneness은 오늘날 사회를 구성하는 조건들의 총체 속에서 더 이상 경험될 수 없으며, 하물며 더 이상 이론화될 수 없기 때문입니다. 일자의 이론은 더 이상 존재할 수 없습니다. 오직 일방주의에 대한 주장만이 존재합니다. 모든 구석의 주변에는, 밖으로 나와서 '아니오'라고 말하는 그림자들이 존재합니다. 그들은 우호적일 수 있거나 까다로울 수 있습니다. 그들은 찬성을 하거나 반대를 할 수도 있습니다. 그러나 그들은 드 토크빌가의 미소를 짓는 하녀와 비슷합니다. …… 다른 것이 존재론적으로 긍정되거나 주장되었기 때문에 통일성을 이론화할 수 있는 가능성은 더 이상 존재하지 않습니다. 그것은 자유와 연대를 위한 새롭고도 환원할 수 없는 욕망입니다.

오늘날 시민권은 무엇인가? 바로 이 완전하고 연속적인 개방 속에서가 아니라면 그것이 어떻게 정의될 수 있는가? 그리고 여기에서도 역시 환원 불가능한 심급들에 의해서가 아니라면, 특이성들의 새로운 존재론적 짜임새가 연속적으로 다시 여는 요구들에 의해서가 아니라면, 법은 어떻게 정의될 수 있는가? 이것이 새로운 정치적 사전이 조직될 수 있는 새로운 짜임새입니다. 근대 정치적 사유의 위대한 정초자인 토마스 홉스는 정확히, 명료하고 연속적인 노선 — 소유를 기반으로 하는 개인주의의 노선 — 속에서, 기계론적 인간 개념으로부터 시민권 개념으로, 리바이어던 국가 개념으로 건너갔습니다. 우리는 이 기계론을 전복시켰습니다. 그것은 우리의 비판이 우리가 제국이라고 부르는 세계에 대한 자본주의적 포섭으로부터, 거스를 수 없는, 특이한, 다수의, 다중적인 저항에 대한 인식으로 건너왔기 때문입니다. 달리 말해, 우리는 개인주의 및 주권의 철학에 저항을 고정시키는 것이 불가능하다는 것을 인식했습니다. 왜냐하면 바로 그것의 기저에서 우리는 하나의 출구를, 특이성과 차이의 증식을, 그리고 생산과 자유의 새로운 결정요소들을 발견하기 때문입니다.

오늘날 우리는 이 완전히 초과적인 힘에 대한 자연적 필요를 갖고 있습니다. 홉스의 『리바이어던』에서 개인성은 완전하고 획일적인 방식으로 구축되었습니다. 반면에 우리는 우리 자신이 제국에 직면해 있음을 발견합니다. 제국은 또 부패하며, 스스로를 정의로 나타낼 수도 없습니다. 그러나 우리는 노동과 연대의 중심적인 초과 ― 오늘날의 세계의 토대를 이루고 있는 특이하고 초과적이며 차이를 낳는 요소 ― 를 인식했습니다. 그리고 아마도 여기에 그 변형의 가능성이 존재할 것입니다.

최근에 나는 3월 11일과 아스나르의 선거 패배 바로 직후에 마드리드에 있었습니다. 특이성들은 그와 같은 위기 속에서 집결했으며, 스스로를 하나의 거대한 다중으로 인식했습니다. 그 안에서 운동, 특이성들 간의 관계, 그리고 현실의 재발견은 뽀뗀짜의 표현이 되었습니다. 그 이틀 동안에, 아니 하루하고 반나절 동안에 말입니다. 거기에서 세계는 차이의 실제적이고 현실적인 봉기에 의해 부분적으로 변형되었습니다.

33강

배우와 관중 : 비물질노동, 공공 서비스, 지적 협력 및 공통의 구성

'인간을 위한 극장'에 참여해 달라는 초청을 받았을 때 나는 직접 연극 한 편을 쓰고 있었습니다. 나는 내가 철학적, 이론적, 추상적 용어들로 발전시키고 있던 다양한 개념들에 보다 구체적인 형태를 부여해 볼 생각으로 그냥 재미삼아 그걸 쓰고 있었지요. 나는 내 자신에게, 왜 이러한 개념들 — 끊임없이 숙고하고 있는, 때때로 그럭저럭 숙달하고 있는, 그러나 또 때때로 나를 멍하게 만들고 상처를 입히는 개념들 — 을 다루지 않는지, 왜 이 멋진 시상들을 하나의 예술적 사건으로 바꾸어 보려 하지 않는지 물어 보았습니다. 언제나 사상들에 대해 생각하고 있고 집단적인 물질적인 힘들을 연구하고 있는 나 같은 머리가 어떻게, 이러한 머리가 어떻게 고통의 다이아그램들을, 삶의 다이아그램들을 구체화하는 데, 그리고 그것들을 구체적으로 상징적인 것으로 되게, 즉각적으로 표현적인 것으로 되게 만드는 데 성공할 수 있을지 의아했습니다. 내가 연극 작품을 쓰고 있던 그 때에 나는 플로베르의 『성 안토니의 유혹』Temptation of Saint Anthony 을 우연히 발견하였습니다. 이 작품은 주목할 만한 텍스트로서, 거기에서 그의 기괴한 상상력은 자신을 주체성으로 만들고 문학은 극장이 됩니다. 여기에서 무언가 새로운 것이 열리고 있었습니다. 일종의 극장적 구성은 실제적인 것을 발명하는 주체성의 모험일 수 있을 뿐이었습니다. 극장적 재현은 주체적인 관점에서 현실을 생산하는 물질적이고 객관적인 발굴입니다. 작가의 존재론적인 기능이 존재합니다. 이것은 연극적 텍스트가 — 이것이 자신의 특이한 정합성 내에 존재하고자 한다면 — 새로운 현실을 구축하는 데, 그리고 이 새로운 차원 안에, 많은 사람들의 마음들을, 공통적으로, 다시 조직하는 데 성공할 필요가 있다는 것을 의미합니다.

이제, 이 존재론적인 기능은 배우에게 넘어갑니다. 작가에서 배우로의 이 존재론적인 권력의 양도가 없었다면, 어떤 극장도 없었을 것입니다. 배우란 연극의 핵심이며, 모든 이행들의 상호작용이기 때문입니다. 하나의 원동력으로서, 사유를 행동으로, 플롯을 무언가 실제적인 것으로 효과적으로 변형하는 사람이 배우입니다. 글쓰기가 점점 더 진행되면서 나는 다음과 같은 사실을, 즉 글을 쓰기 위해서는 나 자신을 행위자의 지위에, 짐짓 배우인 것 같은 지위에 두어야 한다는 점을 더욱더 깨달았습니다. 물론 극장은 작가들 없이는 살아갈 수 있지만, 배우들 없이는 절대로 살아갈 수 없습니다. 코메디아 델라르테Commedia dell'arte*에서, 그리고 이미 쓰여졌고 아직 쓰여지고 있는 모든 아텔란Atellan 희극들*에서 작가는, 문제가 없다면 그리고 불확실성들이 없다면, 배우에 포섭됩니다. 배우의 결정은 작가의 상상력을 이해합니다.

Antoine Watteau, <삐에로(Pierrot)>, 1718~1718.

코메디아 델라르테 배우의 모습을 그린 프랑스의 화가 장-앙뚜완느 와토의 대표작. 이 그림은 질(Gilles)이라는 이름으로 알려져 있으며, 무대 위에서 대사를 잊어버려 난처해하는 배우의 모습이다. 코메디아 델라르테(Commedia dell'arte)란 16세기 중반 이탈리아에서 시작된 극 양식으로, 우리나라 마당극과 유사하다.

모든 배우는 파가니니*입니다.

    내가 이런저런 문제들에 마음을 쏟고 있을 때, 어떤 극장이 상연을 목적으로 나의 작품을 선택하였습니다. 아주 기분 좋은 일이었습니다. 하지만 어떤 해결에 이르기는커녕 이론적 문제들이 늘어나기 시작할 뿐이었습니다. 사실, 스스로가 배우가 되지 않는다면 쓸 수 없다는 것을 발견하고 난 뒤에야, 그리고 이제 극장에서 내 작품을 구체적으로 공연할 기회를 얻는 처지에 놓이고 난 뒤에야, 그리고 내 배우와 좋은 우애적 관계를 맺고 난 뒤에야, 나는 배우가 자신을 공중公衆으로 만들지 않고서는 자신을 실현할 수 없을 것이라는 점을 생각하기 시작했습니다. 작가 없는 배우는 있을 수 있지만, 공중 없는 배우는 있을 수 없습니다. 그래서 극작가들은 정말 현명합니다. 그들은 글쓰기를 할 때 최소한 두 사람이 되어 씁니다. 그러나 배우는 얼마나 훌륭한가요! 연기를 하면서 그는 최소한 세 세트의 사람들 — 그 자신, 작가, 그리고 무엇보다도 공중 — 을 연기하고 있습니다. 그는 다중입니다. 이것이 발생하고 있는 새로운 그 무엇, 정말로 신성한(그리스인들이 그것을 이해했던 바의) 그 무엇이며, 아니면 아마도 희극적인 그 무엇일 것입니다(웃기기, 공중의 웃음은, 십중팔구 어떤 직접성을 가지고 있을 것입니다. 그것들은 확실히 신성한 것의 불가해한 심장을 나타냅니다). 이것은 또한 로마인들과 르네상스의 거장들이 그것을 이해했던 바의 것입니다. 하지만 우리는, 배우의 연기 안에는, 작가와의 관계 속에는, 그리고 무엇보다도 공중과의

----

*아텔란 : 원래 로마의 극형식을 일컫는다. 주로 가족 구성원을 과장되게 표현하거나 역사나 신화적 인물들을 풍자적으로 그린 즉흥 희극을 가리킨다. 여기에서는 일반적인 혹은 대중적인 희극을 뜻한다고 보면 좋을 듯하다.

*파가니니(Niccolò Paganini, 1782~1840) : 낭만파 음악에 큰 영향을 미친 이탈리아의 바이올리니스트이자 작곡가이다. 어려운 기교를 활용하여 즉흥적인 화려함을 표현한 것으로 유명하다. 네그리는 여기에서 배우의 존재론적인 역량을 강조하기 위해 파가니니를 끌어온 것으로 보인다.

몰리에르(Molière, 1622~1673): 본명은 장 밥티스트 포클랭(Jean Baptiste Poquelin). 루이 14세 치하 17세기 프랑스에서 파리를 주무대로 활동했던 극작가이자 배우이다. 『타르튀프』, 『동 쥐앙(돈 후안)』과 최고작 『인간 혐오자』 등 성격희극으로 잘 알려져 있다.

이러한 접촉 속에는 소명과 운명 간의 열린 관계가 존재한다는 점을 다시 언급해야 합니다. 여기에서 연극적 관계는 그 자신을 이야기로, 생활양식들의 (현실적이건 상징적이건, 환상적이건, 또는 유토피아적이건) 재현으로, 시간들의 규정에 이르는 경향으로, 그 정신의 전유와 표현에 이르는 경향으로 창조할 수 있습니다. 낭만주의에서 사회주의적 현실주의에 이르는 동안 우리는 이 드라마의 운명되기를 살아 왔습니다.

1. 지금까지 내가 말한 것은 단순하게 연극 기계가 외부를 갖지 않는다는 점을 강조하기 위해서입니다. 그것은 오직 중심만을 갖는—중국과 같은—'중원의 제국'을 갖는 기계입니다! 이것으로 내가 의미하는 바는 극장이 내재성의 신전으로 이해되어야 한다는 것입니다. 극장은 모든 가치를 생산하고 모든 이야기를 들려주며 배우(즉 배우-작가 예컨대, 루잔떼, 셰익스피어, 몰리에르*)를 공중에게 연결하는 마술적인 원 내부에 모든 선언을 결정합니다. 신성하건 희극적이건 간에 연극은 하나의 의식 또는 게임—널리 말해지는 바와 같이 '현실의 게임'—입니다. 도스토예프스키의 제자였던 바흐찐은 극장의 언어에 대한 자신의 분석에서 다음과 같은 사실, 즉 언어가 (전형적으로 문학이 관계되는 한에서) 카니발적인 의식, 그리하여 본질적으로 이중적 사건임을 강조했습니다. 극장의 대화는 (카니발이 그러는 것처럼) 모든 언어적 초월들을 인간 실천의 전면적이고, 복잡하며, 풍부

한 명료함 내부로 끌어 와 평평하게 하려는 시도를 드러내면서 일종의 언어의 폭식 속에서, 외부가 없는 중심 쪽으로 다시 끌어당깁니다. 극장은 내재성의 실천입니다. 그렇다면 내재성의 실천이란 무엇일까요? 그것은 단지 이 세계에 외부가 없다는, 세계의 구성과 필연성이 전적으로 우리의 경험의 범위 안에서만 존재한다는 확신일 뿐입니다. 결국, 그것은 이러한 조건 속에서 언어, 인류학, 존재론이 섞이고 융합하는, 그리고 하나로 결합된 상상력, 역사, 노동이 자유롭게 펼쳐지는 구체적인 실험실입니다.

이제, 이 세계에 외부가 없다는 것을 인식하기 위해 혁명가가 되거나 또는 유물론적 이데올로그가 될 필요는 없습니다. 포스트모더니즘은 이러한 자각을 일반화했으며 이 진술이 참됨을 보여주었습니다. 포스트모더니즘은 세계 속에서, 사회와 표현적인 현상들 사이의 관계가 순환적이 된 통일성을 인식하였습니다. 이 통일성 속에서 생산과 재생산이 중첩되며, 유통과 물상화reification가 뒤섞입니다. 이 세계는 모든 것을 자신의 논리 속으로 휩쓸어 넣고 그것을 흡수해 버리는 소용돌이가 됩니다. 자본은 말 그대로 노동, 사회, 삶 그 자체를 포섭해 버렸습니다. 흥미로운 것은 그 이행들을 — 아니, 기하학적 장소들과 대수학적 긴장들을 — 동질적이 되고자 하는 공간이기도 한 이 소용돌이 내부에 한정하는 것입니다. 극장이 항상 하나의 공간이었다는 점은 모두에게 명백합니다. 아마도 이 공간의 구성은 내재성의 차원에 대한 점증하는 자각의 바로 그 시이자 그것의 계보학이었을 것입니다. 하지만 내재성이 총체성의 가장자리로 확대할 뿐만 아니라 또한 생생한 짜임새로 나타난다는 것을 깨달을 때, 우리는 스스로를 예시하는 이 공간을 하나의 개방적인 환경으로, 그리고 언어의 극적인 구조로, 즉 동질적일 뿐만 아니라 또한 복수적인 네트워크로 이해합니다. 이것이 바로 특이성들과 결절들의 복수적인 상호작용입니다. 당신은 바흐찐적인 대화적 밀가루를 이 세계의 목소리들의 다수성 속에서 휘젓습니다. 이렇게 만들어진 반죽에 당신은 계절에 맞는 풍미와 상상력의 양념들을 곁들일 것입니다. 당신은 그것을 전부 요리하여 필수적인 음악들, 배경과 시각 효과들과 함께 식탁에 배열합니다. 그리고 거기에서 당신은 대화의 사건의 구축을, 주체들 사이의 진행중이고 결코 끝나지 않을 논쟁을, 하나의 삶 또는 다수의 삶들의 구조를, 계속해서 생산을 할 기계를 만납니다. 바로 다중을 만나는 것이지요.

그래서 우리가 내재성에 대해 말할 때, 우리는 외부 없는 공간에 대해서만 말하고 있는 것이 아닙니다. 우리는 또한 운동의 동력 내부에 놓이게 됩니다. '동력'이란 극장에서 무엇을 의미할까요? 그것이 의미하는 것은, 극장이 한정하는 바의 초월을 갖지 않는 이러한 공간이 파열과 이동성 ─ 꽉 찬 현실이 아니라 언어에 그리고 인간에 직접적인 영향을 미치는, 그리고 이 모든 것을 개념으로서 또 극장의 형태로서 동시에 보여주는 연속적인 균열들과 분열들, 적대들, 해결 불가능한 위기들 ─ 의 공간이라는 것입니다.

그래서 여기에서 우리는 다시 작가, 배우, 공중 간의 관계로 다시 돌아옵니다. 여기에서 그것은 하나의 갈등이 되며 작가, 배우, 관중 사이뿐만 아니라 또한 그들 각각을 관통하는 적대가 됩니다. 이 다수적이고 증식하는 갈등은 종합이나 중재에 이르지 못합니다. 그것은 단계성을 알지 못하거나 결론들을 알지 못합니다. 하이너 뮐러가 말했듯이, 그곳이 연극이 되기 위해서, '인간적인 모든 것은 이질적인 것이 되어야 합니다.' ─ 그리고 이것이 [지금 이루어지고 있는 것이며, 항상 이루어지고 있는 것입니다. 그러나 이러한 토대 위에서 모든 것이 이질적일 때, 이제 모든 것은 또한 공통적입니다. 그리고 이 공통은 가능한 종합이나 구성적 변증법의 제안이 존재하기 때문에 여기 있는 것이 아닙니다. 공통이 여기에 있는 것은 거기에서 끊임없이 비판들과 이접들이 심화되고 분절되기 때문입니다. 극장을, 위대하며 논리적이고 열징을 내포하는 대화 그 자체로 만드는 것은 바로 이 적대의 절대성입니다. 당신이 경험했던 공연이 실제적이라면, 당신은 감정이나 각성으로부터, 극장을 떠나면서 지니게 되는 고통스런 추론이나 그러한 저항의 순간들로부터 그것[적대의 절대성]을 알게 될 것입니다. 당신이 스피노자의 『에티카』와 같은 위대한 연극적 텍스트를 읽을 때와 마찬가지로 말이지요. 공리들과 주석들 사이에서 당신은 결코 천국에 이르지 못하지만, 당신은 열정들의 소진되지 않는 상호작용 속에서 세계를 진정으로 재구축합니다.

2. 지금까지 (탈근대성에 대한 가외의 언급은 별도로 하고) 나는 인간 정신의 영원한 실천을 형성하는 어떤 것으로서의 극장을 논의해 왔습니다. 그러나 시대는 변하고, 노동은 변형되며, 사회의 조직화는 혁명되고 언어의 구성은 상이한 기능들과 중요성의 정도들을 포섭합니다. '탈근대적'이라는 용어를 사용하면서 우리는, 우리의 오늘날의 시대에 현실 자체에 심원한 영향을 미치고, 노동, 공공장소, 거기에 참여하는 형태들, 그리고 생산적 협력 등을 변경했던, 그리하여 공통적인 것을 재규정했던 변형의 문화적 부수현상을 언급하고 있는 것입니다.

노동의 본성에서 일어나는 변화들에서 시작해 볼까요. 오늘날 노동은 무엇보다도 비물질적, 달리 말해 지적, 정동적, 관계적, 언어적입니다. 그 언어들의 모든 풍부성을 가지고 비물질노동에 대해 이야기할 때 우리는 삶정치적 현실에 대해 이야기하고 있는 것입니다. 지성과 감정들, 소통과 열정들, 이성과 신체는 여기에서 더 이상 분리될 수 없습니다. 이것은 노동이 이동시키고 (그와 동시에) 지적 혁신을 상품들과 (육체적 노동의) 신체들의 가치화를 위한 토대로, 그리고 상품들의 지적 가치화를 위한 역량의 물리적 짜임새로 바꾸는 것들의 총체입니다. 삶 ― 삶의 모든 것 ― 은 노동하도록 배치되며, 생산적이 되었습니다. 지적 노동에 의해 그리고 정동들과 열정들의 삶정치에 의해 구축된 이러한 새로운 주체성들의 연극은 무엇일까요? 탈근대성에서 그러한 과정이 바로 그 생산 형태가 될 때, 정확히 말해 우리가 연극 안에 존재하는 것처럼 보였던 운동 내의 (배우와 공중 사이에 존재하는) 관계들의 총체가 바로 그 생산 형태가 될 때 극장은 무엇을 의미할까요? 이 지점에서 공적 공간에 대해 이야기하는 것은 머리와 몸을 공통적인 관계 속에 밀어 넣는, 삶의 모든 관계들에 펼쳐지고 확장되는 이러한 거대한 과정들에 대해 말하는 것입니다. (더 이상 시민사회가 아닌, 더 이상 개인적 행동들의 결과가 아닌, 그리고 더 이상 시장이나 계약적 관계가 될 수 없는) 공적 공간 ― 공적 공간은 오히려 이러한 삶의 극장입니다. 모든 사람은 그 안에서 배우입니다. 배우들과 공중들 사이의 협력은, 발명-능력과 지적 협력처럼, 삶의 짜임새 속에서 존재론적 뽀뗀짜가 되었습니다. 더 이상 외부가 없다면, 당신은 안으로 향하는 것 외에 달리 어디로 향해야 할지 더 이상 알지 못합니다. 당신은 수영 선수가 물속에 뛰어들면서 방향을 잡듯이, 또는 새가 자신을 지탱시켜 주는 공중에서 하는 것처럼, 그렇게 행동합니다. 공적 공간은 우리 삶의 전제 조건이지, 그것의 되기나 그것의 표현적 보완물을 재는 척도가 아닙니다. 그것은 공통적 실존의 예비적 조건입니다. 그렇다면 극장은 이렇게 일관되고, 존재론적이며, 생산적인 것으로 규정될 수 있을까요? 그리고 그것은 더 이상 새로운 공적 공간의 제의적인 목록이 아닌 것으로, 그리고 실존의 이러한 조건의 목록이 아닌 것으로 규정될 수 있을까요?

모리스 메를로-뽕띠 (Maurice Merleau-Ponty, 1908~1961) : 프랑스의 철학자. 맑스, 훗설, 하이데거, 시몬느 보봐르 등으로부터 영향을 받았으며 사르트르와 사상적으로 결별하기 전까지 긴밀한 친분관계를 유지하였다. 우리가 세계를 이해하는 방식에 있어서 지각이 갖는 중요성을 깊이 탐구하였고 『지각의 현상학』, 『보이는 것과 보이지 않는 것』 등이 대표작이다.

3. 메를로-뽕띠 ▪ : '일반적인 방식으로, 표현적인 제스처들 ― 여기에서 인상학은 정서적 상태의 충분한 기호들을 헛되이 찾으려 했다 ― 은 자신들이 뒷받침하거나 강조하는 상황과 관련되어 있을 때 명료한 의미를 가질 뿐이다. 그러나 음소들처럼, 아직 그것 자체로는 의미를 갖고 있지 않음에도 불구하고, 그 제스쳐들은 판별 가능한 가치를 가지고 있으며, 무한한 상황들을 다시 그릴 수 있는 상징적 체계의 구성을 예고한다. 그것들은 최초의 언어이다. 그리고 뒤집어 말하자면 언어는 하나의 몸짓으로 취급될 수 있다. 이 언어는 너무 다양하고, 엄밀하고, 체계적이며, 매우 많은 복제들과 결합들을 할 수 있기 때문에 마지막에 발음되는 것의 내적 구조가 정신적 상황에, 즉 내적 구조가 그에 상응하고 그 구조의 모호하지 않은 기호가 되는 정신적 상황에 적합할 수 있다. 언어의 의미는 제스처의 의미와 마찬가지로 그것이 만들어지는 요소들 속에 존재하지 않는다. 그것은 오히려 그것들의 공통적 의도이다. 또 구어적 표현은 청자가 "축어적 연쇄"를 따라, 그것들이 전체적으로 가리키고

플라이휠 (flywheel) : 자동차를 포함한 구동 기관 내부의 내연기관 바퀴의 회전속도를 고르게 하기 위해 플라이휠을 사용한다. 여기에서는 언어가 인간의 사유에서 차지하는 핵심적 역할을 비유하는 것으로 보인다.

있는 방향 속에서 각각의 연결들을 따라 움직이지 않는다면 이해되지 않는다. 이로부터 우리의 사유가, 심지어 혼자일 때조차도, 결코 언어 사용을 멈추지 않는다는 사실이 이끌어져 나온다. 언어는 사유를 지지하며, 덧없음으로부터 사유를 구해내고, 사유를 다시 일으킨다. 그리고 카시러Cassirer가 말한 바처럼 언어는 사유의 "플라이휠"flywheel이다. 하지만 부분별로 차례차례 고찰된 언어는 그것의 의미를 포함하지 않으며, 모든 소통은 청자들인 사람들 속에서, 들리는 것을 창의적으로 포착하는 것을 전제한다. 이로부터 또한 다음과 같은 사실, 즉 언어가 우리를 더 이상 단순히 우리들 것이 아닌, 추정적으로 보편적인 사유로, 그러면서도 이 보편성을 순수하며 누구에게나 동일한 개념의 보편성이 되지 않도록 하는 사유로 우리를 이끈다는 사실이 도출된다. 그것은 오히려 하나의 상황지어진 사유가 다른 똑같이 상황지어진 사유들에게 보내는, 그리고 각각의 사람이 그들 자신의 자원들을 가지고 반응하는 호소이다.'(Maurice Merleau-Ponty, *Parcours deux 1951-1961*, Verdier, 2000)

메를로-뽕띠로부터의 이 발췌는, 극장적 형태 속에서의 언어에 대한 이 현상학적 재발견은 언어가 무엇인지 우리에게 알려주기에 충분할까요? 그 극장적 기능이 어떻게 탈근대성에서 언어의 바로 그 형상 속에 내재하게 되었는지 설명하기에 충분할까요? 아마도 메를로-뽕띠의 진술은 그저 위대한 디드로의 논문들과 연극 작품의 부연일지도 모릅니다. 그러나 그것은 미래에 엄청난 영향력을 미치는, 거대한 진폭을 갖는 부연입니다. 아마도 그것은 하나의 예견일 것입니다. 확실히 그것은 사례가 되려고 하지 않는, 그리고 결코 그렇게 되지 않을 모델의 징후입니다. 하지만 그것은 사막과 숲을 가로지르는 행로입니다. 그것은 언제나 재설계되거나 재구축될 것을 요구합니다. 극장적 구조를 통해 언어는 극적이 됩니다. 달리 말해, 그것은 논리적이고 열정적인 카이로스에 특유한 그러한 '순간적인' 강도와 그러한 대화체적 확장을 발견합니다. 극장의 언어는 단어를 발명하며 그것을 공적 행위자를 통해 전달하고, 그것을 실제적인 것이 끝나고 위대한 다리로서의 미래가 시작되는 공간 속으로 던집니다. 그것은 '장차 올 것'a-venire의 진공 너머로 확대됩니다. 연극적 단어는 삶의 공통이 미래의 추구를 위한 제안으로 모습을 드러내는 것과 동일한 순간에 구축됩니다. 탈근대에 우리는 모든 이데올로기의 종언에 직면해 있고 사회의 자본주의적 포섭에 가두어져 있기 때문에 이것이 바로 우리가 다루어야 할 상황입니다. (더욱이 우리가 여전히 예견의 지형 위에 놓여 있다면, 이것은 다음과 같이 말할 때의 발터 벤야민의 명쾌한 직관과 같은 의미가 아닐까요? '달리 말해, 형이상학적으로 청각적인 영역 속에 존재하는 계시 역시 경청해야 하는 게 아닐까?' 한나 아렌트가 지적하는 바와 같이, 벤야민에게 언어는 우선 인간과 다른 생명 존재들을 구분하는 발화라는 선물이 결코 아니고, 그와 반대로 '그로부터 발화가 태어나는 세상의 본질'이었습니다.)

4. 그렇다면 우리는 공통 속에서 연기하고 있는 것입니다. 극장? 다시 극장? 바로 그렇습니다. 최고로 존재론적이고 창의적인 재현 속에서의 극장. 배우와 관중은 거기에 서 있습니다. 존재의 어느 한 순간의

상호적인 선동煽動, agitation 속에 말이지요. 여기에서 선동 — 역사적이고 활동적이라는 의미에서의 선동이 나옵니다. 배우와 관중은 여기에서, 도래할 세계에 대한 두 개의 선동선전들agit-pros이며, 여기에서 다중 속에서의 특이성들 간의 관계는 공통적인 것의 추구 속에서, 더 잘 표현하자면, 공통의 제막除幕 속에서, 그것의 드러남 속에서 더욱 밀접하게 되는데, 그것은 공통이 주체들 간의 언어적 협력의 토대이기 때문입니다. 오늘날 배우와 관중 간의 관계를 가장 잘 묘사할 수 있는 이미지는 무리[떼]의 이미지, 이야기하고 있는 사람의 형상이 끊임없이 왕래하는 이미지입니다. 그 사람은 또한 하나 및 다른 하나의 세계에 행동을 가하고 그 세계를 변형하는, 그것을 한 사건에서 다른 사건으로 운반하는 사람입니다. 무리 속에서의 위치 그리고 삶 속에서의 위치는 매 순간 다르며, 이 차이가 타자성alterity의 네트워크를 구성하는 그 무엇입니다. 이러한 종류의 맥락을 포함하는 것이 다이아그램들, 예를 들어 서리가 겨울에 우리 집 유리창에 남기는, 아니면 바람이 사막의 광활한 모래 위에 남기는 패턴들과 같이 풍부하고 다양한 횡단하는 형상들입니다. 하지만 그러한 조건들을 공통적인 것으로 특징짓는 것은 냉담도 무미건조함도 아닙니다. 오히려 그것들을 묘사하는 사건들입니다. 배우와 공중의 관계는 그러므로 비물질노동입니다. 그것은 공적 공간입니다. 그것은 지적 협력입니다. 그리고 무엇보다도 공통적인 것의 구축입니다. 반동주의자들은 배우와 공중의 관계, 또한 작가와 배우의 관계(음악 오케스트라가 표상할 것으로 가정되는 유기적인 통일성에 대한 빈번한 옹호를 생각해 보세요)가 조화(실제에 있어서는, 규율, 복종과 억압, 재산권은 말할 것도 없고, 배우들에 대한 작가의 저작권)라는 말로 규정될 수 있을 뿐이라고 생각했습니다. 이러한 관점에서 볼 때, 모든 반동주의자들은 유생儒生들입니다(헤겔 역시 어쩌면 유생일 수도 있을 것입니다). 변증법은 지양止揚, superamento를 통해 종합과 조화를 고양하기 때문에 유교적입니다. 이제 변증법은 아무것도 해결하지 못합니다. 공중은 변증법적이지 않고 창의적입니다. 공통은 배우에 의해 그리고 그의 공중에 의해 발견됩니다. 그러나 그들이 무언가 공통적인 것을 강조하면 할수록 배우와 공중은 서로 충돌하고 타자 — 차이 — 로 남습니다. 연극에는 동일화가 존재하지 않습니다. 각광footlights과 박수는 동일한 배치의 차이를 생산합니다. 각광은 끊임없이 배우와 공중 간의 차이를 확립한 결과이며, 박수는 연극적 공통 속의 특이성들 사이의 차이를 확립한 결과입니다. 극장은 신비롭고 단일한 형상을 결코 갖지 않을 것입니다. 극장은 예상된, 예시된, 미리 존재하는 통일성들을 전제하지 않습니다. 극장에는 공통 속에서 분리를 결정하는 부정적인 금욕주의가 없습니다. 환원 불가능한 분리. 그렇지만 흘러넘치고 생산적인 분리. 모든 관중은, 음악에서 그런 것보다 훨씬 더, 연극에서 배우가 될 수 있습니다. 공통적인 것은 관중의 체험 속에서 특이하게 반복됩니다. 배우 편에서의 표현적인 뉘앙스들의 풍부함은 항상 다른, 무리[떼]에 어울리는, 그리고 그 무리의 개별 주체들이 구축하거나 재생산하거나 표현하는 것으로 환원 불가능한, 소통의 토대입니다. 극장은 공중이 배우와의 관계 속에서 구성하는 희극적 관계(또는 비극적인 등등의 관계, 그러나 어쨌든 이중적인 관계)를 아주 성실하게 확인하는 정도에 따라 점점 더 극장이 됩니다. 이것이 극장의 풍부함이며, 이것이 극장의 최고의 매력입니다. 탈근대성은 이 모든 것을 공통적 삶의 조건으로 고양합니다. 극장은 삶정치적 기능을 갖습니다.

5. 극장은 공적 서비스입니다. 소규모의 지방 극장들뿐만 아니라, 거대 대도시의 극장들뿐만 아니라, 수많은 배우들 및 공연예술 노동자 lavoratore dello spettacolo들 역시 공적 서비스입니다. 프랑스의 공연예술 노동자들의 투쟁의 주요 경험은 또한, 재생산에 대한 노동자들의 요구와 함께 연예인의 삶정치적 기능이라는 문제를 제기했습니다. 앞에 놓여 있는 것은 길고도 지루한 투쟁입니다. 공중은 작가와 배우의 동맹이 되어야 할 뿐만 아니라 그들의 지지자 역시 되어야 할 것입니다. 공중은 [자신을] 연극의 연예인과 동일시해야 할 것입니다.

다른 한편, 공연예술 노동자는 지적 노동자의 형상을 예견한, 그리고 지금은 완전히 그것을 제도화한 사람입니다. 달리 말해, 연극 노동자는 과학적 연구자들, 학교 선생님들, 전자공학계의 노동자들과 나란히, 그리고 개인적 서비스의 영역에서 작업하는 사람들과 함께, 배치되어야 합니다. 이 모든 것이 다수의 감각을 만들어 냅니다. 그러나 나는 — 오늘날 재화와 서비스의 생산에서, 달리 말해 사회를 작업장으로 만드는 것 속에서 헤게모니를 점하고 있는 다른 모든 비물질노동과 비교하여 — 연극 노동자가 근원적인 존엄을 갖는다는 점을 덧붙이고 싶습니다. 공연예술 노동자는 — 기쁨의 희극적 해석 속에서 그리고 삶의 비극적 알레고리 속에서, 서사시적 비극 속에서 그리고 현실주의 드라마 속에서 — 세계의 지식 경영 모델을, 그리고 그 개념의 협력적 구축 모델을 예견했습니다. 이러한 예상, 비물질노동이 헤게모니를 점하고 있는 세계에 대한 이러한 예견은 이 연예인에게 경의를 표하게 합니다. 오늘날, 대중적 소통[매스컴]의 시대에, 언어의 물신적 균질화에도 불구하고, 연극이라는 영역niche은 여전히 공적인 것을 위한 우리의 욕망을 찾아 확인하기 위해 가는 신전입니다. 이 진실의 기능(그 제의성이 내재적인)을, 연극이 언제나 나타내는 이 유물론적 증언을 공격하거나 부정하거나 아니면 단순히 약화시키려 시도하는 사람 누구에게나 화가 있어야 할 것입니다. 왜냐하면 이 여러 세기에 걸친 표현적인 체험이 오늘날 부를 생산하는 모든 노동을 위한 모델이 되었기 때문입니다. 배우는 생산하는 연기를 통해 자기 자신을 공적으로 만들고, 공적 다중은 자신이 바로 배우들의 네트워크인 것을 발견합니다. 특이성과 차이는 동일한 덮개 아래에서 공통적인 것과 함께 놀이를 합니다.

프랑스의 공연예술 노동자의 투쟁은 우리에게 극장 노동이 하나의 공적 서비스임을 보여주었습니다. 극장 노동은 우리들의 이 세상을 재생산하는 바로 그 토대를 구성하기 때문에 지지되고, 지불되고, 재생산되어야 합니다.

6. 이제 결론을 내리기 위해 나는 우리의 논의들에서 종종 의도적으로 혼동되고 있고 또 공적인 것이라는 개념과 같은 것으로 은유적으로 받아들여지는 민중 개념과 관련한 몇 가지 사유들을 추적해 보고자 합니다. 여기에서 나는 『제국』에서 요약된 바와 같이 과감히 민중 개념에 대한 비판과 다중 개념에 대한 정의를 제공할 것입니다. '민중'은 주권 편에서의 단일한 주민의 구축으로 간주됩니다. 근대에 민중 속에서, 시민은 주체soggetto가 아니라 종속자suddito가 됩니다. 다른 한편 '다중'은 특이성들의 다수성으로서, 존재하기 위해 주권적 매개를 필요로 하지 않는 하나의 총체로서, 아래로부터 태어난 개념입니다. 오히려 그것은 하나의 뽀뗀짜로, 제헌적 역능으로, 그리고 (개인주의적인) 사적인 것 및 / 또는 (국가주의적인) 공적인 것을 뛰어넘는 것으로서 주어집니다. 다중은 공통적인 것을 생산합니다. 다중 속에서 시민들은 종속되지

않고 주체들이 됩니다.

이 다중 개념이 민주주의가 (군주제와 귀족제와 함께) '통치 형태'로 간주될 때의 그 '민주주의'에 대한 비판을 발전시키는 것은 분명합니다. 다른 한편, 마키아벨리, 스피노자, 맑스는 민주주의를 근대적인 주권 개념에 대한 대안으로 보았습니다. 이로부터 더 이상 일자가 아닌 다자의 이론이, 다자 편에 대한 일자의 관리가 아니라 일자에 맞서는 다자의 자기관리의 이론이 나옵니다. 뭐랄까 이러한 틀 속에서 민주주의는 항상 개방적인 관계가 되며, 언제나 변형 과정 속에 있는 배치가 되고, 주체들이 전사로 모습을 드러내는 환경이 됩니다.

근대성의 전통 속에서, 연극(과 모든 소통 예술들) 속에서, 공적인 것은 민중의 메타포의 맥락 속에서 고려되어 왔음은 분명합니다. 아방가르드는 공적인 것과의 공식적인[형식적인] 관계를 바꾸는 데 전혀 성공하지 못했습니다. 그들은 극단적이고 혁명적인 내용들로 공적인 것의 불투명성을 깨뜨렸지만, 미리 구성된 소통적 이중성 문제를 해결하지 못했습니다. 이 컨퍼런스에서 진전된 입장들에 비추어 볼 때, 공적인 것은 작가 및 배우와의 긴밀한 관계 속에서 모습을 드러냅니다. 공적인 것은 종속된 사람들의 민중이 아니고 주체들의 다중이 되기 시작합니다. 우리는 공적인 것으로부터 행동하는 공통을 만들어 내야 합니다. 연극적 관점에서 우리는 공적인 것을 행동하는 민주적 전투성으로 간주해야 합니다. 다시 한 번 말하자면, 극장 이론은 정치학의 개념들에 대한 비판적인 패러다임으로 모습을 드러냅니다. 민주주의는 대의적일 수 없으며, 선출된 사람은 주체를 소외시킬 수 없습니다. …… 여기 차이들, 연기들, 전투성, 구성 등의 공동체 내부에서, 배우는 자신의 공중과 접촉해 있으며, 공중은 자신의 배우와 접촉해 있습니다. 극장은 우리에게 아래로부터 태어나는 민주주의를 가르쳐 줄 수 있습니다. 극장에서와 마찬가지로, 민주주의 속에서 관중은 하나의 정치적 주체입니다.

34강

실제 시간과 착취의 시간

여기에서 나는 (2003년에 영어로 발간된) 나의 『혁명의 시간』에 포함된 두 편의 논문들에 대해 논의하고자 합니다. 첫 번째 논문은 원래 내가 『시간 기계』*Macchina Tempo*에 모았던 일련의 텍스트들에 붙인 (1981년에 쓴) 서문이었습니다. 두 번째는 1997년과 1998년 사이에 쓴 작품으로 『카이로스, 알마, 비너스, 다중』*Kairos, Alma Venus, Multitudo*이라는 제목으로 출간되었습니다. 15년 이상의 시간을 두고 쓰여진 이 두 작품들이 묶인 것은 순전히 우연 ― 아니 어쩌면 섭리 ― 이었습니다. 다행스럽게도 이것이 가능했던 것은 마테오 만다리니▪덕분이었습니다. 그는 심지어 나조차도 오늘날 더할 수 없이 적절하다고 생각하는 편집적 복합물을 만들어내기로 결정했습니다. 하지만 이것들은 각기 자기 자신만의 방식대로, 그리고 서로에게 아무 매개 없이 조화되지 않는 결과들을 갖고 전개된 두 편의 연구 논문들이었습니다.

1981년에 쓴 첫 번째 논문이 나에게는 맑스주의적인 노동가치 법칙을 넘어서기 위한 극한적 시도였습니다. 이것은 몇 년 전에 수행되었고 『맑스를 넘어선 맑스』(1979)에 실린 연구들을 정교화하기 위한 것이었습니다. 이 연구를 관통했던 개념, 아니 차라리 실은 무엇이었을까요? 그것은 다음과 같은 것이었습니다. 자본에 의한 사회의 실질적 포섭의 완성이라는 가설(이것은 내가 나의 출발점으로 삼은 현상학적 진술이었습니다)을 염두에 둘 때, 자본이 생산의 세계, 그뿐만 아니라 무엇보다도 사회적 재생산의 세계를 전체주의적인 방식으로 포위한다는 것이 내게는 명백해 보였습니다. 이런 현상학적 지각을 주장하고 발전시킬 때 나는 분명 프랑크푸르트 학파가 행한 작업에 의존하고 있었습니다. 프랑크푸르트 필자들의 결론들을 설명 ─ 그러나 동의 ─ 하면서 나는 '자본에 의한 사회의 실질적 포섭'이 의미하는 바가 시간성이 생산적 존재의 실체라는 결론에 다다랐습니다. 그래서 나는 다음과 같이 덧붙였습니다. 하지만 이와 동시에 자본은 가치의 법칙에 의해 규정된 그러한 시간성을 잴 척도를 결정할 어떠한 가능성도 부정할 수밖에 없다고 말이지요. 그리고 이렇게 하면서 나는 프랑크푸르트 학파를 넘어서는 오랜 길을 가고 있었던 것입니다. 역설은, 그리고 굉장한 가설은 다음과 같습니다. 사회적 시간성이 생산의 실체를 구성한다면(이 진술이 하이데거와 공명하는 것은 분명합니다), 착취의 시간-척도는 현실을 다룰 수 있는 여하한 정밀한 능력도 상실한다. 그리고 이것은 탈근대성을 예견하는 결론이

■ 마테오 만다리니 (Matteo Mandarini) : 네그리의 『시간 기계』와 『카이로스, 알마, 비너스, 다중』을 『혁명의 시간』 (한국어판 : 『혁명의 시간』, 정남영 옮김, 갈무리, 2004)으로 묶어 영어로 옮겼다.

었습니다! 그러나 (이러한 것이 내가 이 논문에서 몰두하고 있던 개념적 틀이었습니다.) 이 지점에서 완전히 다른 질문 — 즉 착취의 척도로부터 사회의 씨줄이나 전지구적 짜임새로의 시간성의 이러한 변형이 명령과 생산 간의, 죽은 노동과 산 노동 간의 적대의 (전체 사회적 짜임새에 대한) 일반화를 생산하지 않는가 하는 질문 — 이 제기될 필요가 있었습니다. 1981년의 논문에서 나는 이 질문에 대해 긍정적으로 대답했습니다.

이 연구의 토대, 아니 오히려 그것의 결과는 곧, 자본주의의 변형들의 시대구분과 관련하여 그리고 아울러 노동계급의 기술적·정치적 구성의 분석과 관련하여, 정치적 활동의 수준으로 전이되었습니다. 다음과 같은 결론들은 무척 중요했습니다. 특히, 우세한 (그리고 경향적으로 헤게모니를 점하는) 역사적 주체는 사회적 노동자로 정의되었고, 이동적이고 유연하며 포괄적이라는 점에서 대중 노동자와 다른 것으로 이해되었습니다. 여기 노동계급의 변형 과정들의 연속성 속에 매우 분명한 단절(시간의 실천들의 양의성ambivalence을 가정할 때 이론적으로 정당화될 수 있는)이 존재했습니다.

하지만 그 첫 논문에서 전개된 입장은 매우 모호했습니다. 죽은 노동과 산 노동 간의 모순(적대)이라는 직관은 자본 내부에 포섭된 세계의 전체 현실에로 확장되면서 두 개의 연구 축들을 둘러싸고 전개되었습니다. 첫 번째는 노동계급의 변형 과정들 내부에서 산 노동(상이하며 점차 강력한)의 새로운 형상의 출현을 강조하는 것이었습니다. 이것은 그러므로 저항의 삶정치적 존재론화를 수반하는 과정이었습니다. 그것은 기존의 맑스주의 이론들과 관련하여, 그리고 또한 전투적인 맑스주의가 그 때까지 발전시켜 왔던 비판과 관련하여 볼 때 큰 진전이었습니다. 노동력의 저항이 생산과 사회적 재생산 양자의 수준에서 스스로를 정의하기 시작하면서 결과적으로, 반대 입장에서, 삶정치적 지평과 삶권력의 지평이 출현했습니다. 삶권력에 대한 저항의 거대하고 견고한 지형이 윤곽을 드러내었습니다.

그럼에도 불구하고, 이 첫 번째 연구 노선은 다소 불만족스러웠습니다. 사실 그것은 새로운, 존재론적인, 내적인, 내생적인 주체성이, 그 모든 것에도 불구하고, 부정적인 용어들로 정의되는 것으로 귀결된 두 번째 노선에 접합되었습니다. 그 결과, 이 새롭고 창발적인 주체성은 자율적이고 독립적이며 창의적인 것으로 스스로를 드러내기보다는, 삶권력의 구조와의 일종의 부정적인 평행에 가두어지는 것으로 귀결되었습니다. 비록 ― 실질적 포섭이라는 추상적 지형 위에서 ― 내가 자본주의적 삶권력에 의한 노동계급 생산력의 분할이라는 사건을 심도 있게 다루고, 또 내생적인 방식으로 이루어지는 거부와 저항을 여러 방식으로 정착시켰다 할지라도, 나는 그 주체에 대한, 그리고 그 착취에 대한 새로운 정의가 이 이행 속에서 결정한 존재론적 탈구를 (1981년의 그 첫 번째 텍스트에서는) 여전히 파악하지 못했습니다. 말로 나타내는 데 어려움을 겪고 있었던 직관을 둘러싸고 나는 숙고에 숙고를 거듭했습니다. (우리가 아직도 '권력 쟁취'라는 강력한 이데올로기를 지니고 있었기에) 새롭고 모호한 관계들과 유비들이 형성되었던 지형을, 권력과 뽀땐짜 간의 ― 저항과 억압 간의, 권력에 대한 상이한 개념들 간의, 그리고 마지막 분석 대상이었던 평화와 전쟁 간의 ― 상동관계가 존재했던 지형을 그것이 넘어서야 했다는 것은 사실입니다. 산 노동을 존재의 창출로 재규정하는 것이 필요했지요. 우리는 ― 더 이상 단순히 생산의 힘으로서가 아니라, 어떠한 변증법적 차원에도 외부적인, 그리고 그것으로 환원 불가능한 일반적인 활동(지적, 비물질적, 관계적, 정동적, 언어적인)으로서의 ― 노동 개념을 재발견해야 했습니다. 유일한 정치학이 존재론이라면, 이 정치학의 유일한 시간성은 권력관계들에 대한 급진적인 혁명입니다. 이것이 나의 자기비판의 결론이었던 것 같습니다.

내가 이러한 이행을 해결하려 노력했던 것은 (1997~8년에 쓴) 두 번째 논문이었습니다. 나는 다양한 사유 노선들을 추적했습니다. 첫 번째는 이름과 사건 사이의, 개념과 역사 사이의 관계를 이해하려는 시도였습니다. 달리 말해, 우리가 현실 안에서 하나의 개념이, 하나의 공통적 이름이 어떻게 — 그리고 왜, 어디에서 — 태어나는가를 물을 때 우리는 그 물음을 존재론적 수준에 놓는 것입니다. 이 논문은 유일하게 타당한 인식론적 지형이 저항에 뿌리내린 시간성의 지형이라고 대답했습니다. 지배와 저항의 동질성을, 권력과 뽀뗀짜의 동질성을 깨기 위하여, 고전적인 전통 속에서 이러한 개념들의 정의가 나타내는, 그리고 그 안에서 그것들이 보편적 술어들로 특징지어지는, 거울보기로부터 그 개념을 뽑아낼 필요가 있었습니다. 그와 반대로 개념이 현실 속에 뿌리내린다면, 그것은 저항의 시간성 속에서 상호작용하는 일련의 사건들의 공통적인 이름으로 자신을 정의합니다. 이것이 개념의 본질이며, 개념의 삶이며, 개념의 자유입니다.

그러나 이것은 충분하지 않습니다. 그래서 나는 더 나아가야 했으며, 공통적인 이름의 구축(인식론)과 (실존적 수준에서 결정된) 사건과의 관계에 연속성과 절합을 제공해야 했습니다. 이러한 과정들에 부합하는 내부 열쇠는 무엇이었나, 즉 그 개념의 구축의 역학, 동력은 무엇이었나? (우리가 카이로스라 부르는) 공통적인 이름의 구축이라는 사건이 구성적인 역사적 과정 속에서 확대된다면, 그것의 텔로스는, 그것의 목적은, 그것의 불명확한indefinite 긴장은 어떻게 구축되는가?

이러한 질문들에 대한 대답은 일반지성의 삶정치학의 수준에서, 즉 네트워크의 형상이 그 표상인 윤리적-인지적 지형 위에서 모색되어야 했습니다. 이제, 우리가 이 물음을 꼼꼼하게 다루고(나는 곧 네트워크 문제로 돌아올 것입니다) 우리 자신을 윤리적 지형 위에 놓는다면, 우리는 카이로스에 의해 결정되는 목적론적 과정의 역학이 매우 구체적인 차원들과 결정들을 횡단한다는 점을 인식할 것입니다. 이것들은 가난과 사랑이며, 가난은 동기가 되는 원인이며 사랑은 최종적인 원인으로서 이들은 공통적인 것을 향해 가는 정치적 과정을 항상 열어두고, 또 항상 다시 여는 힘들입니다. 내가 윤리적 지형에 대해 말할 때, 그것이 의미하는 바는 신체가 인지적 과정들에, 그리고 분명하게 행동의 공통적 긴장 속에 포함된다는 것입니다. 여기에서 근본적인 윤리적 요소가 되는 것은, 요컨대 모든 역사적 과정의 역학의 토대가 되는 것은 신체입니다. 그리고 가난과 사랑에 의해 횡단되는 것이 정확히 그 신체이며, 이 안에서 가난은 운동 — 가난으로부터의 탈주와 부유한 삶을 위한 욕망 — 을 결정하는 한편, 사랑은 타자들과 연결할 수 있는, 이러한 배치들groupings을 협력적 총체들로 인식할 수 있는, 그리하여 지식 및 행위의 공통적 차원들을 구축할 수 있는 능력을 결정합니다.

그러나 여기에서 아직도 권력과 뽀뗀짜의 동질성을 깨뜨리려고 애쓰는 과정에서 한층 더한 문제가 출현합니다. 이제, 세 번째 단계로서, 나는 공통적이 되기 위한 특이성의 노력 속에서 확인되는, 달리 말해 공통적인 것의 절합의 노선들 속에서 확인되는, 아니 더 잘 표현하자면, 구성적 과정의 시각에서 확인되는 긴장을 고려해야 합니다. 이러한 차원들과 분절들 내에서 다중이 되려는 결정은 무엇을 의미하는가? 단지 인식론적 관점에서가 아니라, 그리고 심지어는 윤리적 관점에서가 아니라, 뽀뗀짜와 권력 사이의 여하한 동질성과 결정적으로 단절한다는 것은 무엇일까요? 존재론적 수준에서 이 결정은 새로운 세계가 출현하는 조건들을 확인하는 것에 의해서만 인식될 수 있을 것입니다. 이러한 담론이 단지 내재주의적일 뿐만 아니라 육신적인, 근본적인 유물론적 긴장을 유지한다는 것은 분명합니다. 여기에서 우리는 초월론에 맞서는 모든 전투에 대한, 즉 근대성 속에서 수행되어 왔고 새로운 혁명적 과정들에 대해 우리가 탈근대적인 것으로 예견하는 시대에 수행되어 온 초월론에 맞서는 모든 전투에 대한 일종의 요약을 갖게 됩니다.

나는 이 논문에서 몇 가지 근본적인 개념들, 아니 오히려 이전의 내 저작들에 나타났던, 그리고 나중에 『제국』과 『다중』에서 발전될 수 있었던 몇 가지 방법론적 전제들이 분절된다는 점을 덧붙일 수 있습니다. 이러한 전제들은 세 가지 진술들로 요약될 수 있습니다. 첫째, 이 세계에는 외부가 없다. 둘째, 저항은 모든 역사적 발전의 동력이다. 셋째, 공통적인 것은 사적인 것과 공적인 것 양자를 넘어서 가고, 그것들을 파괴하고 다시 정식화한다. 다음과 같이 네 번째가 덧붙여질 수 있을 것입니다. 즉 신체와 공통적인 이름은 행동하는 것 외에는, 그 행동에 의해 결정된 사건 외에는 아무런 토대를 가지고 있지 않다.

알다시피, 내가 언급한 그 15년 동안, 시간에 대한 나의 다양한 고찰들은 다양한, 그리고 심원하게 분기하는 형태들을 띠었습니다. 그러나 이것들은 또한 이러한 과정 속의 심원한 연속성이었습니다. 이 연속성은 저항의 존재론적 자율 속에 뿌리박고 있었습니다.

35강

새로운 푸코

문 : 푸코*가 수행한 분석적 작업이 오늘날 우리가 사회적 운동들과 제도들을 이해하는 데 유용한 도움을 줍니까? 당신과 하트의 관점에서 볼 때, 어떤 측면들에서 재검토되거나 조정되거나 확대될 필요가 있을까요?

답 : 푸코의 저작들은 이상한 기계입니다. 그것들은 역사를 오로지 현재의 역사로 사고하는 것을 가능하게 해 줍니다. 들뢰즈가 이미 말했듯이, 어쩌면 푸코가 이제까지 쓴 모든 것이 다시 쓰여질 필요가 있을지도 모르겠습니다. 푸코는 끊임없이 추구하고, 묘사하고 해체하고 있습니다. 그리고 그는 가설을 세우고 상상하며, 유비들을 구축하고 이야기들을 들려줍니다. …… 그러나 그러한 것이 그의 가장 중요한 측면은

푸코 (Michel Foucault, 1926~1984) : 프랑스 쁘와띠 출생. 고등사범학교에서 철학, 심리학, 정신병리학 등을 공부했으며, 니체, 하이데거, 바따이유, 바슐라르, 깡길렘, 알뛰세르 등의 영향을 받았다. 질 들뢰즈는 그를 '가장 완전하고 유일한 20세기의 철학자'라고 평했다.

아닙니다. 중요한 것은 그의 방법입니다. 그것이 그로 하여금 연구하도록 하고, 과거와 현재 사이의, 현재와 미래 사이의 운동을 묘사하도록 해 주기 때문이지요. 이것은 현재를 중심에 놓는 이행의 방법입니다. 그는 정확히 거기에, 과거와 미래 사이가 아니라 그것들을 구분하는 바로 그 현재에 있습니다. 그곳은 질문하는 과정이 위치하는 곳입니다. 푸코와 함께 역사적 분석은 행동이 되고, 과거에 대한 지식은 계보학이 되며, 시각은 배치가 됩니다. 1960년대의 전투적 맑스주의 출신 사람들에게(나는 제2, 제3 인터내셔널의 교조적이고 우스운 전통들을 의미하는 게 아닙니다), 푸코의 관점은 옳으며, 사실상 전형적normal입니다. 그것은 사건, 투쟁에 대한 지각에, 그리고 모든 필연성과 모든 기존의 목적론의 바깥에서 위험을 무릅쓰는 기쁨에 상응합니다. 푸코의 사유에서, 다름 아닌 맑스주의는 — 권력관계들에 대한 분석과 관련해서 그리고 아울러 역사적 목적론과 관련해서 — 제거됩니다. 역사주의와 실증주의 역시 마찬가지이지요. 그러나 그와 동시에 맑스주의는 운동과 투쟁들의 관점에서 재발명되고 개조됩니다. 안다는 것은 주체성을 생산하는 것입니다.

사람들은 세 가지의 푸코를 확인했습니다. 1960년대, 인간 과학들의 형성에 대한 연구, 즉 지식의 고고학 그리고 에피스테메 개념의 해체. 1970년대, 지식과 권력 간의 관계에 대한, 규율 형태들에 대한, 그리고 근대에서의 주권 개념의 발전에 대한 연구들. 마지막으로 1980년대, 주체화의 과정들에 대한 그의 분석들. 우리가 세 개의 (아니 오히려 두 개 — 사람들은 종종 그의 마지막 강의들을 출판하기 이전의 두 개를 언급했습니다 — 의) 푸코를 구분할 수 있을지 나로서는 알지 못합니다. 나에게는 오히려, 푸코가 주의를 쏟은 세 가지 물음들이 연속적이고 정합적인 (단일하고 연속적인 이론적 생산이라는 점에서 정합적인) 것으로 보입니다. 변하는 것은 아마도 단지 푸코가 대면해야 하는 역사적 조건들과 정치적 필요들의 한정성뿐일 것입니다. 이러한 관점에서 볼 때, 푸코적 시각을 취하는 것은 그래서 또한 무언가 다른 것입니다. 그것은 — 나의 언어로 말하자면 (그리고 어쩌면 푸코의 말일지도 모르지만) — (우리가 주체성의 고고학과 생산에서 인식하는 바의) 사유의 스타일을 주어진 역사적 조건과 접촉시키는 것이며, 지배의 특정한 차원과, 그러한 관계들의 발전과, 달리 말해, 명령이 삶을 포위하는 자본주의적 발전의 형상과, 그리고 삶을 완전하게 재생산하는 관계들과 접촉시키는 것입니다. 권력은 삶권력이 되었습니다. 자본주의적 발전에 대한 푸코의 논의에서 당신은 복지국가에서 복지국가의 위기로, 포드주의적인 노동 조직화에서 포스트포드주의적인 노동 조직화로, 또는 케인즈의 거시경제학에서 신자유주의로의 이행들의 결정요소를 찾지 못할 것입니다. 그러나 규율 체제에서 통제 체제로의 이행에 대한 그의 간결한 정의에서 당신은 탈근대성이 사회적 노동에 대한 지배로부터 국가의 철수를 나타내는 것이 아니라 삶에 대한 통제를 더 한층 완전하게 하는 것이라는 점을 발견할 것입니다.

    푸코의 저작들에서 이러한 직관은, 탈산업적 이행에 대한 분석이 그의 사유의 핵심적인 요소를 구성했던 것처럼, 모든 곳에서 전개됩니다. 방법론적 결정, 고고학의 이론, 그리고 마지막으로 주체성의 생산의 배치는 이 현재의 물질적인 결정의 외부에서, 그리고 이 이행의 지평 외부에서 사고될 수 없습니다. 그것은 근대 정치에 대한 정의로부터 푸코가 여기에서 암시적으로 이론화한 탈근대적인 삶정치에 대한 정의로의 이행입니다. 푸코에 있어서의 삶정치의 개념 — 그리고 삶정치적 맥락에서의 행동의 개념 — 은 막스 베버의 결론들 그리고 근대성의 권력 개념의 21세기의 아류들(켈젠, 슈미트 등등)과 자신을 근본적으로 가릅니다. 우리는 또한 푸코가 어쩌면 그들과 함께 어울렸을 수도 있었음에 주목해야 합니다. 그러나 1968년 이후에 상황은 근본적으로 바뀌었으며, 푸코 자신은 그러한 사유에서 암시적이었던 것을 벗겨서 드러냅니다.

따라서 우리가 새롭게 하거나 조정할 필요가 있는 것은 아무것도 없습니다. 우리는 오직 주체성의 구축과 관련한 푸코의 직관들을 확장할 필요가 있을 뿐입니다. 푸코, 가따리, 들뢰즈가 1970년대 전반에 걸쳐 지지했던 소수자들의 투쟁들, 예컨대 감옥에서의 투쟁들은 지식과 권력 사이의 새로운 관계를 구축합니다. 그리고 이러한 관계는 단지 감옥의 관계들을 의미할 뿐만 아니라 전복적 힘들의 발전의 전반적인 틀 역시 의미합니다. 주체성의 생산의 배치는, 아마도 새로운 질서를 구성하는 과정이라는 시각에서 이해될 수 있을 것입니다. 거기에서 개인들은 네트워크들로, 그리고 특이성과 다중들의 성좌들로 대체됩니다.

푸코는 단지 그가 한 해체 작업 때문에 또는 그가 착수한 재구축 작업 때문에 위대한 것이 아닙니다. 그는 현실에 대한 새로운 물질적 결정들로부터, 생산적이고 혁명적인 맥락의 변형으로부터 나타나는 이론적 가능성들의 새로운 테두리를 창조했습니다.

문 : 당신은 프랑스에서 사회적·정치적 비판의 갱신에 전념하는 경향들이 푸코의 분석들에 대해서 일종의 파기 행위를 해 왔다는 점에, 그리고 이러한 일이 또한 유럽의 나머지 나라들(특히 이탈리아)과 미국에서도 일어나고 있다는 짐에 동의하자는지요?

답 : 학계에서는 푸코를 싫어합니다. 처음에 그들은 푸코를 피했으며, 나중에는 그를 더 잘 고립시키기 위해 꼴레주 드 프랑스Collége de France로 그를 진급시켰습니다. 푸코는 미움 받지 않으면서 고립되었습니다. 말할 필요도 없이 그 정치적 성향에 있어서 훨씬 더 관대한 부르디외의 사회학적 실증주의는 푸코의 사유와 교차할 수 없음이 드러났습니다. 이 실증주의의 옹호자들은 자신들이 이해하는 바의 푸코의 주체주의를 공격하기를 좋아합니다. 하지만 이것은 잘못된 비난입니다. 푸코에게는 주체주의가 없습니다. 사실 초월주의야말로 — 달리 말해, 현실의 결정들을 네트워크 내부에, 그리고 주체적인 힘들의 충돌 내부에 놓는 것을 받아들이지 않는 역사 철학들이야말로 — 푸코가 그의 작업의 모든 측면에서 언제나 거부하는 것입니다. 내가 말하는 초월주의란, 요컨대 자신들이 외부적이고 초월적이며 권위적인 관점에서 사회를 평가하거나 조작할 수 있다고 생각하는, 사회에 대한 모든 개념화들입니다. 이것은 허용될 수 없습니다. 우리가 사회적인 것에 접근할 수 있도록 해 주는 오직 하나의 방법만이 존재합니다. 그것은 절대적 내재성의 방법, 의미화하는 성좌들과 행동의 배치들을 끊임없이 발명하는 방법입니다. 같은 세대의 여타의 중요한 필자들과 마찬가지로 푸코는 여기에서 구조주의의 마지막 잔존물들 — 즉 구조주의가 처방한 인식론적 범주들의 초월주의적 고정(오늘날 이러한 오류는 자연주의의 부활 속에서 부활하고 있습니

다. ……) ― 을 결정적으로 청산하고 있습니다. 그러나 방법의 수준에서 일어나는 불일치 외에서도 푸코는 또한 (특히 프랑스에서) 거부되는데, 이는 푸코가 자신의 비판이 공화주의의 전통의 신화들에 종속되는 것을 허용하지 않기 때문입니다. 푸코는 다른 어떤 것보다도 다음과 같은 것, 즉 주권주의(그것이 쟈코뱅적 급진성을 갖는다 하더라도), 일방적인 세속주의(그것이 평등주의적이라 하더라도), 가족과 가부장적 인구학의 개념화 속에서의 전통주의(그것이 인종차별폐지론적이라 하더라도) 등등과 거리가 멀며 또 적대적입니다. 그렇지만 사람들은, 모든 것을 고려할 때, 푸코의 방법론이 우리가 모두 종종 역사에 대한 이상주의적 개념의 타락으로 이해했던 그러한 역사주의적이고 상대주의적이며 회의론적인 관점을 다시 제출하는 것에 지나지 않는다고 반대합니다. 그렇지 않습니다. 이데올로기적 시각을 주장하는 푸코의 사고는 국민국가와 사회주의라는 근대적 전통으로부터 자유로웠던 그러한 유럽과 미국의 사유의 풍부한 혁명적 내용들을 탈환합니다. 진보에 대한 모든 환상과 공통적인 해체가 근대성의 전체주의적인 변증법에 의해 배신당한 이후, 결코 회의론적이거나 상대주의적이지 않고 그 대신에 계몽의 고양 위에, 인간과 그의 민주적 뽀뗀짜의 재구축의 고양 위에 구축된 제안. 우리들 각자는 다음과 같은 진술 ― 국가 사회주의는 근대성의 변증법의 순수한 산물이라는 진술 ― 앞에서 떳떳하지 못합니다. 이것으로부터 우리를 해방시키는 것은 일보 진전입니다. 푸코가 상기하는 바의 계몽은 이성의 빛들에 대한 유토피아적 고양이 아닙니다. 그와는 반대로, 그것은 디스토피아이며, 사건을 둘러싼, '바로 여기'를 둘러싼, 해방과 자유의 문제들을 둘러싼 매일의 투쟁입니다. 1970년대 초반에 〈감옥정보그룹〉GIP과 같은 감옥 그룹들과 함께 수행한, 감옥 문제를 둘러싼 푸코의 전투를 당신은 상대주의적이거나 회의론적이라고 보겠습니까? 또 미국과 국제 석유회사들에 맞서는, 이란 민중의 혁명의 권리를 지지하기 위한 그의 전투에 대해서는요? 또 이탈리아에서의 억압과 '역사적 대타협'의 가장 어려운 시기 중에 이탈리아의 자율 운동을 지지하면서 그가 취한 입장에 대해서는요?

프랑스에서 푸코는 종종 그의 학생들에 의해 신비화의 희생양이 되었습니다. 반코뮤니즘은 여기에서 핵심적인 역할을 했습니다. 유물론 및 집단주의와의 방법론적 단절은 신자유주의적 개인주의로 소개되었습니다. 푸코가 변증법적 유물론의 범주들을 해체하고 있을 때 그는 옳았지만 그가 역사적 유물론의 범주들을 해체하고 있었을 때 그는 옳지 않았습니다. 그후 푸코의 계보학과 배치들의 체계가 다중들의 자유, 공통재의 구축, 그리고 신자유주의에 대한 반대와 경멸을 향해 열렸을 때, 어찌된 일인지, 그의 학생들은 [푸코에게서] 떠나갔습니다. 어쩌면 그들에게 푸코는 바로 그 때 죽었는지도 모릅니다.

이탈리아, 미국, 독일, 스페인, 라틴아메리카, 그리고 영국에서 우리는 지적 풍경으로부터 푸코를 제거하려는 것과 연동된, 이 잘못된 파리식 게임을 보지 못합니다. 푸코는, 프랑스 지식인들 사이에서는 매우 흔한 격렬한 이데올로기적 싸움들에 영향을 받지 않았으며, 단지 그가 말한 내용을 기반으로 하여 평가되고 있습니다. 1960년대 이후부터 맑스주의 사유의 부활에 연관된 경향들과의 유사함은 그러므로 근본적인 것으로 받아들여졌습니다. 하지만 이것은 단순히 시기적으로 우연히 맞아떨어진 것만은 아닙니다. 우리는 오히려 푸코의 사고가 해방emancipation의 체험 및 자유화liberation의 체험 사이의 통로에, 윤리적-정치적 관심사와 인식론적 관심사 간의 상호작용 속에 놓여 있다는 것을 알게 되었습니다. 특히 유럽의 노동자주의자들과 미국의 페미니스트들은 푸코에게서 연구를 위한 방침을 발견해 왔으며, 무엇보다도 자신들의 특수한 통어들jargons을 21세기에 알맞은 공통적인, 그리고 어쩌면 보편적인 언어로 변형하라는 격려를 발견하였습니다.

문 : 『제국』에서 당신과 하트는 '새로운 패러다임의 삶정치적 맥락이 우리의 분석에서 매우 핵심적이다'라고 썼습니다. 새로운 제국적 권력 형태들과 삶권력 사이의 (우리의 시각에서 볼 때에는 즉각적으로 명확하지는 않은) 관계에 대해 설명해 줄 수 있습니까? 미셸 푸코에 대한 당신의 빚(당신이 종종 사의를 표명하는 빚)에도 불구하고, 당신 또한 그에 대해 비판적이라고 말하는 것이 온당한가요? 당신은 푸코가 '삶정치적 사회의 실제적인 생산 역학'을 이해하지 못했다고 쓰고 있습니다. 그것이 의미하는 바는 무엇인가요? 푸코의 분석들이 일종의 정치적 난국으로 이어진다고 추론해도 됩니까?

답 : 『제국』에 관하여 나는 하트와 내가 푸코에게서 취했던 것이 무엇인지, 그리고 어디에서 우리가 비판을 표현하는지 밝혀 보겠습니다. 제국에 대해 말하면서 우리는 단지 국민국가를 넘어서는 새로운 전지구적 주권 형태를 확인하려고 했던 것이 아니었습니다. 이러한 경향을 고찰함과 아울러 우리는 이 발전의 — 정치적이고 경제적인 — 물질적 원인들을 파악하고, 그와 동시에 필연적으로 발생하고 있는 새로운 짜임새의 모순들을 정의하려고 노력했습니다. 우리가 볼 때, 맑스의 용어를 빌리자면, (세계시장의 가장 발달한 형태들을 포함하는) 자본주의 발전은 노동 착취에서의 변형들뿐만 아니라 그러한 노동 착취의 모순들 속

에서의 변형들에 기초하고 있습니다. 정치 제도들과 자본주의적 명령 형태들을 변형시키는 것은 노동자들의 투쟁들입니다. 제국적 통치의 헤게모니적 긍정에 이르는 과정은 예외가 없습니다. 중심 국가들에서의 임금노동의 거대한 반란과 식민지 민중들의 반란이 일어났던 1968년 이후, 자본은 (경제적, 화폐적, 군사적, 문화적 지형에서) 노동력의 운동들이 더 이상 국민국가의 작업틀 내부에서 통제될 수 없다는 것을 발견합니다. 새로운 전지구적 질서는 노동의 새로운 세계에 명령을 내릴 필요에 대한 하나의 응답입니다. 자본주의적 응답은 여러 수준에서 현실화합니다. 하지만 근본적인 지형은 노동 과정들의 과학기술적 조직화의 지형입니다. 이것들은 산업에서는 자동화되고 사회에서는 정보화됩니다. 자본의 정치경제와 착취의 조직화는 점차 비물질노동을 중심으로 전개되게 됩니다. 축적은 노동의 지적 차원들에, 그리고 그것의 공간적 이동성과 시간적 유연성에 기초하게 됩니다. 이렇게 해서 권력은 사회 전체와 인민의 삶들(그리고 무엇보다도 지적 활동)을 포위하게 됩니다. 맑스는 (『그룬트리세』와 『자본』에서 모두) 이러한 발전을 완벽하게 내다보았으며, 그는 그것을 '사회의 자본 내부에의 실질적 포섭'이라고 불렀습니다. 푸코로서도 역시, 권력이 삶 — 개인적인 삶과 사회적인 삶 모두 — 에 대한 자신의 지배력을 확장했던 방식의 계보학을 서술하면서 이 역사적 이행을 기록하였습니다. 그러나 사회의 자본에로의 포섭(또한 삶권력의 전체주의적 소명)은 우리가 (자본주의에 의해, 또한 맑스주의의 후계자들의 객관주의 — 예컨대 프랑크푸르트 학파 — 에 의해) 알게 된 것보다 훨씬 더 깨지기 쉽습니다. 사실, 사회의 (즉 사회적 노동의) 자본에로의 실질적 포섭은 착취의 모순을 사회의 모든 수준으로 일반화시킵니다. 동일한 방식으로 삶권력의 전체주의적인 자기주장은 사회의 삶정치적 맥락을 반란에, 그리고 자유의 증식에, 그리하여 주체성의 생산에 열어 놓습니다. 자본이 삶 전체를 포위할 때, 삶 자체는 저항으로 나타나게 됩니다.

그래서 여기가 삶권력에 대한 푸코의 주제와 제국의 기원에 대한 우리의 분석이 상호작용하는 곳입니다. 다시 말해 바로 이 지점에서 (비물질노동의 다중들이 생산하는) 노동 및 투쟁의 새로운 형태들이 주체성의 생산으로서 발견됩니다. 하트와 나 자신에게 (푸코가 여기에 동의할지는 모르겠지만), 주체성의 생산이란 코뮤니즘을 향해 열리는 삶정치적 변신 내부에서 움직이는 것을 의미한다는 점을 주목하세요. 달리 말해 나는 우리가 살고 있는 새로운 제국적 조건(그리고 우리의 노동, 우리의 언어들, 그리하여 우리 자신들을 구축하는 사회정치적 조건들)이 공통적인 것을 삶정치적 맥락의 심장부에 놓는다고 생각합니다. 사적이거나 공적인 것이 아닌, 개인적이거나 사회적인 것이 아닌 공통적인 것 ― 말하자면 우리 모두가 함께 인간의 재생산을 위해 구축하는 것 전체. 이처럼 맑스주의의 창조적인 재검토를 혁명적인 삶정치 개념과, 그리고 푸코가 정교화한 주체성의 생산에 연결시키는 수많은 길들이 존재합니다. 하지만 한 가지는 분명합니다. 푸코에게서는 발전의 경제적 요인들에 대한, 그리고 정치경제학 비판에 대한 관심이 발전의 다른 모든 조건들과 활동들의 연구에 대한 관심보다 훨씬 덜 깊다는 것입니다. 한 가지 의문이 떠오릅니다. 늙은 프랑스 성직자들의 전통에 따라 푸코가 (맑스와 자기를 비교하면서) '라르바투스 프로데오'Larvatus prodeo"라고 스스로에게 말했다는 것이 가능할까요?

문 : 주체화 양식들에 관한 푸코의 후기 저작 두 편은 당신의 주목

을 크게 끌지는 못한 것처럼 보이는데요. 삶권력과는 다른, 또는 그것에 저항하는 삶의 스타일들과 윤리학을 구축하는 것이 당신이 제시하고 있는 길(즉 코뮤니즘 무사의 형상)과 너무 멀리 떨어진 길이라고 말할 수 있습니까?

■ 라르바투스 프로데오(Larvatus prodeo) : 롤랑 바르트의 『사랑의 단상』에 인용된 데카르트의 라틴어 경구이다. "나는 내 손가락으로 내 가면을 가리키면서 앞으로 나아간다."라는 뜻으로 '진실과 허구의 공존', '정념을 감추고 있다는 사실을 보여주려는 능동적 패러독스'를 가리킨다.

답 : 지금까지 내가 말한 것으로 볼 때, 푸코의 후기 저작들이 그의 초기 저작들만큼이나 내게 영향을 미치고 있음은 분명해졌을 겁니다. 조금 이상한 기억을 떠올려볼까요. 1970년대 중반 나는 푸코가 어떤 길을 향해 나아갈지 보기 위해 기다리고 있었습니다. 당시에 나는 이탈리아에 있었는데, 그에 대한 (누군가 나중에 '첫 번째' 푸코라 부르게 될 그러한 작업들에 대한) 논문 한 편을 쓰고 있었습니다. 나는 [푸코의] 구조주의적 한계들에 대해 주목했었고, 주체성의 생산에 대한 일보 전진, 더 강력한 강조를 기대하고 있었습니다. 나로 말하자면, 그 시기에 나는, 이론적인 수준에서는 매우 혁신적이었다 할지라도(그것은 '맑스를 넘어선 맑스'가 가능한가에 관한 것이었습니다.), 투쟁적인 실천의 수준에서는 치명적인 오류들을 범할 위험에 처해 있었던 맑스주의로부터 벗어나려고 노력하고 있었습니다. 이 말은 그 시기에, 즉 1968년에 뒤이은 열정적이고 극단적인 투쟁의 시기에, 그리고 우파 정부들이 그러한 운동들에 대해 자행하고 있던 잔인한 억압의 상황에서, 우리들 대부분은 테러리즘적 경향을 취할 위험에 빠져 있었다는 뜻입니다. 그렇다면, 극단주의를 뒷받침하는 것은 언제나, 오직 하나의 권력만 존재한다는, 그 권력이 유일하다는, 삶권력이 동질적이며 우파와 좌파 양자를

동질화한다는 확신입니다. 설령 그것이 혁명적일 수 있다 할지라도, 현재의 권력과 미래의 권력 모두를 동질화한다는 것이지요. 이것이 바로 절망적인 테러리즘적 반동으로 이어졌던 바의 것입니다. 푸코는, 들뢰즈·가따리와 함께, 이러한 종류의 시각에 맞서는 안전장치로 우리를 안내합니다. 그들은 혁명가들이었습니다. 그들이 스탈린주의와 '현실 사회주의'의 실천들을 비판했을 때, 그들은 자유주의의 '새로운 철학가들'처럼, 초비판적이고 위선적인 방식으로 그렇게 하고 있던 것이 아니었습니다. 오히려 그들은 자본주의적 '삶권력'에 대항하는 프롤레타리아의 새로운 '권력'을 표현하는 것이 가능하다는 것을 주장하고 있었습니다. 그래서 삶권력에 대한 저항 그리고 새로운 삶의 스타일들의 구축은 코뮤니즘 전투성과 그렇게 멀리 떨어져 있지 않았습니다. 『제국』에서 썼듯이, 코뮤니즘 투사의 형상은 낡은 모델에 기초하고 있지 않았습니다. 그와 반대로, 코뮤니즘 투사는 노동으로부터의 해방을 위한, 그리고 더 공평한 사회를 위한 투쟁들의 (존재론적이고 주체적인) 생산으로 간주되었습니다.

푸코의 마지막 저작들은 예외적인 중요성을 갖습니다. 그것들은 삶 속에서의 정치적 개입이라는 '강력한' 형상(과 그리하여 존재 자체의 급진적인 체험) 그리고 변형적 실천의 연구실의 밑그림을 그려줍니다. 여기에서 계보학은 모든 취약한 특질을 잃어버립니다. 인식론은 '구성적'이 되고, 윤리학은 '변형적' 차원들을 갖게 됩니다. 신의 죽음 이후 우리는 인간의 재탄생을 목격하고 있습니다. 근대성의 목적론의 폐허 위에서 우리는 유물론적 텔로스를 재발견하고 있습니다.

36강

탈근대성과 동시대성

질문해 주어 감사합니다. 대답하는 가운데 어쩌면 조금 논쟁적인 태도를 취하게 될지 모르겠지만, 그건 그럴 만한 가치가 있습니다. 질문자가 이야기하고 있는 동시대성은 다음과 같은 질문을 제기합니다. 근대성과 탈근대성 사이에서 동시대성이라는 것은 무엇을 의미하는가?

최근 몇 년 간의 문화적 역사를 개관해 보면, 자신을 근대성으로부터의 직계 혈통으로, 달리 말해 근대성의 특징들의 고상한 형태이자 승화로 간주하는 탈근대성의 개념과 경험에 우리가 (일반적으로 말해) 몰두했었다는 점을 발견합니다. 특히 프랑크푸르트학파는 근대성의 이러한 선형적인 — (때때로 규정되는 바와 같이) '초근대적인', 그리고 때때로 파국적인 — 배치의 구축에서 수많은 오해들과 엄청난 신비화들의 원천이었습니다. 이것은 1920년대 맑스주의의 특정한 유파 — 비록 항상 자기 비판적이긴 했지만 — 에서 유래하는, 우리의 운명에 대한 절망적인 느낌과 깊은 비관주의를 조장해 왔습니다. 성격상 유사성들을 많이 갖는 이러한 개념들은 탈근대성의 출현에 대한 현실주의적인 시각과 그것이 일으킨 '급진적인 파열'에 대한 인식으로 이어지기보다는 '초근대성'이라는 관념의 이데올로기적 구축으로 이어졌습니다.

종종 맑스주의 내의 이단적인 입장들에 일어났던 것과 같이, '경향'tendenza 개념은 마치 어떤 필연성에 관련되는 것처럼 이데올로기적인 맥락 속에서 사용되기에 이르렀습니다. 실상 그 반대가 사실입니다. 경향 개념은, 맑스에게서 이미 나타나는 바와 같이, 파열, 분할, 불연속성의 개념입니다. 경향이 결코 변증법적이지 않으며, 타협적이지 않은 것은 말할 것도 없습니다. 그것은 물질적인 의식 조건들의 변형들의 복잡한 상호작용을 통해, 계급투쟁의 주체적인 배치들dispositifs로 조합하고 직조하는 발전의 객관적인 모순들을 드러냅니다.

이 사유 노선은 역설적이며 비극적이지요. 이 사유 노선은, (루카치에서 벤야민을 거쳐 아도르노에 이르는) 비판적·파국적 노선들, 그리고 자본주의 발전과 제국주의 국가라는 개념들을 규정하는 (막스 베버에서 칼 슈미트에 이르는) 비판적·반동적 노선들이 부합하는 것으로 끝나는 상황을 만들었습니다. 하이데거적 종합은 그것을 쉽게 손에 넣습니다.

탈근대성이 사회의 자본 속으로의 이러한 실질적 포섭에 대한 이론으로 규정될 때, 이러한 포섭이 근대성과 관련하여 어떻게 선형적이지 않고 적대적인지 탈근대성이 보여준다는 것은 사실입니다. [그것은] 근대성과 관련해서는 적대적이고 자신 내부에서는 모순적입니다. (여러

벨라르미노(Roberto Francesco Romolo Bellarmino, 1542~1621) : 프로테스탄트의 종교개혁 교리를 비판한 대표적인 추기경이자 신학자이다. 갈릴레오의 견해에 다소 공감을 느낀 그는 갈릴레오에게 교황과의 면담을 허락하고, 그 자리에서 코페르니쿠스의 이론을 변호하지 말고 하나의 가설로 규정하도록 권고했다.

분이 이해하고 있는 바의) 동시대성은 탈근대성 안에 존재하며, 거기에서 탈근대성은 새롭고 전지구적인 순환 내부로 이끌려 올 뿐만 아니라 또한 혁신적이며 적대적입니다. 동시대적이 된다는 것 ─ 그리하여 20세기의 진로를 특징지었던 역사적 격변들과 현재 진행되고 있는 '대항-개혁'counter-reformation을 제대로 이해한다는 것(이렇게 비교하는 것이 지나친 아부가 아니라면 우리는 부시를 '초근대적인' 추기경 벨라르미노Bellarmino*로 묘사할 수 있을 것입니다) ─ 은 그러므로 탈근대성을 근대성과의 단절로, 낡은 것과 새로운 것 사이의 단절로, 반동과 혁신 사이의 적대가 급진적인 용어들로 표현되는 단절로 규정하는 것을 의미할 것입니다.

더 최근의 논쟁들에서(그리고 특히 문화연구들 내에서 또 소위 개발도상국들에서 전개되었던 논쟁들에서) 근대성의 범주들은 종종 반근대성에 의해 대항적 균형을 이루었습니다. 이 경우에서도 역시, 근대성은, 그 구축과정에서 그리고 자신이 대의하는 진전된 단계에서, 선형적이고 고정되며 기술적인 규정과 조화를 이루었습니다. 사회주의적이건 자본주이적이건 발전 모델이 대세를 이루었습니다. (우리는 사회주의가 언제나 자본주의의 비밀을 가지고 있었다는 점을 결코 잊어서는 안 됩니다.)

그렇지만 '또 다른' 근대성이 존재할 수 있었을까요? 낡은 축적 방법들로의 회귀나 (유럽 중심적이고 서구적인) 가치들의 정적인 규정의 재생산이 되지 않으려 했던, 그러나 기존의 사회적·정치적 형태들의 발전과 구체성에서의 대안들을 창조했던 근대[성이 존재할 수 있었을까요]? 실용주의적이고 유토피아적인 '사용가치들'로 되돌아가지 않고 자신의 생산적 차원들의 성숙으로부터 출발하여, 그리고 이러한 우리 사회의 확고히 설립된 상품화 양식들로부터 출발하여 서로 다른 종류의 삶들을 살아가고 세계를 변형시키는 문제를 제기했던 근대성[이 존재할 수 있었을까요]? 이 논쟁은 특히 수많은 개발도상국들(중국, 인도, 라틴 아메리카)에서 격렬하게 이루어졌습니다. 하지만 유럽 중심적이거나 서구적인 근대성과의 연속성 모델에 고정되고 고착된 탈근대성의 압박으로 인해 '또 다른' 존재 방식들을 구축하려는 — 아니 더 잘 표현하자면, 발전의 내부에서 결정적이지 않고 압축적이지 않으며 필연적인 것처럼 거짓으로 유지되는 것이 아니라 그 대신에 자유롭고 창의적이며 독창적일 수 있는 대안들을 발견하려는 — 노력들은 종종 무력화되었습니다. (1976년의 문화혁명의 종결과 1989년 천안문 광장 학살 기간 중의 중국에서 일어난 거대한 논쟁을 예로 들어 보지요. 이때 억압받고 있었던 사람들은 서양 문명을 옹호했던 사람들이 아니라 하나의 대안을, 즉 저개발 내부에서, 그리고 그것을 넘어서는 독창적인 발전 모델을 추구하고 있었던 사람들이었습니다.)

우리는 이와 유사한 논쟁들이 1500년대와 1700년대 사이에, 근대성이 발생하는 고전적인 시기에 이미 전개되었다는 점을 기억해야 합니다. 적대의 지형은 바로 그 때에 다중의 존재론적 뽀뗀짜가 표현되는 지형으로 인식되었습니다. 이 경우에서도 역시 우리는 홉스에 의해 표현된 권력의 자본주의적 중앙집중화의 논리에 맞서 스피노자와 근대성의 다른 많은 적대적 경향들에 의해 표현된 해방의 논리를 가지고 있습니다. 이 양자택일은 개발도상국 사회의 논쟁들과 투쟁들 내부에서 종종 반복됩니다. 근대성의 신학, 다시 말해 홉스와 자본주의적 초월주의가 강제한 명령과 단절하지 않는다면 어떠한 평형도 어떠한 새 희망도 발견할 수 없습니다.

사람들이 '동시대성' 개념을 주장할 때, 나는 그들이 정말로 하고자 하는 것이 근대성의 신학적 패러다임과의 단절을 위한 속기shorthand를 발견하는 것이 아닐까 생각합니다. 그게 사실이라면 '동시대성' 이론들은 매우 환영받을 일이지만, 그들은 근대성과의 단절을, 저항과 차이의 서로 다른 잠재력을 기초로 하는 일단의 새로운 가능성들의 개시를 자신의 토대로 받아들여야 할 것입니다.

달리 말해 우리가 동시대성을 말할 때, 우리는 그것을 적대의 지형으로 다루어야 합니다. 그런데 이 적대가 왜 강력할까요? 여기에서 우리는 우선 이 적대가 과거 근대성 안에서 묘사된 것과는 아무런 관계가 없다는 것을 강조할 필요가 있습니다. 그것이 자신을 새로운 사회적, 경제적, 정치적 짜임새 위에, 즉 삶정치적인 짜임새 위에 심기 때문입니다.

내가 '삶정치적 짜임새'라는 표현을 사용할 때 그것은 한편으로는 자본주의 권력이 사회관계들 전반을 감싼다는 것을, 그와 동시에 이 짜임새가 새로운 주체들과 새로운 사회적·정치적 배치들이 존재하는 하나의 역사적 현실로 간주된다는 점을 의미합니다. 제국은 삶정치적 현실입니다. 달리 말해 제국은 단순히 하나의 새로운 자본주의적인 노동 조직화가 아니라 제국에 살면서 삶의 뽀뗀짜를 표현하는 힘들의 총체성입니다. 신체들의 없어서는 안 될 총체이자, 열정들의 표면인 것이지요.

동시대성은 근대성으로부터 탈근대성으로의 이행 안에서, 그리하여 근대성의 삶권력으로부터 탈근대성의 삶정치적인 것으로의, 권력의 존재 속으로의 침입과 존재의 식민화로부터 삶정치적인 짜임새의 적대적 차원들과 강력한 모순들로의 '동시대적인' 이행 안에서 다루기만 한다면, 우리가 유용하게 구축하고 제안할 수 있는 개념입니다.

이로부터 다음과 같은 몇 가지 결론들이 도출됩니다.

1. 삶정치적 짜임새는 노동의 (발명과 착취 사이의) 적대들이 사회적으로 만들어지는 짜임새입니다. 여기에서 사회적이라 하는 것은 비물질적이고 협력적이 되는 데에서의 노동(아니 더 잘 표현하자면 생산적 활동)의 패러다임이 사회 전체를 감싸는 것을 의미합니다. 이제, 사회에 대한 자본의 침입, 사회의 자본 내부의 포섭은 노동 패러다임의 변형을 수반하면서도 그와 모순됩니다. 근대적 삶권력은 규율적이었으나 탈근대적 삶권력은 통제의 권력입니다.

그래서 우리의 근대성 해체는 탈근대적 동시대성을 새로운 모순들의 짜임새로 드러내기 위해 (근대적 시기의) 존재의 전체성의 물질적 조건들을 감쌉니다.

우리가 동시대성의 사회적 구성이 더 이상 근대성의 그것과 아무런 관계가 없다고 말할 때 이 혁신적 변형은 노동의 수준에서 인식되어야 합니다. 따라서 결정적인 요소들은, 대중 노동자에서 사회적 노동자로의 이행, 물질적 노동에서 인지적 노동으로의 이행, 그리고 가치 구축 과정들의 변형 즉 노동의 시간 측정에서 가치의 새로운, 혁신적인, 초과적인 형상들의 구축으로의 이행입니다. 여기에서 새로운 과학기술들(새로운 과학기술적 구조들과 새로운 기계들)과 새로운 사회적 구성이 엮어 짜입니다. 이것은 결정적인 도약입니다. 앞에서 말한 바와 같이, 탈근대적 동시대성에 대한 묘사는 역사적 발전에 대한 새로운 시기구분을 만들어냅니다. 노동과 과학기술들의 본성상의 변화는 인류학적 변동들을 수반합니다. 그러나 그와 동시에 — 그리고 이것이 새로운 역사적 시기구분의 진정한 의미인데 — 이러한 과정들은 단순히 기술적인 것이 아니며, 단순히 인류학적이지도 않습니다(인류학이 개인에 관련된다면 말이지요). 그것들은 인간 존재의 변형과 사회적 협력의 변형을 함께 묶는 '사회적 이행들'입니다. 노동은 바로 그 표현양식에서 언어적이 됩니다. 노동이 협력적인 것은, 단순히 협력을 포함한다는 점에서가 아니라 협력을 표현한다는 점에서입니다. 달리 말해, 노동은 협력하는 혁신을 낳고 의미들의 연속적인 초과를 생산합니다.

2. 탈근대성의 철학에서 우리는, 연속성의 파열이라는, 근대성의 신학들의 파열이라는 사건에 접근하려 애썼던, 길고 고단한 철학적 경로를 목격해 왔습니다. 아마도 이러한 발전의 세 가지 폭넓은 노선들을 상기하는 것은 가치 있는 일이 될 것입니다.

첫 번째 노선은 프랑스의 탈근대 이론가들이 재화의 생산 및 주체성의 생산 과정의 완전한 순환성을 주장했을 때 시작되었습니다. 약한 사유il pensiero debole, 삶에 대한 미학적 개념들, 이제까지 자본에 의해 완전히 지배당한, 그런 까닭에 통제 불가능하고 척도를 넘어서고, 파국을 향해 치닫는 생산과정에 대한 맑스주의의 이단들 — 이 모든 것들은 분석의 지형을 새롭게 만들었습니다. 그러나 그와 동시에 그것을 무력화시켰습니다. (이 방면에서 료타르와 보들리야르 중에 누가 최고인지는 말하기 어렵습니다.)

두 번째 노선은 이 맥락을 해체하려고 애쓰면서(왜냐하면 이 노선은 그 맥락이 무력화되어 무의미하다는 것을 인식했기 때문에) 하나의 단절 지점을 찾고자 했습니다. 이 단절 지점은 또 다른 존재 형태, 아니 적어도 그 맥락의 의미들을 갱신할 수 있는 능력을 암시하게 될 현실적 파열의 '주변적' 지점입니다. 이 노선은 데리다로부터 아감벤에 이르는 힘과 지성과 더불어 그 잠재력을 발전시켰습니다. 그러나 단절 지점은 주변적이었으며 여전히 주변적입니다. 이러한 전복의 시도가 일어나는 분야들과 지평들은 극단적이고 횡단하기 어렵게 되는데, 그 이유는 그 것들이 깨지기 쉬우며, 실험될 수 없고 극단주의에 이르는 경향들을 갖는 경로들에 노출되어 있기 때문입니다. 여기에서는 이론적 비판이 실천적 재구축에 앞섭니다. 문제는 인식되나 해결책은 부족합니다.

세 번째 노선은 푸코와 들뢰즈의 노선입니다. 이 노선은 상품생산 세계로의 동화에 대한 저항에 뿌리박은, 실제적인 것의 구성 과정의 중심에 있는, 주체성의 강력한 생산 노선입니다. 창조적인 존재론적 지점(아니, 이런 표현이 더 좋다면, '차이의 지점')의 이러한 정복(획득)은 근본적입니다. 대도시의 심장부에 위치한, 문화의 중심에 위치한, 지적이고 정동적인 교환들의 한가운데에 위치한, 언어적이고 협력적인 네트워크들의 중심 — 요컨대 모든 곳에 존재하는 이 중심 — 에 위치한, 이 차이, 이 저항, 이 주체성의 생산. 그렇다면, 대안적인 존재론이, 절망적이지 않고 구성적인 존재론이 발전할 수 있는 것은 바로 이 지점 위에서부터라고 할 수 있습니다.

3. 우리가 삶정치적 지형으로 이동할 때 노동은 사회적 활동이 되며 그 역도 마찬가지입니다. 사회적 활동은 일반지성의 일부입니다. 그러나 삶정치적 맥락에서 일반지성은 또한 에로스입니다. 이것은 분명, 동시대성 속에서 '인류학적으로 되기'becoming-anthropological가 지적, 정동적, 신체적 특이화의 과정이라는 점을 의미합니다. 주체성의 생산은 정동적이고 신체적인 특이화를 수반합니다. 따라서 우리가 일반지성에 대해 말할 때, 우리는 형이상학적으로는 에로스라

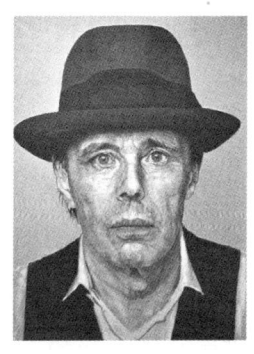

보이스 (Joseph Beuys, 1921~1986) : <플럭서스> 소속의 독일의 행위미술가, 전위조각가, 설치예술가, 그래픽 아티스트, 예술이론가이다. 강박 관념과 불안의 특성을 보이며, 비정통적인 재료들과 의례적인 행위로 많은 논쟁을 불러일으켰다.

불렸던 그와 같은 일단의 관계적이고 협력적인, 정동적이고 윤리적인 활동들을 언급하고 있는 것입니다. 한 가지 사례를 들어보지요. (세잔느에서 보이스Beuys에 이르는) 예술적 혁신의 과정들은 물질과 정신의 이 새로운 존재론적 성형체의 재구축을 위한 길을 가리킬 수 있습니다. 스피노자는 이것이 복잡성과 정교함ingenuity의 종합이라고 말했습니다. 물질적 노동과 비물질노동 사이에서, 재화의 생산과 서비스의 생산 사이에서 노동은 전체 삶의 경험을 감싸고 자신을 사회적 활동으로 드러냅니다. 산 노동, 즉 가치의 구축은 초과로서 나타납니다. 이제 이것이 의미하는 바가 무엇인지 살펴보겠습니다.

4. 노동자들과 시민들의(노동자-시민들의) 투쟁들과 저항에 대응하

는, 자본에 의한 그리고 국가에 의한 과학기술적 발전에 대한 통제는 본질적으로 사회적 협력을 재전유하려는 시도를 통해, 그리하여 삶의 공통을 붕괴하려는 시도를 통해, 그리하여 정동들과 열정들을 식민화하려는 시도를 통해, 저항과 적대적 협력의 영역에 대한 부단한 상품화와 금융화를 통해 전개됩니다.

하지만 점점 더 분명한 저항의 배열들이 존재하고 표현됩니다. 오늘날 산 노동의 표현은, 앞에서 말했듯이, 직접적으로 '생산적 초과'입니다. 이렇게 해서 그것은 (인류학적 지형에서) 주체성의 생산이며, (정치적 지형에서) 민주주의의 생산입니다.

우리는 결말에 이르고 있습니다. …… 우리는 탈근대성의 범주를 완전히 버릴 수 없습니다. 이것은 ― 탈근대성을 순전히 삶에 대한 자본주의적 침입으로 보았던 그러한 개념화들을 넘어 ― 권력, 적대, 투쟁의 지형을 확인할 수 있도록 해 주었습니다. 탈근대성은 우리에게 동시대성을 주체성 생산의 환경으로 상상할 수 있는 가능성을 제공해 주었습니다. 이것을 통해 우리는 포섭의 전체성 속에서 적대의 계속적인 실존을 발견할 수 있었습니다. 완전히 내재적인 윤리적 뽀뗀짜.

이렇게 해서 우리는 우리를 다시 동시대성으로 데려다 주는 다중 개념을 갖게 되었습니다. 우리가 다중의 오늘에 대해 말할 때, 우리가 때때로 모호한 상황에 처한다는 것은 사실입니다. 우리는 다중을 특이성들의 다수성으로 정의하지만, 이 다중적 현실은 탈근대성의 적대적인 맥락 속에 끼워져 있습니다. 우리는 다중이 감각적인 것을 재구성할 수 있다고 말합니다. 우리는 나아가 상상력의 형상이 혁신할 수 있고 그 역도 마찬가지이며, 혁신이 상상이 가능한 짜임새를 구성할 수 있다고 주장합니다. 하지만 다중은 파국적인 틀 내에서 우리에게 주어집니다. 이러한 진술에는 테러리즘이라곤 전혀 없으며, 공포스러운 것도 전혀 없습니다. 이 안에는 구세주적인 것도 전혀 없습니다. 나는 단지 자본주의적 발진의 의미를 비우기가 그 대안으로(파국에 대한 대안으로) 다중의 뽀뗀짜를 발견한다는 점을 강조하고자 합니다. 이러한 이유로 다중은 오늘날 하나의 형상으로서, 파국 속에서 동시대적인 감각들의 우발적인 재구성 형상으로서 모습을 드러냅니다. 그것은 삶권력과 삶정치 사이의, 아니 더 잘 표현하자면, 권력과 활력 사이의 경계적 형상으로 나타납니다. 이 지점에서 우리가 1600년대에 영국인[홉스]이 그랬듯이, 권력과 다중 사이의 적대의 폭력적인 형상을 다시 제시할 수 있게 될까요?

나는 동시대성을 스피노자적 용어들로 — 협력을 향해 가는 자연스러운 코나투스로부터 사회적, 제도적, 민주적 과정들의 감각적인 차원들을 구축하는 아모르를 향해 뻗어있는 길로, 산 노동과 모든 부활 운동의 협력적인 개시로 — 정의하려 합니다. '동시대성'은 다시 탈근대성의 이율배반, 즉 탈근대성에서, 자본과 노동 사이에서, 권력과 삶 사이에서 배치되는 새로운 형상의 모순과 관계되어야 합니다. 유토피아로서가 아니라 '디스-유토피아'(그것의 모순적 내용을 넘어서는 것이 아니라, 그것을 넘어서 꿈을 꾸는 것이 아니라 사물의 기존 상태를 변형시키기 위해 그것을 재검토할 수 있는 실제적 모순들을 횡단하는 실용적인 긴장)로서 탈근대에 살아가는 것은 동시대성의 의미를 탈환하는 투쟁으로 이해될 수 있습니다. 디스토피아는 (혁명적인 방식으로) 탈근대성의 모순들을 해결하려는, 달리 말해 자본가들과 모든 사장들을 영원히 제거하려는 집단적인 의지의 동시대적인 배치입니다. 우리는 스피노자적 용어로 동시대성이 저항과 자유를 위한 인류의 영원한 욕망을 표현하기 위한 유일한 길이라고 말할 수 있을 것입니다.

:: 옮긴이 후기

아직도 나에게는 책을 옮기는 것보다 책을 옮기고 나서 옮긴이로서 무언가 독자에게 말을 건네는 것이 훨씬 더 어렵다. 책의 내용을 일목요연하게 정리해서 소개하거나 이 책이 현재 우리의 삶에서 갖는 의의를 설득력 있게 제시하기에는 아직 나의 공부가 많이 부족하기 때문이리라.

나에게 번역은 지금 내가 할 수 있는 가장 건강하고 의미 있는, 그리고 무엇보다도 행복한 일이다. 책을 옮기는 동안 이런저런 깨달음을 얻을 수 있다는 것과 함께 또 이 번역을 통해 내가 저자와 독자가 만나는 데 작은 디딤돌이라도 놓을 수 있다는 것이 얼마나 기쁜지 모른다. 물론 잘못된 번역에 의해 저자의 원뜻이 다르게 전달되지 않을까 하는 두려움도 늘 가지고 있다.

이 책은 네그리의 *Empire and Beyond* (Polity, 2008)를 번역한 것이다. 이 책은 네그리가 정치적 망명의 시기가 끝나고 나서 지구 곳곳을 다니며 다중들과 함께 당면한 다양한 주제에 대해 이야기를 나눈 강연들을 모은 것이다. 이 강연들에서 네그리는 다중의 자율주의 운동과 관련한 다양한 개념들을 현실적 맥락 속에서 살펴보고 있다. 제국, 평화, 전쟁, 다중, 유토피아, 예술, 유럽 통일, 포스트사회주의 전략, 자유와 해방, 삶권력과 삶정치 등의 핵심 개념들이 총망라되어 있다. 네그리의 표현대로, 이 책은 그간의 혁명운동의 성과와 한계를 총괄하면서 제국의 시대에 제국을 넘어설 수 있는 혁명적 기획을 위한 '새로운 정치사전'의 역할을 톡톡히 해낼 수 있을 것으로 믿는다. 이 책에서 우리는 네그리의 좀 더 생생한 목소리를 들을 수 있으며, 현실을 분석하는 냉철한 이성과 혁명을 향한 뜨거운 열정을 함께 느낄 수 있을 것이다. 이미 『제국』과 『다중』을 읽은 독자라면 네그리의 사고의 흐름과 발달을 간취해 낼 수 있을 것이며, 이 책을 처음 읽는 독자라도 다양한 주제에 대한 네그리의 사상을 읽어내는 데 큰 어려움은 없을 것이다.

책을 옮기면서 네그리가 어떤 눈빛으로, 어떤 목소리로, 어떤 손짓으로 이야기를 풀어냈을까를 상상해 보았다. 또 네그리의 강연을 들으면서 고개를 끄덕이며 또는 갸웃거리며, 질문을 던지고 토론을 하는 전사들을 상상해 보았다. 혁명적 열정과 결의로 뜨거웠을 그 시간과 공간을 생각해 보았다. 예정되어 있지 않은 어떤 존재론적 변신의 현장을 떠올려 보았다. 이러한 느낌이 조금이라도 독자에게 전달될 수 있기를 소망해 본다.

많은 실수와 잘못이 있었을 초고를 읽어주고 바로잡아 준 프리뷰어 박필현 님과 투박한 원고를 건강하고 예쁜 책으로 변신을 시켜 준 갈무리 편집부에게 감사드린다. 어려운 영문 해석에 도움을 준 Mary Lee, 정혜진, 정지혜 선생님들에게 고맙다는 말을 꼭 전하고 싶다. 그리고 지치지 않고 과제를 완수할 수 있도록 격려를 아끼지 않았던 깐돌이에게도 고마움을 전한다.

2010년 11월
서창현

:: 강연의 장소와 일시 일람

1부 제국과 그 너머

1강 제국과 그 너머 : 난쉽들과 모순들 (17~24쪽)
2003년 10월 3일, 프랑크푸르트 대학[독일 헤센주(州)에 있는 도시 프랑크푸르트에 위치하고 있다.]의 사회학부에서 행한 강연.

2강 제국을 위한 공리들 (25~34쪽)
2003년 10월 30일 리우데자네이루(Rio de Janeiro)[브라질 리우데자네이루주의 도시]의 문화부에서 행한 강연.

3강 제국에서 일어나는 결정적인 이행들 (35~42쪽)
2003년 11월 11일, 비엔나 대학교[오스트리아의 수도 비엔나(빈)에 위치하고 있다.]의 〈사회주의 청년 동맹〉에서 행한 강연.

4강 제국과 전쟁 (43~47쪽)
2003년 11월 13일 생드니(파리)[프랑스 파리 북쪽 11km 지점에 있는 도시이다.]에서 열린 유럽 사회 포럼의 본 회의에서 한 연설.

5강 귀족제의 재구성을 향한 제국 안의 경향들과 추세들 (48~56쪽)
2004년 1월 20일 베니스 대학[이탈리아 베네토주의 도시, 베니스에 위치하고 있다.]의 〈건축 대학 협회〉에서 행한 강연.

6강 제국에서 유토피아들과 저항 (57~65쪽)
2004년 1월 31일 독일 베를린의 "Transmediale 04 : 유토피아로 날아오르자!"에서 행한 강연.

7강 제국과 시민 (66~73쪽)
2004년 3월 7일, 쮜리히[스위스의 수도]의 쉬프바우할레에서 행한 연설.

8강 제국적 이행을 살아내기 — 투쟁하기 위하여 (74~78쪽)
2004년 5월 8일, 『르몽드 디플로마티크』 발간 50주년에 즈음하여 프랑스 파리 팔라이 드 스포 (Palais du Sport)에서 행한 연설.

9강 저항과 다중 (79~85쪽)
2004년 10월 2일 벨기에의 앤트워프 북 페스티벌에서 행한 연설.

10강 괴물스러운 다중 (86~94쪽)
2004년 10월 6일 독일 베를린의 폭스뷔네 극장에서 행한 연설.

11강 다중, 유토피아 스테이션 (95~96쪽)
2004년 10월 8일 뮌헨[독일 남부 바이에른주의 도시]의 하우스 데르 쿤스트에서 행한 강연.

12강 평화와 전쟁 (97~112쪽)
2002년 5월 4일에서 10월 31일까지 비엔나의 프리덴 벨트바르츠 갤러리(Frieden Weltwärts Gallery)에서 영어로 발표되고, 독어로 통역된 문서. 에릭 알리에즈와 공동작업으로 작성.

13강 제국 시대의 예술과 문화, 그리고 다중들의 시간 (113~127쪽)

2003년 11월 7일 파리의 보브와르에 있는 '모든 지식의 대학'(Université de tous les savoirs)에서 발표한 글.

14강 맑스 / 제국적 제국주의 (128~139쪽)

2004년 9월 30일 파리의 낭떼의 『악튀엘 맑스』(*Actuel Marx*) 본대회에서의 강연.[『악튀엘 맑스』는 비데(Jacques Bidet)와 텍시에르(Jacques Texier) 등이 설립한 맑스주의 연구 단체에서 간행하는 세계적인 저널이다. 『악튀엘 맑스』는 3년마다 파리의 낭테 대학에서 악튀엘 맑스 학술대회를 개최한다.]

2부 유럽 : 투쟁을 위한 기회

15강 유럽과 제국 : 논점들과 문제들 (143~148쪽)

2003년 9월 19일 루블라냐 대학[슬로베니아의 수도 루블라냐에 위치하고 있다.]의 정치과학부에서 행한 연설.

16강 제국 안에서의 유럽과 미국 (149~153쪽)

2003년 12월 4일 로마[이탈리아의 수도] 사삐엔짜 대학의 정치과학부에서 행한 강의.

17강 보편주의와 국민적 차이들 사이의 유럽 : 하나의 가능한 유럽 (154~171쪽)

2004년 2월 26일, 로마의 유럽 위원회의 이탈리아 대표들 앞에서 행한 연설.

18강 천 개의 유럽적 이슈들 (172~178쪽)

2004년 5월 21일 로마의 빠르티토 디 라폰다지오네 코뮤니스트 포럼에서 행한 연설.

19강 유럽연합의 외교 정책의 기초를 놓기 위한 노트들 (179~193쪽)

2003년 5월 27일, 플로렌식[이탈리아 중부, 토스카나주의 도시로 피렌체라고도 한다.]의 피에솔레에 있는 유럽대학기구의 '유럽과 사회운동' 세미나에서 행한 연설.

3부 포스트사회주의 정치학

20강 신자유주의에 대한 사회적 대안들 (197~203쪽)

2003년 10월 27일 부에노스아이레스[아르헨티나의 수도]의 한 점거 공장에서 행한 강연.

21강 제국 내에서의 포스트사회주의적 정치 (204~227쪽)

2004년 5월 상하이[중국 양쯔강 하구에 있는 중국 최대 도시의 동중 보통 대학 그리고 북경의 칭후아 대학에서 마이클 하트와 공동으로 행한 강연.

22강 제국의 새로운 국면 (228~248쪽)

2004년 7월 6일 빠도배[이탈리아 북동부 베네토주(州)에 있는 도시]의 라디오 쉐우드 축제에서 행한 강연.

23강 도시 민주주의 (249~260쪽)

2004년 9월 6일, 릴-루베(Lilles-Rubais)[프랑스 북서부의 노르파드칼레 주에 있는 도시]의 '활기찬 노 빠 뒤 깔레'(VivaCité Nord pas du Calais)에서 행한 강연.

24강 새로운 복지를 위하여 (261~265쪽)

2004년 10월 2일 스위스 이탈리안 대학[스위스 남부 티치노 주에 있는 도시 루가노에 위치하고 있다. 루가노 대학이라고도 한다.] 귀도 페드롤리(Guido Pedroli) 재단에서 행한 강연.

4부 제국적 탈근대성에서의 정치철학

25강 탈근대성과 자유 (269~277쪽)

2003년 9월 21일 뽀르데노네(Pordenone)[이탈리아 북동부 프리울리베네치아줄리아 주에 있는 도시]의 '뽀르데노네 이벤트'에서 행한 강연.

26강 내재성의 코뮤니즘 (278~282쪽)

2003년 10월 16일 브라질의 상파울로 가톨릭 대학교에서 행한 강연.

27강 삶권력과 주체성 (283~292쪽)

2003년 10월 31일 브라질 리우데자네이루의 정신분석 총회에서 행한 강연.

28강 다중과 삶권력 (293~299쪽)

2003년 12월 12일 함부르크[독일 북부에 있는 주이며 항구도시]의 샤우스피엘(Schauspiel) 극장에서 행한 강연.

29강 제국과 전쟁 (300~310쪽)

2004년 1월 10일 베를린의 예술아카데미의 하이너 뮐러 회의에서 행한 강연.

30강 정치 사전을 개정하자! (311~318쪽)

2004년 4월 13일 스페인 마드리드의 마드리드 문예회관(Círculo de Bellas Artes)에서 행한 강연.

31강 일반지성의 삶정치학 (319~324쪽)

2004년 4월 16일 바르셀로나[스페인 북부에 있는 도시]에 있는 바르셀로나 현대 미술관(MACBA)에서 행한 강연.

32강 '낡은 유럽'의 철학 (325~341쪽)

2004년 5월 4일 파리의 국제 철학 대학에서 행한 강연.

33강 배우와 관중 : 비물질노동, 공공 서비스, 지적 협력 및 공통의 구성 (342~359쪽)

2004년 6월 13일 하노버[독일 북서쪽, 라인 강 중류에 위치한 니더작센 주의 도시]의 '인간을 위한 극장' 페스티벌에서 행한 강연.

34강 실제 시간과 착취의 시간 (360~366쪽)

2004년 6월 25일 런던 대학교[영국 런던에 자리잡고 있는 50여 개 대학과 대학원의 연합체]의 골드스미스 대학 사회학부에서 행한 강연.

35강 새로운 푸코 (367~378쪽)

2004년 6월 11일 파리의 〈노조연맹단위〉(FSU)에 대한 연구 학회에서 행한 강연.

36강 탈근대성과 동시대성 (379~390쪽)

2004년 11월 15일 피츠버그[미국 펜실베이니아 주 남서부 앨러게니 군에 위치한 도시]의 멜론 재단에서의 컨퍼런스.

:: 인명 찾아보기

ㄱ
가따리, 펠릭스(Guattari, Felix) 112, 285, 287, 339, 370, 378
그림멜스하우젠(Grimmelshausen) 102, 103

ㄴ
낭시, 장-뤽(Nancy, Jean-Luc) 111, 119
놀테, 에른스트(Nolte, Ernest) 300, 302, 308
누들만, 프랑스와(Noudelmann, François) 326

ㄷ
데리다, 자크(Derrida, Jacques) 119, 137, 307, 338, 386
데스탱, V. 지스카르(d'Estaing, V. Giscard) 175
데카르트, 르네(Descartes, René) 80, 118, 295, 329, 377
들뢰즈, 질(Deleuze, Gilles) 62, 106, 111, 259, 285~287, 339, 367, 368, 370, 378, 386

ㄹ
라캉, 자크(Lacan, Jacques) 119
랑시에르, 자크(Rancière, Jacques) 104
레닌, 블라디미르(Lenin, Vladimir I.) 76, 134, 231, 284, 324
로티, 리처드(Rorty, Richard) 336, 337

뢰비트, 칼(Löwith, Karl) 300, 301
료타르, 장-프랑수와(Lyotard, Jean-Francois) 386
루소, 장-자크(Rousseau, Jean-Jacques) 278, 287
루카치, 죄르지(Lukács, György) 380

ㅁ
마키아벨리, 니콜로(Machiavelli, Niccolò) 61, 80, 104, 105, 163, 203, 255, 278, 286, 295, 328, 331, 332, 358
맑스, 칼(Marx, Karl) 21, 38, 54, 374~377, 380
메를로-뽕띠, 모리스(Merleau-Ponty, Maurice) 351, 352
모어, 토마스(More, Thomas) 100
뮐러, 하이너(Müller, Heiner) 301~310, 348

ㅂ
바띠모, 잔니(Vattimo, Gianni) 336, 337
바흐찐, 미하일(Bakhtin, Mikhail) 346, 348
발리바르, 에티엔(Balibar, Étienne) 167, 170
베르그송, 앙리-루이(Bergson, Henri-Louis) 118
베버, 막스(Weber, Max) 284, 370, 380
벤야민, 발터(Benjamin, Walter) 58, 137, 335, 353, 380
보들리야르, 장(Baudrillard, Jean) 386
볼테르(Voltaire) 163

부르디외, 피에르(Bourdieu, Pierre) 371
브레히트, 베르톨트(Brecht, Bertolt) 301,
　303~305
블레어, 토니(Blair, Tony) 49, 53
비데, 자크(Bidet, Jacques) 129, 132, 394
비릴리오, 폴(Virilio, Paul) 105

ㅅ

생틸레르, 조프루아(Saint-Hilaire, Geoffroy)
　120
슈미트, 칼(Schmitt, Carl) 101, 137, 183, 284,
　300, 301, 370, 380
슈펭글러, 오스발트(Spengler, Oswald) 327
스피노자, 베네딕트 데(Spinoza, Benedict
　de) 61, 80, 163, 272, 276, 278, 281, 286,
　290, 295, 299, 305, 330, 334, 335, 349,
　358, 383, 387, 389
시에예스, 아베(Sieyès, E. Joseph) 245, 246

ㅇ

아감벤, 조르조(Agamben, Giorgio)　107,
　119, 137, 284, 307, 338, 386
아도르노, 테어도어 W.(Adorno, Theodor
　W.) 113, 114, 116, 118, 335, 380
아렌트, 한나(Arendt, Hannah) 353
아리스토텔레스(Aristotle) 121, 231, 335
알리에즈, 에릭(Alliez, Éric) 13, 393
엥겔스, 프리드리히(Engels, Friedrich) 38
왕후이(Wang Hui) 222, 224

ㅈ

지울리아니, 카를로(Giuliani, Carlo) 116, 255
진쯔하이머, 후고(Sinzheimer, Hugo) 168

ㅋ

카스텔스, 마누엘스(Castells, Manuel) 50
칸토로비츠(Kantorowicz) 332
칸트, 이마누엘(Kant, Immanuel)　80, 163,
　200, 295, 308, 309, 332, 334
캄머러, 페터(Kammerer, Peter) 304
커쉬너(Kirchner) 241
켈젠, 한스(Kelsen, Hans) 370
쿠투조프(Kutuzov) 166

ㅌ

타키투스(Tacitus) 104
톨스토이, 레프 니콜라예비치(Tolstoi, Lev
　Nikloaevich) 102
투키디데스(Thucydides) 104

ㅍ

파가니니, 니콜로(Niccolò Paganini) 345
폴리비오스(Polybios) 175
푸코, 미셸(Foucault, Michel) 62, 127, 270,
　283, 285~287, 302, 303, 309, 339, 367~
　378, 386
프루동, 피에르-조제프(Proudhon, Pierre-
　Joseph) 98
플라톤(Plato) 59, 231, 279, 335
플로베르, 귀스타브(Flaubert, Gustave) 343
필로크테테스(Philoktetes) 308

ㅎ

하이데거, 마틴(Heidegger, Martin)　286,
　327, 334, 361, 380
하트, 마이클(Hardt, Michael) 12, 13, 79, 318
해링턴, 제임스(Harrington, James) 330

:: 용어 찾아보기

ㄱ

가난 12, 51, 60, 75, 92, 163, 167, 252, 253, 257, 279, 365
가부장제 303
가치 법칙 84, 361
『가치의 인류학적 이론을 지향하며』(그레이버) 331
가치화 36, 81, 249, 259, 261, 350
강도(들) 21, 22, 26, 29, 44, 46, 70, 83, 112, 116, 119, 150, 183, 198, 256, 298, 353
개발도상국 49, 190, 381~383
개인주의 62, 80, 88, 340, 341, 357, 373
개혁 12, 190, 201, 223, 226, 315, 332, 381
경찰 44~47, 71, 99, 101, 110, 111, 116, 235, 236, 255, 256, 315, 316, 320
계급투쟁 22, 36, 37, 69, 134, 139, 150, 276, 297, 307, 324, 332, 333, 335, 380
계보학 123, 253, 270, 276, 302, 304, 306~309, 312, 314, 339, 347, 368, 373, 375, 378
공산주의 64, 65, 108, 160, 231, 244, 254, 326, 358
공위기(interregnum) 37, 41, 42, 139, 292, 318, 329, 330, 335, 337, 339
공장 36, 38, 39, 66, 81~83, 89, 163, 201, 202, 215, 218, 246, 249, 251, 256, 288, 338, 349
공적인 것 75, 91, 265, 356~358, 366, 376
공통되기 105, 219, 290, 296
공통적인 것 49, 51, 53, 54, 62, 68, 75, 90~94, 108, 109, 111, 112, 193, 202, 218, 219, 244, 246, 265, 272~274, 277, 281, 290, 291, 297, 314, 320, 321, 349, 354, 355, 357, 365, 366, 376
공허 100~102, 334
공화국 101, 158, 168, 233, 328~332, 335
공화주의자 163
과잉 94, 112, 135, 137
과학기술 27, 59, 63, 118, 189, 211, 215~218, 271, 288, 290, 323, 327, 375, 385, 388
관계적 노동 241, 289
관료주의 192
관중 342, 348, 354, 355, 359
괴물(성) 63, 86~90, 92, 94, 95, 104, 109, 111, 119~124, 126, 251, 287, 317, 318
교육 170, 211, 247, 252, 264
교환가치 137, 323, 336
구성 17, 18, 25, 28~31, 35, 37, 44, 55, 64, 71, 75, 82, 90, 92, 98, 106, 107, 111, 112, 119, 127, 129, 133, 143, 147~150, 153, 155, 156, 160, 162, 163, 165, 172, 186, 187, 191, 201, 206, 207, 217, 225, 226, 232, 235, 239, 248, 253, 255, 259, 263, 271~273, 278, 279, 281, 282, 284, 288, 290, 291, 298, 304, 306, 309, 312, 314, 321, 323, 330, 332, 334, 340, 342, 343, 347, 349, 351, 354, 355, 357, 358, 361, 362, 369, 370, 384~386, 388
구조주의 285, 296, 371, 377
국가 건설 70, 135
국가 사회주의 168, 372
국가독점자본주의 18
국가이성 279, 308
국민국가 17, 18, 20, 27, 28, 30, 37, 40~42, 45, 69, 77, 83, 89, 99, 128~135, 137~139,

145, 147, 150, 155, 157, 158, 161, 165, 166, 170, 176, 180~183, 185, 193, 205~208, 222, 225, 232, 235, 239, 240, 313, 314, 332, 372, 374, 375
『국민들 간의 전쟁과 평화』(아롱) 97
군사 18, 30, 65, 97, 98, 104, 152, 157, 161, 167, 176, 187, 191, 206, 209, 225, 259, 375
군사력 209
군주 45, 105, 186, 206, 209, 234, 235, 239, 244, 330
군주제 151, 175, 176, 230, 232, 236, 358
권력 18, 25, 28~30, 32, 33, 37, 41, 44, 46, 47, 53, 55, 64, 65, 68, 70, 75, 80, 82, 92, 94, 98~101, 106, 108, 111, 114, 115, 117, 120, 129, 130, 133, 135~138, 146, 147, 152, 153, 157~159, 163, 164, 168, 171, 176~178, 180, 183~185, 190~192, 200, 205~211, 222~239, 243~246, 257~259, 262, 265, 269~271, 273, 274, 278, 279, 283, 284, 290, 300~303, 309, 315, 318, 322, 323, 329, 330, 335, 336, 338, 340, 343, 363~366, 368~370, 374, 375, 377, 378, 383, 384, 389
귀족제 48, 176, 230, 232, 330, 358
균열 305, 307, 310, 348
『그룬트리세』(맑스) 375
극단주의 245, 377, 386
극장 102, 301, 305, 309, 310, 342~359
근대성 19, 21, 28, 32, 37, 39, 40, 59~62, 75, 79, 85, 101, 102, 116, 118, 120, 135, 137, 139, 145, 165, 167, 181, 184, 193, 199, 205, 275, 283~287, 290, 295, 298, 301, 303, 312, 318, 329, 358, 366, 370, 372, 378~385
금융 위기 262, 263
금융화 83, 92, 388

ㄴ

내재성 62, 63, 108, 124, 278, 280, 282, 293~299, 301~305, 307, 308, 321, 346~348, 371
내전 149, 150, 164
냉전 150, 161, 173, 333
네트워크 30, 54, 69, 76, 80, 82, 88, 90, 207, 208, 210, 217, 231, 235, 236, 244, 250, 259, 263, 281, 315, 321, 323, 348, 354, 357, 365, 370, 371, 386
노동가치 361
노동계급 19, 28, 30, 36, 40, 66~69, 81, 82, 86, 87, 90, 131, 134, 150, 169, 198, 203, 219, 250, 254, 261~263, 312, 337, 362, 363
노동시간 215
노동운동 68, 168, 175, 176
노동자주의 23, 26, 374
노동조합 50, 154, 169, 176, 178, 240, 247, 262
농업 198, 211~218, 224, 226, 240, 241, 281, 313
뉴딜 132, 169, 225, 226, 333

ㄷ

다국적기업 30, 49, 69, 206, 207, 217, 232, 233
다보스 70, 71
다수성 62, 71, 88, 185, 231, 265, 291, 307, 308, 329, 330, 348, 357, 388
다자성 180, 181
다자주의 180~183, 185
다중 11, 21~24, 30~35, 38~42, 49, 52, 62, 64~72, 75~82, 84~91, 93~95, 100, 109, 111~113, 115~118, 122, 126, 127, 131,

133~136, 139, 144, 146, 147, 150~152, 156, 160, 162, 163, 165, 175, 176, 178, 181, 185~187, 197~201, 203, 219, 225, 226, 231~235, 237, 239~241, 243, 244, 246, 247, 251, 252, 255, 258, 263, 264, 276, 280, 281, 291, 293, 296, 297, 299, 302, 307~309, 312~316, 318, 319, 321, 328~330, 335, 341, 345, 348, 354, 357, 358, 365, 370, 373, 376, 383, 389, 391, 392
다중되기 298
다중심주의 174, 178
『다중』(네그리·하트) 11, 12, 79, 80, 82, 87, 103, 129, 318, 366
다층적 180, 185
단일성 330
단일중심주의 237
대량 생산 241, 262
대중노동자 23, 26, 38, 262, 271, 288, 362, 384
대중매체 243, 245
대중지성 22
대항권력 40, 46, 47, 49, 164, 197, 238, 240, 302, 307
대항-제국 24, 29, 31, 71, 64, 41, 79, 162
덕 104, 203
데모스 147, 160, 161, 167
『도덕의 계보학』(니체) 308
도주하기 109
동일성 144, 162, 308
동질적 11, 28, 91, 138, 144, 145, 170, 174
되기 110, 119, 123, 167, 186, 227, 270, 289, 290, 296, 297, 314, 349, 351, 358, 365, 387
디스유토피아 117
『디오니소스의 노동』(네그리·하트) 312

ㄹ

리바이어던 99, 340
『리바이어던』(홉스) 99, 341
리좀 285

ㅁ

마그나카르타 175, 237
『맑스를 넘어선 맑스』(네그리) 361
맑스주의 18, 35, 41, 132, 280, 336, 362, 368, 373, 375~377, 380, 386
매개들 155, 323
메티사쥬 254, 292
『몸센스 블록』(뮐러) 309
무력 84, 104, 184, 186, 333
무리(swarm) 62, 308, 310, 354, 355
무-장소(non-place) 19, 20, 60, 112, 147, 163, 167, 254, 255
무차별 106
무차별성 198
무한 62, 124
문화 비판 113, 114, 116
물신 165
물질성 23, 85, 271
미시권력 30
미시정치 26
민족 75, 135, 184, 223, 329
민족주의 135
민주정 30
민주주의 28, 29, 33, 53, 70, 85, 93~95, 143, 144, 148, 155~157, 159, 168, 172, 184, 191, 202, 222, 224, 225, 227, 230~232, 236, 237, 240, 249, 269, 272, 277, 279, 294, 295, 313, 315, 328~330, 333, 336, 358, 359, 388

ㅂ

반미주의(자) 20, 234
반세계화 37, 46, 151, 224, 231
반제국주의(적) 32, 135
배우 60, 188, 254, 328, 342~346, 348, 350, 354~358
배치들 84, 106, 136, 156, 192, 298, 328, 365, 371, 373, 380, 383
벌거벗은 삶 284, 338
변전 58
변증법 20, 73, 113, 116, 117, 139, 230, 269, 275, 280, 289, 294, 298, 303~307, 318, 349, 355, 363, 372, 373, 380
변증법적 유물론 304, 373
보장 소득 162
보충성 원리 181
보편성 32, 352
보편주의 123, 154, 180, 394
복수적 22, 24, 62, 112, 287, 315, 348
복잡성 31, 134, 200, 213, 231, 288, 306, 327, 387
복종 25
복지 144, 168, 169, 202, 209, 215, 227, 254, 261, 265
복지국가 89, 261~265, 333, 369
본성 10, 36
봉기 32, 38, 90, 210, 223, 224, 233, 236, 238, 243, 256, 257, 298, 302, 308, 332, 337, 341
부르주아 25, 28, 68, 123, 124, 144, 149, 150, 154, 177, 270, 284, 330
분노 61, 74, 114, 280, 316
분절 10, 19, 24, 30, 132, 161, 177
분할 17, 48, 51, 52, 160, 161, 179, 183, 205, 206, 208, 209, 215, 216, 218~220, 286, 333, 336, 363, 380

분할선 208
불복종 46, 47, 70, 85, 131, 171, 282
불안정성 67, 216, 254, 258
불연속성 298, 312, 319, 358, 380
불확실성 17, 62, 90, 345
비관주의 380
비물질노동 18, 22, 23, 26, 27, 39, 46, 52, 54, 67, 82, 88, 130, 131, 133, 147, 190, 211~215, 217~221, 244, 272, 281, 288, 289, 313, 320, 342, 350, 354, 356, 375, 376, 387
비물질노동자 39, 147, 313
비물질성 23, 213, 263, 271
빈자 51, 167
뽀뗀짜 10, 11, 23, 33, 38~40, 42, 52, 58, 61, 62, 64, 65, 70, 73, 88, 101, 104, 106, 107, 109, 111, 115, 133, 134, 148, 151, 163, 203, 244, 264, 271, 276, 279~281, 294, 297, 299, 304, 313, 322, 323, 334, 335, 337, 339, 341, 350, 357, 363~366, 372, 383, 388, 389

ㅅ

사랑 12, 60, 61, 75, 92, 105, 233, 276, 281, 290, 299, 328, 332, 334, 365, 377
사보타지 135
사빠띠스따 163, 223
사용가치 323, 336, 382
사유화 51, 75, 263
사적인 것 75, 91, 357, 366
사회민주주의 49, 50
사회운동들 191, 192, 210, 241
사회적 노동자 23, 26, 39, 252, 271, 288, 362, 384
사회주의 17, 18, 27, 37, 51, 59, 60, 75, 168, 205, 220~222, 244, 291, 303~305, 327,

378, 382
산업노동자 216, 222
산업화 38, 211, 212, 214
삶권력 18, 26, 27, 30, 65, 81~84, 89, 93, 117, 133, 135, 136, 138, 147, 165, 184, 200, 283~286, 288, 293, 295, 296, 302, 303, 307~309, 363, 369, 374~378, 384, 389, 391
삶의 양식 22, 23, 26, 30, 39
삶정치 17, 18, 22, 23, 26, 27, 39, 41, 54, 69, 77, 81~84, 87, 89, 90, 92, 94, 109, 112, 117, 126, 132~137, 147, 164, 167, 168, 170, 171, 184, 190, 191, 202, 213, 249, 254, 264, 270, 271, 284~288, 293, 296~299, 302, 303, 319~324, 338, 350, 355, 356, 362, 363, 365, 370, 374, 376, 383, 384, 387, 389, 391
상상계 54
상상력 136, 158, 167, 251, 320, 343, 345, 347, 348, 388
상품화 102, 113, 114, 382, 388
상호의존 32, 77, 91, 132
새로운 천사 58
생산적 초과 133, 388
생산적 힘(생산력) 67, 81, 82, 85, 88, 130, 147, 162, 252, 255
생태철학 109
선물(증여) 275
선전 47, 96, 166, 236, 325
『성 안토니의 유혹』(플로베르) 343
섹슈얼리티 286
소득 54, 162, 164, 175, 245, 247, 265
소비에트 134, 210, 216, 304, 324
소수자 170, 370
소외 39, 99, 329, 334, 336, 358
소통 23, 60, 63, 105, 108, 115, 130, 137, 190, 212, 216~220, 231, 232, 240, 243~245,
250, 271, 274, 329, 350, 352, 355, 356, 358
수행적 11, 279
숭고 120
스탈린주의 188, 378
스토아학파 110
스펙타클 106, 108
『시간 기계』(네그리) 360, 361
시간성 65, 314, 361, 362, 364
시민권 73, 93, 138, 147, 162, 170, 340
시민사회 144, 156, 350
시민소득 245, 265
시장 17, 19, 20, 25, 51, 54, 64, 108, 122, 128, 129, 138, 143, 145, 146, 150, 155, 157, 167, 169, 170, 174, 175, 180, 186, 190, 208, 214, 215, 232, 233, 238, 253, 314, 333, 337, 350, 374
식민주의 17, 27, 28, 32, 37, 54, 132, 135, 162, 168, 173, 252, 332
식민지 17, 32, 375
신맑스주의 323
신보수파 233
신의 사랑 299
신자유주의 6, 12, 68, 72, 133, 165, 168, 190, 192, 193, 197, 201, 203, 205, 209, 210, 221, 223, 227, 264, 265, 269, 279, 300, 315, 321, 333, 369, 373, 394
신체 34, 60, 69, 70, 99, 100, 107, 109, 112, 115, 124, 125, 126, 127, 212, 213, 275, 286, 287, 296, 320, 323, 350, 365, 366, 384, 387
실용주의 294, 337, 382
실증주의 368, 371
실질적 포섭 18, 89, 200, 264, 270, 276, 287, 288, 375, 380
십자군 전쟁 237

ㅇ

아르케 121, 293
아모르 281, 290, 305, 389
아방가르드 358
아우슈비츠 118, 304
아이온 62
아텔란 희극들 343
아토차 역 폭파 사건 242
아페티투스 290
악의 축 101
『안티 오이디푸스』(들뢰즈·가따리) 286
애국주의 145, 332
약한 고리 148, 165
약한 사유 282, 336, 339, 385
언어되기 290
에로스 112, 272, 387
에토스 109
『에티카』(스피노자) 349
에피스테메 368
엑소더스 65, 108~111, 120, 125, 126, 163, 165, 167, 259, 298, 322, 323
엔트로피 127
여성되기 120, 255, 281, 289, 290, 296
역-반란 236
역능 11, 176, 262, 281, 295, 334, 357
역량 24, 33, 38, 39, 68, 76, 83, 116, 117, 120, 147, 167, 230, 232, 235, 236, 241, 244,~246, 258, 259, 263, 291, 307, 309, 327, 345, 350
역사의 종말 116, 124
연극 301, 342, 343, 346, 349, 350, 353, 355, 356, 358
연금 51, 168, 170, 264
연방주의 155, 161, 165, 167, 178, 192, 193, 231, 236
연속성 130, 156, 169, 200, 281, 287, 298, 312, 319, 320, 362, 364, 366, 380, 382, 385
연합 21, 33, 44, 88, 146, 152, 154, 156~160, 164, 174, 179~181, 183~190, 192, 193, 238, 239, 278, 327
넛구 진쟁 84, 307
영구혁명 77, 78
영원 62, 138, 300, 304, 320, 349, 389, 390
예방 전쟁 84, 235, 303
예술가 58, 95, 106~108, 124, 387
예술작품 95, 107, 110, 112, 124, 126
예외상태 99, 101, 107, 303, 307~309
오스트리아 134, 393
외교 정책 179, 180~189, 191
외부 22, 57, 61, 96, 98, 102, 107, 108, 110, 122, 125, 128, 132, 153, 156, 160, 188, 200, 205~208, 221, 226, 242, 264, 265, 274, 301, 305, 306, 308, 321, 338, 346~348, 350, 363, 366, 370, 371
외적 평화 98
용병 44, 45, 47, 235
우르비 엣 오르비 98, 99
우생학 121
운동들 9, 10, 20, 21, 37, 41, 48~50, 52~55, 62, 67, 70, 73, 77, 133, 134, 168, 175~177, 185, 187, 191, 193, 202, 222, 224, 227, 232, 233, 239, 240, 247, 257, 282, 288, 291, 292, 317, 318, 320, 322, 323, 367, 375, 377
원주민 32, 54, 170, 223, 224
위계 19, 27, 32, 54, 170, 223, 224
위기 12, 17, 18, 21, 23, 24, 27, 28, 30, 37~42, 48~53, 55, 74, 83, 84, 129, 130, 132~139, 151, 152, 154,~156, 165, 170, 173, 174, 181, 182, 187, 189~191, 198, 203, 241, 250, 252, 253, 261~264, 280, 292, 295, 302~304, 307, 318, 327, 329, 330, 335,

337, 339, 341, 348, 369
유동성 120, 177
유럽 공동체 145, 146, 150, 154, 157
유럽 연방주의 165
유럽 요새 175
유럽 통일 161, 172, 238, 391
유럽 회의론 161, 166, 173, 174, 178
유럽방위공동체 172, 238
유럽중심주의 328, 329
유럽헌법 54, 78, 145, 146, 152, 165, 167, 169, 175~182, 188, 190
유로 46, 60, 62, 78, 87, 99, 122, 131, 151, 152, 190, 204, 246, 272, 273, 290, 305, 321, 328, 332, 339, 352, 372, 389
유목 170, 251, 252, 254
유물론 21, 60, 61, 110, 139, 275, 303, 304, 347, 357, 366, 373, 378
유엔 75, 100, 180~183
유연성 40, 90, 134, 147, 162, 169, 177, 216, 250, 375
유적 존재 123
유토피아 11, 33, 57~65, 67, 95, 96, 100, 101, 109, 115, 117, 124~126, 160, 163, 215, 305, 346, 372, 382, 389, 391
유토피아 스테이션 96
유토피아주의자 163
유형학 215
육체성 22
윤리학 65, 111, 281, 289, 305, 377, 378
의존성 27, 32
의향성 11
이데올로기 28, 33, 50, 67, 68, 77, 80, 90, 137, 145, 181, 193, 279, 333, 353, 363, 372, 373, 380
이동성 40, 54, 90, 130, 134, 147, 169, 216, 250, 348, 375
이상주의 287, 295, 372

이원론 51, 318
이율배반 98, 389
이접 349
이종교배 34, 251
이주 17, 27, 28, 70, 87, 134, 163, 232, 256
이중성 36, 37, 138, 358
이행성 111
이형들 121
인간되기 305
인구학 136, 264, 372
인도주의 45, 104
인류학 13, 32, 33, 52, 58, 79, 94, 118, 122, 124, 265, 272, 292, 301, 302, 304, 305, 307, 310, 347, 385, 387, 388, 396
인식론 364, 366, 371, 373, 378
인정을 위한 투쟁 192
인종주의 65, 223, 252
인지 91, 212, 365, 385
일방주의 49, 72, 146, 151, 152, 154, 156, 165, 172, 174, 175, 176, 181, 183, 184, 191, 192, 209, 233, 340
일자 93, 117, 136, 137, 230, 233, 280, 330, 339, 340, 358
일자임 340
임금노동 66, 199, 375
잉여가치 131, 262, 272
잉여가치법칙 131

ㅈ

자기고용 252
자기조직화 221
자동화 38, 375
자본에의 포섭 81
『자본』(맑스) 375
자연되기 289, 296

자연법 269
자유 조국 바스크 242
자유무역지대 223
자유민주주의 46
자유주의 50, 53, 93, 105, 152, 165, 201, 321, 333, 378
자율 28, 51, 88, 93, 107, 209, 259, 273, 274, 279, 285, 289, 290, 294, 363, 366, 373, 391
잠재력 11, 27, 98, 110, 111, 130, 144, 190, 206, 235, 245, 279, 315, 320, 383, 386
잠재성 11, 67, 83
잡종 276
장차 올 것 353
재계급화 27
재구조화 19, 30, 70, 79, 235, 317
재생산 23, 38, 52, 54, 54, 71, 92, 113, 129, 162, 168, 191, 198, 202, 247, 254, 255, 265, 302, 302, 313, 336, 347, 355~357, 361, 362, 369, 376, 382
재전유 49, 90, 109, 199, 200, 245, 259, 265, 272, 273, 289, 290, 296, 323, 388
재현 63, 102, 183, 343, 346, 353
저작권 354
저항투쟁 69
전복 38, 52, 68, 96, 113, 167, 200, 201, 235, 243, 255, 258, 323, 340, 370, 386
전위주의 321
전쟁 기계 167
『전쟁과 평화 : 그 원리와 만민법의 제정에 대한 연구』(프루동) 98
전체주의 70, 96, 113, 221, 333, 361, 372, 375
절대민주주의 28, 33, 93, 156, 162, 278, 279, 281, 294, 298
절합 65, 82, 147, 315, 364, 365
정념 61, 377

정동 18, 38, 81, 88, 111, 112, 120, 130, 178, 212~214, 219, 231, 241, 271, 272, 281, 289, 313, 320, 350, 363, 386~388
정보화 38, 50, 214, 217, 375
정체성 50, 99, 107, 108, 135, 177, 231, 250, 251, 294
정치경제학 비판 89, 129, 184, 280, 287, 376
정치철학 11, 26, 107, 269, 274, 277
정치학 11, 69, 70, 93, 101, 126, 136, 197, 200, 323, 358, 364
정통 맑스주의 35
제1세계 208
제1차 세계대전 38
제3공화국 168
제3세계주의 28, 77
제3신분 245
『제국에 대한 성찰』(네그리) 11
제국주의 28, 32, 37, 128, 129, 131, 132, 134, 135, 137, 138, 146, 168, 173, 183, 205~210, 235, 239, 252, 329, 332, 380
『제국』(네그리·하트) 11, 12, 21, 22, 37, 79, 80, 232, 312, 357, 366, 374, 378
제네바 협약 45
제노바 76, 116, 249~256, 258, 260, 315, 316
제헌권력 64, 85, 146, 158, 159, 164, 291, 312
존엄 200, 356
존재론 12, 17, 18, 21, 27, 82, 89, 111, 119~121, 164, 169, 200, 260, 272, 273, 276, 277, 280, 281, 286, 291, 293, 297, 301, 305, 306, 310, 313, 319, 321, 332, 334, 335, 339. 340, 343, 345, 347, 350, 351, 353, 362~364, 366, 378, 383, 386, 387, 392
존재하지 않는 존재 279, 280
종속 이론 129
주권주의 239, 372

주체성 22, 26, 28, 33, 34, 38, 52, 65, 115,
  147, 157, 178, 186, 198, 219, 244, 245,
  276, 281, 283, 286, 291, 296, 297, 303,
  316, 317, 339, 343, 350, 363, 368~370,
  376, 377, 385~388
주체화 115, 281, 369, 376
중국 49, 51, 144, 152, 173, 174, 177, 192,
  210, 224, 226, 227, 237~239, 241, 382
『중국의 신질서』(왕후이) 222
중동 44, 46, 55
중층결정 47, 138, 161, 169
지구화 17, 21, 27~29, 32, 40, 41, 49~51, 64,
  68, 70, 72, 73, 80, 89, 96, 98, 99, 110, 114,
  122, 123, 126, 128, 149, 150, 155, 163,
  164, 169, 170, 172, 173, 175, 179, 187,
  189, 207, 208, 215, 227, 233, 250, 253,
  258, 263, 264, 270, 292, 312, 315, 320
지대 131
지리정치학 172
지성되기 289, 296
지성성 271
지스카르 계획 157
지식인 77, 78, 250, 256~258, 373
지역주의 225
질서화 10, 17, 19, 180, 243
짐승되기 305

ㅊ

차이(들) 19, 22, 32, 48, 62, 67, 72, 105, 111,
  154, 162, 169, 198, 200, 222, 230, 232,
  241, 248, 250, 253, 255, 258, 265, 270,
  272, 273, 276, 281, 285, 288, 290, 313,
  321, 322, 341, 354, 355, 357, 383, 386
『차이와 반복』(들뢰즈) 285
창발성 271
천안문 (봉기) 224, 382

『철학적인 것과 법률적 역량 사이의 갈등』(칸트) 309
초과 59, 60, 81, 83, 84, 87, 88, 93, 94, 131,
  133, 134, 137, 245, 263, 271~273, 275,
  289, 291, 320, 341, 385, 387, 388
초권력 48, 49, 151, 163
초근대성 102, 380
초월론 111, 275, 286, 366
초월주의 371
추상화 115
치안판사 55, 56, 158

ㅋ

카오스모스 110
카이로스 125, 126, 353, 364, 365
『카이로스, 알마, 비너스, 다중』(네그리) 360,
  361
칸쿤 48, 55
칼로게로 테제 228
케인즈주의 37, 51, 132, 136
코나투스 281, 305, 389
코메디아 델라르테 343
코뮤니즘 7, 46, 68, 105, 157, 226, 244, 278,
  280, 313, 323, 332, 333, 373, 376~378
코페르니쿠스적 혁명 126
쿠피디타스 281, 290
크로노스 62
클리나메나 117
클리나멘 111, 231

ㅌ

탈구조주의 26, 27
탈근대성 11, 22, 27, 61, 79, 85, 100, 102,
  118~120, 124, 125, 139, 184, 199, 264,

269, 270, 274, 275, 281, 285, 287, 290, 296, 298, 302, 312, 329, 336, 349, 350, 352, 355, 361, 369, 379~382, 384, 385, 388, 389
탈정토화 69, 108, 111
테일러주의 38
텔로스 21, 63, 108, 364, 378
통화주의 132
특이성 22, 24, 33, 34, 38, 39, 46, 62~64, 67, 69, 80~83, 88, 90, 93, 94, 107~109, 111, 115, 117, 122, 126, 127, 131, 135, 136, 178, 186, 200, 219, 232, 241, 243, 263, 274, 276, 281, 284~286, 291, 302, 307, 308, 313, 314, 320, 321, 329, 330~332, 339~341, 348, 354, 355, 357, 365, 370, 388
특이화 272, 387

ㅍ

파리 코뮌 38
파스칼 124
파시즘 46, 96, 113, 114, 279, 327, 328, 334
팍스 로마나 102
페미니즘 67
펜타곤 105, 206
평화주의 105, 106, 110, 174
포 밸리 241
포드주의 81, 83, 133, 136, 163, 184, 216, 250, 252, 254, 256, 262~264, 288, 369
포르토 알레그로 76
포스트모더니즘 21, 22, 282, 296, 301~303, 307, 347
포스트사회주의 11, 18, 53, 54, 55, 73, 76, 155, 197, 204, 220, 222, 224, 225, 244, 247, 391
포스트케인즈주의 21, 132

포스트포드주의 18, 21, 66, 81, 163, 169, 170, 184, 190, 216, 288, 369
포텐티아 281
폭력 46, 53, 65, 106, 110, 112, 117, 118, 162, 236, 256, 294, 297, 303, 304, 317, 320, 333, 336, 337, 389
폴레테이아 100
폴리스 99
푸펜도르프식 방식 158
프랑크푸르트학파 296, 335, 379
프로메테우스주의 123
프롤레타리아 23, 26, 29, 30, 33, 68, 69, 77, 78, 89, 91, 150, 153, 155, 161~163, 237, 241, 243, 244, 247, 250, 252, 253, 276, 280, 281, 288, 312, 323, 324, 333, 378

ㅎ

해방 18, 28, 64, 104, 112, 123, 165, 171, 201, 223, 232, 237, 239, 240, 251, 259, 269~274, 276, 283, 288, 304, 308, 328, 337, 372, 373, 378, 383, 391
핵무기 104
핵전쟁 184
헤게모니 24, 30, 31, 33, 52, 67, 82, 87, 89, 90, 101, 102, 107, 130, 139, 148, 151, 156, 164, 178, 183, 189, 190, 204, 211~215, 217~221, 271, 288, 314, 356, 362, 375
헤겔 118, 162, 275, 278, 287, 289, 355
『혁명의 시간』(네그리) 360, 361
현상학 17, 52, 58, 98, 273, 274, 303, 340, 352, 361
협조조합주의 168
호모 사케르 338
혼성화 106, 107
혼종화 32, 109, 111, 121, 125
혼합된 구성 30

홉스 79, 80, 99, 100, 200, 277, 278, 287, 295, 340, 341, 383, 389
화폐 18, 30, 84, 122, 129, 137, 151, 167, 190, 240, 375
활력 11, 107, 112, 281, 389
횡단성 322
훈육 23, 30, 36, 37, 84, 168
휴머니즘 59, 76, 118, 293~295, 332

기타

10월 혁명 38, 261
1968년 37, 38, 124, 210, 312, 370, 375, 377
30년 전쟁 75, 100, 103, 182
G8 정상회담 116, 315, 316